Kinder- und Jugendliteratur

Bettina Bannasch,
Eva Matthes (Hrsg.)

Kinder- und Jugendliteratur

Historische, erzähl- und medientheoretische,
pädagogische und therapeutische Perspektiven

Waxmann 2018
Münster • New York

Gedruckt mit den Mitteln der

Bibliografische Informationen der Deutschen Nationalbibliothek
Die Deutsche Nationalbibliothek verzeichnet diese Publikation in
der Deutschen Nationalbibliografie; detaillierte bibliografische
Daten sind im Internet über http://dnb.dnb.de abrufbar.

2., erweiterte Auflage

Print-ISBN 978-3-8309-3822-4
E-Book-ISBN 978-3-8309-8822-9

© Waxmann Verlag GmbH, Münster 2018
Steinfurter Straße 555, 48159 Münster

www.waxmann.com
info@waxmann.com

Umschlaggestaltung: Inna Ponomareva, Düsseldorf
Umschlagabbildung aus: Nadia Budde, Trauriger Tiger toastet
Tomaten, Peter Hammer Verlag, Wuppertal 2000
Satz: Sven Solterbeck, Münster

Gedruckt auf alterungsbeständigem Papier,
säurefrei gemäß ISO 9706

Printed in Germany

Inhalt

Bettina Bannasch und Eva Matthes
Einleitung 7

Historische Perspektivierungen der Kinder- und Jugendliteratur
Konzeptionen von Kindlichkeit und ‚kindgerechter‘ Lektüre

Pia Schmid
Bürgerlicher Kindheitsentwurf und Kinderliteratur der Aufklärung 17

Heiner Ullrich
Romantische Kindheitskonzeptionen und Kinderliteratur in der Romantik 33

Gabriele von Glasenapp
Suchbewegungen
Jugendliterarische Positionsbestimmungen vor und nach der
Jahrhundertwende 47

Ute Dettmar
Von den Inseln des Glücks zur Entgrenzung des Feldes
Topoi und Tendenzen der Kinder- und Jugendliteratur im 20. und frühen
21. Jahrhundert 65

**Erzähl- und medientheoretische Perspektivierungen der Kinder-
und Jugendliteratur**
Kategorien der Einfachheit – Komplexitäten bildhaften Erzählens

Gabriela Scherer
Die Kategorie der ‚Einfachheit‘ und das ‚einprägsame‘ Bild im
(Kinder-)Buch 85

Theresia Dingelmaier
Erläuternde ‚Erhellungen‘ und komplexe Wechselverhältnisse von Bild
und Text
Bilderbuch und illustriertes Buch 105

Véronique Sina
Der Holocaust-Comic *Die Suche* im Kontext der Kinder- und
Jugendliteratur 125

Klaus Maiwald
Konkurrenzen und Korrespondenzen
Filme/Verfilmungen für Kinder und Jugendliche – am Beispiel von
RICO, OSKAR UND DIE TIEFERSCHATTEN (2014) 145

**Kinder- und Jugendliteratur im erzieherischen und therapeutischen
Kontext**

Petra Götte
Zwischen Parteinahme und Polarisierung
Zur Darstellung von ‚Einheimischen' und ‚Fremden' in Armin Greders
Bilderbuch *Die Insel* (2002) 165

Kaspar H. Spinner
Vermittlungsinstanz Schule
Didaktik der Kinder- und Jugendliteratur 183

Gabriela Paule
Dramatische Texte für Kinder und Jugendliche
Türöffner ins Theater? 201

Barbara Bräutigam
Geschichten, die beißen und die Wahrheit in sich tragen
Vom Nutzen der Kinder- und Jugendliteratur in der Psychotherapie 217

Hans-Heino Ewers
Welche Rolle spielt die Kinder- und Jugendliteratur in der Geschichte
von Kindheit und Jugend?
Überschneidungen zwischen (historischer) Pädagogik und Kinder-
und Jugendliteraturforschung 233

Autorinnen und Autoren 251

Literaturempfehlungen der Autorinnen und Autoren 255

Bettina Bannasch und Eva Matthes

Einleitung

1.

In der Literaturwissenschaft gilt Kinder- und Jugendliteratur als ein Spezialgebiet, das trotz theoretisch avancierter Forschung nach wie vor um Anerkennung kämpfen muss. Dies auf mehreren Ebenen. Zunächst einmal ist Kinder- und Jugendliteratur behaftet mit dem Makel anspruchsloser Schlichtheit, allen qualifizierten Einreden zum Trotz, die auf der Grundlage strukturalistischer Literaturtheorie auf die Differenz von „Schlichtheit" und „Einfachheit" verweisen, und dies schon seit langem. Der Trivialitätsverdacht behauptet sich hartnäckig auch im Blick darauf, dass viele kinder- und jugendliterarische Werke mit Illustrationen und Bildern ausgestattet sind, sich also an ein Publikum richten, das des Lesens (noch) nicht mächtig ist und angewiesen auf den Anreiz äußerer Bilder. Einschlägige Untersuchungen zur Komplexität von Bild-Text-Lektüren haben zwar Konjunktur, doch Schwierigkeiten, sich außerhalb des engeren Bereichs der Kinder- und Jugendliteraturforschung so Gehör zu verschaffen, dass die disziplinären Grenzen überschritten werden können. Vielleicht am verhängnisvollsten in dem Bemühen um eine Anerkennung von Kinder- und Jugendliteratur in der ‚seriösen' Literaturwissenschaft erweist sich ihre Beziehung zur Pädagogik. Ästhetik und Erziehung scheinen einander unversöhnlich gegenüber zu stehen. Vermittelnde Ansätze, die – in den unterschiedlichsten Ausprägungen – auf Schillers Konzept der ästhetischen Erziehung rekurrieren, geraten nicht selten in den Verdacht einer bildungsbürgerlichen Vereinnahmung ‚der Kunst'. Die Nähe zur Pädagogik lässt sich jedoch nicht leugnen; sie ist vorgegeben durch die Bestimmung der Adressatengruppe der Kinder und Jugendlichen.

Wenig besser sieht es mit der Anerkennung der Kinder- und Jugendliteratur in der pädagogischen Forschung aus. In Deutschland fristet die erziehungswissenschaftliche Beschäftigung mit Kinder- und Jugendliteratur ein weitgehend marginalisiertes Schattendasein, im Unterschied zu Ländern wie Italien oder Frankreich, wo die pädagogische Kinder- und Jugendliteraturforschung deutlich weiter entwickelt und besser etabliert ist. Rückt die Kinder- und Jugendliteratur einmal ins Licht ihrer Aufmerksamkeit, so ist dieses Interesse zumeist themenbezogen. Nur in wenigen Fällen tritt eine theoretisch reflektierte Auseinandersetzung mit ästhetischen Formen der Vermittlung und der Frage nach ihrer Relevanz hinzu. Ansätze, die ein theoretisch reflektiertes Interesse an Aspekten des Ästhetischen in ihre Überlegungen mit einbringen oder sich für Lektüreerfahrungen, Bild(er)betrachtungen und Drameninszenierungen in der pädagogischen Praxis interessieren, sind selten, doch es gibt sie. Sie erlauben eine differenzierte und reflektierte Verbindung ästhetischer und adressatenbezogener Aspekte, von der die Kinder- und Jugendliteraturforschung profitiert.

Ziel des Bandes ist es, literatur- und erziehungswissenschaftliche, literaturdidaktische, pädagogische und therapeutische Umgangsweisen mit Kinder- und Jugendliteratur so miteinander ins Gespräch zu bringen, dass ihre spezifischen Qualitäten zutage treten, Differenzen und Berührungspunkte zu erkennen sind und für ein interdisziplinäres Gespräch fruchtbar gemacht werden können. Dieses Gespräch kann nur ein vielstimmiges sein. Aus diesem Grund haben wir Verfasserinnen und Verfasser einschlägiger Arbeiten zur Kinder- und Jugendliteraturforschung eingeladen, für unseren Band einen Beitrag aus der Perspektive ihres jeweiligen Fachgebiets zu schreiben. Vorgegeben war lediglich der systematische Rahmen, in den die Beiträge eingeordnet werden sollten. In der Form ihrer Ausgestaltung waren die Autorinnen und Autoren frei. Essayistische Texte stehen so neben solchen, die einen stärker analytischen Duktus vorziehen. Untersuchungen, die vom anschaulichen Einzelbeispiel ausgehend zu einer Verallgemeinerung ihrer Überlegungen kommen, stehen neben Überblicksdarstellungen, die im historischen und systematischen Durchgang einen Gesamteindruck von ihrem Themengebiet vermitteln. Gemeinsam ist allen Beiträgen die fachspezifische Perspektive auf ihren Gegenstand in enger Verbindung mit den Fachgebieten, die an die eigene Disziplin angrenzen.

Diese wechselseitige Wertschätzung und den Gewinn eines interdisziplinären Austauschs für zentrale Fragen der kinder- und jugendliterarischen Forschung haben wir in einer Ringvorlesung erleben dürfen, zu der wir im Wintersemester 2016/17 an die Universität Augsburg eingeladen hatten. Aus ihr ist dieser Band hervorgegangen. Die inspirierenden Impulse, die wir durch die Vorträge unserer Gäste erhalten haben, möchten wir mit diesem Band gern weitergeben in der Hoffnung, dass sie Anstoß geben für weitere innovative Forschungsarbeiten zur Kinder- und Jugendliteratur.

2.

In Marcel Prousts großem Roman *Auf der Suche nach der verlorenen Zeit* besucht der Protagonist Marcel eine Matinee im Palast der Guermantes. Da er etwas zu spät gekommen ist und die erste Darbietung im Salon bereits begonnen hat, muss er warten, bis er eingelassen wird. Die Wartezeit vertreibt er sich in der Bibliothek seiner Gastgeber. Beim Stöbern in den Regalen der Bibliothek, die für ihre wertvollen Prachtbände und Erstausgaben bekannt ist, stößt er zufällig auf einen Roman, der ihm vor langer Zeit, als er noch ein Kind war, von seiner Mutter vorgelesen wurde: George Sands *François le Champi*. Der Protagonist Marcel ist keineswegs angenehm überrascht von diesem Fund. Vielmehr fühlt er sich durch die unpassende Begegnung mit dem Buch seiner Kindheit herausgerissen aus seinen hochfliegenden Betrachtungen über Kunst und Literatur, denen er zuvor nachgegangen war. Indem er nun jedoch dieser plötzlichen Empfindung des Unpassenden genauer nachspürt, erkennt er, dass die Begegnung mit dem Buch seiner Kindheit, die seine Gedanken über Kunst und Literatur so empfindlich zu stören schien, ganz im Gegenteil sehr gut zu seinen Überlegungen passt. Das Erlebnis, dies belegen seine wieder aufgenommenen Reflexionen, bereichert seine Überlegungen und bringt sie entscheidend voran.

Dabei öffnet der erwachsene Besucher in der Bibliothek der Guermantes das Buch seiner Kindheit nicht einmal. Er lässt allein den sinnlichen Eindruck, den es in seiner Materialität auf ihn ausübt, auf sich wirken. An diesen Eindruck, der ihm die Vorlesesituation von einst ins Gedächtnis ruft, heften sich nun seine Erinnerungen.

> Im ersten Augenblick hatte ich mich zornig gefragt, wer der Fremde sei, der mir da ein Leid zufügte. Dieser Fremde war ich selbst oder vielmehr das Kind, das ich damals gewesen und das durch dieses Buch in mir wiedererstanden war, denn da es von mir nichts kannte als dieses Kind, hatte das Buch auf der Stelle das Kind herbei gerufen, es wollte nur von seinen Augen angeschaut, nur von seinem Herzen geliebt werden und zu ihm allein sprechen. Daher hatte denn auch dieses Buch, aus dem meine Mutter mir in Combray vorgelesen hatte, für mich den ganzen Reiz dieser Nacht bewahrt. Gewiss, die ‚Feder‘ George Sands, […] schien mir keineswegs, wie es so lange meiner Mutter vorgekommen war, bevor sie ihren literarischen Geschmack nach dem meinen bildete, eine magische Feder. Aber es war eine Feder, die ich, ohne es zu wollen, elektrisiert hatte, wie Schulbuben es oft absichtlich tun, und nun ergab es sich, daß tausend Nichtigkeiten […], die ich seit langem schon nicht mehr wahrgenommen hatte, von selbst aufflatterten und sich eine nach der andern in einer unendlich langen, flimmernden Kette von Erinnerungen an die magnetisch gewordene Federspitze heftete (Proust, 1967, S. 3969 f.).

Würde der erwachsene Marcel das Buch aufschlagen, wäre die Magie dieses Augenblicks verloren. Zwischen das Kind, das er war, und den Erwachsenen von heute schöbe sich eine neue Lektüreerfahrung. In ihrer Frische und Stärke würden sie das Buch von einst – und mit ihm das Kind von einst – überlagern, es zum Verstummen und Verschwinden bringen.

Die Überlagerung einer Kindheitserinnerung durch die versuchte Wiederbelebung beschreibt der Soziologe Maurice Halbwachs in seiner epochemachenden Abhandlung über *Das Gedächtnis und seine sozialen Bedingungen*. In dem Kapitel über *Die Rekonstruktion der Vergangenheit* wählt Halbwachs, kaum zufällig, eine vergleichbare Szene aus, wie sie Prousts Figur erwägt. Auch Halbwachs vertritt die Auffassung, dass sich die Lektüreerfahrung des Erwachsenen und die des Kindes in fundamentaler Weise voneinander unterscheiden. „[…] es scheint uns“, schreibt Maurice Halbwachs,

> als ob wir ein neues Buch läsen, oder wenigstens eine veränderte Ausgabe. Es müssen viele Seiten fehlen, Entwicklungen oder Einzelheiten, die damals darin enthalten waren, und zugleich muss etwas hinzugefügt worden sein, denn unser Interesse oder unsere Überlegungen richten sich auf eine Menge von Aspekten der Handlung und der Personen, die wir, wie wir gut wissen, damals nicht bemerken konnten, und andererseits erscheinen uns diese Geschichten weniger lebendig, diese Erdichtungen haben viel von ihrer Anziehung verloren (Halbwachs, 1985, S. 125 f.).

Die Begegnung mit dem Buch der Kindheit setzt Erinnerungen in Bewegung. Sie verdankt sich dem Interesse des Lesenden an der (Re-)Konstruktion seiner Kindheit. Zugleich sind in den Passagen, in denen Proust und Halbwachs diesen Erinnerungen nachspüren – der eine in einem literarischen Werk, der andere in einer soziologischen Studie –, eine Reihe von Aspekten enthalten, die für das Nachdenken über Kinder- und Jugendliteratur grundlegend sind.

Zunächst ist bemerkenswert, dass es sich bei dem Buch, auf das Prousts Protagonist beim Stöbern in der Bibliothek der Guermantes stößt, nicht um ein Werk der Kinder- und Jugend*literatur* handelt. Erinnert wird vielmehr eine Kindheits*lektüre*. In diesem Fall ist sie unauflöslich mit der Situation des Vorlesens verbunden, mit der Erinnerung an die Mutter als junge Frau. Aber auch ohne diese spezifische Vorlesesituation ist es wichtig, nicht aus dem Blick zu verlieren, dass Kinder- und Jugendliteratur nicht dasselbe ist wie Kinder- und Jugendlektüre. Dies nicht zuletzt deshalb, weil aus dieser Differenz nicht wenige Ausführungen zu Kinder- und Jugendliteratur große Hoffnungen schöpfen, insbesondere solche, die eine pädagogische Vereinnahmung oder gar „Durchseuchung" kinder- und jugendliterarischer Werke fürchten. In der Berufung auf die Lektüre scheint sich ein Ausweg aus Bevormundungen und Zurichtungen pädagogisch konzipierter Literatur zu eröffnen. Das subversive Potential der Literatur in einer solchermaßen kontrastiven Gegenüberstellung aufzurufen heißt allerdings zu vergessen, dass *jedes* Buch auf Lektüre angewiesen ist, und dass also in *jedem* Akt der Lektüre ein unkontrollierbares, subversives Moment steckt. Es heißt zu vergessen, dass jedes Buch in Kontexte eingebunden ist, in denen es eine Funktion einnimmt und die ihm eine Funktion zuweisen, in manchen Fällen eine explizit ausgewiesene, in anderen Fällen eine implizit enthaltene und zu erschließende, je nach Lektüre immer wieder neue.

Bemerkenswert ist, dass die Mutter in Prousts *Suche nach der verlorenen Zeit* für ihren Sohn ein Werk auswählt, das der Kategorie der Erwachsenenliteratur zuzurechnen ist. Bemerkenswert ist dieser Umstand insofern, als es in der Zeit, in der die Kindheit des Protagonisten Marcel zu situieren ist, längst schon eine Vielzahl von Werken gab, die eigens für Kinder und Jugendliche verfasst wurden; eine spezifisch für Kinder und Jugendliche verfasste Literatur gibt es in Deutschland seit der Aufklärung. Um genauer zu sein, wäre hier noch einmal zu unterscheiden in Kinderliteratur und Jugendliteratur. Die Werke, die zunächst entstehen, sind für Kinder verfasst. Später, und verstärkt um 1900 in der Zeit der Jugendbewegungen und Avantgarden, kommen Werke hinzu, die an Jugendliche adressiert sind. Die scheinbar so selbstverständliche Zusammenführung von Kinder- und Jugendliteratur, wie sie auch in unserem Band zumeist vorgenommen wird, ist nicht in allen Fällen sinnvoll. Differenzen und Differenzierungen, die in manchen Fällen wichtig sind, können so nicht immer adäquat erfasst werden.

In Prousts *Suche nach der verlorenen Zeit* also wählt die Mutter des Jungen ein Werk aus, das gemeinhin der Erwachsenenliteratur zugerechnet wird. Angesichts der Debatten, die es um die Jahrhundertwende zur ästhetischen Qualität von kinder-, vor allem aber von jugendliterarischen Werken gab, lässt sich diese Entscheidung vielleicht sogar als ein impliziter Kommentar zu diesen Debatten verstehen. Im deutschen Kontext ist es der Sozialreformer Heinrich Wolgast, der mit seinem 1896 erschienenen Werk *Das Elend unserer Jugendlitteratur. Ein Beitrag zur künstlerischen Erziehung der Jugend* die öffentliche Diskussion bestimmt. Wolgast beklagt die massenweise produzierten und rezipierten jugendliterarischen Werke, die den Markt beherrschen. Er fordert dazu auf, zu einer Literatur zurückzukehren, die sich nicht spezifisch an Kinder und Jugendliche wendet, sondern die allein nach Maßgabe ästhetischer Werte, anders formuliert: unter der Perspektive der ästhetischen Erziehung, für Kinder und Jugendliche ausgewählt wird. Wolgast verfolgt hierbei eine interdisziplinäre Perspektive: Aus der Fülle der Erwachsenenliteratur die literarisch wertvolle Lektüre für die Jugend herauszufinden, bestimmt er als eine Herausforderung, die von Literaturkritik und Pädagogik gemeinsam zu bewältigen ist (vgl. Wolgast, 1896, S. 188 f.).

Auch der inzwischen erwachsen gewordene Marcel, der Protagonist in Prousts Roman, stellt sich auf die Seite derer, die eine eigens für Kinder und Jugendliche verfasste Literatur nicht für gut halten. Im Einklang mit der Mutter, die es damals vorzog, das Kind mit Erwachsenenliteratur zu versorgen, ist der erwachsene Sohn von heute der Überzeugung, dass eigens für Kinder geschriebene Literatur für diese ebenso uninteressant und langweilig sei wie jede Art von Literatur, die adressatenbezogen ist und bei der andere als ästhetische Fragen im Zentrum stehen.

> Die Idee einer populären Kunst schien mir ebenso wie die einer patriotischen Kunst wo nicht gefährlich, so auf alle Fälle lächerlich. Wenn dabei die Absicht bestand, die Kunst dem Volke zugänglich zu machen, indem man die Verfeinerungen der Formen, die nur ‚für Müßiggänger da sind‘, opferte, so hatte ich jedenfalls genügend mit Damen und Herren der Gesellschaft verkehrt um zu wissen, daß sie die wahrhaft Ungebildeten sind und nicht die Elektrizitätsarbeiter. In dieser Hinsicht wäre eine der Form nach volkstümliche Kunst eher für die Mitglieder des Jockeyclubs als für die Gesellschaft angebracht. Was ihren Gegenstand betrifft, so langweilen volkstümliche Bücher die Leute aus dem Volke ebensosehr, wie sich Kinder mit Büchern langweilen, die speziell für sie geschrieben sind. Man möchte sich anderswohin versetzen, wenn man liest, und Arbeiter sind ebenso neugierig auf Fürsten, wie Fürsten es auf Arbeiter sind. (Proust, 1967, S. 3975)

Im Falle des kleinen Marcel wurde diesem von der Mutter zwar ein Werk vorgelesen, das nicht speziell für Kinder verfasst wurde, doch war es nicht irgendein Buch der Erwachsenenliteratur. Es lässt sich vermuten, dass die Mutter sowohl das Sujet als auch den Stil des ausgewählten Buches sorgsam daraufhin prüfte, ob es auch ‚kindgemäß‘ sei – und dass sie schließlich als verantwortungsvolle Literaturvermittlerin eine bewusste und bedachtsame Auswahl traf. Und in der Tat: Der für das Kind ausgesuchte Roman behandelt einen Gegenstand, von dem die Mutter annehmen durfte, dass er dessen Lebens- und Erfahrungswelt nahesteht. Es ist die rührende Geschichte eines Waisenjungen und sie hat einen guten Ausgang. Auch stilistisch könnte der Roman die Anforderungen der Mutter an eine kindgemäße Lektüre erfüllt haben. Denn von dem naiv-sentimentalen Ton früher Romane George Sands hebt sich *François le Champi* ebenso ab wie von späteren Werken, die einen stärker politisch-programmatischen Charakter aufweisen. Die Romane aus der mittleren Phase ihres Schaffens, der auch *François le Champi* zuzurechnen ist, sind im Ton schlicht gehalten, die Szenerie, in der die Handlungen angesiedelt sind, berichten von einem unspektakulären Leben auf dem Lande. Sujet und Stil dürften der Mutter in diesem Sinne als kindgemäß erschienen sein. Die historische Bedingtheit dieses Konzepts dürfte ihr dabei kaum bewusst geworden sein – und möglicherweise nicht einmal dem Autor Marcel Proust.

Der erwachsene Protagonist Marcel, der sich an das Buch seiner Kindheit vor dem Hintergrund einer inzwischen verfeinerten literarischen Bildung erinnert, hält den Roman George Sands keineswegs mehr für so großartig wie noch früher in den Tagen seiner Kindheit. George Sand hat, so vermerkt der Erwachsene nüchtern, durchaus keine ,magische Feder'. Für den Marcel von heute ist ihr Roman nur noch im Blick auf die Erinnerungen an die Kindheit von Interesse, die er hervorzurufen vermag. Und in demselben Atemzug, in dem der erwachsene Marcel das Buch seiner Kindheit als durchschnittlich (ab-)qualifiziert, stellt er die Kompetenz seiner Mutter als Literaturvermittlerin in Frage. Damals, so urteilt er, war ihr literarisches Urteilsvermögen noch nicht ausgereift. Erst im Laufe der Jahre hat sie es weiter ausgebildet, und zwar in der Orientierung an ihm, dem zum urteilskräftigen Mann heranwachsenden Knaben. Kinder- und Jugendliteratur, das wird an dieser kleinen Nebenbemerkung deutlich, wird nicht nur im Bereich der Literaturvermittlung oftmals und nicht selten in einer durchaus abwertenden Weise mit Frauen verbunden. Spätestens seit der Romantik ist ihr Verständnis geprägt von Vorstellungen einer ,natürlichen' Nachbarschaft von Frau und Kind, und entsprechend von Frauen- und Kinderliteratur und -lektüre. Dies gilt selbst noch für Überlegungen zum emanzipatorischen Charakter der Kinder- und Jugendliteratur in den 1960er und 1970er Jahren, in denen nicht selten die Emanzipation von Kindern und Frauen allzu umstandslos aufeinander bezogen wird.

Die so konstruierte Nähe von Kinder- und Frauenliteratur und -lektüre wiederum gehört dem größeren, für das Nachdenken über Kinder- und Jugendliteratur prinzipiell relevanten Komplex einer angenommenen Nähe von Kinder- und Trivialliteratur an. Auch diese Vorstellung geht zunächst auf die romantische Verbindung von Kind und Volk, von Kinder- und Volksliteratur zurück. Doch sie lässt sich noch weiter zurückverfolgen. Sie schließt auch Bilderbücher und Bildlektüren mit ein, die nicht-alphabetisierte Leserinnen und Leser zu einer eigenen Gruppe von ungebildeten, ,einfachen' Lesenden zusammenfassen. Es ist die Gruppe all derer, die in ihrer Lektüre auf Bilder angewiesen sind oder über Bilder an die Lektüre herangeführt werden, denen sich über die Beigabe von Bildern und Illustrationen erst textuelle Zusammenhänge erhellen. Bilderbücher sind Bücher für Ungebildete. Auch als das Ansehen des Gebildeten zu schwinden beginnt, als der Gebildete Gefahr läuft zum *Ver*bildeten zu werden, profitiert das Ansehen der Bilderbücher nicht davon. Nun meidet man die äußeren Bilder aus der Sorge heraus, sie könnten die Produktion der ,höherwertigen' inneren, durch die Literatur angeregten und durch die Einbildungskraft der Lesenden hervorgebrachten Bilder hemmen – so wie Prousts Protagonist die Relektüre des Textes fürchtet, der seine Erinnerungen an das Kind von einst verstellen könnte. Diese Furcht vor den äußeren Bildern hält bis heute an; jede Literaturverfilmung sieht sich aufs Neue damit konfrontiert.

Auf der Grundlage semiotischer Ansätze hat man in der Kinder- und Jugendliteraturforschung – in der Kinderliteratur mit ihren Bilderbüchern, in der Jugendliteraturforschung mit Comics und Graphic Novels – längst damit begonnen, Bild- mit Textlektüren in ihren jeweils neu sich konstituierenden Wechselverhältnissen zu untersuchen. Während die Comic-Forschung in den letzten Jahrzehnten, nicht zuletzt durch die Gattung der Graphic Novel, entscheidend aufgewertet wurde und in den Fokus des Forschungsinteresses rückte – nicht zuletzt durch Werke, die ‚große‘ Themen behandeln wie etwa Art Spiegelmans *Maus*, der die Holocaustgeschichte seines Vaters erzählt, oder die ‚große Literatur‘ ins Bild setzen, wie die inzwischen kaum noch zu zählenden Graphic Novels, die sich literarischen Werken der Hochkultur widmen –, ist der Bereich der Bilderbuchforschung nach wie vor bemerkenswert unterbelichtet, obgleich sich auch hier in den vergangenen Jahren viel – im wahrsten Sinne des Wortes – Aufsehenerregendes ereignet hat.

3.

Der vorliegende Band ist in drei größere Themenbereiche untergliedert, die Kinder- und Jugendliteratur im Schnittpunkt von Literaturwissenschaft und Erziehungswissenschaft betrachten und sie aus drei unterschiedlichen Perspektiven in den Blick nehmen:

I. Unter das Oberthema *Historische Perspektivierungen* ist die Rekonstruktion der Ausbildung von Konzeptionen der Kinder- und der Jugendliteratur in ihren historischen Kontexten gefasst, der sich die Beiträge im ersten der drei Themenbereiche widmen. Ausgehend von der „Erfindung der Kindheit" (Ariès) in der Zeit der Aufklärung verfolgt dieses Kapitel entlang der großen Stationen der Entwicklung von Kinder- und Jugendliteratur im deutschsprachigen Kontext – Aufklärung, Romantik, Jahrhundertwende um 1900, ‚Zweite Moderne‘ – Kindheits- und Kindlichkeitskonzeptionen. Bis heute erweisen diese Konzeptionen ihre Wirkmacht, dies zum Teil so stark, dass die Vorstellung davon, was kind- oder jugendgemäß ist, oftmals als ‚natürlich‘ und nicht weiter erklärungsbedürftig erscheint.

II. Die Beiträge, die das zweite Kapitel unter dem Stichwort *Erzähl- und medientheoretische Perspektivierungen* versammelt, widmen sich unterschiedlichen Text-Bild-Verhältnissen und -lektüren. Zeichentheoretische Zugangsweisen zu Bild und Text, zu inneren und äußeren Bildern befassen sich mit der Komplexität von Bild-Textlektüren in ihrem Verhältnis zu der in der Kinder- und Jugendliteraturforschung zentralen Kategorie der „Einfachheit" (Lypp). Dieses Kapitel nimmt

Erzähl- und medientheoretische Perspektivierungen auf den Gegenstand vor und reicht von Überlegungen zum Bilderbuch, zum illustrierten Buch und zum Comic bis hin zum Genre der Literaturverfilmung.

III. *Pädagogische und therapeutische Perspektivierungen* bringt schließlich der dritte große Themenbereich in die Überlegungen zur Kinder- und Jugendliteratur ein. Dabei wird deutlich, wie sinnvoll und fruchtbar es ist, wenn sich die benachbarten Disziplinen eng aufeinander beziehen: Literaturwissenschaft mit dem Spezialgebiet Kinder- und Jugendliteratur ohne das Interesse an pädagogischer oder therapeutischer Praxis zu betreiben ist möglich, verkürzt aber das Thema um viele spannende und relevante Aspekte. Dasselbe gilt für einen pädagogischen Umgang mit Kinder- und Jugendliteratur, der meint, ohne die Berücksichtigung ästhetischer Fragestellungen auszukommen. Der vorliegende Band ermuntert zu einer Verschränkung der unterschiedlichen, einander ergänzenden Perspektiven.

Für das Literaturverzeichnis am Ende des Bandes haben wir die Beiträgerinnen und Beiträger darum gebeten, eine Auswahl aus der Fülle der Forschungsarbeiten zur Kinder- und Jugendliteratur zu treffen, die ihrer Einschätzung nach einschlägig für das von ihnen behandelte Themengebiet oder von allgemeinem Interesse für die Kinder- und Jugendliteraturforschung sind.

Literatur

Halbwachs, Maurice ([frz. Orig. 1925], 1985). *Das Gedächtnis und seine sozialen Bedingungen.* Übers. a. d. Frz. v. Lutz Geldsetzer. Frankfurt a. M.

Proust, Marcel (1967). *Auf der Suche nach der verlorenen Zeit.* Übers. a. d. Frz. v. Eva Rechel-Mertens. Frankfurt a. M.

Wolgast, Heinrich (1896). *Das Elend unserer Jugendlitteratur. Ein Beitrag zur künstlerischen Erziehung der Jugend.* Hamburg.

Historische Perspektivierungen der Kinder- und Jugendliteratur

Konzeptionen von Kindlichkeit und ‚kindgerechter' Lektüre

Pia Schmid

Bürgerlicher Kindheitsentwurf und Kinderliteratur der Aufklärung

Auch wenn es zuvor schon an Kinder und Jugendliche adressierte Schriften gab, entsteht eine in ihren Grundzügen moderne Kinder- und Jugendliteratur im Zeitalter der Aufklärung. Zu sehen ist dies im Kontext des bürgerlichen Kindheitsentwurfs. Im Folgenden wird es nach einer Darstellung autobiographischer Erinnerungen an Kindheitslektüren (1) und knappen Ausführungen zu Buchmarkt und Kinderliteratur (2) vor allem um den bürgerlichen Kindheitsentwurf in kinderliterarischer Perspektive (3) gehen.

1.   Autobiographische Erinnerungen an Kindheitslektüren

Wer Erinnerungen an die eigene Kindheit in der zweiten Hälfte des 18. Jahrhunderts zu Papier brachte, kam immer auch auf Bücher zu sprechen. Das konnten vorgelesene Bücher sein oder, weit häufiger, selbstgelesene. Nicht selten erhielten die Kinder sie als Geschenk oder bekamen sie ausgeliehen, gegen Ende des Jahrhunderts konnten Jugendliche auch auf die entstehenden Leihbibliotheken zurückgreifen. Hier sollen zwei Autoren und eine Autorin mit ihren Lesestoffen, ihrem Leseverhalten und ihren Leseerfahrungen zu Wort kommen. Quellenkritisch ist anzumerken, dass autobiographisches Schreiben unter dem Imperativ steht, das eigene Leben als ein sinnvolles Ganzes darzustellen. Autobiographien sind immer Lebens-Konstruktionen. Hier interessiert, wie Lektüre in dies sinnvolle Ganze eingepasst wird. Aufschlussreich erscheinen dafür szenische Passagen, in denen die Autoren und Autorinnen erinnern, was sie lesend machten bzw. was das Lesen mit ihnen machte.

Johann Wolfgang von Goethe (1749–1832), in einer sehr wohlhabenden bürgerlichen Familie in Frankfurt aufgewachsen, äußert sich ausführlich über seine erste Lektüre. Einleitend markiert er aus der Perspektive des beginnenden 19. Jahrhunderts – die ersten Teile von *Dichtung und Wahrheit* erschienen 1811 – als Differenz, dass sie nicht aus Kinderbüchern bestand: „Man hatte zu der Zeit noch keine Bibliotheken für Kinder veranstaltet. [...] Außer dem ‚Orbis pictus‘ des Amos Comenius kam uns kein Buch dieser Art in die Hände." (Goethe, 1811/1998, S. 35) Stattdessen las er die große Foliobibel mit Kupfern von Merian, Gottfrieds *Chronik*, Ovids *Metamorphosen*, dies mit der Wirkung, wie er schreibt, dass

> mein junges Gehirn schnell genug mit einer Masse von Bildern und Begebenheiten, von bedeutenden und wunderbaren Gestalten und Ereignissen angefüllt [war], und ich [...] niemals Langeweile haben [konnte], indem ich mich immerfort beschäftigte, die-

sen Erwerb zu verarbeiten, zu wiederholen, wieder hervorzubringen. Einen frömmern, sittlicheren Effekt als jene mitunter rohen und gefährlichen Altertümlichkeiten machte Fénelons *Telemach*. (Ebd.)

Weiter erwähnt er an zeitgenössischer Literatur Defoes *Robinson Crusoe*, der in kaum einer Autobiographie männlicher Autoren fehlt, Schnabels *Insel Felsenburg*, eine deutsche Robinsonade, und eine *Reise um die Welt*. „Für ein paar Kreuzer" kaufte er sich daneben bei einem Büchertrödler Volksbücher, die auf schlechtem Papier gedruckt, schnell zerlesen waren und erneut angeschafft wurden, wie den *„Eulenspiegel, Die vier Haimonskinder*, die *Schöne Magelone, Fortunatus"* (Goethe, 1811/1998, S. 35 f.). Adressiert waren die angeführten Bücher, abgesehen von Comenius und mit Einschränkung Fénelon, primär an ein erwachsenes Publikum, wurden aber genauso von Kindern gelesen. Goethe las sie mehrfach und mit Begeisterung, wie es scheint, und, ein interessantes Detail, er verfügte über eigenes Geld zum Bücherkauf.

Anders als bei Goethe ist es ein Kinderbuch, das Johanna Schopenhauer (1766–1838), die in einer wohlhabenden Danziger Kaufmannsfamilie aufwächst, als erste Lektüre festhält. Mit

(f)ast sechs Jahre(n) [...], hatte [ich] von Anfang bis Ende Weißens damals epochemachendes ABC-Buch durchstudiert, diesen ersten erfreulichen Verkündiger der unabsehbaren Reihe von Kinderbüchern, die bis auf den heutigen Tag gefolgt sind und noch folgen werden; ich hatte die schönen bunten Bilderchen in demselben nachgemalt, so gut es gehen wollte, und war folglich der Schule völlig entwachsen, die ich bis dahin besucht hatte. (Schopenhauer, 1839/1978, S. 77)

Das heißt aber nicht, dass sie nicht auch, wie Goethe, Bücher für Erwachsene las.

In einem alten Schranke meines Vaters fand ich eine ziemlich holprige Übersetzung von Rollins römischer Geschichte [...]. Sonntags nachmittags und in jeder andern freien Stunde, wo ich sicher war, daß man mich nicht stören würde, verbarg ich mich damit in abgelegene Winkel, oft auf dem Boden oben unter dem Dache. Vier dicke Oktavbände! Mit welchem Eifer, mit welchem unbeschreiblichen Interesse habe ich sie gelesen, und wenn ich damit fertig war, wiedergelesen, und wenn ich mir ein besonderes Vergnügen machen wollte, meine Lieblingsstellen darin aufgesucht. [...] Cicero gefiel mir ungemein, wenn er den gottlosen Catilina öffentlich niedermacht; die berühmte Rede, die er an diesen richtete, habe ich mir selbst so oft vorperoriert, daß ich sie größtenteils auswendig wußte. (Ebd., S. 93)

Auf einem Danziger Dachboden schlüpft ein neunjähriges Mädchen ganz für sich allein, das ist wichtig, in die Rolle von Cicero, um ihre Rede zu halten: Lesestoffe wurden anscheinend auch performativ angeeignet. Hinzu kamen Homer, Youngs *Nachtgedanken*, Miltons *Verlorenes Paradies* und Shakespeare, diesmal nicht aus dem väterlichen Bücherschrank. Ein benachbarter Freund der Familie, Pfarrer der eng-

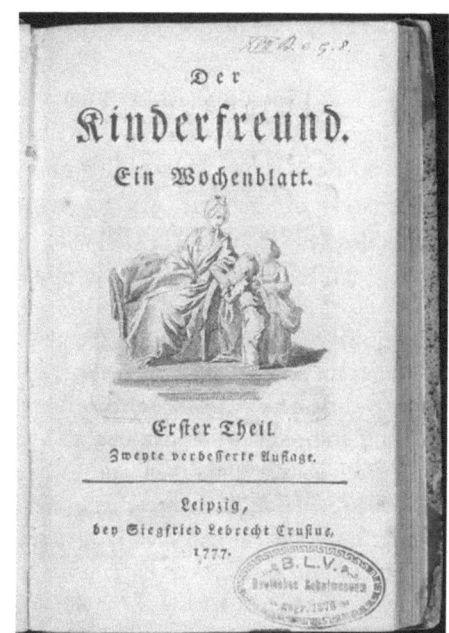

Abb. 1:
Christian Felix Weiße. *Der Kinderfreund.*
Ein Wochenblatt. 2. Aufl. 1777. Titelblatt

lischen Gemeinde in Danzig, der ihr auf diese Weise Englisch beibrachte und auch naturkundliche Studien mit ihr betrieb, las ihn mit ihr (ebd., S. 96 f.).

Dass sie darüber nicht „überspannt und verschroben" wurde, verdankte sie, wie sie schreibt, Ernst Felix Weißes *Kinderfreund* (24 Bde. 1775–1782), einer der ersten Zeitschriften für Kinder: „Ich lebte ganz mit Karl und Lottchen, mit Fritz und Louischen; sie waren mir meine liebsten Spielgesellen; an allen kleinen Ereignissen, die ihnen begegneten und an deren Wahrheit ich steif und fest glaubte, nahm ich den wärmsten Anteil." (Ebd., S. 97 f.) Weißes *Kinderfreund* steht hier für eine neue, freundlichere, weil kindgerechte Pädagogik. Die Attraktivität der Zeitschrift scheint vor allem in den kindlichen Protagonisten und Protagonistinnen gelegen zu haben, ihresgleichen aus der Perspektive der Neunjährigen. Als weitere eindrückliche Lektüre hält Johanna Schopenhauer Marie LePrince de Beaumonts Kinderzeitschrift *Magasin des enfants* (1756) fest, die sie mit zwölf Jahren im Original las. Was sie begeisterte, waren nicht die breiten moralischen Belehrungen, sondern die eingestreuten Feenmärchen.[1]

Schopenhauer hebt explizit Bücher bzw. Zeitschriften für Kinder hervor und erwähnt ausschließlich belletristische Literatur – abgesehen von Rollins *Römischer*

---

1 Etwa zur gleichen Zeit geraten weitere Märchen, Perraults *Contes de ma mère l'Oye* (1697), die über eine Hugenottin vermittelt in die Märchen der Brüder Grimm (1812/15) eingingen, in ihre Hände: „Welch ein Fund war das! [...] Blaubart [...], Cendrillon (Aschenputtel) [...] und Klein Däumchen [...], wie entzückten sie mich! [...] Chatte botté (Der gestiefelte Kater, d. Verf.) war mein allen vorgezogener Held, durch den in einem verborgenen Winkelchen meines Herzens sogar Mucius Scävola und Cincinnatus in den Schatten gestellt wurden." (Schopenhauer, 1838/19, S. 116)

Geschichte, die sie bemerkenswerterweise und ihr selbst in der Erinnerung nicht recht verständlich heimlich las.

Während Johanna Schopenhauer von früh an gerne und viel las, war dies bei Karl Friedrich Klöden (1786–1856) keineswegs der Fall. Als Sohn eines preußischen Unteroffiziers, später kleiner Beamter, und einer Chirurgentochter im nachfrederizianischen Berlin geboren, wuchs er in ärmlichen engen Verhältnissen auf. Das erste Buch, das ihn – zehnjährig – fesselte, war *Robinson der Jüngere* des philanthropischen Pädagogen Joachim Heinrich Campe (1746–1818).

> Mit wahrem Heißhunger fiel ich über ihn her. Noch nie hatte ein Buch eine solche Wirkung auf mich gemacht. Jede Szene stellte ich mir plastisch vor, ich schwebte in Entzücken und beneidete die darin auftretenden Kinder um einen solchen Erzieher, und bald wurden sie mir so befreundet, als wären sie meine Geschwister. Besonders Fritz wurde mein Liebling. Alle Erklärungen verschlang ich förmlich und eignete sie mir auf das genaueste an, um so mehr, als mir diese Art der Belehrung völlig fremd war, denn außer der mütterlichen hatte ich ja niemals eine Erklärung erhalten. Die in den Gesprächen vorkommenden Lehren der Sittlichkeit, des Verhaltens gegen das Lernen und gegen die Menschen, kurz, jede […] Maxime prägte ich mir um so tiefer in das Herz, als ich ihre Wahrheit und Angemessenheit im Innersten fühlte. Mir ging eine ganz neue Welt auf, ich hätte jede Szene bis ins kleinste malen können; ich lebte mit Robinson, empfand mit ihm, er wurde mein anderes Selbst. Das war mir noch nicht begegnet! Von einer Meeresgegend, von einem Schiffe, einer tropischen Landschaft hatte ich bis dahin sehr unklare Vorstellungen gehabt. Jetzt war es mir, als hätte ich darin gelebt; Welt-, Menschen- und Sachkenntnis hatten einen großen Zuwachs erhalten. […] Mir erschien dies jugendliche Leben so ganz anders als das meinige […] und [ich] ward nun erst inne, wie viel mir fehlte […]. (Klöden, 1874/1978, S. 144 f.)

Klöden wäre ein Leser gewesen, wie ihn sich die zeitgenössischen Pädagogen wünschten: zwar auch auf Unterhaltung aus, aber mehr noch, wie er im Weiteren ausführt, auf Belehrung, ein Leser, der die Bücher zum Lernen nutzt. Campes *Robinson* führt ihm auch vor Augen, dass in seinem Elternhaus und allgemeiner in seinem sozialen Umfeld Wissbegierde weder geweckt noch befriedigt wird, er weder erzogen noch freundlich belehrt wird. Lektüre steht bei Klöden, anders als bei Goethe oder Schopenhauer, für eine Mangelerfahrung, die aber genau durch Lektüre wieder ausgeglichen werden kann.

> Es war ein Blitzstrahl, der in eine dunkle Nacht fiel, aber sein Schein blendete nicht, er erleuchtete und hat mein ganzes Leben durchleuchtet. […] Elfmal habe ich so das Buch hintereinander durchgelesen, ohne eine Silbe zu überspringen, und ich konnte es beinahe auswendig. Nicht ich hatte mich der darin enthaltenen Lebensregeln und Maximen, sondern sie hatten sich meiner bemächtigt; alle Erklärungen waren mir geläufig, alle Szenen gegenwärtig. […] Außer der Bibel hatte kein Buch auf mich so mächtig gewirkt, keines mich so wesentlich gefördert und meinen Ideenkreis erweitert. (Ebd., S. 145)

Abb. 2:
Daniel Chodowiecki. Frontispiz zu
Joachim Heinrich Campe. *Robinson der Jüngere.*
Zur angenehmen und nützlichen Unterhaltung
für Kinder. Hamburg 1779–1780

Seine Leseerfahrung markiert Klöden als einschneidende Lebenserfahrung. Waren zuvor „Gedächtnis und Phantasie", so Klöden, „die einzigen Eigenschaften gewesen, welche einigermaßen hervortraten", so wird jetzt „brennende Wißbegierde" bestimmend (ebd., S. 143 f., 146). Über Bücher wollte er, zunehmend systematisch vorgehend, Kenntnisse erwerben. So studierte er als nächstes einen „‚Kurzen Inbegriff aller Wissenschaften' […] eine Art kleiner Enzyklopädie in Fragen und Antworten", durch die er „erst eine Übersicht von den Hauptgegenständen des Wissens für den Menschen [bekam]" (ebd., S. 145), dann Campes *Entdeckung von Amerika*, Hübners *Geographie*, weitere natur- und volkskundliche wie auch geographische Kinder- und Jugendliteratur folgten (ebd., S. 146, 151 f.).

Lektüre in Kindheit und Jugend wird aus der Perspektive der drei erwachsenen Autoren in die autobiographische Präsentation und Konstruktion des eigenen Lebens so eingepasst, dass sie Sinn ergibt durch die Herstellung lebensgeschichtlicher Kontinuität: in dem, was sie als Kinder lasen, kündigte sich bereits an, was ihr Leben als Erwachsene bestimmen würde. Goethe, auf dem Weg zum Weimarer Klassiker, hebt schöne Literatur hervor, den Kanon, aber mit den Volksbüchern auch die Ränder.[2] Schopenhauer, viel gelesene Autorin von Romanen und Reisebeschreibungen, hält

---

2 Seine Erwähnung der Volksbücher, zudem hervorgehoben als selbst gekaufte Lektüre, lässt sich als Hinweis Goethes sehen, schon in seiner Kindheit gelesen zu haben, was zu Beginn des 19. Jahrhunderts mit der Romantik literarisch aufgewertet und wieder modern wird.

es ähnlich, wenn sie vor allem schöne Literatur erinnert, den Kanon und Märchen, aber auch historische Werke – (natur-)wissenschaftliche Schriften, die beide im Rahmen ihrer sorgfältigen Erziehung rezipiert haben dürften, werden von ihnen nicht erwähnt, im Unterschied zum späteren Kartographen, Geographen und Leiter der ersten städtischen Gewerbeschule Klöden, der an seiner Lektüre die Funktion des Wissenserwerbs akzentuiert.

Um zusammenzufassen: Den angeführten Autobiographien, und das gilt für zahlreiche weitere aus der Zeit, ist zu entnehmen, dass Büchern in der Erinnerung eine hohe Bedeutung zukommt. Die *Lesestoffe* bestehen zum einen aus an Erwachsene gerichteten Büchern, zum anderen aber auch aus explizit für Kinder geschriebenen. Bemerkenswert aus heutiger Perspektive ist die Selbstverständlichkeit der Erwachsenenliteratur: sie wird offensichtlich von Eltern und Erziehern weder als unpassend noch als nicht kindgemäß eingestuft, was auch daran liegt, dass zwischen den beiden Literaturen noch keine scharfe Grenzlinie existiert. Auffallend ist auch das *Leseverhalten*. Einzelne Bücher werden hingebungsvoll immer wieder gelesen. Das gilt insbesondere für die Bibel, die so selbstverständlich zur Lektüre zählt, dass sie in manchen Autobiographien nicht eigens angeführt wird, aber auch für andere Bücher. Diese intensive Wiederholungslektüre steht im Gegensatz zur extensiven Lektüre, bei der ein Buch nur einmal gelesen wird, die sich in dieser Zeit allmählich durchzusetzen beginnt und der auch in der Kinder- und Jugendliteratur Rechnung getragen wird. Was die *Lektüreerfahrung* betrifft, wird begeistertes Lesen festgehalten. Bücher bieten Unterhaltung, sie beschäftigen die Phantasie. Die kindlichen Leserinnen und Leser haben Lieblingsstellen und Lieblingsfiguren: imaginäre Freunde, Geschwister, Spielgefährtinnen und -gefährten. Sie eignen sich Literatur performativ an. Zeitweilig übernehmen sie in emphatischer Lektüre fremde Identitäten (vgl. Schön, 1987, S. 48). Derart bedeutsame Erfahrungen kann ein Kind allerdings nur machen, wenn es flüssig lesen kann. Das betrifft in erster Linie Kinder aus Adel und Bürgertum, mit Einschränkungen auch aus kleinbürgerlichen und großbäuerlichen Verhältnissen. Schenda (1977, S. 444) geht davon aus, dass um 1800 in Mitteleuropa etwa ein Viertel der Bevölkerung soweit lesen kann, dass es als Lesepublikum in Frage kommt. Für den deutschsprachigen Raum weist die Lesefähigkeit große regionale Unterschiede auf (Neugebauer, 1985).

2.   Buchmarkt und Kinderliteratur

In der zweiten Hälfte des 18. Jahrhunderts entsteht Kinder- und Jugendliteratur in ihrer modernen Gestalt (Ewers, 1982, S. 12). Das zeigt sich zum einen im quantitativen Anstieg von Büchern und Zeitschriften für Kinder und Jugendliche, der in den 1780er Jahren einen ersten Höhepunkt erreicht (ebd.). Zu sehen ist dies im Kontext der allgemeinen Ausweitung und Entwicklung des literarischen Marktes. Eine signifikante Veränderung markiert der Rückgang religiöser (und lateinsprachiger) Literatur in der gesamten Titelproduktion bei gleichzeitigem Anstieg von Wissenschaften und schönen Künsten, zu denen auch die Dichtung gezählt wurde (Jentzsch nach Schön, 1987, S. 44). Der „Strukturwandel des gesamten literarischen Marktes", so Ewers (1982, S. 13), „verändert das Jugendschrifttum tiefgreifend: An die Stelle weniger, immer wieder aufgelegter und gelesener Werke tritt nun eine unübersehbare Fülle stets neu auf den Markt geworfener Titel, deren Lebensdauer nur kurz ist". Ein weiterer Grundzug moderner Kinder- und Jugendliteratur zeigt sich „in einem neuen und geschärften Adressatenbewußsein" (ebd.): es wird für Kinder und Jugendliche als eigenes, distinktes Publikum geschrieben. Dem korrespondiert als dritter Grundzug, dass sich Kinder- und Jugendliteratur „zu einem relativ selbständigen Zweig des literarischen Marktes entwickelt" (ebd.), dessen Erzeugnisse allerdings den Erziehungsschriften zugerechnet werden. Um 1800 macht Kinderliteratur nach Wild (1990, S. 45, ohne Beleg) „etwa anderthalb bis zwei Prozent der Gesamtproduktion aus".

Zum Vergleich: 2015 stellen Kinder- und Jugendbücher, die Schulbücher nicht mitgerechnet, etwa 17 Prozent des Gesamt-Buchmarktes dar (Börsenverein des Deutschen Buchhandels, 2016).[3]

3. Der bürgerliche Kindheitsentwurf[4]

Die Entstehung einer in ihren Grundzügen modernen Kinder- und Jugendliteratur ist im Kontext des bis heute fortwirkenden bürgerlichen Kindheitsentwurfs zu sehen, um den es im Weiteren gehen soll. Als bürgerlich ist dieser Kindheitsentwurf zu sehen, da es das europäische Bürgertum war, das ihn in den letzten Jahrzehnten des 18. und im beginnenden 19. Jahrhundert hervorbrachte und in unterschiedlichen Formen in seiner Lebenswelt umzusetzen versuchte. Ideengeschichtlich ist dieser neue Kindheitsentwurf im Kontext von Aufklärung und Romantik zu sehen, sozial- und kulturgeschichtlich im Kontext des Konstitutionsprozesses des Bürgertums und der Herausbildung seines Familienentwurfs. Kindheits- und Familienentwurf stellen zwei Seiten der gleichen Medaille dar: Bürgerliche Kindheit wird vor allem als Familienkindheit konzeptualisiert.

---

3   Dieser hohe Anteil liegt auch daran, dass ein Teil der Kinder- und Jugendliteratur sich auch an Erwachsene richtet und von ihnen gelesen wird, etwa die Harry-Potter-Romane.

4   Dieser Teil stellt eine überarbeitete und gekürzte Fassung des gleichnamigen Teils meines Artikels zur bürgerlichen Kindheit dar (Schmid, 2014, S. 42–57).

3.1   Der bürgerliche Familienentwurf

Im Bürgertum[5] entsteht ein neuer Entwurf von Familie. Die Familie wird hier immer weniger als Lebens- und Wirtschaftsgemeinschaft verstanden, als die sie über
Jahrhunderte in der Tradition der aristotelischen Ökonomik galt. Die sozioökono-
mischen Veränderungen der beginnenden Moderne – vor allem die Ausweitung der
Bürokratie, aber auch die sich abzeichnende Industrialisierung – führen dazu, dass
sich im Bürgertum Erwerbs- und Familienleben auseinanderzuentwickeln beginnen,
um im 19. Jahrhundert zu getrennten Bereichen zu werden. Die Zuständigkeit für diese beiden Bereiche wird – der Idee nach, keineswegs im familiären Alltag – zwischen
den Geschlechtern aufgeteilt: Männer seien aufgrund ihrer Rationalität und Aktivität
für das Erwerbsleben prädestiniert, Frauen aufgrund ihrer Emotionalität und Passi-
vität für das Familienleben bestimmt; pädagogisch wird sich das in unterschiedlichen
Erziehungskonzeptionen für Knaben und Mädchen niederschlagen. Nicht mehr der
gemeinsame Arbeitszusammenhang ist es, der in erster Linie die familialen Beziehungen prägt, sondern Vertrauen, Zuneigung, Liebe sollen sie nun bestimmen. Familie
wird als intimer, aber keineswegs exklusiver Bereich verstanden, denn Bürgerlichkeit
und Familie realisieren sich auch in Geselligkeit. In Familienszenen der Kinder- und
Jugendliteratur treten Verwandte, Freunde, Bekannte ganz selbstverständlich als Akteure auf. Familie wird als der von gefühlsmäßigen Bindungen, nicht von sachlichen
Beziehungen geprägte Privatbereich von Mann und Frau sowie Eltern und Kindern
gesehen. Familienleben, häusliches Glück bilden für Männer und Frauen des Bürgertums den Mittelpunkt ihres Lebens.

Damit ändert sich auch die Eltern-Kind-Beziehung von einer do-ut-des-Bezie-
hung, die elterliche Fürsorge einschloss, zu einer ausschließlichen Fürsorgebeziehung.
„Statt wie seit Generationen üblich", so Rebekka Habermas, „davon auszugehen, dass
Eltern-Kind-Beziehungen reziproke Beziehungen seien, in denen Eltern wie Kinder
in einem gewissen do-ut-des-Verhältnis stehen" (Habermas 2000, S. 264), haben Eltern sich jetzt, und das ist völlig neu, als der eigene Bedürfnisse zugunsten der Kinder
zurücksteckende, gebende und sorgende Teil dieser Beziehung zu sehen. Bedürfnis-
losigkeit gegenüber den Kindern wird zum Teil elterlicher Identität (vgl. ebd., S. 265).

Dieser Wandel der Eltern-Kind-Beziehung hängt damit zusammen, dass Kindheit
nun als ein eigener besonderer Lebensabschnitt mit spezifischen Entwicklungsaufgaben und -phasen verstanden wird, für den die Eltern verantwortlich sind. „Das Wohl-
ergehen des Kindes", schreibt Anne Charlott Trepp, „sollte das Hauptinteresse des
Ehepaares sein, dem es alle sonstigen Verpflichtungen und Wünsche unterzuordnen
hatte. Diese Forderung wurde keineswegs primär an die Mutter gestellt, sondern mit

---

5   Unter Bürgertum werden hier die Familien verstanden, deren Männer akademische Be-
     rufe ausübten wie Juristen, Pfarrer, Ärzte, oder Großkaufleute und Unternehmer waren.
     In Deutschland kommt dem Bildungsbürgertum eine besondere Bedeutung im Konsti-
     tutionsprozess des Bürgertums zu. Vgl. Schmid, 1985, *Zeit des Lesens*.

der gleichen Intensität auch an den Vater." (Trepp, 1996, S. 318) Beide sollten Sorge dafür tragen, dass ihre Kinder sich entwickeln und lernen. Dafür sollten sie sich das Wissen zu Nutze machen, über das Experten, vor allem Mediziner und Pädagogen, ihrem Selbstverständnis nach verfügten.

3.2   Der bürgerliche Kindheitsdiskurs

Ausgelöst und in Gang gehalten wird der bürgerliche Kindheitsdiskurs von der Überzeugung, dass Kindheit und Kinder mehr Beachtung finden müssten, als es bislang der Fall gewesen ist. Das führt insgesamt zu einer Neubestimmung von Kindheit, in der Kinder als Objekte (gezielter) gesellschaftlicher, staatlicher und vor allem elterlicher Sorge Gestalt annehmen. Dabei kommt „eine deutliche Akzentverschiebung – von der Sorge um die spirituelle Gesundheit eines Kindes hin zur Sorge um seine individuelle Entwicklung" (Cunningham, 2006, S. 96) – zum Tragen.

Das Kind des bürgerlichen Kindheitsdiskurses ist in erster Linie ein Junge; ersichtlich wird das daran, dass das weibliche Kind anders als das männliche eigens als solches bezeichnet wird. In diesem Diskurs verstehen sich Erwachsene als aktive, wissenschaftlichen Erkenntnissen folgende Gestalter von Kindheit. Diskutiert wird, was zu tun sei, damit Jungen und Mädchen zu Männern und Frauen würden, bei denen Vernunft und Gefühl so in Einklang ständen, dass sie in ihrer Lebenswelt verantwortungsvoll handeln und – nicht minder wichtig – möglichst glücklich sein können. Im Weiteren wird kurz auf den medizinischen Kindheitsdiskurs eingegangen, um dann vor allem den pädagogischen zu skizzieren.

Der *medizinische Kindheitsdiskurs* setzt an der Tatsache an, dass alle Kinder der Zeit von Krankheiten, Seuchen und Epidemien ungleich stärker bedroht sind als Erwachsene. Die Lebenserwartung von Neugeborenen im 18. Jahrhundert liegt in den Regionen, für die überhaupt Zahlen vorliegen, wie Großbritannien, Teile Frankreichs, Schweden und die deutschsprachigen Territorien bei etwa 40 Jahren. Das liegt an der hohen Sterblichkeit der unter 14-Jährigen, die die Hälfte der Bevölkerung ausmachen (Watts, 2004, S. 324). Für den deutschsprachigen Raum wird davon ausgegangen, dass ein Fünftel bis ein Drittel der Neugeborenen im 18. Jahrhundert maximal ein Jahr alt wird und nur die Hälfte das zehnte Lebensjahr erreicht (Weber-Kellermann, 1979, S. 25 f.). Häufigste Todesursache sind ansteckende Krankheiten wie Schwindsucht, Pocken, Masern, Scharlach. Das stellt kein Novum dar, neu war aber, dass Ärzte dieser Tatsache zunehmend Aufmerksamkeit widmen, was zur allmählichen Formierung von Kinderheilkunde als Teilgebiet der Medizin führt. Die Empfehlungen der Mediziner zielen im Großen und Ganzen auf die Stärkung ihrer Konstitution, um so die Überlebenschancen von Kindern zu steigern. Gegen die ansteckenden Krankheiten ist die Medizin allerdings machtlos.

Der pädagogische Kindheitsdiskurs

Neben dem medizinischen stellt der pädagogische den zweiten zentralen Kindheitsdiskurs dar. Beide gehen insofern ineinander über, als Ärzte sich als Erzieher der Eltern betrachteten und Pädagogen Argumente der Mediziner aufnehmen. Der pädagogische Kindheitsdiskurs bewegt sich im Horizont der Aufklärung, ja man kann sagen, dass „in einem hohen Maß Aufklärung und Pädagogik synonym waren" (Baggerman u. Dekker, 2004, S. 321). Die Bedeutung der Erziehung ergibt sich aus der Programmatik der Aufklärung. Deren Ideal, die Vernunft, sollte vor allem durch Erziehung praktisch werden. Erziehung erst, so die Überzeugung, lässt den Menschen, den einzelnen wie die Gattung, zum Menschen werden, indem sie ihn zu seiner Bestimmung führt. „Der Mensch", so Kant in seinen Vorlesungen *Über Pädagogik*, „kann nur Mensch werden durch Erziehung. Er ist nichts, als was die Erziehung aus ihm macht." (Kant 1803/1983, S. 699) Diese umfassende Bedeutung der Erziehung ergibt sich zum einen aus der aufklärerischen Überzeugung, der Mensch sei perfektibel, das heißt, er könne sich fortschreitend vervollkommnen, zum anderen aus der Überzeugung, die Welt lasse sich so einrichten, dass der Anspruch des Menschen auf Glück für alle realisiert werden könne. Das sollte auch für kleine Menschen gelten. Damit tritt eine neue Vorstellung auf den Plan: Kindheit als Zeit des Glücks.

Die zentralen Referenzautoren des pädagogischen Kindheitsdiskurses sind John Locke (1632–1704) und Jean-Jacques Rousseau (1712–1778). Das gilt nicht nur für den deutschsprachigen Raum, sondern für alle, die sich in Europa zu Fragen der Erziehung zu Wort melden. Auch die deutschen Philanthropen situieren sich in der Tradition Lockes und Rousseaus.

Der englische Philosoph und Arzt John Locke (1632–1704) formuliert mit seiner kühnen Ermutigung „bei der Erziehung [der] Kinder lieber [die] eigene Vernunft zu befragen, als sich ganz auf Altüberkommenes zu verlassen" (Locke, 1693/1966, S. 268) das pädagogische Credo der Aufklärung. In seinen *Gedanken über Erziehung* von 1693, 1708 auf Deutsch erschienen und das ganze 18. Jahrhundert hindurch in Europa breit rezipiert, entwirft er das Programm einer vernünftig-natürlichen Erziehung, das im Kontext seiner Erkenntnis- und seiner politischen Theorie zu sehen ist. Locke geht davon aus, dass die menschliche Seele bei der Geburt eine *tabula rasa*, ein leeres Blatt sei und ausschließlich durch Erfahrung, durch Wahrnehmung der Sinne (*sensation*) und durch Selbstwahrnehmung (*reflection*) zu Erkenntnis bzw. Vorstellungen gelange. Für die Erziehung folgt daraus, dass sie das Kind durch die Vermittlung von Eindrücken „bilden und formen kann, wie man will" (ebd.). Damit eröffnet er einen breiten Raum für pädagogisches Handeln, der von Empfehlungen zur Abhärtung durch viel Aufenthalt im Freien und leichte Kleidung über frugale Kost bis zu Würfeln mit Buchstaben zum Lesenlernen reicht.

Locke will vor allem zu Selbstständigkeit erziehen und versteht Selbstdisziplin als deren conditio sine qua non. Kinder sollen, und das markiert das Neue an seiner Pädagogik, Kinder sein können, sie sollen spielen, ihre Vergnügungen haben, man müsse sie nur daran hindern, Böses zu tun. Was sie zu lernen haben, solle ihnen nicht „als Arbeit oder ernste Sache auferlegt werden", denn „weder ihr Geist noch ihr Körper kann das vertragen" (ebd., S. 188). (Lesen-)Lernen soll deshalb so gestaltet werden, „dass sie zu spielen meinen" (ebd., S. 149). Können sie einigermaßen lesen, sollte man ihnen „leichte, vergnügliche Bücher, die [ihren] Fähigkeiten angemessen sind, in die Hand [geben], Bücher, die Unterhaltung bieten, [...] mitreißen und die Mühen [ihres] Lesens belohnen." (Ebd., S. 191) Es ist dieses Plädoyer für spielerisches Lernen und vor allem für Lektüre als Vergnügen, mit dem Locke nachhaltig auf die Kinder- und Jugendliteratur der Aufklärung wirkte.

Lockes versteht seine Schrift als praktische Anleitung zur vernünftigen Erziehung eines angehenden Gentlemans, der vieles zu lernen hat und dem gleichwohl, wie er immer wieder betont, kindliche Freuden und Ausgelassenheit, in Grenzen, zuzustehen sind. Interessante unterhaltsame Bücher haben in diesem Erziehungsprogramm ihren festen Platz.

Mit Jean-Jacques Rousseaus *Emile ou de l'education*, 1762 erschienen und im gleichen Jahr ins Deutsche übersetzt, verhält es sich anders. Rousseau geht es anders als Locke nicht um praktische Anleitungen zur Erziehung. Das liegt daran, dass er über seine Gesellschafts- und Kulturkritik zur Erziehung gekommen war. „Alles ist gut", heißt es im ersten Satz des „Emile", „wie es aus den Händen des Schöpfers kommt; alles entartet unter den Händen des Menschen." (Rousseau, 1762/1989, S. 9) Im Naturzustand, so Rousseau, ist der Mensch zufrieden und ausgeglichen, erst in der Zivilisation wird er unzufrieden und unausgeglichen, weil er andere beneidet oder verachtet, sich stets mit ihnen vergleicht. Oberstes Ziel bei Emiles Erziehung ist für Rousseau die Erziehung zum autonomen, sich selbst genügenden Subjekt. Für die Erziehung von Sophie, Emiles zukünftiger Frau, gilt das allerdings nicht. Der zeitgenössischen Geschlechteranthropologie folgend, geht er davon aus, dass die Geschlechter unterschiedlich erzogen werden müssen. Stehen beim Knaben Unabhängigkeit und Selbstständigkeit im Zentrum, so beim Mädchen eine frühe und umfassende Ausrichtung an Bedürfnissen, Wünschen, Erwartungen von Männern. Die Erziehung zum autonomen – männlichen – Subjekt ist für Rousseau dadurch zu erreichen, dass Wollen und Können, Wünsche und Fähigkeiten im Gleichgewicht bleiben, denn nur wer selbst erreichen kann, was er will, ist nicht auf andere angewiesen, also unabhängig. Allein Unabhängigkeit garantiere Glück, und für Rousseau ist alle Erziehung darauf verpflichtet, „Kinder glücklich zu sehen." (Ebd., S. 596) „Liebt die Kinder," fordert Rousseau, „fördert ihre Spiele, ihre Freuden, ihr liebenswürdiges Wesen!" (Ebd., S. 55) Das können Erwachsene aber nur, wenn sie der Natur folgen, die „will, dass Kinder Kinder sind, ehe sie Männer werden", das heißt, wenn ihnen klar ist, dass „die Kindheit [...] eine eigne Art zu sehen, zu denken und zu fühlen [hat]." (Ebd., S. 69) Mit dieser These vom Eigenrecht des Kindes hat Rousseau sich am nachhaltigsten in die Geschichte der Pädagogik eingeschrieben, und sie dient bereits zeitgenössischen Eltern als Quelle von Anregungen. Neu ist, das Kind nicht länger als defizitär anzusehen, sondern als ein bereits vollkommenes Wesen, das ein Recht auf eine erfüllte, glückliche Gegenwart hat.

Die methodische Umsetzung des Eigenrechts des Kindes findet Rousseau vor allem in der ‚negativen Erziehung‘, die Zeit verliert, das Kind seine eigenen Erfahrungen und Entdeckungen machen lässt. Das Kind, das erkannte Rousseau, entwickelt sich und lernt nur dann wirklich, wenn es sich für einen Gegenstand interessiert, wenn es selbst etwas können oder herausfinden will, nicht, wenn es das tun soll. Hier könnte Lektüre ins Spiel kommen, bietet sie sich doch an, um Interessen weiter zu verfolgen. Rousseau lehnt Bücher aber als „Geißel der Kindheit“ (ebd., S. 100) radikal ab. „Sie lehren nur, von dem zu sprechen, was man nicht weiß.“ (Ebd., S. 179) Emile soll wissen, wovon er redet, und das kann er nur auf der Grundlage eigener reflektierter Erfahrungen. Ein Buch lässt Rousseau dennoch gelten, Defoes *Robinson Crusoe*, den Emile im Alter von zehn bis zwölf Jahren mit seinem Erzieher zu lesen beginnt und der auf lange Zeit seine einzige Lektüre bleiben wird. (Ebd., S. 180) Rousseaus Erziehungstheorie ist von Anfang an auf Kritik wie auch Zustimmung gestoßen. Für das weitere Erziehungsdenken sind vor allem seine These vom Eigenrecht des Kindes und die Überzeugung, dass Knaben und Mädchen unterschiedlich erzogen werden müssen, richtungsweisend, aber auch seine Betonung des Entwicklungsgedankens, der Selbsttätigkeit und der Erziehung der Sinne. Aufgrund seiner tiefen Skepsis gegen Bücher, auch Kinderliteratur, hat er deren Entwicklung allenfalls indirekt beeinflusst.

Am intensivsten wird über Erziehung im deutschsprachigen Raum debattiert. Hier spricht man vom achtzehnten als dem pädagogischen Jahrhundert. Federführend sind die *Philanthropen* (Menschenfreunde), eine Gruppe von Erziehungspraktikern, die nahezu alle Theologie studiert haben. Ihren Locke und Rousseau haben sie gelesen und sich mit der Aufnahme der *Gedanken über Erziehung* und des *Emile* in das *Revisionswerk* (16 Bde., 1785-1792), die erste deutschsprachige pädagogische Enzyklopädie, in deren Nachfolge gestellt. Im Hinblick auf Rousseau allerdings mit deutlichen Akzentverschiebungen. Seine Gesellschafts- und Kulturkritik teilen die Philanthropen so wenig wie sein Ideal des sich selbst genügenden autonomen Individuums. Die ständische Verfassung der Gesellschaft wie auch die utilitaristische Ausrichtung von Erziehung an den Interessen des Gemeinwesens stehen für fast alle Philanthropen nicht zur Disposition. Sie wollen die Obrigkeit und das bürgerliche Publikum von der Notwendigkeit überzeugen, Schulen und Unterricht wie auch die familiäre Erziehung zu reformieren und Erziehen zu einem eigenen Beruf zu machen. Durch eine neue aufgeklärte, das heißt vernünftige, an Nützlichkeit orientierte Erziehung, so ihre Überzeugung, lasse sich der Mensch umschaffen und mit ihm die Gesellschaft. Damit konzipieren sie Erziehungsreform als Gesellschaftsreform.

Die Philanthropen entfachen eine breite pädagogische Debatte, gründen eigene Schulen, die Philanthropine, und versuchen auf die entstehende Schulverwaltung Einfluss zu gewinnen. Die bekanntesten Vertreter sind Johann Bernhard Basedow (1724-1790), der Gründer des ersten Philanthropins (1774), Joachim Heinrich Campe (1746-1818), Initiator und Herausgeber des *Revisionswerks*, Christian Gotthilf Salzmann (1744-1811), ebenfalls Gründer eines Philanthropins in Schnepfenthal bei Gotha (1784) und Eberhard von Rochow (1734-1805), der erste Theoretiker einer Volksschule (das Wort stammt von ihm), der auf seinen Gütern Musterschulen gründet. Alle Philanthropen sind einfluss- und erfolgreiche pädagogische Schriftsteller und nahezu alle verfassen auch Schriften für Kinder und Jugendliche. Sie schreiben unterhaltende, moralisch belehrende und religiöse Schriften, Unterrichtswerke wie auch belehrende und unterhaltende Sachschriften, publizieren also in allen Sparten der Kinder- und Jugendliteratur. Besonders produktiv und erfolgreich ist Campe, dessen *Robinson der Jüngere*, wie oben dargestellt, so nachhaltig auf Klöden wirkt. Seine *Gesammelten Kinder- und Jugendschriften* (Braunschweig 1806–1822), die neben Belletristik auch zahlreiche Reisebeschreibungen enthielten, umfassen insgesamt 38 Teile.

Abschließend soll kurz der *pädagogische Diskurs zur Mädchenerziehung* skizziert werden, über die in den letzten Jahrzehnten des 18. Jahrhunderts erstmals breiter, leidenschaftlich und vor allem kontrovers debattiert wird. Werde Erziehung und Bildung der Mädchen, so der Tenor, weiter vernachlässigt, dann verstehen sie zwar, einen Haushalt zu führen, nicht aber, ihren Kindern eine Mutter und ihrem Mann eine Gefährtin zu sein. Das wird aber im Bürgertum von ihnen erwartet. Zwei Strömungen stehen sich gegenüber. Die Hauptströmung der Mädchenerziehungstheorien propagiert differenztheoretisch die Erziehung zur Hausfrau, Gattin und Mutter, also die Erziehung für die Familie, was stets im Rekurs auf die weibliche Natur bzw. Bestimmung begründet wird. Die Gegenströmung plädiert egalitätstheoretisch dafür, Mädchen letztlich genauso wie Knaben zu erziehen und ihnen eine umfassende Bildung zukommen zu lassen, denn der Verstand, so das zentrale Argument, habe kein Geschlecht (Schmid, 1996). Im Hinblick auf Lektüre gehen die Positionen entsprechend auseinander. Während die Nebenströmung davon ausgeht, dass Mädchen umfassend literarisch gebildet werden müssen, d. h. ihnen auch naturwissenschaftliche, historische oder philosophische Schriften zugänglich sein sollen, will die Hauptströmung ihre Lektüre ausschließlich an der weiblichen Bestimmung ausrichten. Die Anfänge einer eigenen Mädchenliteratur in der zweiten Hälfte des 18. Jahrhunderts sind in diesem Kontext zu sehen (Grenz u. Wilkending, 1997).

Im aufgeklärten Kindheitsdiskurs stehen normative Aussagen zu den Bedingungen des Aufwachsens von Jungen und Mädchen und zu ihrer Erziehung im Zentrum. Adressiert ist er in erster Linie an Mütter und Väter, aber auch an Pädagogen und Obrigkeit bzw. Staat. Kindheit soll als bedeutungsvolle formative Lebensphase erkannt werden, in der für die individuelle Entwicklung von Kindern Sorge zu tragen ist. Dafür wollen die an der Debatte Beteiligten die als erforderlich erachteten Einstellungen und Haltungen sowie das notwendige Wissen in Umlauf bringen. Es geht ihnen um die gezielte Gestaltung von Kindheit durch Erwachsene. Von zentraler Bedeutung für das bürgerlich-aufgeklärte Verständnis von Kindheit ist die Verabschiedung des Erbsündetheologems. Damit wird eine positive Sicht auf Kinder in ihren Eigenheiten wie auch in ihren, aus der Sicht von Erwachsenen, Schwächen befördert und der Weg freigemacht, Kindern ein Recht auf Glück im Hier und Jetzt zuzusprechen. Zu diesem Glück gehören Vergnügen und Freuden. Kinderliteratur gilt als probates und wichtiges Mittel, sie ihnen zu verschaffen.

Abb. 3:
Daniel Chodowiecki. Titelvignette zu
Christian Felix Weiße. *Briefwechsel der
Familie des Kinderfreundes* 1 (1784)

Was kam von den bislang dargestellten Debatten in bürgerlichen Kindheiten und das
heißt vor allem in bürgerlichen Familien an? Auch wenn die meisten Eltern weder
Locke, Rousseau noch die Philanthropen lesen, verfügen sie über vom Kindheitsdiskurs inspirierte oder durch diesen bestätigte Vorstellungen ‚richtiger‘ bzw. ‚guter‘
elterlicher Erziehung, die sich in bestimmten Praxen bürgerlicher Kindheit materialisieren. Zur ‚richtigen‘ elterlichen Sorge gehört auch, die Lektüre der Kinder im Auge
zu behalten. Pädagogen ermahnen Eltern, ihren Kindern nur Bücher, die sie selbst
gelesen haben, in die Hand zu geben, um Unpassendes auszuschließen und einer sich
eventuell abzeichnenden Lesesucht – ein breit diskutiertes Thema – entgegenzuwir-
ken. Anhand des Tagebuchs von Otto van Eck (1780–1798), von 1791–1797 geführt und
mit seinen 1560 Seiten das umfangreichste bislang zugängliche Kinder- und Jugendta-
gebuch, haben Arianne Baggerman und Rudolf Dekker (2009, S. 119–170) rekonstruiert, was der Junge las oder genauer gesagt: lesen und in seinem von den Eltern, das ist
wichtig, gelesenen Tagebuch reflektieren sollte. Für die ersten Jahre lassen sich 35 Titel
ermitteln, die alle den zeitgenössischen lesedidaktischen Empfehlungen entsprechen.
Lambert und Charlotte van Eck sind aus der Perspektive zeitgenössischer Pädagogik
vorbildliche Eltern: sie überlassen die Lektüre ihres Sohnes keineswegs dem Zufall,
sondern leiten sie an und überprüfen die Ergebnisse.

Lektüre kommt, wie die Autobiographien zeigten, in der Erinnerung an die Kindheit eine wichtige Bedeutung zu: sie diente der Unterhaltung, aber auch dem Wissens-

erwerb, sie bot papierne Gefährtinnen und Gefährten und regte die Phantasie an. Mit der Aufklärung entsteht eine in ihren Grundzügen moderne Kinder- und Jugendliteratur, was im Kontext des bis heute fortwirkenden bürgerlichen Kindheitsentwurfs zu sehen ist. Dieser versteht Kindheit als formative Phase, die von den Eltern gestaltet werden muss. Dazu sollen sie sich die Erkenntnisse von Medizin und Pädagogik zu Nutze machen, um die individuelle Entwicklung ihrer Kinder gezielt zu fördern. Mit der aufklärerischen Distanzierung vom Erbsündetheologem wird eine zunehmend positive Sicht auf Kindheit möglich. In diesem Zusammenhang ist auch die neue Idee zu sehen, dass Kindern, in Maßen, Vergnügen und Freuden zustehen. Eines der Mittel, Kinder zu fördern wie auch zu erfreuen, stellt Lektüre dar, die Eltern auswählen und über die sie wachen sollen.

Literatur

Baggerman, Ariane u. Dekker, Rudolf (2009). *Child of the Enlightenment. Revolutionary Europe in a Boyhood Diary*. Translated by Diane Webb. Leiden, Boston.

Baggerman, Ariane u. Dekker, Rudolf (2004). Enlightenment. In Paula S. Fass (Ed.), *Encyclopedia of children and childhood: in history and society*. Vol. 1. New York u. a., S. 321–324.

Börsenverein des deutschen Buchhandels (2016). *Der Markt der Kinder- und Jugendbücher in Zahlen*. Verfügbar unter: http://www.boersenverein.de/sixcms/media.php/1117/Trend bericht_2016_Factsheet_Marktzahlen.pdf. [17.10.16].

Cunningham, Hugh (2006). *Die Geschichte des Kindes in der Neuzeit*. Aus dem Englischen v. Harald Ehrhardt. Düsseldorf.

Ewers, Hans-Heino (1982). Einleitung. In Theodor Brüggemann in Zusammenarbeit mit Hans-Heino Ewers. *Handbuch zur Kinder- und Jugendliteratur. Von 1750 bis 1800*. Stuttgart, Sp. 3–64.

Goethe, Johann Wolfgang von (1811/1998). *Aus meinem Leben. Dichtung und Wahrheit*. 1. Teil. HA Bd. 9. München.

Grenz, Dagmar u. Wilkending, Gisela (Hrsg.). (1997). *Geschichte der Mädchenlektüre. Mädchenliteratur und gesellschaftliche Situation der Frau vom 18. Jahrhundert bis in die Gegenwart*. Weinheim.

Habermas, Rebekka (2000). *Frauen und Männer des Bürgertums. Eine Familiengeschichte (1750–1850)*. Göttingen.

Kant, Immanuel (1803/1983). Über Pädagogik. Hrsg. v. D. Friedrich Theodor Rink (1803). In Ders., *Werke in sechs Bänden*. Hrsg. v. Wilhelm Weischedel. Bd. VI. Darmstadt.

Klöden, Karl Friedrich (1874/1978). *Von Berlin nach Berlin. Erinnerungen 1786–1824*. Berlin.

Locke, John (1693/1966). *Gedanken über Erziehung* (Some thoughts concerning education). Übersetzung, Anmerkungen und Nachwort v. Heinz Wohlers. Stuttgart.

Neugebauer, Wolfgang (1985). *Absolutistischer Staat und Schulwirklichkeit in Brandenburg-Preußen*. Berlin (Veröffentlichungen der Historischen Kommission zu Berlin. Bd. 62).

Rousseau, Jean-Jacques (1762/1989). *Emil oder Über die Erziehung*. Vollständige Ausgabe. In neuer deutscher Übersetzung besorgt v. Ludwig Schmidts (9. Auflage). Paderborn u. a.

Schenda, Rolf (1977). *Volk ohne Buch. Studien zur Sozialgeschichte der populären Lesestoffe 1770–1910.* München.

Schmid, Pia (2014). Bürgerliche Kindheit. In Meike Sophia Baader, Florian Eßer u. Wolfgang Schröer (Hrsg.), *Kindheiten in der Moderne. Eine Geschichte der Sorge.* Frankfurt a. M., S. 42-71.

Schmid, Pia (1996). Weib oder Mensch, Wesen oder Wissen. Bürgerliche Theorien zur weiblichen Bildung um 1800. In Elke Kleinau u. Claudia Opitz (Hrsg.), *Geschichte der Mädchen- und Frauenbildung. 1. Bd.: Vom Mittelalter bis zur Aufklärung.* Frankfurt a. M., S. 327–345.

Schön, Erich (1987). *Der Verlust der Sinnlichkeit oder Die Verwandlung des Lesers. Mentalitätswandel um 1800.* Stuttgart.

Schopenhauer, Johanna (1839/1978). Jugenderinnerungen. In Dies. *Ihr glücklichen Augen. Jugenderinnerungen. Tagebücher. Briefe.* Berlin, S. 29–274.

Trepp, Anne-Charlott (1996). *Sanfte Männlichkeit und selbständige Weiblichkeit. Frauen und Männer im Hamburger Bürgertum zwischen 1770 und 1840.* Göttingen.

Watts, Sheldon (2004). Epidemics. In Paula S. Fass (Ed.), *Encyclopedia of children and childhood: in history and society.* Vol. 1. New York u. a., S. 324–327.

Weber-Kellermann, Ingeborg (1979). *Die Kindheit.* Frankfurt a. M.

Wild, Reiner (1990). Die Aufklärung. In Ders. (Hrsg.), *Geschichte der deutschen Kinder- und Jugendliteratur.* Stuttgart, S. 45–98.

Heiner Ullrich

Romantische Kindheitskonzeptionen und Kinderliteratur in der Romantik

1.   Der romantische Blick auf das Kind

> *Ja! Ein göttlich Wesen ist das Kind, solang es nicht in die Chamäleonsfarbe der Menschen getaucht ist.*
> *Es ist ganz, was es ist, und darum ist es so schön.*
> *Der Zwang des Gesetzes und des Schicksals betastet es nicht; im Kind ist Freiheit allein.*
> *In ihm ist Frieden; es ist noch mit sich selber nicht zerfallen. Reichtum ist in ihm; es kennt sein Herz, die Dürftigkeit des Lebens nicht. Es ist unsterblich, denn es weiß vom Tode nichts.*
> Hölderlin: Hyperion oder Der Eremit in Griechenland [1797], 1992, S. 616.

Dem romantischen Blick, der aus Philipp Otto Runges Bild *Die Hülsenbeckschen Kinder* (1805) (vgl. S. 34) und aus den Zeilen Friedrich Hölderlins im *Hyperion* (1797) spricht, offenbart sich das Kind als ein schon vollkommenes menschliches Wesen; seiner selbst nicht bewusst, lebt es in einer Welt des Spiels und des Tagtraumes, in der es seine intensiven Gefühle und seine grenzenlose Fantasie schöpferisch zum Ausdruck bringen kann; seine Zeiterfahrung ist die einer erfüllten Gegenwart, der Unendlichkeit des Augenblicks. Das Kind kann noch unmittelbar staunen und es hat noch Gefallen am Märchenhaft-Wunderbaren. Im zyklischen Lebensrhythmus der Natur, gleichsam noch in einem vorgesellschaftlichen Zustand, besitzt es ursprüngliche Naivität, Selbstgenügsamkeit und Harmonie. Allseitig und ungespalten wirken in ihm die schöpferischen Seelenkräfte der Fantasie; damit wiederholt sich in ihm die naive Überschwänglichkeit des primitiven Menschen, der Frühling der Menschheitsgeschichte. Wie das mythische Denken des frühen Menschen beseelt auch das Kind mit seinen im weitesten Sinne poetischen Fantasien und Vorstellungen die Welt der Natur und die Wörter der Sprache; vom Umgreifenden noch nicht durch die Reflexion geschieden, lebt es in universeller Einheit und in fraglosem Einklang mit der Welt. In seiner gefühlsbestimmten Vertrauensseligkeit und durch seine geheimnisvollen Ahnungen erschaut es prä-reflexiv tiefere Weisheiten über das Welträtsel als der Erwachsene, der durch das gesellschaftliche Leben seiner selbst entfremdet und durch die rationale Daseinsbemächtigung in seinem Seelenleben immer stärker vereinseitigt wird. Er begegnet im Leben des Kindes einer idealen Daseinsform, dem Vorschein der wahren menschlichen Bestimmung, zu der man durch eine wiedergewonnene zweite Kindlichkeit gelangen kann. Das Kind wird so gesehen zum Lehrer der kulturell von sich selbst entfremdeten Erwachsenen, welcher diese immer wieder auf den Weg zu ihrer ursprünglichen Bestimmung zurückführen, sie verjüngen und verwandeln kann.

Abb. 1: *Die Hülsenbeckschen Kinder.* Philipp Otto Runge, 1805–1806. Öl auf Leinwand
131×141 cm, Hamburger Kunsthalle

2.   Die Genese des romantischen Kindheitsideals

Von einem kulturgeschichtlichen Ansatz her, in dem Perspektiven der Literatur- und
Kunstgeschichte, der Ethnologie und der Sozialgeschichte miteinander verschmelzen,
hat Dieter Richter die bürgerlichen Kindheitsbilder um 1800 rekonstruiert – das „re-
lative" der Aufklärer und das „absolute" der Romantiker (Richter, 2014). Seine zentrale These ist, dass das konstitutive Merkmal dieser Kindheitsbilder die Erfahrung des
Kindes als eines fremden Wesens ist, die aus der dem Zivilisationsprozess geschul-
deten wachsenden Distanz zwischen den Erwachsenen und den Kindern entspringt.

Ähnlich wie die Ethnologie sich konstituiert als Reflex der Erfahrung fremder, außereu-
ropäischer Kulturen, der ‚Wildheit' und ‚Unzivilisiertheit' der Eingeborenen, so entste-

hen die Kindheitsbilder der bürgerlichen Gesellschaft im Gefolge einer ‚ethnologischen Erfahrung im eigenen Land'. Gemessen an den Verhaltensstandards der („gebildeten") Erwachsenen erscheinen Kinder zunehmend als unzivilisiert, als *kleine Wilde*, und dies in der doppelten Bedeutung des Wortes. (Ebd., S. 25)

Während dieser „wilde" Wesenszug des Kindes von den Pädagogen der Aufklärung als Ausdruck seiner rohen Triebhaftigkeit und Unkultiviertheit verstanden wird, assoziieren die romantisierenden Intellektuellen damit Natürlichkeit im Sinne von Ursprünglichkeit und Reinheit. Mit der Idealisierung der Kindheit als der „einzig unverstümmelte[n] Natur" (Schiller) oder als „goldenes Zeitalter" (Novalis) ist zugleich die Kritik an der Entfremdung der Erwachsenen in der bürgerlichen Gesellschaft verbunden. In weltlicher Form kehrt im romantischen Kindbild ein altes messianisches Motiv wieder: „Das Kind wird zum kleinen Heiligen. Immer wieder muss es die Menschheit erlösen und die Welt retten, von Brentanos Fanferlieschen bis zu Michael Endes Momo" (ebd., S. 27).

Die kulturkritischen Dichter und Denker entwerfen um 1800 mit ihrem romantischen Blick auf das Kind Sehnsuchtsbilder eines noch nicht entfremdeten Lebens; die Kinder erscheinen ihnen – wie auch das Landvolk – als Bewohner eines verlorenen Paradieses, dessen Spuren es für die Zukunft zu bewahren gilt. Das Zauberwort, das diese Gegenwelt evoziert, heißt *Natur*. So schreibt Schiller in der Abhandlung Über *naive und sentimentalische Dichtung* (1795) programmatisch:

> Wir lieben in ihnen [i. e. den Kindern] das stille schaffende Leben, das ruhige Wirken aus sich selbst, das Dasein nach eigenen Gesetzen, die innere Notwendigkeit, die ewige Einheit mit sich selbst. Sie sind was wir waren; sie sind, was wir wieder werden sollen. Wir waren Natur wie sie, und unsere Kultur soll uns, auf dem Wege der Vernunft und der Freiheit, zur Natur zurückführen. (Schiller, 1960, S. 695)

Die Glorifizierung der Kindheit erfolgt hier sozusagen in doppelter Richtung – als Verklärung einer unwiederbringlichen Vergangenheit und als utopischer Ort in der Zukunft. In dieser letzteren Perspektive enthält das Naturkindheitsbild durchaus ein kultur- und bildungskritisches Potenzial im Hinblick auf die Existenzform des Erwachsenen in der bürgerlichen Gesellschaft. Richter formuliert treffend: „So wird Erinnerung an das fremde Kind zur Musik der Zukunft, wird der Traum vom Alten zum geheimen Signal des Neuen" (Richter, 2014, S. 327). Richter macht allerdings auf einen inneren Widerspruch aufmerksam, der das romantische Bild des Kindes als noch vollkommener und unschuldiger Natur kennzeichnet: Es

> feiert *Natur*, freilich eine in spezifischer Weise gestutzte Natur: die edle, gepflegte Natur (die das Pendant zum ‚edlen Wilden' ist. […]. Im Plädoyer für die Natur des Kindes soll gleichzeitig ängstlich dem Risiko vorgebeugt werden, dass diese Natur die in ihr schlummernden anarchischen Kräfte entfalte und sich damit der Verregelung durch die Erwachsenen entziehe. […] Wie das Paradies auszusehen habe, ist bereits vorgedacht – ein gepflegter Garten soll es sein, keine Wildnis. (Ebd., S. 259 f.)

Unwillkürlich denkt man als Pädagoge oder als Pädagogin hier schon an Fröbels Konzept des Kindergartens, mit dem den Kindern der ihnen gemäße Garten Eden zurückgegeben werden sollte.

3.   Kindheitskonzeptionen in der deutschen Romantik

Während Dieter Richter die Genese des romantischen Blicks in der bürgerlichen Gesellschaft um 1800 und sein Sehnsuchtsbild einer vollkommenen Kindheit anhand vielfältiger kulturgeschichtlicher Bezüge sozusagen in der Breite erschließt, liegt das Forschungsinteresse von Hans-Heino Ewers (1989) ideengeschichtlich auf tiefgründigen systematischen Analysen der Kindheitskonzeptionen der damaligen Protagonisten Herder, Jean Paul, Novalis und Tieck. Es ist Ewers' übergreifender Befund,

> daß der romantische Kindheitsentwurf, was seine zentralen inhaltlichen Bestimmungen angeht, im Grunde seit Herder feststeht, daß sein inhaltlicher Bestand durch die spätere metaphysische Aufladung [durch Jean Paul und die Romantiker; H.U.] nicht wesentlich berührt worden ist. Die Überführung der anthropologischen Kindheitstheorie [Herders] in eine Metaphysik der Kindheit verändert nicht die Inhalte, sondern einzig deren Fundierungs- und Ableitungsweise. (Ewers, 1989, S. 260)

Herders gedankliche Konstruktion der Kindheit als einer poetischen Daseinsform im Lebenslauf, mit welcher jedes Kind gleichsam das „goldene Zeitalter" der Menschheit wiederholt, ergibt sich aus seiner geschichtsphilosophischen Gleichsetzung der menschlichen Lebensalter mit den Epochen der Menschheitsgeschichte. Gemeinsam mit Rousseau entwirft auch der junge Herder die Kindheit als Gegenbild zur damaligen Zeit. Für Rousseau ähnelt das Kind in seiner anspruchslosen Selbstliebe noch dem „homme naturel" vor der gesellschaftlichen Entfremdung. „Rousseaus Gegenentwurf einer natürlichen Kindheit ist keine Transzendierung, sondern eine Radikalisierung der Aufklärung" (ebd., S. 84). Herder dagegen lässt die Aufklärung radikal hinter sich zurück, indem er die Kindheit als eine poetische Daseinsform stilisiert, die – wie die Welt der sog. Primitiven – durch ihre intensive sinnliche Erfahrung, intensive Empfindsamkeit und schöpferische Einbildungskraft der Welt der Erwachsenen überlegen ist. Wie auf einer anfänglichen Stufe der menschlichen Kultur leben die Kinder noch lebhaft mit einer „ganzen, ungeteilten menschlichen Seele", während die Existenz der Erwachsenen in einer durch Rationalisierung und Arbeitsteilung bestimmten Kultur durch innere Trennung der Fähigkeiten und die Dominanz abstrakten Wissens gekennzeichnet ist.

In den Kindheitskonzepten Jean Pauls und der Romantiker Novalis und Ludwig Tieck erhält die von Herder entworfene Idee der Kindheit als ursprünglicher poetischer Daseinsform eine metaphysische Ausrichtung. Nunmehr wird das Verhältnis des Kindes zu einer überirdischen Welt des Göttlichen bzw. Geistigen thematisch. Kinder werden als Wesen gesehen, die noch in einer besonderen Nähe zum Gött-

lichen leben (Jean Paul). Oder sie werden zu einer Art von „höheren Menschen"
verklärt, die im Unterschied zu den Erwachsenen durch eine „Überlegenheit in den
allerhöchsten Dingen" ausgezeichnet sind (Novalis). Für Tieck ist die Kindheit noch
ein „Paradies" bzw. „ein Gefilde voll Seligkeit"; Kinder sind durch eine besonders
starke „himmlische Sehnsucht" bestimmt, ein Verlangen, sich mit dem Göttlichen in
Liebe zu vereinigen. Sie leben in ihrer ursprünglichen – zuerst polytheistischen, dann
monotheistischen – Religiosität zuerst noch in einem primitiven Geisterglauben, der
sie für Märchen und fantastische Erzählungen besonders empfänglich macht.

Ewers bilanziert als ein zentrales Ergebnis seiner Analysen, dass mit dem romantischen Kindheitsideal eine vollständige Abkehr vom anthropologischen Denken der
Aufklärung erfolgt. „Herder entreißt der Aufklärung das Primitive und die Kindheit
und definiert sie als schlechterdings fremde, archaische Lebensformen, in denen das
aufgeklärte Zeitalter nichts von sich selbst wiederfinden kann" (ebd., S. 263). Die
Frühromantiker setzen die Konzeption Herders fort und „radikalisieren die Entfremdung von Kindheit und Moderne durch eine metaphysische Fundierung bzw.
Mystifizierung auch noch der primitiven Züge kindlichen Wesens" (ebd.). Indem das
Kindlich-Ursprüngliche von ihnen als ein Ausfluss des Transzendenten verstanden
wird, erschaffen sie im Bereich der Literatur einen neuen Kult des göttlichen Kindes,
der in einer säkularisierten Kultur denjenigen der christlichen Tradition ablösen kann.

Als Ergänzung und Erweiterung der Analysen von Ewers hat Meike Sophia Baader (1996) ideengeschichtliche Studien zu den Kinderbildnissen Philipp Otto Runges und zur Kindergartenerziehung bei Friedrich Fröbel ausgearbeitet. Für Runge,
dessen *Hülsenbecksche Kinder* der figurative Inbegriff des romantischen Kindheitsideals geworden sind, leben die Kinder noch in einem paradiesischen Zustand, in
welchem körperliche Gestalt und seelisches Erleben noch nicht auseinandergetreten
sind, Endliches und Unendliches bzw. Gegenwärtiges und Überzeitliches noch miteinander im Einklang stehen. Die Kinder versinnbildlichen die Idee der Reinheit,
die für Runges Malkunst programmatisch wird und auch bei ihm letztlich religiös
fundiert ist. Von Runge wird die von Gottesnähe und Reinheit bestimmte „kindliche
Existenzweise und der kindliche Blick auch in seiner Theorie der bildenden Künste
zum Ideal erhoben" (Baader, 1996, S. 176). Auch für Friedrich Fröbel verkörpert das
Kind – gemäß dem sphärischen Gesetz – ursprüngliche Einheit und Ganzheit und
unmittelbare Nähe zum Göttlichen (vgl. Heiland, 1982; Heiland, 2002). Im freien Spiel
des Kindes und in seiner Fantasie begegnen wir deshalb noch einmal der göttlichen
Schöpferkraft in elementarer Form, die es als Bildungstrieb für die späteren Lebensalter frei zu entfalten gilt. Angesichts dieser spirituellen Potenziale soll alle Erziehung
primär „nachgehend" sein. Fröbels Geleitwort zum Plan des Kindergartens: „Kommt
lasst uns unseren Kindern leben" bringt mit der hohen Wertschätzung des Kindes die
Hoffnung der Erwachsenen zum Ausdruck, dass sie sich im erzieherischen Umgang
mit den Kindern – beim gemeinsamen Spielen, Singen, Erzählen usw. – gleichsam
verjüngen und innerlich beleben können. „Dass das Kind alles beseele und belebe
und damit von Natur aus poetisch verfahre, ist ein wesentliches Moment seiner ro-

mantischen Idealisierung" (Baader 1996, S. 259). Kinder – und Fröbel meint nunmehr die wirklichen Kinder in den bürgerlichen Familien – „tun von sich aus das, was die Frühromantiker als ‚Romantisieren' bezeichnen" (ebd.).

4. Die mythologischen und anthropologischen Grundlagen

In meinen Studien über die Genese des romantischen Kindbildes und seine Wirkungen auf das pädagogische Denken (Ullrich, 1999; Ullrich, 2015) habe ich auch versucht, die komplexe kognitive Grundstruktur des romantischen Kindheitsideals freizulegen und seine vielfältigen Re-Aktualisierungen und Transformationen bis in die Gegenwart zu identifizieren.

Das narrative Fundament des romantischen Kindheitsideals bilden zwei uralte, religiös verankerte Mythen: der Mythos vom goldenen Zeitalter und der Mythos vom göttlichen Kind und Erlöser. Genau genommen wird man die romantische Auffassung vom Kind als schöpferischem Menschenwesen, das noch im Zustand völliger Ursprünglichkeit lebt, nicht mehr als originär mythisch betrachten; denn es geht hier nicht um die (Wieder-)Erzählung eines im substanziellen Sinn religiösen Geschehens. Es liegt hier so etwas wie ein modernes Ursprungsnarrativ über das Kind vor. Genau genommen sind es zwei unterscheidbare Narrative, welche von der bisherigen kultur- und ideengeschichtlichen Forschung nur im Ansatz bezeichnet worden sind. Wir wollen sie im Folgenden etwas genauer nacherzählen. Wenn man für sie den Begriff „Mythos" weiterhin benutzen will, dann wird man von zwei neuzeitlichen literarisch-philosophischen Kunstmythen sprechen können, die keine im engeren Sinne kultisch-religiöse Verankerung mehr besitzen. Sie haben ihren jeweiligen Bezugspunkt in den Mythen des goldenen Zeitalters bzw. des paradiesischen Urzustandes und des göttlichen Erlöser-Kindes.

Präromantische Stufe (Herder)	Romantische Stufe (Novalis u. a.)
Mythen	
Mythos vom goldenen Zeitalter (Paradies)	Mythos vom göttlichen Kind (Erlöser)
Ideen über das Kind	
Selbsttätigkeit im Bildungsprozess Entwicklungsphase mit eigener Dignität Poetische Daseinsform (Ontogenese rekapituliert Phylogenese)	Verbundenheit mit übernatürlicher göttlicher bzw. geistiger Welt

Abb. 2:   Kognitive Struktur des romantischen Kindheitsideals

Das erste können wir das *präromantische* Ursprungsnarrativ nennen. Im Kind begegnen wir dem vollkommen natürlichen, noch unschuldigen Menschen des Paradieses wieder, der noch nicht von den Einflüssen der Kultur verdorben, noch nicht seiner selbst entfremdet worden ist. Das Kind lebt noch in Einheit mit sich selbst und im Einklang mit der natürlichen (göttlichen) Ordnung. In seiner Anmut liegt ein Versprechen auf menschliche Vollkommenheit; im Leben des Kindes zeigt sich ein Vorschein der Freiheit. In der Entwicklung des jungen Menschen wiederholen sich die Zeitalter der Menschheitsgeschichte: das goldene im Zeitalter der frühen Naturvölker, dann das heroische der Antike und schließlich die bürgerlich-rationale Epoche der Neuzeit. Das Kind vollzieht also mit allen seinen Kräften den Prozess der Kulturschöpfung vom Anfang bis in die Gegenwart nach. Deshalb gleicht es anfangs noch dem „edlen Wilden" bzw. dem „naiven Genius", der mit seiner poetischen Weltauffassung dem göttlichen Ursprung der Dinge noch näher ist. Die schöpferische und poetische Natur des Kindes zeigt sich besonders in seinem Spieltrieb, in seiner Fragelust und in seiner Fantasie. Das Kind stellt mithin noch eine andere Art und Stufe des Menschlichen dar; es lebt in seiner Welt noch „ganzheitlicher" als die Erwachsenen. Deshalb muss die Erziehung natur- und kindgemäß erfolgen, d.h. sie soll das Kind in seiner Entwicklung unterstützen und vor schädlichen Einflüssen bewahren. Der Erwachsene, der in einer alten, zur Vereinseitigung und Erstarrung tendierenden Kultur lebt, kann sich im Umgang mit dem Kind wieder verjüngen.

Das zweite Narrativ über das Kind als ursprünglich kreativen Menschen kann man als das *eigentlich romantische* bezeichnen. Mit der Geburt des Kindes erscheint auch das Göttliche wieder in der Welt und ermöglicht der abgefallenen Welt der Erwachsenen eine Rückkehr zum Ursprung. Das Kind kann diejenigen, die sich auf es einlassen, aus ihrer Selbstentfremdung erlösen; denn es ist in seiner Seele noch unmittelbar mit dem geistig-göttlichen Urgrund der Welt verbunden. Sein „Gefühl der Überlegenheit in den höchsten Dingen" (Novalis 1977, S. 326) kommt in seinem Lächeln, in seinem Urvertrauen, in seinen Ahnungen und in der Schöpferkraft seines Spiels zum Ausdruck. Im Spiel und im Gespräch mit dem Kinde vor ihm findet der Erwachsene auch wieder zurück zu dem verschütteten Kind in ihm selbst, kann er gleichsam wieder heil und ganz werden. So gelangt er selber zur „Lebenseinigung" (vgl. Fröbel 1982, S. 36), zur mystischen Erfahrung der geistig-göttlichen Allverbundenheit der Wesen und Dinge. Das Kind ist also nicht nur das noch unfertige Menschenwesen, das zu seiner Mündigkeit der Erziehung bedarf, es ist zugleich in seiner Ursprünglichkeit das Vorbild des Erwachsenen, der seine Kindheit verwandelt in sich bewahren soll. In der Erziehung des Kindes liegt also zugleich die Chance der Nacherziehung der Erwachsenen. So wie das Kind erwachsen werden will, so sollen die Erwachsenen auch wieder werden wie die Kinder!

Diese beiden mythisch fundierten Narrative vom Kind als einem noch in nicht entfremdeter Ursprünglichkeit lebenden, kreativen Menschen bilden zusammen das romantische Kindheitsideal, welches sich vom aufgeklärten Bild des Kindes als einem erst noch zu kultivierenden und zu disziplinierenden Triebwesen diametral unterscheidet. Die Richtung der gedanklichen Bewegung ist geradezu entgegengesetzt: im aufgeklärten Kindbild geht es den Erwachsenen darum, das rohe, unzivilisierte Stadium der Kindheit möglichst schnell hinter sich zu lassen; im romantischen Kindheitsbild suchen die Erwachsenen den Weg zurück in die vollkommene Kindheit und die Bewahrung des Verlorenen. Beiden Kindheitsbildern liegt die Vorstellung vom Naturzustand als projektivem Gegenentwurf zur bürgerlich-städtischen Lebensform zugrunde. Im ersten erscheint das Kind als noch roher, unkultivierter Naturmensch, als „Wilder im eigenen Land", im anderen als „homme naturel", als edler Wilder und letzter Bewohner des Paradieses. Im romantischen Kindheitsideal projiziert mithin das seiner selbst unsicher gewordene bürgerliche Subjekt der Moderne ein Gegenbild zur eigenen Zerrissenheit, das sowohl Erinnerung ist an die Fülle, die das Leben einst versprach, als auch Hoffnung auf die Wiedergewinnung ursprünglicher Vollkommenheit.

Das romantische Kindheitsideal stellt mit seinen mythischen Urbildern des paradiesischen Menschen bzw. des göttlichen Erlöserkindes nicht nur eine Projektion des kulturkritisch gewordenen bürgerlichen Bewusstseins dar; es dient vielmehr zugleich dazu, die Ideen über den Menschen anschaulich zu verdichten, die im 18. und 19. Jahrhundert in der Anthropologie auch zu einer neuen Wahrnehmung des Kindes geführt haben. Man wird diesem Ideal des Kindes daher nicht gerecht, wenn man mit der Analyse nur auf der Ebene der Narrative und ihrer Bilder verbleibt und deren Macht beschwört oder kritisiert; mindestens genauso wichtig ist die systematische Explikation der anthropologischen Paradigmen, die damit in Beziehung gesetzt werden. Denn das Ideal vom Kind als einem kreativen Menschen, der noch im Zustand der ursprünglichen Einheit mit sich selbst lebt, haben nicht nur Dichter wie Friedrich Hölderlin und Maler wie Philipp Otto Runge gestaltet, sondern ebenso die Philosophen und Erzieher in ihren Diskursen über Bildung und Erziehung verwendet.

Die erste anthropologische Voraussetzung des präromantischen Narrativs über das Kind ist die Zurückweisung des von Augustinus geprägten christlichen Erbsünde-Dogmas und der von Aristoteles bis Descartes gebräuchlichen rationalistischen Vorstellung der Philosophen von der Tierheit des Kindes zugunsten eines Vertrauens in die ursprüngliche Güte und Selbstbildungskraft der kindlichen Natur. Am Anfang des neuen, „heidnisch"-optimistischen Kindheitsbegriffs stehen die Abkehr von der christlichen Orthodoxie und der deistische Glaube an die innerweltliche Perfektibilität der menschlichen Gattung. Die Wiederherstellung der „unter den Händen des Menschen entarteten" natürlichen Verhältnisse ist bei Rousseau nicht mehr Gegenstand religiöser Jenseitshoffnungen, sondern zentrale Aufgabe der Erziehung und der Politik. Hier sei nur kurz darauf hingewiesen, dass die Leibnizsche Monadenlehre mit ihren Konzepten der Individualität und der Selbsttätigkeit das zukunftsweisende Paradigma für diese neue optimistische Anthropologie – auch des Kindes – liefert.

Mit ihr deutet sich die zweite konzeptionelle Voraussetzung des präromantischen Narrativs an – der ebenfalls aus der Philosophie Leibnizens entspringende *Gedanke der Entwicklung*. Die ursprüngliche Bewegung jedes Wesens („Monade") ist Selbstbewegung; den Antrieb und das Ziel der Bewegung trägt es in sich, die Spontaneität und den Drang nach Autarkie. Der Bildungsgang des Menschen ist zu verstehen als Ausdruck eines Entwicklungsprozesses zu je individueller Vollkommenheit gemäß seinem inneren Bauplan. Durch die Übertragung dieses genetischen Gedankens der Stufenordnung der Lebewesen sowohl auf die Entwicklung des Individuums als auch auf die Geschichte der menschlichen Gattung kommt es schließlich bei Herder zur wirkungsmächtigen Formulierung des *Rekapitulationsprinzips*. Danach wiederholen sich im Entwicklungsprozess der Person bekanntlich stets von neuem die Kulturstufen der Menschheit. Somit begegnet man in jedem Kind wieder der Seelenstruktur der Primitiven. Dieses genetische Prinzip führt in pädagogischer Hinsicht zu einem weiteren Grundgedanken, der schon bei Rousseau ausgesprochen, aber erst im romantischen Diskurs über das Kind konsequente Berücksichtigung findet: die Anerkennung der Eigenwertigkeit jeder einzelnen Lebensphase im Lebenslauf der Person – damit auch und gerade der Kindheit als eigenständigen Modus des menschlichen Seins.

Die dritte und zentrale konzeptionelle Voraussetzung des im engeren Sinne romantischen Narrativs über das Kind liegt in der aus dem Versuch der Überschreitung der aufklärerischen Rationalität resultierenden Höherbewertung der unbewussten, vor- und überrationalen Seelenkräfte, welche in der Kunst, im Mythos und in der Religion ihre eigentümlichen Ausdrucksformen finden. Diese ursprünglichen Seelenkräfte, zu denen das aufgeklärte bürgerliche Subjekt erst durch die Überschreitung des Intellekts wieder zurückfindet, walten nach Ansicht der Romantiker noch ungestört im Kind. Sie ermöglichen ihm noch ein noch nicht entfremdetes Leben mitten unter den Wesen und Dingen. Durch seine Fantasie und seine innigere Verbundenheit mit den Dingen erhält das Kind nun eine quasi-religiöse Mittlerrolle: Denn es weist den romantischen Menschen hin auf das Mysterium der Natur, in deren Gestaltenfülle sich die „Weltseele" noch unmittelbar ausspricht, und es lehrt ihn damit zugleich, wieder den Weg zu den Ursprüngen zu finden und im Vergänglichen das Ewige, im Profanen das Heilige zu sehen. Mit der Vorstellung vom Kind als Vater des Menschen wird hier – zuerst von den Poeten, dann von den Pädagogen der Romantik – die uralte Idee des absoluten Kindes erneuert, die nicht christlicher, sondern hermetisch-gnostischer Herkunft ist (vgl. Assmann, 1978). Für den unter den ökonomisch rationalisierten und durch die Wissenschaften entmythologisierten Lebensformen der Moderne leidenden bürgerlichen Intellektuellen um 1800 stellen die davon bislang unberührten Kinder Menschenwesen dar, die noch in völliger Ursprünglichkeit und Einheit mit sich selbst zu leben vermögen.

5.   Die ursprüngliche „Volkspoesie" und die Kinderliteratur der Romantik

Der romantische Blick wendet sich auf der Suche nach der noch nicht entfremdeten „höheren" Natur nach rückwärts und findet diese in den Gegenwelten des Volkes und der Kindheit. Die Lieder und Spiele der Kinder und die Erzählungen des Landvolkes finden nun als Ausdrucksformen einer fantasievolleren Vorzeit eine besondere Beachtung. Aus dieser romantischen Rückwendung auf das Kind und das Volk entspringt auch der Versuch, die noch nicht von der modernen Zeit verdrängte „Volkspoesie" vor dem Aussterben zu bewahren. „Der Sammler als Retter – diese Haltung prägt die romantische Position gegenüber dem Alten. Da die alte Zeit unwiderruflich vergeht, sollen wenigstens Bruchstücke ihrer Kultur erhalten werden" (Richter, 2014, S. 240). Als solche Bruchstücke werden vor allem die in den Dörfern mündlich tradierten Volks- und Kinderlieder sowie die Volksmärchen verstanden. Ihnen wird auch im Umgang mit den Kindern eine beseelende Wirkung zugesprochen, so dass sich aus der Sammlung der Volkspoesie gleichsam auch eine Literatur für Kinder ergibt. Denn gerade die aus der „Kindheit der Menschheit" überlieferten Lieder und Erzählungen sind dem Kind, wie es die Romantiker verstehen, gemäß. Die Sammler der noch lebendigen Volkspoesie verfolgen programmatisch zwei unterschiedliche Strategien – entweder eine explizit literarische wie von Arnim und Brentano mit *Des Knaben Wunderhorn* (1805 ff.) oder eine programmatisch philologisch-volkskundliche wie die Brüder Grimm mit den *Kinder- und Hausmärchen* (1812 ff.). Dass aber auch die Grimms nicht nur dokumentierten, sondern ihre Quellen auch nach eigenen Vorstellungen sprachlich umgestalteten, ist inzwischen ein Gemeinplatz.

> Die romantische Kinderliteratur beginnt im Jahre 1808 mit einem Werk, das man weder zur spezifischen Kinderliteratur noch zu den in ihrer Zeit ‚erfolgreichen' literarischen Publikationen rechnen kann: dem dritten Band der von Achim von Arnim und Clemens Brentano herausgegebenen Volksliedsammlung ‚Des Knaben Wunderhorn' mit dem […] Anhang ‚Kinderlieder' (Weinkauff u. von Glasenapp, 2014, S. 56).

Die beiden Sammler, die zugleich Dichter waren, treffen mit den von ihnen zusammengestellten und poetisch verfeinerten Reimen, Gedichten und Liedern sowohl den „Volksliedton" als auch den „Kinderton", welcher der romantischen Kindheitsvorstellung angemessenen Ausdruck verleiht und viele weitere kinderliterarische Werke im 19. Jahrhundert inspiriert.

Als besonders produktiv für die Entwicklung der romantischen Kinderliteratur erweist sich die Korrespondenz von Kindheit und Märchen: Kindheit wird als eine naive poetische Daseinsform verstanden, die besonders empfänglich ist für jegliche Natur- und Volkspoesie. Dieses Programm ist kulturgeschichtlich gesehen durchaus eine Innovation. Denn Märchen als mündlich weitergegebene wundersame Geschichten und Erzählungen waren ursprünglich gar keine spezifische Unterhaltung für

Abb. 3:   Achim v. Arnim u. Clemens Brentano. *Des Knaben Wunderhorn* (1808), Bd. III.
Titel und Frontispiz (Anhang Kinderlieder)

Kinder, sondern nur für die Erwachsenen. Giambattista Basiles Märchensammlung
Pentamerone aus dem frühen 17. Jahrhundert sollte mit ihren fantastischen und nicht
selten frivolen Geschichten eine männliche Hofgesellschaft amüsieren, und Charles
Perraults *Histoires ou Contes du temps passé* von 1697 waren eher moralisierende
Erzählungen zur geistreichen Unterhaltung der gebildeten weiblichen Gesellschaft
der Salons im französischen Absolutismus (vgl. Richter, 2014, S. 175–228). Erst mit
den 1812 erschienenen *Kinder- und Hausmärchen* der Brüder Grimm wird „den Kindern das Ihrige" zurückgegeben (!). Der erste Band der Märchensammlung ist „an
die Frau Elisabeth von Arnim für den kleinen Johannes Freimund" adressiert, der
damals gerademal ein gutes Jahr alt war. Und die für die Romantiker kennzeichnende
Korrespondenz von Märchen und Kindheit bringen die Brüder Grimm in der *Vorrede* ihrer Sammlung in den folgenden Worten zum Ausdruck: „Innerlich geht durch
diese Dichtungen dieselbe Reinheit, um derentwillen uns Kinder so wunderbar und
selig erscheinen" (Grimm u. Grimm, 1962, S. 8). Mit der Sammlung der Gebrüder
Grimm haben die Märchen nunmehr ihr bis heute konstitutives kindliches Publikum

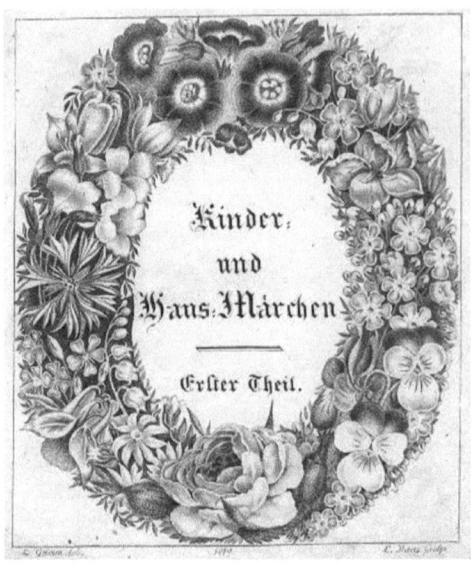

Abb. 4:
Jacob u. Wilhelm Grimm.
Kinder- und Hausmärchen. Illustriertes
Titelblatt des ersten Bandes der zweiten
Auflage von 1819

und den von Mutterliebe und Häuslichkeit geprägten Erzählort in der bürgerlichen Familie gefunden. Sie sind damit zum Inbegriff einer romantischen Kinderliteratur geworden, die sich bewusst von den lehrhaft-moralisierenden Erbauungs- und Unglücksgeschichten – von *Fritz dem Näscher* in Campes *Kleiner Kinderbibliothek* bis zu Hoffmanns *Struwwelpeter* – im Gefolge der Aufklärungspädagogik distanziert. Der bis heute anhaltende weltweite Erfolg der Grimmschen Märchen ist weniger ihrem volkskundlichen Wert zu verdanken als der ihnen zugeschriebenen pädagogischen Qualität als Literatur für Kinder. Ganz in diesem Sinne haben die beiden Grimms schon in der Vorrede zum zweiten Band im Jahre 1815 angemerkt:

> Wir wollten durch unsere Sammlung nicht bloß der Geschichte der Poesie einen Dienst erweisen, es war zugleich Absicht, dass die Poesie selbst, die darin lebendig ist, wirke: erfreue, wen sie erfreuen kann, und darum auch, dass ein eigentliches Erziehungsbuch daraus werde. (Ebd., S. 237)

Und so ist die Märchensammlung bei jeder Neuauflage von den Grimms durch die Weglassung derber und gewalthaltiger Stellen immer „kindgemäßer" geworden.

Aus der Orientierung am romantischen Kindheitsideal und dem korrespondierenden Programm der Volkspoesie sind nicht nur die neuen Gattungen der Kinderlieder und der Kindermärchen entstanden. Spätromantische Dichter wie Ludwig Tieck und E.T.A. Hoffmann haben mit ihren Kunstmärchen die Grundlage für eine weitere neue Gattung der Kinderliteratur gelegt:

> Während die Volksmärchen zumeist von einer magischen Weltsicht getragen und in einer fiktionalen Welt angesiedelt sind, in der das Wunderbare als Selbstverständlichkeit akzeptiert wird, weisen ‚Nussknacker und Mausekönig', ‚Das fremde Kind' und Tiecks

Elfenmärchen ein grundlegendes Gattungsmerkmal der Phantastischen Erzählung auf: das Konfligieren rational-logischer und irrational-magischer Weltsichten. (Weinkauff u. von Glasenapp, 2014, S. 63)

In den Kindheitskonzepten und in der Kinderliteratur der Romantik finden wir nicht nur die „volkspoetischen" Gegenentwürfe zur pädagogisch geprägten Literatur der Aufklärung, sondern auch schon die Grundlinien einer fantastischen Literaturgattung, deren bekannteste Protagonisten – z. B. Astrid Lindgrens „Pippi Langstrumpf", Michael Endes „Momo" oder Paul Maars „Sams" – die heutigen Kinder bzw. Eltern zu ihren Klassikern erkoren haben. So weist die Bedeutung der Romantik weit über ihre historische Epoche hinaus. Ähnlich wie der Gegensatz zwischen Konservativer Pädagogik und Reformpädagogik auf dem Feld der Erziehung bildet derjenige zwischen aufklärerischer und romantischer Kinderliteratur ein bis in die Gegenwart hineinreichendes produktives Spannungsfeld.

Literatur

Assmann, Aleida (1978). Werden was wir waren. Anmerkungen zur Geschichte der Kindheitsidee. In Albrecht Dihle u. a. (Hrsg.), *Antike und Abendland. Bd. XXIV.* Berlin, New York, S. 98–124.

Baader, Meike Sophia (1996). *Die romantische Idee des Kindes und der Kindheit. Auf der Suche nach der verlorenen Unschuld.* Neuwied, Kriftel, Berlin.

Ewers, Hans-Heino (1989). *Kindheit als poetische Daseinsform. Studien zur Entstehung der romantischen Kindheitsutopie im 18. Jahrhundert. Herder, Jean Paul, Novalis und Tieck.* München.

Fröbel, Friedrich (1982). *Ausgewählte Schriften. Bd. 3. Texte zur Vorschulerziehung und Spieltheorie.* Hrsg. v. Helmut Heiland (2. unveränd. Aufl.). Stuttgart.

Grimm, Jacob u. Grimm, Wilhelm (1962). *Kinder- und Hausmärchen. Gesammelt durch die Brüder Grimm. 2 Bände.* Berlin 1812 u. 1815. Durchgesehen und der heutigen Schreibart angeglichen. Mit einem Nachwort v. Walther Killy. Frankfurt a. M.

Heiland, Helmut (Hrsg.). (2002). *Friedrich Wilhelm August Fröbel (1782–1852).* Baltmannsweiler.

Heiland, Helmut (1982). *Friedrich Fröbel in Selbstzeugnissen und Bilddokumenten dargestellt.* Reinbek.

Hölderlin, Friedrich (1797/1992). *Sämtliche Werke und Briefe 1.* Hrsg. v. Michael Knaupp. München u. Wien.

Novalis (1977). *Schriften. Die Werke Friedrich von Hardenbergs.* Hrsg. v. Paul Kluckhohn u. Richard Samuel. Erster Band: Das dichterische Werk (3. erw. u. verbess. Aufl.). Darmstadt.

Richter, Dieter (1987/2014). *Das fremde Kind. Zur Entstehung der Kindheitsbilder des bürgerlichen Zeitalters.* Frankfurt a. M.

Schiller, Friedrich (1960). *Sämtliche Werke.* Auf Grund der Originaldrucke hrsg. v. Gerhard Fricke u. Herbert G. Göpfert. Fünfter Band: Erzählungen/Theoretische Schriften (2., durchges. Aufl.). München.

Ullrich, Heiner (2015). Kindheit als kreative Daseinsform – das Bild des Kindes im reformpädagogischen Diskurs. In Horst Philipp Bauer u. Jost Schieren (Hrsg.), *Menschenbild und Pädagogik*. Weinheim u. Basel, S. 71–88.

Ullrich, Heiner (1999). *Das Kind als schöpferischer Ursprung. Studien zur Genese des romantischen Kindbildes und zu seiner Wirkung auf das pädagogische Denken*. Bad Heilbrunn.

Weinkauff, Gina u. Glasenapp, Gabriele von (2014). *Kinder- und Jugendliteratur* (2., aktualisierte Aufl.). Paderborn.

Gabriele von Glasenapp

Suchbewegungen

Jugendliterarische Positionsbestimmungen vor und nach der Jahrhundertwende

1.   Einführende Überlegungen

Fragt man nach einer tragfähigen Definition von *Kinder- und Jugendliteratur*, so bietet die Forschung gleich ein ganzes Bündel an Begriffsbestimmungen, um auf diese Weise der Inhomogenität, welche der Kinder- und Jugendliteratur bekanntermaßen inhärent ist, gerecht zu werden. An erster Stelle zu nennen ist – um nur die wichtigsten Beschreibungsschemata sowie Textkorpora anzuführen – die sog. faktische Kinder- und Jugendlektüre, die alles umfasst, was Heranwachsende tatsächlich in ihrer Freizeit lesen. Ihr zur Seite tritt das Textkorpus der sogenannten intendierten Kinder- und Jugendlektüre, mit dem in etwa das beschrieben wird, was Kindern und Jugendlichen von Erwachsenen zur Lektüre empfohlen wird. Und last but not least spricht man von spezifischer oder originärer Kinder- und Jugendliteratur zur Bezeichnung jener Texte, die explizit für Kinder und Jugendliche verfasst worden sind, ein Textkorpus, das vielfach verkürzt als prototypisch für die Gesamtheit der Kinder- und Jugendliteratur angesehen wird. Als wichtigstes gemeinsames Merkmal dieser von Hans-Heino Ewers bereits Anfang der 1990er Jahre entwickelten Definitionen (Ewers, 2012, S. 14–19; vgl. auch Gansel, 2016, S. 13–19) sei hier die Tatsache angeführt, dass mit ihnen weder eine spezifische literarische Eigenheit von Kinder- und Jugendliteratur noch ein Textsortenmerkmal beschrieben wird. Die Kennzeichen dieser Definitionen sind neben ihrer Überzeitlichkeit und Intersubjektivität vielmehr die Bildung von für die Kinder- und Jugendliteratur zentralen Textkorpora, die allein aus literaturbezogenen Handlungen bestehen – sie werden gebildet durch den Akt der Lektüre, den Akt der Empfehlung, den Akt der Entscheidung, einen Text für Heranwachsende – und eben nicht für Erwachsene – zu verfassen (Ewers, 2012, S. 20–22).

So unverzichtbar diese Definitionen mittlerweile für die Forschung geworden sind, es bleibt die Feststellung, dass Kinder- und Jugendliteratur, wie übrigens auch die Literatur insgesamt, keine klar eingrenzbare Textgruppe darstellt – und das ungeachtet der Tatsache, dass sie sowohl in der Forschung, in den ihr gewidmeten Literaturgeschichten (Wild, 2008; Brüggemann u. Brunken, 1987; 1991; Brüggemann u. Ewers, 1982, Brunken, Hurrelmann u. Pech, 1998; Brunken et al., 2008) und Überblicksdarstellungen (Lange, 2012), aber auch im Feuilleton wie im Deutschunterricht als feste Größe, d.h. als Textkorpus mit einer besonderen Identität, behandelt wird (Ewers, 2014, S. 19–22). Nicht wahrgenommen und daher auch nicht reflektiert wird dabei die Tatsache, dass diese Identität lediglich das Produkt einer Zuschreibung ist, die wiederum sehr viel mehr über den jeweiligen Literaturbegriff als über den Gegenstand selbst aussagt.

Dass sich Kinder- und Jugendliteratur in ihrer Gesamtheit keineswegs durch überzeitliche, intersubjektive Merkmale bzw. Eigenschaften auszeichnet, lässt sich bereits an der Begrifflichkeit ablesen: Kinder- und Jugendliteratur, so lautet die Bezeichnung dieser Literatur, dies allerdings erst seit einigen Jahrzehnten.[1] Diese vielfach unreflektierte und undifferenzierte In-Eins-Setzung von Kinderliteratur und Jugendliteratur mag heute gängig sein, dem Gegenstand gerecht wird sie nicht. Denn bei der Kinderliteratur und der Jugendliteratur handelt es sich streng genommen nicht um eine, sondern um zwei Literaturen (Mattenklott, 1994, S. 11) bzw. zwei unterschiedliche Teilsysteme. Zwar stehen beide Literaturen einander nicht dichotomisch gegenüber, sondern weisen vor allem hinsichtlich ihrer Formen und Funktionen, mitunter auch bei ihren Gattungen und Themen, vielfältige Berührungspunkte und Überschneidungen auf, aber die Beschreibungsmuster der einen taugen ungeachtet dieser wechselseitigen Interferenzen nur sehr bedingt als Matrix für die jeweils andere Literatur.[2]

Diese Tatsache wird besonders deutlich bei einem Blick auf die Geschichte beider Literaturen, die ebenfalls von sehr unterschiedlichen Schwerpunktsetzungen und Zäsuren geprägt ist, was bereits an den Titeln der in diesem Band versammelten Beiträge offen zutage tritt. Sie sind mehrheitlich, wie bereits an den Titeln abzulesen ist, explizit kinderliterarischen Fragestellungen gewidmet. Das heißt, auch wenn sie aus historischer, systematischer, medientheoretischer oder pädagogisch-didaktischer Perspektive durchaus von Kinder- *und* Jugendliteratur sprechen, so steht doch mehrheitlich die *Kinder*literatur im Zentrum der Betrachtung.

In diesem Beitrag soll nun aus einer diachronen Perspektive explizit die *Jugend*literatur an der Wende vom 19. zum 20. Jahrhundert in den Blick genommen werden, ein Zeitabschnitt, der zwar keine wirkliche Zäsur (im engeren Sinne) innerhalb der Geschichte der Jugendliteratur darstellt, aber dennoch in seiner Gesamtheit als paradigmatisch für die höchst unterschiedlichen Positionen sowohl der Jugendliteratur selbst, aber auch der Diskurse sowohl über die Jugendliteratur wie auch über das Realphänomen von Jugend angesehen werden kann.

Damit folgt der Beitrag zunächst einer historischen Perspektivierung: Begonnen werden soll mit einem Rückgriff auf die Jugendliteratur des 18. und 19. Jahrhunderts

---

1   Älteren Bezeichnungen ist vielfach das Bemühen anzusehen, dem Textkorpus den Terminus ‚Literatur' zu verweigern, nicht zuletzt, um auf diese Weise die Unterschiede zum Symbolsystem der eigentlichen, ‚richtigen' Literatur herauszustellen. Mitunter bis heute finden sich Begriffe wie Kinder- und Jugendschrifttum, Kinder- und Jugendbücher, Kinder- und Jugendlektüre.

2   In der sozialhistorischen Forschung wird bereits seit Beginn der 1980er Jahre explizit von „unscharfen Alterstrennungen" sowohl zwischen, nach heutiger Begrifflichkeit Kindern, Jugendlichen und Erwachsenen als auch von fehlenden Unterscheidungen zwischen jüngeren und älteren Mitgliedern der jugendlichen Altersgruppe gesprochen (vgl. Gillis, 1984, S. 21).

bzw. die Vorstellungen und Angebote, die hinsichtlich der Lektüre für Jugendliche in diesem Zeitraum entwickelt worden sind. In einem zweiten Schritt geht es dann in systematischer Betrachtungsweise um den Zeitraum der Jahrhundertwende, in dem ‚Jugend' in ganz unterschiedlichen Zusammenhängen zu einer festen Bezugsgröße sowohl in kulturell-pädagogischen Kontexten wie auch innerhalb des literarischen Handlungs- und Symbolsystems wird. Als zweite Bezugsgröße soll immer wieder auf analoge, aber auch diskrepante Positionen/Entwicklungen innerhalb des kinderliterarischen Handlungs- und Symbolsystems verwiesen werden, um auf diese Weise zu verdeutlichen, was eingangs bereits kurz angeschnitten wurde, dass nämlich Kinder- und Jugendliteratur zwar durchaus eine Vielzahl von Berührungspunkten und Überschneidungen aufweisen, es sich in letzter Konsequenz jedoch keineswegs um eine Entität, sondern um zwei Literaturen handelt.

2.   Kinder- und Jugendliteratur als Entität

Mit einigen dieser Gemeinsamkeiten und Unterschiede sollen die nachfolgenden Überlegungen auch begonnen werden: Eine Gemeinsamkeit, die beide Literaturen verbindet und zugleich von der allgemeinen, also Erwachsenenliteratur unterscheidet, ist die Tatsache, dass ihr Gegenstand – jene Texte, die Kindern bzw. Jugendlichen zur Lektüre empfohlen werden, ebenso wie jene Texte, die explizit für Kinder bzw. Jugendliche verfasst werden – eine Angelegenheit ist, die von Beginn an vornehmlich unter Erwachsenen, den sogenannten Vermittlern (früher: Literaturpädagogen), ausgehandelt wird. Sie bestimmen, welche kinder- und jugendliterarischen Texte empfohlen, gedruckt, publiziert, rezensiert und in den Bibliotheken eingestellt werden (Ewers, 2012, S. 34–38). Beide Literaturen waren und sind also in entscheidender Weise davon geprägt, welche Vorstellungen und Konzeptionen erwachsene Vermittler über Texte und deren potenzielle Verwendung verfolgen – Vorstellungen, die sich zugleich nachhaltig in den daraus resultierenden Textkorpora niederschlagen. Diese Vorstellungen der Vermittler hinsichtlich *geeigneter* Texte für die jeweiligen Zielgruppen sind, ebenfalls beide Literaturen betreffend, wiederum in hohem Maße abhängig von den jeweils herrschenden Entwürfen und Konzeptionen von Kindheit und Jugend. Beiden Literaturen gemeinsam ist also ein analoges Prinzip der wechselseitigen Abhängigkeit zwischen den herrschenden und von Erwachsenen entwickelten Konzeptionen von Kindheit bzw. Jugend und den davon geprägten oder daraus resultierenden Texten.

Aber damit enden dann auch (zunächst) die Gemeinsamkeiten, denn die Entwürfe von Kindheit und die Konzeptionen von Jugend differierten beträchtlich auf mehreren Ebenen, was sowohl auf der Diskurs- wie auf der Sachebene deutlich ablesbar ist. Die Weichen dafür wurden bereits in der Epoche der Aufklärung gestellt.

Ein entscheidendes Kennzeichen dieser Epoche (vgl. Schmid in diesem Band) bildet die ‚Entdeckung' der Kindheit als ein eigenständiger und eben nicht nur transitorischer Zeitabschnitt, der für das Leben jedes Menschen von zentraler Bedeutung ist.

Die neuen Konzeptionen von Kindheit, wie sie vor allem von Rousseau und Herder, dann von den Philanthropen, entwickelt und von den philanthropisch orientierten Pädagogen gleichsam unmittelbar aufgegriffen wurden, bilden die entscheidenden Voraussetzungen für das Entstehen eines kinderliterarischen Handlungs- und Symbolsystems (Wild, 2008, S. 43–95; Weinkauff u. Glasenapp, 2014, S. 25–30) oder anders formuliert: Diese Vorstellungen legen den Grundstein für das Entstehen jenes Textkorpus, das mittlerweile als originäre Kinderliteratur bezeichnet wird.

*Kinder*literatur – wohlgemerkt, denn den Pädagogen des ausgehenden 18. Jahrhunderts ist es nahezu ausschließlich um Konzeptionen von *Kind*heit zu tun, Konzeptionen von Jugend oder gar Jugendliteratur nehmen in diesem Kontext lediglich eine randständige Position ein.

Dabei finden sich bereits seit dem Mittelalter, eigentlich sogar seit der Antike, vielfältige Konzepte sowohl zur Gliederung des menschlichen Lebenslaufs wie auch zur Bewertung der einzelnen Lebensphasen. Seit dem 16. Jahrhundert wird diesen Konzepten vielfach in der ikonographischen Form einer sog. Lebenstreppe Ausdruck verliehen (Ehmer, 2008, Sp. 50) – die erste Stufe wurde dabei immer jeweils dem Kind, die zweite dem Heranwachsenden zuerkannt.

Ende des 18. Jahrhunderts bildet der Begriff der Jugend für eine Phase zwischen Kindheit und Erwachsensein im Leben eines jeden Menschen bereits eine feste Größe; Angehörige dieses Lebensabschnittes werden für gewöhnlich als Jüngling oder Jungfrau bezeichnet, wofür das Grimm'sche Wörterbuch etliche Beispiele anführt: „gewöhnlich wird jüngling von dem zwischen dem knaben- und mannesalter stehenden gebraucht und demgemäsz zwischen kind und jüngling [oder auch zwischen], knabe und jüngling unterschieden" und als einen unter mehreren Entwicklungsstadien benannt: „der knabe, der jüngling, der mann und der greis" (Deutsches Wörterbuch, 1877, Sp. 2395 f.). Dass sich diese Phasen nicht nur durch unterschiedliche Altersstufen unterscheiden, wird durch die Zuordnung von Adjektiven zumindest angedeutet: „der reichlockige knabe, der muntere jüngling, der ernste mann" (ebd.). Und auch die bildende Kunst kennt die Figur des Jünglings bereits seit der Antike. Ikonographisch hat er bereits die Größe eines Mannes, er wird jedoch in Abgrenzung zu diesem vielfach als bartlos dargestellt.

Dennoch spielt der Heranwachsende, der dem Kindesalter entwachsen ist, in den literarischen Diskursen der Spätaufklärung, also im Entstehungskontext des vorgeblich kinder- *und* jugendliterarischen Handlungssystems, in dem er als Rezipient einer eigens für ihn verfassten bzw. an ihn adressierten Literatur vorkommt, nur eine untergeordnete Rolle. Das gilt auch dann, wenn Jugendliche, Jünglinge, junge Leute bzw. junge *Frauenzimmer* im Untertitel von Werken explizit als Adressaten genannt werden. Denn vielfach wird bei der Begrifflichkeit gar nicht zwischen Kindern und älteren Heranwachsenden unterschieden, sondern die Termini finden oftmals additiv oder synonym Verwendung, wie die Ausführungen des Theologen und Pädagogen Friedrich Gedike (1754–1803) anschaulich unter Beweis stellen. Gedike kritisierte das infolge der Fortschritte in der Drucktechnik immer mehr ausufernde (und daher aus seiner Sicht zunehmend minderwertige) Angebot an Büchern, Zeitschriften und anderen Periodika in scharfer Weise:

> Keine einzige literarische Manufaktur ist so sehr im Gange als die Büchermacherei für die *Jugend* nach all ihren Gradationen und Klassen. Jede Leipziger Sommer- und Wintermesse spült wie die Flut des Meeres eine zahllose Menge Bücher der Art ans Ufer. […] Da gibt es unter zahllosen Formen und Namen: Kinderalmanache, Kinderzeitungen, Kinderjournale, Kindersammlungen, Kinderromane, Kinderkomödien, Kinderdramen, Kindergeographien, Kinderhistorien, Kinderphysiken, Kinderlogiken, Kinderkatechismen, Kinderreisen, Kindermoralen, Kindergrammatiken und Lesebücher für Kinder in allen Sprachen ohne Zahl, Kinderpoesien, Kinderpredigten, Kinderbriefe, Kindergespräche, und wie sonst noch alle der literarische Puppenkram heißen mag, der alljährlich besonders unter dem für die lieben Eltern und Basen anlockenden Nebentitel ‚Weihnachtsgeschenk für die lieben Kinder' zu Markte gebracht wird. (Gedike, 1789, S. 422 f.; Hervorh. GvG)

Gedikes Aufzählung macht deutlich, dass die Kinderliteratur bereits zu diesem frühen Zeitpunkt nicht nur ein beachtliches Gattungsspektrum aufwies, sondern die Begrifflichkeit von Kindern und Jugendlichen vielfach synonym, genauer gesagt: *Jugend* mitunter als ein Sammelbegriff für *alle Kinder* angewendet wurde.[3]

Nicht damit bezeichnet wird eine eigene, sich vom Kindesalter unterscheidende Lebensphase, deren Angehörige sich durch spezifische Befindlichkeiten und natürlich auch durch eigene Interessen auszeichneten.

3.   Literarische Inszenierungen von Jugend vor 1900

Dabei existierte zum Ende des 18. Jahrhunderts bereits durchaus ein Wissen über die Verfasstheit von Jugend (vgl. Roth, 1983, Gillis, 1984, Speitkamp, 1998) und auch über die Krisenhaftigkeit, die dieser Lebensphase inhärent war. Dieses Wissen hatte seinen Niederschlag bereits nicht nur in Sachtexten, sondern auch in literarischen Repräsentationen gefunden. Dafür seien hier, in gebotener Kürze, zwei prominente Beispiele angeführt.

An erster Stelle zu nennen ist Daniel Defoes 1719 erschienener Roman *Das Leben und die unerhörten Abenteuer des Robinson Crusoe, eines Seemannes aus York, der 28 Jahre ganz allein auf einer unbewohnten Insel vor der Küste von Amerika lebte, nahe der Mündung des großen Orinoko-Stromes, wohin er durch einen Schiffbruch verschlagen worden war, bei dem alle Mann außer ihm umkamen. Mit einem Bericht, wie er zuletzt auf ebenso merkwürdige Weise durch Piraten befreit wurde. Von ihm selbst*

---

3 Vgl. in diesem Zusammenhang auch die Einleitung zu Friedrich Eberhard von Rochows Abhandlung *Versuch eines Schulbuches für Kinder der Landleute* (1772), in der der Verfasser ungeachtet der Adressierung seines Werkes nahezu durchgängig von dem aus seiner Perspektive beklagenswerten Zustand der Land*jugend* spricht.

geschrieben. Bekannt geworden ist Defoes Werk vor allem als Abenteuer-, Reise-, Bekehrungs- und utopischer Roman, wobei mitunter jedoch aus dem Blick geraten ist, dass hier auf weite Strecken eine Geschichte über die Lebenskrise des zunächst jugendlichen Protagonisten erzählt wird (vgl. Glasenapp, 2014, S. 366–369).

Denn Robinson ist zu Beginn der Erzählung ein junger Mann, der von dem Gedanken der Seefahrt besessen ist und alle Vorhaltungen seines Vaters, sich dem Berufe der Juristerei zuzuwenden, in den Wind schlägt. Gegen den Willen des Vaters bricht er auf, gerät mehrfach durch Stürme in Seenot, bereut immer wieder sein unbedachtes Handeln – jedoch nur so lange, bis der Sturm vorbei ist. Auch die Warnungen wohlmeinender Kapitäne, ihn von seinem Weg abzubringen, helfen wenig. Bis der Protagonist bei einem weiteren Sturm Schiffbruch erleidet und auf einer fernen Insel strandet. Bereits bei diesem kursorischen Rekurs auf den Inhalt dürfte klar geworden sein, dass der unfreiwillige Inselaufenthalt in unmittelbarem Zusammenhang mit dem Verhalten des Protagonisten in der sog. Herkunftswelt steht. Robinson hat mit seinem Verhalten nämlich nicht nur gegen den Willen seines Vaters verstoßen – was nach damaliger Auffassung schon schlimm genug wäre –, sondern gegen göttliches Gebot. Denn ebenso wie die immer wieder in Erscheinung tretenden und vergeblich zur Umkehr mahnenden Schiffskapitäne stellt der Vater auch eine *allegorische* Figur dar, gleichsam eine Inkarnation des Höchsten Willens. Als sichtbares Zeichen dessen untermauert er seine mehrfach explizit als ‚vernünftig‘ markierten Vorhaltungen mit entsprechenden Bibelzitaten. Durch sein ausschließlich von Affekten gesteuertes jugendliches Fehlverhalten stellt sich der junge Robinson außerhalb jeder vernünftigen und damit religiösen Ordnung, als dessen unmittelbare Folge er durch den Schiffbruch (!) auf die weltabgeschiedene Insel gelangt. Im Zuge einer schweren Krankheit erfolgt schließlich die Katharsis: Robinson bereut sein bisheriges Verhalten, unterwirft sich vollständig dem Willen Gottes und überwindet auf diese Weise die *Krankheit* seiner Jugend.

Von nicht zu unterschätzender Bedeutung in diesem Kontext sind zudem die in Anwendung gebrachten Erzählverfahren. Durch die Ich-Perspektive wird die Existenz eines autobiografischen Textes fingiert, verfasst von Robinson selbst; in den ersten englischen Ausgaben trat Defoe nicht als Verfasser in Erscheinung. Erzählt wird im Rückblick, nach der Rückkehr von der Insel in die Welt. Der Ich-Erzähler befindet sich somit ungefähr in einem Alter, in dem der eigene Vater gewesen war, als er die Affekte des Sohnes vergeblich zu zügeln versuchte. Auf diese Weise erhält die Exempel- und Umkehrgeschichte einen *objektiven* Charakter. Dies wird zusätzlich gestützt durch das stark markierte Auseinanderfallen von erlebendem und erzählendem Ich, das dem Ich-Erzähler, der seine Handlungen beständig aus einer späteren Perspektive kommentiert, einen quasi auktorialen Gestus verleiht. Das Erzählte erhält damit zugleich das Wesen eines Bekenntnisses, dem auf Grund seines quasi-religiösen Charakters die wahrheitsgemäße Aussage inhärent ist.

Obwohl die Erzählung von der Überwindung eines jugendlichen von Affekten gesteuerten Leichtsinns handelt, waren aber offensichtlich auch andere Lesarten möglich, solche nämlich, die den abenteuerlichen Charakter des Romans und hier vor allem den „Sieg" des Sohnes in der Auseinandersetzung mit dem Vater in den Vordergrund stellten, aller späteren Reue zum Trotz. Diese zweite Lesart war offensichtlich jene, die von jugendlichen Lesern bevorzugt wurde. So jedenfalls ist es in den Klagen zeitgenössischer Vermittler überliefert, die die Heranwachsenden gerne an der Lektüre des Romans gehindert hätten.

Deutlicher noch offenbaren sich die Bedenken zwei Generationen später. Zwar hatte Rousseau in seinem Erziehungsroman *Émile* die Lektüre von Defoes *Robinson* ausdrücklich befürwortet, doch diese Empfehlung mochten seine deutschen Adepten, allen voran der Pädagoge Joachim Heinrich Campe, ganz augenscheinlich nicht übernehmen. So adaptierte Campe Defoes Roman, aber er kürzte ihn u. a. um genau jene Passagen, die den Roman für jugendliche Leser attraktiv gemacht hatten: die Auseinandersetzungen zwischen Vater und Sohn sowie einen Großteil der abenteuerlichen Handlungsanteile. Campe veränderte zudem die Erzählverfahren und unterzog den Roman damit einer radikalen Pädagogisierung. Die Ich-Perspektive des Originals weicht einem sehr stark wertenden und kommentierenden auktorialen Erzähler – einer Vaterfigur nämlich, welche die Geschichte des Robinson an mehreren Abenden ihren Kindern (!) erzählt (Glasenapp, 2016, S. 238)[4].

Damit wird Campes *Robinson der Jüngere* (1779) zugleich zu einem Gründungsmanifest bzw. einer Gründungsurkunde der spezifischen Kinderliteratur transformiert oder anders formuliert, er wird auf diese Weise von der faktischen Jugend*lektüre* in die spezifische *Kinderliteratur* überführt. Das heißt: Das Wissen um die Existenz der Jugendphase sowie deren Krisen ist durchaus vorhanden. Ihre literarische Repräsentation erscheint jedoch, zumindest aus der Perspektive der Vermittler, als so ‚gefährlich', dass die Lektüre nicht nur untersagt, sondern die Texte darüber hinaus einer pädagogisierenden Bearbeitung unterzogen werden, um sie nunmehr im Geiste der Spätaufklärung als Kinderliteratur deklarieren zu können (Weinkauff u. Glasenapp, 2014, S. 30–35).

Campes Bearbeitung von Defoes Roman war 1779 erschienen, nur fünf Jahre zuvor (1774) wurde – ebenfalls anonym und aus der Ich-Perspektive verfasst – ein Briefroman veröffentlicht, der das Lebensgefühl junger Menschen in einer Weise in Worte kleidete, dass ganze (bürgerliche) Generationen sich darin wiedererkannten: *Die Leiden des jungen Werthers*. Wie das Werk von Defoe wird auch Goethes Roman ein Bestseller im ausgehenden 18. Jahrhundert. Es sind vor allem Jugendliche, bei denen er Begeisterung und sehr schnell das auslöst, was die Forschung später unter den Begriff des sog. Werther-Fiebers fasst (Jeßing, 1999, S. 537; Mattenklott, 1997, S. 94–98). Auch Goethes Roman erzählt aus der subjektiven Perspektive seines Protagonisten von den Lebenskrisen eines jungen Mannes bürgerlicher Herkunft (vgl. Kaulen, 2004). Er erzählt allerdings sehr viel extremer als Defoe, extremer nicht

---

4   Dort auch weitere Literaturangaben zu Campes Werk und dessen Rezeption.

zuletzt deshalb, da es in diesem Fall keine Umkehr und keine Reue gibt: Der radikalen Gefühlslage des Protagonisten entspricht sein nicht minder radikales Ende.

Als ein kurzes *Zwischenfazit* kann an dieser Stelle festgehalten werden, dass in der Kinderliteratur des ausgehenden 18. und frühen 19. Jahrhunderts bürgerliche Kindheiten durchaus ihre literarische Repräsentation finden, d. h. in an kindliche Leser adressierten Texten treten auch kindliche Akteure in Erscheinung. Von einigen Ausnahmen abgesehen gibt es dazu jedoch kaum ein Pendant für jugendliche Leser und Leserinnen. Abgesehen von einigen Zeitschriften und Sachtexten, sog. Ratgebern zumeist, existiert in diesem für die Kinderliteratur so wichtigen Zeitraum kaum erzählende Literatur, die explizit an jugendliche Leser und Leserinnen gerichtet ist. Zwar sind durchaus jugendliche Akteure in literarischen Texten zu finden, und sie werden dort auch explizit als Heranwachsende in Szene gesetzt, aber diese Werke sollen eigentlich erwachsenen Lesern vorbehalten bleiben. Anders formuliert: Nach den Vorstellungen der Vermittler sollen Heranwachsende keine Texte lesen, die von ihnen und vor allem von ihren Krisen handelten. Aufklärung, Romantik, Biedermeier – diese für die Geschichte der *Kinder*literatur so zentralen Epochen, spielen innerhalb der Geschichte der *Jugend*literatur keine signifikante Rolle.

4.   Jugendliterarische Positionen Ende des 19. Jahrhunderts

Erst im letzten Drittel des 19. Jahrhunderts beginnen sich zunehmend Entwicklungen abzuzeichnen, die für die Herausbildung eines *jugend*literarischen Handlungs- und Symbolsystems von entscheidender Bedeutung sein werden. Insgesamt lassen sich drei unterschiedliche für die Jugendliteratur relevante Entwicklungslinien ausmachen, die allerdings nicht trennscharf in Erscheinung treten. Erstens ist dies die deutlich zunehmende Publikation von Texten, in denen Jugend verhandelt wird, die sich zum Zeitpunkt ihrer Veröffentlichung aber nicht an jugendliche Leser richten, d. h. es handelt sich gleichsam um die ‚Fortsetzung' jener literarischen Entwicklung, die bereits vor der Aufklärung begonnen hat. Einen ersten Höhepunkt erlebten diese Texte während des 18. Jahrhunderts, einen zweiten knapp einhundert Jahre später in Form der sogenannten Schülerromane bzw. in Erzählungen, in denen das krisenhafte Aufeinandertreffen zwischen jugendlichem Individuum und Gesellschaft behandelt wird (vgl. Genç u. Hamann, 2016). Für die Mehrheit der Heranwachsenden endet diese Konfrontation entweder tödlich, etwa in Hermann Hesses Roman *Unterm Rad* (1906). Oder aber sie endet in Form einer todesähnlichen Regression, so in Robert Musils Erzählung *Die Verwirrungen des Zöglings Törleß* (1906). Dort verlässt der Protagonist die Sozialisationsinstanz des Internats nicht, um sich ‚ins Leben' zu begeben, sondern er wird von der Mutter abgeholt, um in sein Elternhaus zurückzukehren. Die Tradition dieser an Erwachsene adressierten Schüler- und später Adoleszenzromane erstreckt sich weit ins 20. Jahrhundert. Zu den bekanntesten, mittlerweile auch kanonisierten Texten, die alle aus subjektiver Perspektive vom Leiden ihrer jugendlichen

Protagonisten berichten, zählen u. a. *The Catcher in the Rye* (1951, dt. 1954) von J.D. Salinger oder *Die neuen Leiden des jungen W.* (1973) von Ulrich Plenzdorf. Erst im Verlauf der späten 1970er Jahre erscheinen die ersten Adoleszenzromane auch für jugendliche Leser, d. h. zu einem vergleichsweise späten Zeitpunkt (vgl. Gansel, 2011, S. 15–48). Natürlich sind auch die klassischen Schüler- oder Adoleszenzromane, genau wie Defoes *Robinson* oder Goethes *Werther*, mittlerweile längst Teil der Jugendliteratur, weil sie, wie bereits ausgeführt, zwar nicht an jugendliche Leser und Leserinnen adressiert, wohl aber, zum Teil gegen den ausdrücklichen Willen der Vermittler, von Beginn an von ihnen gelesen wurden. In dieser Praxis wird zugleich ein weiteres Unterscheidungsmerkmal zwischen Kinderliteratur auf der einen und Jugendliteratur auf der anderen Seite deutlich: Der Textkorpus der faktischen Lektüre spielt für die jugendlichen Leser und Leserinnen seit dem 18. Jahrhundert eine sehr viel größere Rolle, als dies im Kontext der Kinderliteratur der Fall war – eine Tatsache, die ganz pragmatisch dem Umstand geschuldet ist, dass ältere Heranwachsende bereits damals über deutlich größere Möglichkeiten verfügen, an die Literatur zu gelangen, die ihren Interessen entsprach.

Eine zweite, ebenfalls im letzten Drittel des 19. Jahrhunderts zunehmend manifest werdende Entwicklungslinie zeigt sich in jenen Texten, die sich explizit an jugendliche Leser und Leserinnen richteten, dies jedoch in Form einer sogenannten Mehrfachadressierung, von denen die bekanntesten lauteten: „Für Schule und Haus" sowie „Für Jugend und Volk".[5] Das heißt, es handelt sich um Texte, denen auf inhaltlicher Ebene zwei Adressatenentwürfe eingeschrieben waren, einer an Heranwachsende, einer an erwachsene Leser (Ewers, 2012, S. 58–60).[6] Bezeichnenderweise handelt es sich bei diesen Lektüreangeboten vielfach nicht um kanonisierte, sondern vielmehr um populäre Textsorten, d. h. vor allem um historische und Abenteuerromane, Indianerromane, aber auch um religiös grundierte Erbauungsliteratur sowie erste Kriminalromane. Weit verbreitet sind auch Bearbeitungen vor allem ausländischer Klassiker, also der Romane von Walter Scott, Daniel Defoe, Victor Hugo, Alexandre Dumas, Hermann Melville, Jules Verne und anderen. Gemeinsam ist diesen Texten (wenn es sich um erzählende Texte handelt) eine starke Handlungsorientierung sowie männliche Akteure, die mehrheitlich bereits erwachsen sind und vielfach über kein Innenleben verfügen. Die Krisenhaftigkeit des Erwachsenwerdens wird in diesen Erzählungen nicht verhandelt (vgl. Weinkauff u. Glasenapp, 2014, S. 120 f.).

---

5   Zum Textkorpus und sowie zur Gattungsspezifik dieser mehrfach adressierten Literatur vgl. Graf, 2008, Sp. 371–434.

6   Das Phänomen der Mehrfachadressierung existiert bereits seit dem ausgehenden 18. Jahrhundert, bezieht sich jedoch zunächst vorrangig auf den Textkorpus der Sachliteratur. Ein prominentes Beispiel für erzählende Texte, die an Kinder sowie an erwachsene Adressaten unterschiedlicher Generationen, Stände und Geschlechter adressiert waren, bilden die 1812 erschienenen *Kinder- und Hausmärchen* der Brüder Grimm.

Das dritte für die Jugendliteratur relevante Textkorpus entsteht weitgehend ebenfalls erst im letzten Drittel des 19. Jahrhunderts, jene Texte nämlich, die explizit und
ausschließlich an jugendliche Leser und Leserinnen adressiert sind. Innerhalb von
wenigen Jahrzehnten avancieren diese Texte zum umfangreichsten Korpus innerhalb
des jugendliterarischen Handlungssystems. Dafür verantwortlich waren u. a. die zunehmende Lesefähigkeit durch die Einführung der allgemeinen Schulpflicht sowie die
veränderten technischen Bedingungen, die eine schnellere und billigere Produktion
von Druckerzeugnissen ermöglichten, die einhergingen mit einer deutlichen Zu-
nahme der Verlagsdichte sowie höheren Auflagen der Werke. Diese neuen Marktge-
gebenheiten wiederum ermöglichen den Verlagen eine weitgehende Entkoppelung
sowohl von den Vorgaben der Vermittler wie auch von den Lesegewohnheiten oder
Lektürepräferenzen eines vorwiegend bürgerlich ausgerichteten Publikums. Anders
formuliert: Vor allem diese neu entstehende spezifische Jugendliteratur befreit sich
zunehmend – zwar nicht in Gänze, aber doch auf weite Strecken – von dem Primat
der vorrangig didaktisch ausgerichteten Konzepte. Es sind immer weniger die professionellen Vermittler, die die Inhalte dieser Literatur vorgeben, sondern mehr und
mehr die Gesetze des literarischen Marktes und das heißt, in einem gewissen Ausmaß
die Leser und Leserinnen selbst.

Dieser ‚Clash‘ zwischen den Gesetzen des Marktes und den Vorgaben der Vermittler, die erstmals ihrer Vormachtstellung vor allem innerhalb des *jugend*literarischen
Handlungs- und Symbolsystems verlustig zu gehen drohten, bewirkte zweierlei: zum
einen den Beginn des erbittert geführten und sich bis weit ins 20. Jahrhundert erstre-
ckenden sog. Schmutz- und Schundkampfes um angemessene Lesestoffe für Jugendliche (vgl. Maase, 2012, S. 31–121). Zum anderen folgte daraus ein sich erstmals deutlich
manifestierendes Interesse seitens der Vermittler an der Jugendliteratur überhaupt
– und zwar nicht nur zwecks besserer Kontrolle, sondern auch, um auf diese Weise,
d. h. durch die Publikation von Texten, die den eigenen Maßgaben entsprachen, jugendliche Leser und Leserinnen gleichsam ‚zurückgewinnen‘ zu können.

Bei einem Blick auf das Gattungsspektrum zeigt sich, dass die seit den beginn-
nenden 1880er Jahren in großem Umfang erscheinende spezifische oder originäre
Jugendliteratur in hohem Maße am Gattungsspektrum der populären allgemeinen
Literatur partizipierte und sich zugleich in geschlechterspezifischer Weise ausdiffe-
renzierte. Das heißt: Für männliche Leser wurden mehrheitlich Abenteuerromane,
Indianerromane, historische Romane, Kriegsromane, Kolonialromane publiziert
(vgl. Wilkending, 2008b; Sp. 537–615; Pellatz-Graf, 2008, S. 616–665, Pech, 2008,
Sp. 666–677; Wallenborn, 2008, Sp. 678–682) – Erzählungen mit einer großen Hand-
lungsdominanz und männlichen Protagonisten. Hinzu kamen Sachtexte, die sich
ebenfalls historischen, zunehmend aber auch aktuellen technischen Themen widme-
ten. Für heranwachsende weibliche Leser, oftmals als ‚junge Frauen‘ bezeichnet, war
das Gattungsspektrum deutlich geringer; zur populärsten Textsorte entwickelte sich
eine Spielart des Entwicklungsromans, die unter der Bezeichnung „Backfischroman"
oder „Pensionserzählung" bekannt geworden ist (Wilkending, 2008a, Sp. 490–500;

Wilkending, 2008c, S. 200–217). Innerhalb der Geschichte der Jugendliteratur ist diese Gattung nicht nur aufgrund ihrer großen Popularität bei den Leserinnen von Bedeutung, sondern auch, weil sie auf inhaltlich-struktureller Ebene Elemente der hier bereits erwähnten Schülerromane aufgreift, nunmehr allerdings mit weiblichen Akteuren und – wichtiger noch – mit der Darstellung einer gelingenden Sozialisation in einer Einrichtung, die bald ebenfalls als ‚Namensgeber' für die Gattung fungiert: das Pensionat.

Es ist bezeichnend, dass diese Gattung ausschließlich weiblichen Lesern vorbehalten war, dass dazu kein männliches Pendant existiert und dass diese Pensionats- oder Backfischromane zugleich die *einzige* jugendliterarische Gattung darstellt, in der die Figuren dem Alter ihrer Leserinnen entsprechen. Die Übernahme von Gattungsschemata aus der allgemeinen für die Jugendliteratur stellte demgegenüber kein Spezifikum dar, wohl aber deren jugendspezifische Transformation. Aus den Schülererzählungen, die vom Scheitern des männlichen Individuums erzählen, werden Pensionsromane, in denen sehr modellhaft weibliche Sozialisationsprozesse in Szene gesetzt werden, die hier gleichgesetzt werden mit einer letztendlichen Übernahme und Akzeptanz von bürgerlichen Werten und Tugenden (Glasenapp, 2016, S. 242–250). Von Seiten der Literaturpädagogen wurde das Genre dennoch aufgrund seines inhaltlichen wie strukturell immer gleichen Schemas heftig bekämpft, doch die tatsächlichen Machtverhältnisse zwischen Vermittlern und Markt Ende des 19. Jahrhunderts lassen sich nicht zuletzt daran ablesen, dass das Verdikt der Pädagogen den Erfolg und die Popularität der Gattung nicht im mindesten zu beeinträchtigen vermochten.

Es sollte abschließend nicht unerwähnt bleiben, dass zu diesem sich Ende des 19. Jahrhunderts endgültig etablierten jugendliterarischen Handlungssystem nicht nur eine große Bandbreite von erzählenden wie Sachtexten zählte, sondern auch die Gründung einer nicht minder großen Bandbreite an jugendliterarischen Zeitschriften. Diese wendeten sich explizit – wenngleich wiederum streng nach Geschlechtern getrennt, wie sich bereits an den Titeln ablesen lässt – an das jugendliche Lesepublikum (vgl. Graf u. Pellatz-Graf, 2008, Sp. 879–901, 904–910).

Die Ausbildung oder Ausbreitung des jugendliterarischen Handlungs- und Symbolsystems verläuft während des 19. Jahrhunderts also in drei unterschiedlichen, sich allerdings vielfach überschneidenden Entwicklungslinien, wobei deutlich geworden sein sollte, dass hier nicht von einer chronologischen, sondern eher von einer parallel verlaufenden Entwicklung gesprochen werden muss. Zu unterscheiden ist der Korpus an allgemeiner Literatur, zu der die Heranwachsenden eigenständig greifen (mitunter gegen den Widerstand der Literaturpädagogen, mitunter auch mehr oder weniger heimlich), von einem weiteren Textkorpus, dessen Texte sich an jugendliche wie erwachsene Leser gleichermaßen richten und diese Mehrfachadressierung auch explizit herausstellen. Im letzten Drittel des 19. Jahrhunderts schließlich gewinnt ein drittes Textkorpus immer mehr an Bedeutung, jenes der spezifischen Jugendliteratur. Es handelt sich dabei um Texte, die entweder von Seiten der Literaturpädagogen oder von Seiten der Verlage explizit an jugendliche Leserinnen und Leser adressiert

wurden, Texte auch, um die sehr schnell eine Auseinandersetzung zwischen den pädagogischen Vorgaben der Vermittler und den Gesetzen des Marktes entbrannte.

5. Die Neuentdeckung von Jugend und Jugendliteratur um 1900

Der Beginn des 20. Jahrhunderts – die Pädagogin Ellen Key hatte in ihrer gleichnamigen Schrift gerade das *Jahrhundert des Kindes* (1900, dt. 1902) ausgerufen – markiert
noch einmal eine entscheidende Zäsur in der Bewertung von Jugend, Jugendkultur
und, nicht zuletzt, von Jugendliteratur. Man kann sogar von einer generellen Neu-
und in diesem Fall zugleich von Aufwertung der Jugendphase bzw. des Phänomens
Jugend in seiner Gesamtheit sprechen.

Es ist ein Paradigmenwechsel, der sich seit den 1890er Jahren in unterschiedlichen
Feldern nahezu zeitgleich manifestiert. Er zeigt sich zum Beispiel in der Kunst, in der
sich eine Bewegung *junger* Künstler und Kunsthandwerker zusammenschließt, die
sich als Gegenbewegung zur etablierten Kunst versteht, aber auch mit neuen Materialien experimentiert. Ihre Manifeste veröffentlicht sie in der neu begründeten Kul-
turzeitschrift *Jugend*, ihre Artefakte fasst sie unter den Begriff *Jugendstil* zusammen.
Zeitgleich formiert sich eine ursprünglich aus ausgedehnten Lehrer-Schüler-Wande-
rungen hervorgehende Bewegung, die schließlich in die Gründung der sog. Wander-
vogel- bzw. Jugendbewegung mündet (Speitkamp, 1998, S. 139–150). In ihr vereinigt
sich sehr schnell eine Vielzahl an Jugendbünden, deren gemeinsames Kennzeichen in
einer Hinwendung zum Naturerleben, zu gemeinsamen Fahrten/Wanderungen, der
Wiederaneignung von Volksliedern, aber auch in den gemeinsamen Treffen, oftmals
auch ohne Erwachsene bestand (vgl. Großegger, 2016, S. 16 f.).

Vor diesem Hintergrund muss auch das Aufkommen einer weiteren wichtigen
Reformströmung betrachtet werden, die Entstehung der sog. Kunsterziehungsbewegung, die innerhalb kurzer Zeit nahezu alle Bereiche des kulturellen Lebens,
einschließlich der Institutionen der Kunstvermittlung erfasst. Gefordert wird eine
Erziehung, die sich primär am Kunstgedanken orientieren sollte. Vor allem von der
Reformpädagogik wurde der Gedanke einer allgemeinen Kunstbildung im Kontext
einer grundlegenden Erneuerungsbewegung aufgegriffen. In dieses Konzept oder
besser Ideal einer Erziehung ‚für alle‘ hin zur Kunst soll natürlich auch die literarische
Kunsterziehung einbezogen werden (Weiss, 1996, S. 112–119). Bereits in den 1890er
Jahren kommt es zur Gründung der „Lehrervereinigung zur Pflege der künstlerischen
Bildung in der Schule“, deren Vorsitz der sozialdemokratische Pädagoge Heinrich
Wolgast übernimmt. Er gilt zugleich als Initiator der sog. Jugendschriftenbewegung,
die sich zum Ziel setzte, künstlerisch wertvolle, d. h. ästhetisch avancierte Jugendlite-
ratur zu fördern (vgl. Josting, 2004, S. 90–99). Als wichtigstes Steuerungsinstrument
dienen der Bewegung die sog. Jugendschriftenausschüsse, die, mehrheitlich durch
Reformpädagogen besetzt, alle publizierten und an jugendliche Leser und Leserinnen
adressierten Texte einer eingehenden Prüfung unterziehen, um sie dann nach den

Maßstäben der Kunsterziehungsbewegung zu bewerten. Erstmals in der Geschichte der Kinder- und Jugendliteratur liegt der Fokus seitens der Literaturpädagogen nun zwar nicht ausschließlich, aber doch vorrangig auf jugendliterarischen Werken. Es soll explizit um sog. Jugendschriften gehen und nicht um Kinderliteratur, selbst wenn dies in der Realität nicht immer so umgesetzt wurde. Dennoch können Bezeichnungen wie *Jugend*schriftenbewegung, *Jugend*schriftenausschüsse durchaus als Programm gelesen werden. Wolgast war sich offenbar sehr bewusst darüber, dass gerade in diesem Feld eine Neuorientierung dringend geboten schien, sehr viel dringender als im Feld der Kinderliteratur, da dort der Einfluss der Vermittler immer noch weitgehend ungebrochen war. Das Jahr 1896 schließlich markiert eine entscheidende Zäsur in der noch jungen Geschichte der Jugendschriftenbewegung: Heinrich Wolgast übernimmt die Redaktion der *Jugendschriften-Warte*, des wichtigsten Organs dieser Bewegung (Azegami, 1996). Zeitgleich veröffentlicht er sein bis heute bekanntestes Werk, eine Kampfschrift mit dem sprechenden Titel *Das Elend unserer Jugendliteratur*, deren Untertitel *Ein Beitrag zur künstlerischen Erziehung der Jugend* zugleich explizit auf die Einbindung der Jugendschriftenbewegung in die Kunsterziehungsdebatte verweisen sollte (Ewers, 1996, S. 9–25).

Worum ging es Wolgast und der von ihm initiierten und zugleich dominierten Jugendschriftenbewegung? Wolgasts Argumentation zielt in zwei Richtungen: Zum einen sind seine Ausführungen einer ebenso dezidierten wie polemischen Generalabrechnung mit der zeitgenössischen Jugendliteratur, und zwar mit der spezifischen Jugendliteratur, gewidmet (Wilkending, 1997, S. 38–68; Penzold, 2012, S. 115–137). Sein Vorwurf lautete: Die zeitgenössische Jugendliteratur unterliege nicht nur durchgängig einer pädagogischen Instrumentalisierung, sie sei zudem durch eine offene Politisierung in ihrem Kern tendenziös und darüber hinaus in ihrer Mehrheit nationalistisch und rassistisch oder aber religiös grundiert. Das heißt, für Wolgast war die spezifische Jugendliteratur in erster Linie Tendenzliteratur, daher ästhetisch minderwertig und deshalb grundsätzlich abzulehnen.

> […] die Zahl der Schriften, aus denen die Jugend Gewinn für Wissen und Charakter ziehen kann, ist verschwindend klein gegenüber der Unmasse von Jugendschriften, *welche Belehrung und Veredelung in unangemessener Form anstreben*. Es ist jedermann klar, daß es absurd wäre, die Entwicklung des Maikäfers in Form eines Dramas oder einen chemischen Prozeß in der Form eines lyrischen Gedichtes darzubieten. […] Die Dichtkunst kann und darf nicht das Beförderungsmittel für Wissen und Moral sein. Sie wird erniedrigt, wenn sie in den Dienst fremder Mächte gestellt wird. Gegenwärtig sind es, den politischen Zeitverhältnissen entsprechend, mehr der Patriotismus und die Religion, die das Gewand der dichterischen Form für ihre Zwecke missbrauchen. *Der größte Teil der spezifischen Jugendliteratur besteht aus Tendenzschriften.* (Wolgast, 1922, S. 21; Hervorh. im Orig.)

In einem zweiten Schritt stellt Wolgast einen Katalog neuer Kriterien auf, die in Zukunft bei der Bewertung von jugendliterarischen Werken die allein gültigen zu sein hätten. Als einzige Qualitätskriterien gelten nun die ästhetisch-künstlerischen Merkmale eines Werkes, eine Forderung, die Wolgast schließlich in der vielfach zitierten Formulierung zusammenfasst: „Die Jugendschrift in dichterischer Form muss ein Kunstwerk sein." (Wolgast, 1922, S. 24)

An diesem Punkt setzte Wolgasts Konzept einer explizit literarästhetischen Erziehung an. Da vor allem im Feld der Jugendliteratur keine Kunstwerke sondern lediglich Massenware vorhanden sei, und da der spezifischen Jugendschrift aus diesem Grund per se kein Kunstcharakter inhärent sei, sei die spezifische Jugendliteratur in ihrer Gesamtheit abzulehnen. Wolgasts rigorose Ablehnung der Jugendliteratur aufgrund ihres vorgeblich genuin belehrenden, moralisierenden, religiösen und politischen Charakters sowie seine kompromisslose Forderung, die Jugend dürfe nur noch sog. ‚echte' Dichterwerke lesen, Texte also, die nicht für tagesaktuelle Strömungen in Dienst genommen wurden, sondern wie die allgemeine Literatur nur um ihrer selbst willen existierten, fand innerhalb der pädagogischen Öffentlichkeit sowie innerhalb des jugendliterarischen Handlungssystems breite Resonanz. Während Wolgast von den inkriminierten Autoren und Verlagen heftig angefeindet wurde, erhielt er ebenso deutliche Zustimmung vor allem von der Mehrheit der Reformpädagogen und – von Seiten der jüdischen Literaturpädagogen, die vor allem Wolgasts Forderungen nach der vollkommenen Tendenzfreiheit aller Kunstwerke begrüßten und seine Vorstellungen einer ästhetisch-künstlerischen Maßstäben unterworfenen Jugendliteratur auch für die jüdischen Jugendschriften übernahmen (Glasenapp u. Nagel, 1996, S. 94–109).

6.   Abschließende Bemerkungen

Aus historischer Perspektive betrachtet ist Wolgasts Vorstoß die erste große Debatte, in deren Zentrum nicht die *Kinder-*, sondern die *Jugend*literatur stand. Erstmals geriet damit die Jugendliteratur in den Fokus der Vermittler. Sie allerdings forderten paradoxerweise im Zuge dieser Debatte auch gleich die Abschaffung zumindest der spezifischen Jugendliteratur – auf Grund ihrer vorgeblich nicht vorhandenen oder doch zumindest mangelhaften künstlerischen Qualitäten.

Die von Wolgast und anderen Reformpädagogen ausgelöste Debatte muss daher als eine gewichtige Zäsur innerhalb der Geschichte der Jugendliteratur angesehen werden. Sie markiert aber keinen grundlegenden Paradigmenwechsel, denn durchsetzen konnte sich Wolgast mit seinen Forderungen nur sehr bedingt – zu stark war bereits die Dominanz der Verlage, die auch weiterhin all das auf den Markt brachten, was die Leser und Leserinnen verlangten, d. h. für die kommerzielle Gesichtspunkte und nicht zwangsläufig ästhetische Kriterien im Vordergrund standen. Die Kritik der Reformpädagogen und die daraus resultierende Ablehnung seitens der *Jugendschriften-Warte*, die diese Werke konsequent mit dem Stempel „Nicht empfehlenswert" brandmarkte, nahm man dabei gelassen in Kauf.

Obwohl Wolgast innerhalb der Kinder- und Jugendliteraturforschung durchaus eine breite Wahrnehmung erfuhr, vor allem anlässlich der 100. Wiederkehr des Erscheinens seiner Schrift *Das Elend unserer Jugendliteratur*[7], so führte diese Rezeption aber nicht dazu, die auch im Bewusstsein der Forschung fest verankerte Auffassung über eine grundsätzliche Entität zwischen Kinder- und Jugendliteratur auch nur ansatzweise in Frage zu stellen.

Damit soll keinesfalls angedeutet werden, jugendliterarische Gattungen, Themen und Funktionen seien nicht Gegenstand der Forschung. Das Gegenteil ist der Fall, vor allem in der Gegenwart, in der die durchlässigen Grenzen zwischen Kinder-, Jugend- und Erwachsenenliteratur – Stichwort: All-Age-Literatur – ebenso im Fokus der Wissenschaft stehen (vgl. Blümer, 2011, S. 1–15) wie die engen Beziehungen zwischen Jugendliteratur und Populärkultur.

Es bleibt allerdings der Umstand festzuhalten, dass es sich bei Kinder- und Jugendliteratur trotz vieler Gemeinsamkeiten und Überschneidungen in letzter Konsequenz um zwei Literaturen handelt, deren Geschichte und Zäsuren keineswegs analog verlaufen, wie vor allem an den für die Jugendliteratur zentralen Auseinandersetzungen und Diskursen um 1900 aufgezeigt werden konnte.

Literatur

Azegami, Taiji (1996). *Die Jugendschriften-Warte. Von ihrer Gründung bis zu den Anfängen des „Dritten Reiches" unter besonderer Berücksichtigung der Kinder- und Jugendliteraturbewertung und -beurteilung.* Frankfurt a. M.

Blümer, Agnes (2011). Crossover/All-Age-Literatur. In Kurt Franz, Günter Lange u. Franz-Josef Payrhuber (Hrsg.), *Kinder- und Jugendliteratur. Ein Lexikon. Teil 5: Literarische Begriffe/Werke/Medien.* Meitingen, S. 1–15.

Brüggemann, Theodor u. Brunken, Otto (1991). *Handbuch zur Kinder- und Jugendliteratur. Von 1570–1750.* Stuttgart, Weimar.

Brüggemann, Theodor u. Brunken, Otto (1987). *Handbuch zur Kinder- und Jugendliteratur. Vom Beginn des Buchdrucks bis 1570.* Stuttgart, Weimar.

Brüggemann, Theodor u. Ewers, Hans-Heino (1982). *Handbuch zur Kinder- und Jugendliteratur. Von 1750–1800.* Stuttgart, Weimar.

Brunken, Otto, Hurrelmann, Bettina, Michels-Kohlhage, Maria u. Wilkending, Gisela (2008). *Handbuch zur Kinder- und Jugendliteratur. Von 1850–1900.* Stuttgart, Weimar.

Brunken, Otto, Hurrelmann, Bettina u. Pech, Klaus-Ulrich (1998). *Handbuch zur Kinder- und Jugendliteratur. Von 1800 bis 1850.* Stuttgart, Weimar.

Dolle-Weinkauff, Bernd u. Ewers, Hans-Heino (Hrsg.). (1996). *Theorien der Jugendlektüre. Beiträge zur Kinder- und Jugendliteraturkritik seit Heinrich Wolgast.* Weinheim, München.

---

7   Vgl. dazu die Beiträge in dem von Bernd Dolle-Weinkauff und Hans-Heino Ewers anlässlich der hundertsten ‚Geburtstage' sowohl der *Jugendschriften-Warte* (1893) als auch von Heinrich Wolgasts Schrift *Das Elend unserer Jugendliteratur* (1896) herausgegebenen Sammelband *Theorien der Jugendlektüre* (1996).

Ehmer, Josef (2008). Lebenstreppe. In Friedrich Jaeger (Hrsg.), *Enzyklopädie der Neuzeit*. Bd. 7. Stuttgart, Weimar, Sp. 50–55.

Ewers, Hans-Heino (2014). Vorgeschobene Bescheidenheit. Die Angst der Literaturwissenschaft vor der Kinder- und Jugendliteratur. In Ludger Scherer (Hrsg.), *Kinder- und Jugendliteratur der Romania. Impulse für ein neues romanistisches Forschungsfeld*. Frankfurt a. M., S. 19–29.

Ewers, Hans-Heino (2012). *Literatur für Kinder und Jugendliche. Eine Einführung in Grundbegriffe der Kinder- und Jugendliteraturforschung* (2., überarb. und aktualisierte Aufl.). Paderborn.

Ewers, Hans-Heino (1996). Eine folgenreiche, aber fragwürdige Verurteilung aller „spezifischen Jugendliteratur". Anmerkungen zu Heinrich Wolgasts Schrift *Das Elend unserer Jugendliteratur* von 1896. In Bernd Dolle-Weinkauff u. Hans-Heino Ewers (Hrsg.), *Theorien der Jugendlektüre. Beiträge zur Kinder- und Jugendliteraturkritik seit Heinrich Wolgast*. Weinheim, München, S. 9–25.

Gansel, Carsten (2016). *Moderne Kinder- und Jugendliteratur. Vorschläge für einen kompetenzorientierten Unterricht* (7. Aufl.). Berlin.

Gansel, Carsten (2011). Zwischenzeit, Grenzüberschreitung, Störung – Adoleszenz und Literatur. In Ders. u. Paweł Zimniak (Hrsg.), *Zwischenzeit, Grenzüberschreitung, Aufstörung. Bilder von Adoleszenz in der deutschsprachigen Literatur*. Heidelberg, S. 15–48.

Gedike, Friedrich (1789). Einige Gedanken über Schulbücher und Kinderschriften. In Ders., *Gesammelte Schulschriften*. Berlin.

Genç, Metin u. Hamann, Christof (Hrsg.). (2016). *Institutionen der Pädagogik. Studien zur Kultur- und Mediengeschichte ihrer ästhetischen Formierungen*. Würzburg.

Gillis, John R. (1984). *Geschichte der Jugend. Tradition und Wandel im Verhältnis der Altersgruppen und Generationen in Europa von der zweiten Hälfte des 18. Jahrhunderts bis zur Gegenwart* (2. Aufl.). Weinheim, Basel.

Glasenapp, Gabriele von (2016). Non vitae, sed scholae discimus. Zur literarischen Repräsentation von Schule in der Kinder- und Jugendliteratur des 18. und 19. Jahrhunderts. In Metin Genç u. Christof Hamann (Hrsg.), *Institutionen der Pädagogik. Studien zur Kultur- und Mediengeschichte ihrer ästhetischen Formierungen*. Würzburg, S. 231–252.

Glasenapp, Gabriele von (2014). Andere Orte. Topographien der Ferne in jugendliterarischen Werken. In Caroline Roeder (Hrsg.), *Topographien der Kindheit. Literarische mediale und interdisziplinäre Perspektiven auf Ort- und Raumkonstruktionen*. Bielefeld, S. 361–379.

Glasenapp, Gabriele von u. Nagel, Michael (1996). *Das jüdische Jugendbuch. Von der Aufklärung bis zum Dritten Reich*. Stuttgart, Weimar.

Graf, Andreas (2008). Alltags- und Umweltgeschichten für ‚Jugend und Volk'. In Otto Brunken et al., *Handbuch zur Kinder- und Jugendliteratur. Von 1850–1900*. Stuttgart, Weimar, Sp. 371–433.

Graf, Andreas u. Graf-Pellatz, Susanne (2008). Periodische Publikationsformen. In Otto Brunken et al., *Handbuch zur Kinder- und Jugendliteratur. Von 1850–1900*. Stuttgart, Weimar, Sp. 879–901; 904–910.

Großegger, Beate (2016). Das Spiel mit dem Möglichkeits-ICH – Jugendkulturen in der Gegenwartsgesellschaft. In Wynfrid Kriegleder et al. (Hrsg.), *Jugendkultur im Kontext von Jugendliteratur*. Wien, S. 11–28.

Jeßing, Benedikt, Lutz, Bernd, Wild, Inge (1999). *Metzler Goethe Lexikon*. Stuttgart, Weimar.

Josting, Petra (2004). Jugendschriftenbewegung und Jugendschriften-Warte im Kampf gegen „Schmutz" und „Schund". *Beiträge Jugendliteratur und Medien, 56* (2), 90–99.

Jüngling (1877). In *Deutsches Wörterbuch von Jacob und Wilhelm Grimm.* Bearb. von Moritz Heyne. Bd. 10. Leipzig, Sp. 2395–2396.

Kaulen, Heinrich (2004). „Welcher Jüngling kann eine solche verfluchungswürdige Schrift lesen?" Zur Rezeption des Adoleszenzromans in der Literaturkritik und Literaturdidaktik von Goethes *Werther* bis zur Postmoderne. *Zeitschrift für Germanistik, N.F. 14* (1), 102–113.

Lange, Günter (Hrsg.). (2012). *Kinder- und Jugendliteratur der Gegenwart. Ein Handbuch* (2. korr. und erg. Aufl.). Baltmannsweiler.

Maase, Kaspar (2012). *Die Kinder der Massenkultur. Kontroversen um Schmutz und Schund seit dem Kaiserreich.* Frankfurt a. M., New York.

Mattenklott, Gert (1997). Die Leiden des jungen Werthers. In Bernd Witte u. Peter Schmidt (Hrsg.), *Goethe-Handbuch in vier Bänden. Bd. 3: Prosaschriften.* Stuttgart, Weimar, S. 51–101.

Mattenklott, Gundel (1994). *Zauberkreide. Kinderliteratur seit 1945.* Frankfurt a. M.

Pech, Klaus-Ulrich (2008). Reiseromane und -erzählungen. In Otto Brunken et al., *Handbuch zur Kinder- und Jugendliteratur. Von 1850–1900.* Stuttgart, Weimar, Sp. 666–677.

Pellatz-Graf, Susanne (2008). Abenteuer- und Reiseromane und -erzählungen für die Jugend. In Otto Brunken et al, *Handbuch zur Kinder- und Jugendliteratur. Von 1850–1900.* Stuttgart, Weimar, Sp. 616–665.

Penzold, Michael (2012). „Statt Brot zum Leben – täuschende Attrappe aus Papiermaché". Heinrich Wolgasts didaktische Erregung über literarischen Schund aus heutiger Sicht. *Literatur im Unterricht, 13* (2), 115–137.

Rochow, Friedrich Eberhard von (1772). *Versuch eines Schulbuches für Kinder der Landleute, oder zum Gebrauch in Dorfschulen.* Berlin.

Roth, Lutz (1983). *Die Erfindung des Jugendlichen.* München.

Speitkamp, Winfried (1998). *Jugend in der Neuzeit. Deutschland vom 16. bis zum 20. Jahrhundert.* Göttingen.

Wallenborn, Markus (2008). Kolonialromane und -erzählungen. In Otto Brunken et al., *Handbuch zur Kinder- und Jugendliteratur. Von 1850–1900.* Stuttgart, Weimar, Sp. 678–682.

Weinkauff, Gina u. Glasenapp, Gabriele von (2014). *Kinder- und Jugendliteratur* (2., aktualisierte Aufl.). Paderborn.

Weiss, Edgar (1996). Kunsterziehungsbewegung. Ästhetischer Genuss und die Befreiung des Ausdrucks. In Michael Seyfahrt-Stubenrauch u. Ehrenhardt Skiera (Hrsg.), *Reformpädagogik und Schulreform in Europa. Grundlagen, Geschichte, Aktualität.* Baltmannsweiler, S. 112–119.

Wild, Reiner (2008). Aufklärung. In Ders. (Hrsg.), *Geschichte der deutschen Kinder- und Jugendliteratur* (3., vollst. überarb. und erw. Aufl.). Stuttgart, Weimar, S. 43–95.

Wild, Reiner (Hrsg.). (2008). *Geschichte der deutschen Kinder- und Jugendliteratur* (3., vollst. überarb. und erw. Aufl.). Stuttgart, Weimar.

Wilkending, Gisela (2008a). Pensionsgeschichten/Institutsgeschichten. In Otto Brunken et al., *Handbuch zur Kinder- und Jugendliteratur. Von 1850–1900.* Stuttgart, Weimar, Sp. 490–500.

Wilkending, Gisela (2008b). Historische, historisch-biografische und autobiografische Erzählungen und Romane für die Jugend. In Otto Brunken et al., *Handbuch zur Kinder- und Jugendliteratur. Von 1850–1900.* Stuttgart, Weimar, Sp. 537–615.

Wilkending, Gisela (2008c). Mädchenliterarische Erzählprosa. In Reiner Wild (Hrsg.), *Geschichte der deutschen Kinder- und Jugendliteratur* (3., vollst. überarb. und erw. Aufl.). Stuttgart, Weimar, S. 200–217.

Wilkending, Gisela (1996/97). Kritik der Jugendlektüre. Von der Mitte des 19. Jahrhunderts bis zur Herausbildung der Hamburger Jugendschriftenbewegung. *Kinder- und Jugendliteraturforschung*, S. 38–68.

Wolgast, Heinrich (1922). *Das Elend unserer Jugendliteratur. Ein Beitrag zur künstlerischen Erziehung der Jugend* (1896) (6. Aufl.). Leipzig.

Ute Dettmar

Von den Inseln des Glücks zur Entgrenzung des Feldes

Topoi und Tendenzen der Kinder- und Jugendliteratur im 20. und frühen 21. Jahrhundert

1. Einführung

In der neueren literaturhistorischen Forschung besteht weithin Einigkeit darüber, dass die kinderliterarische Entwicklung nach 1945 von zwei grundlegenden, aufeinander folgenden Reformströmungen geprägt ist. So beschreibt Hans-Heino Ewers in seinem gleichnamigen, viel zitierten Aufsatz den kinderliterarischen *Themen-, Formen und Funktionswandel* seit den späten 1960er Jahren als eine epochale Zäsur, die im Zusammenhang mit den sozio-kulturellen Umbrüchen der Zeit zu sehen ist (Ewers, 2013). In deren Folge bildet sich eine realitätsorientierte Kinderliteratur heraus, die Kinder als gleichberechtigte Adressaten versteht und anspricht. Diese Kinderliteraturreform löst, so beschreibt Ewers den kinderliteraturgeschichtlichen Verlauf, die „erste ‚neue' Kinderliteratur" (Ewers, 1995, S. 16) ab, die sich in den 1950er Jahren herauskristallisiert und im folgenden Jahrzehnt durchgesetzt hatte. Sie war geprägt von Vorstellungen, die die Besonderheit von Kindheit betonen und sich mit den literarischen Inszenierungen eigener Lebens- und Phantasiewelten an den spezifisch kindlichen Wahrnehmungs- und Interessenhorizonten orientieren wollen.

Diese Überlegungen zu „zweierlei moderne(n) Kinderliteraturen" (Ewers, 2013, S. 19) sind in der Folge in kinderliteraturhistorischen und -historiographischen Arbeiten aufgegriffen und weiter ausgearbeitet worden (Weinmann, 2013; Müller, 2014). Ich beziehe mich im Folgenden auf die genannten Arbeiten, um grundlegende Konstellationen, Entwicklungsdynamiken und Problemstellungen in der kinderliterarischen Entwicklung seit der zweiten Hälfte des 20. Jahrhunderts zu skizzieren. Entlang aussagekräftiger Schlüsseltexte möchte ich dabei zunächst eine Expedition in die oftmals so bezeichnete „heile Welt" der Kinderliteratur der 1950er und frühen 1960er Jahre unternehmen (Dettmar, 2009). Im Zentrum stehen insbesondere topographische Überlegungen zu den literarischen Projektionsräumen glücklicher Kindheitswelten und ihrer diskursgeschichtlichen Basis. Daran anschließend beschäftige ich mich in knapper Form mit der grundlegenden Infragestellung dieser literarischen Konstruktion um 1970, bevor es mir im letzten Teil des Beitrags um aktuelle Entwicklungen geht, die ich im Kontext aktueller, kultureller und medialer Umbrüche diskutieren möchte.

2.   Expeditionen in die heile Welt

Wenn man sich auf die Spur der Kinderliteratur der 1950er und frühen 1960er Jahre begibt, stößt man sehr schnell auf das Werk Astrid Lindgrens. Astrid Lindgren hat in Deutschland nicht nur ganze Kindergenerationen mit ihren Texten geprägt, sie ist mit ihren Schlüsseltexten weit über den skandinavischen Raum hinaus kinderliterarisch stilbildend geworden. Schaut man auf die deutschsprachige Kinderliteratur, dann wären die inzwischen längst zu Klassikern gewordenen Erzählungen von Otfried Preußler (*Der kleine Wassermann* (1956), *Die kleine Hexe* (1957), *Das kleine Gespenst* (1966)), die frühen Texte von James Krüss (*Die glücklichen Inseln hinter dem Winde* (1958), *Mein Urgroßvater und ich* (1959)) oder Michael Endes *Jim Knopf*-Bände (1960, 1962) zu nennen. Zu denken ist aber auch an Janoschs später erschienene Bildwelten, *Oh wie schön ist Panama* (1978), die in dieser kinderliterarischen Erzähltradition stehen. Grundlegende Kennzeichen dieser Literatur lassen sich exemplarisch und pointiert im Blick auf Lindgrens *Bullerbü*-Bände vorstellen. Der erste Band, der später unter dem Titel *Die Kinder von Bullerbü* publizierten Trilogie, ist in Schweden bereits 1947, also in der unmittelbaren Nachkriegszeit erschienen (und die Geschichten aus einer rundum glücklichen Kinderwelt, die hier erzählt werden, lassen sich durchaus auch als ein positives Gegenbild zu einer zeitgenössischen Realität lesen, die von Kriegsereignissen und -erfahrungen geprägt ist). In deutscher Übersetzung sind die *Bullerbü*-Bände 1954 erschienen und seither bis heute vielfach wieder aufgelegt worden. In ihrer raum-zeitlichen Kontur weisen die *Bullerbü*-Erzählungen jene Kernelemente auf, die Bachtin in seiner Studie über den *Chronotopos* (Bachtin, 2008) als charakteristische Elemente der Idylle beschrieben und der „Folklorezeit" (S. 160) zugeordnet hat:

1. Das erste Element, das Bachtin anführt, ist „Einheit des Ortes im Leben der Generationen" (S. 161): „Das Leben und seine Ereignisse sind organisch an einen Ort [...] gebunden, mit ihm verwachsen. [...] Diese räumliche Mikrowelt ist begrenzt und genügt sich selbst" (S. 160). In Bullerbü sind es drei Höfe, die die Welt ausmachen, in denen die befreundeten Familien seit Generationen leben und in denen mehrere Generationen zusammenleben. Die stabile Bindung an diesen Ort ragt auch in die Zukunft hinein – zumindest in der Phantasie, denn die Kinder, die im Zentrum der Erzählungen stehen, wollen, so heißt es, nie wegziehen. Der „zyklische Zeitrhythmus" (S. 161), so noch einmal Bachtin, charakterisiert die Idylle und bestimmt auch die Zeitrechnung in Bullerbü.
2. Charakteristisches Element der Idylle nach Bachtin sind weiterhin die Beschränkung auf „einige grundlegende Realitäten des Lebens" (S. 161), wie Liebe, Geburt, Tod, Arbeit, Essen und Trinken, Altersstufen. In Bullerbü finden sich diese „grundlegenden Realitäten" in ihrer kindzentrierten Umcodierung; Bachtin verweist selbst auf die besondere Rolle von Kindern in der Idylle, die unter diesem Vorzeichen Eingang in den Roman fänden (Bachtin, 2008, S. 163). Erzählt wird von der

Geburt von Geschwistern, vom gemeinsamen Aufwachsen der Kinder, von den Kinderfreundschaften mit ihren Ritualen. Das (Kinder-)Leben ist bestimmt vom Kalender der gemeinsam gefeierten wiederkehrenden Feste: Geburtstag, Weihnachten. Und es ist ganz zentral Spiel in allen Varianten: Spiel, mit seinen Regeln und Ritualen, ist das zentrale Medium der Kinderfiguren, sich auszudrücken, sich auszuagieren, sich zu erproben, miteinander zu kommunizieren, sich als Kollektiv zu konstituieren und auch – vornehmlich entlang der hier sehr traditionell interpretierten Genderrollen (die Mädchen spielen Puppenmütter und Hausfrauen, während Lasse sich seine Zukunft als *DrehrumdieBolzen-Ingenieur* ausmalt) – gegeneinander zu positionieren. Im Spiel, auch im generationellen Zusammenspiel, manifestiert sich das Lebensalter Kindheit. In bezeichnender Weise machen die Eltern den Kindern auch die Arbeit, von der episodisch erzählt wird, zum Spiel (Dettmar, 2013).

3. Drittens schließlich konstatiert Bachtin „die Verquickung des menschlichen Lebens mit dem Leben der Natur" (Bachtin, 2008, S. 161), „de[n] einheitliche[n] Rhythmus beider" (ebd.). Erzählt wird von einem Kinderleben im Einklang mit der Natur, bestimmt vom Rhythmus der Natur, den Jahreszeiten und den damit verbundenen Aktivitäten, dem Spiel und den Festen. Ganz zentral ist Kindheit in Bullerbü als Naturkindheit inszeniert.

Die Geschichten aus Bullerbü erzählen von einer Kindheit, die eingebettet ist in eine stabile, auf Dauer gestellte Welt, in der sich ein Kinderleben in der Natur, im eigenen Rhythmus abspielen kann – fernab des modernen Zeitmanagements. Kindheit wird als eine eigene, entlegene, behütete Welt gestaltet, ein Frei- und Schutzraum zugleich. Die Elternfiguren bleiben entsprechend im Hintergrund, spielen aber in ihrer Zuwendung, und weil sie den Kindheitsraum als Schutzraum absichern, eine wichtige Rolle. Ihre eigenen Probleme werden im Text vollständig ausgespart, von Streit, Sorge, Konflikten, die zu einem Familienleben (außerhalb von Bullerbü) dazugehören, ist nie die Rede – und auch diese Grenzziehung bewahrt die Idylle.

Fragt man nach dem Verhältnis von innerem und äußerem Chronotopos, d.h. nach dem Verhältnis von erzählter Welt und fiktionsexterner Realität, wird der Abstand sehr deutlich. Lindgren nutzt das schwedische Dorf- und Landleben als eine Projektionsfläche, auf die sie die Kindheitsutopie projiziert und nach der Logik kindlicher Wunscherfüllung einrichtet. Die Geschichten selbst sind zeitlich nicht markiert, sie spielen in einer historisch unbestimmten Vergangenheit. Lindgren, 1907 geboren, spricht in ihren autobiographischen Schriften selbst vom „Pferdezeitalter" (Lindgren, 1967, S. 63) und verweist auf ihre eigene Kindheit: In Bullerbü habe sie das *entschwundene Land* ihrer Kindheit gestaltet.[1] Eine Landkindheit im frühen 20. Jahrhundert in Schweden wird allerdings, die Vermutung liegt nahe, zumeist anders ausgesehen haben, geprägt von Entbehrungen, Armut und Arbeit (die nicht Spiel ist, wie

---

1 So der Titel ihrer Autobiographie. Zur autobiographischen Stilisierung siehe Ritte (1986).

> 43) Essen, den 25.1.66
> Lenbachstr. 38
>
> Liebe Frau Lindgren!
> Viele von Ihren schönen Büchern
> habe ich schon gelesen. Die aus
> Bullerbü gefallen mir am besten.
> Ich bin genauso alt wie Lisa.
> Ich habe keine Geschwister,
> und wünsche mir so liebe
> Freunde wie die Kinder aus
> Bullerbü.
> Ich spare ganz fleißig und möchte
> mit meiner Mutti einmal nach
> Schweden kommen. Bitte, bitte
> schreiben Sie mir, wo Bullerbü
> liegt. Wir müssen sonst im ganzen
> Land herumsuchen. Ich würde so
> gerne mit den Kindern dort
> spielen.
> Vielen Dank und auch viele
> Grüße von
> Beate Gottwald

Abb. 1:
Brief an Astrid Lindgren. *Gebt uns Bücher, gebt uns Flügel* (1967), S. 60

in Bullerbü), in Abhängigkeit von der Natur, nicht im unbeschwerten Einklang mit ihr, geprägt auch von sozialer Kontrolle, von gesellschaftlichen Ungleichheiten und auch familiären Hierarchien und einer großen Distanz zwischen den Generationen: In Maren Gottschalks Lindgren-Biographie mit dem bezeichnenden Titel *Jenseits von Bullerbü* (2006) wird Lindgren selbst mit der Erinnerung zitiert, ihre Mutter habe sie als Kind ein einziges Mal spontan umarmt. Von Strenge und Distanz berichten andere Zeitzeugen (von Schönborn, 1995, S. 103; Gottschalk, 2006, S. 34 f.)[2] – und legen eine Opposition von Autobiographie und dem liebe- und verständnisvollen Umgang nahe, der die Beziehung zwischen Eltern und Kindern im literarischen Bullerbü auszeichnet. Festzuhalten bleibt, dass Lindgren, auch über solche autobiographischen Referenzen hinaus, einen wirkungsmächtigen Sehnsuchtsort des ungebrochenen Kinderglücks schafft.

Die wahren Orte, so heißt es sinngemäß in Hermann Melvilles *Moby Dick*, sind auf keiner Landkarte verzeichnet – und dies gilt auch für Bullerbü, das in diesem Sinn ein wahrer Kindheitsort ist. Dass er bis heute so anziehend wirkt, verdankt sich nicht zuletzt der erzählerischen Inszenierung, die den Abstand zur Realität nicht ausstellt, sondern überspielt: Wenn die siebenjährige Lisa als homo- und autodiegetische Er-

---

2   Gottschalk zitiert hier: Margareta Strömstedt (2001). *Astrid Lindgren – Ein Lebensbild.* Hamburg, S. 98.

Abb. 2:   Die Höfe von Bullerbü. Astrid Lindgren (1988), Innenumschlag

zählerin stellvertretend für das Kinderkollektiv in Episoden erzählt,[3] was ihr passiert, was ihr wichtig ist, dann klingt es so, als wäre das alles wirklich gerade eben geschehen – nicht zuletzt unterstützt die konzeptionelle Mündlichkeit mit den Leseransprachen, die zur Identifikation einladen, diesen Eindruck. Mit diesem narrativen Kunstgriff wird die inhaltlich-thematische Kindzentrierung formal umgesetzt und konsequent durchgehalten – ein perspektivischer Wechsel oder eine ironische Brechung findet sich nicht. „Oh, wie haben wir es schön in Bullerbü" – dieser Ausruf der Erzählerin ist das eingelöste Versprechen der literarischen Inszenierung, die ihre ganze Suggestivkraft ungebrochen entfalten kann.

„Räume", so konstatiert die Erziehungswissenschaftlerin Andresen, „prägen die Vorstellungen davon mit, was Kindheit eigentlich ist und wie sie aussieht" (Andresen, 2013, S. 21), und dies gilt auch für die literarischen Kindheitsräume. Der ins Unbestimmte verlegte Kindheitsraum, der hier stellvertretend mit Blick auf die *Bullerbü*-Bände skizziert wurde, ist insofern typisch für die Kinderliteratur der 1950er und 1960er Jahre, als darin ein bestimmter Status, eine Vorstellung von Kindheit als Auszeit, als „Moratorium" (Andresen, 2013, S. 21–22) versinnbildlicht wird: Kindheit erscheint als eine eigene Welt auf Zeit, die sich nach eigenen Regeln abspielt und von der Welt der Erwachsenen ganz grundlegend unterscheidet. In den fiktiven Kinderzeichnungen der Erzählerin, die in die Geschichten integriert sind, ist die über-

---

3   D.h. die Kinderfigur tritt hier als Ich-Erzählerin auf, die aus ihrer Perspektive und zugleich von sich erzählt.

schaubare Kindheitswelt Bullerbü mit ihren drei Höfen von einem Zaun umgeben. So wird das Zentrum der Kindheitswelt markiert und begrenzt; diese Grenze kann für Exkursionen in die Natur, in die Nachbarschaft überschritten werden, so dass der Kindheitsraum sich in konzentrischen Kreisen erweitern kann.

Mit den beiden Kindheitsforschern Bühler-Niederberger und Schwittek lässt sich Kindheit als Teil der „generationalen Ordnung" (2013, S. 69–70) verstehen, die den verschiedenen Lebensaltern bestimmte Erwartungen, Rechte, Verpflichtungen und Bedürfnisse zuordnet. Zu fragen ist im generationalen Zusammenhang dann auch nach der Beziehung, in der die Lebensalter zueinander stehen, und dies insbesondere mit Blick auf das häufig bipolar oder komplementär gedachte Verhältnis von Kindern und Erwachsenen. Hier zeigen sich in den angesprochenen Texten charakteristische Merkmale. Nicht zufällig sind viele der zeitgenössisch prägenden Erzählungen auf Inseln angesiedelt, etwa auf der Insel Titiwu, auf der das Urmel aufwächst oder in Lummerland, jener berühmten Insel mit zwei Bergen, auf der Jim Knopf und Lukas der Lokomotivführer zuhause sind. Die erzählten Welten sind oftmals, und dafür gibt es klassische Vorbilder wie etwa Alices *Wonder-* oder Peter Pans *Neverland,* als phantastische Anderswelten gestaltet, in die nur Kinder Zugang haben – dass solche kindlichen Phantasiewelten auch surreale, absurde, groteske Züge annehmen, mitunter auch ins Bedrohliche umschlagen können, davon wird seit der Romantik durchaus auch miterzählt. Kindliche Eigenwelten sind auch am Rande der von Erwachsenen bewohnten Welt zu finden. Die Villa Kunterbunt, in der die Kinder herrschen und die Realität auf den Kopf stellen, ist hierfür ein weiteres berühmtes Beispiel. Inszeniert wird hier eine anarchische Gegenwelt, eine karnevalesk verkehrte Welt, in der erlaubt ist, was gefällt. Kinder haben hier nicht nur ihren Spaß, sondern sie haben Macht, sie triumphieren über die erwachsenen Autoritäten, die sich hierhin wagen. Diese fiktional-spielerische Verrückung und Umkehrung der Machtverhältnisse, die entschiedene Verteidigung einer selbstbestimmten Kindheit, die etwa in der Episode manifest wird, in der Pippi Langstrumpf die Polizisten, die sie ins Kinderheim bringen wollen, vertreibt, machen vermutlich die bleibende Faszination des Textes aus.

Diese Grundhaltung ist zeitgenössisch ungewöhnlich und bekanntlich auch als Provokation wahrgenommen worden (Surmatz, 2005); die Idee, dass Kinder – zumindest zeitweise – relativ unabhängig von erwachsenen Autoritäten in ihrer eigenen, in einer ihnen im Sinne der Kindheitsvorstellung entsprechenden Welt agieren können, ist aber in vielen zeitgenössischen Texten strukturbildend. Ewers bezeichnet die zeitgenössische Kinderliteratur pointiert als eine „Kinderliteratur der Kindheitsautonomie" (1995, S. 17).

3.   Eine kurze literaturhistorische Einordnung

Schaut man zur knappen Einordnung auf literaturhistorische Kontexte, zeigen sich deutlich Traditionslinien, die zurück in die Romantik führen (vgl. den Beitrag von

Heiner Ullrich in diesem Band). Hier findet in kulturell außerordentlich wirkungs-mächtiger Weise die Vorstellung ideengeschichtlichen und später auch literarischen Raum, dass Kindheit etwas substantiell Anderes ist, dass Kinder einen anderen Zu-gang zu sich und der Welt haben, sich auszeichnen durch ihre magisch-mythische Weltsicht, durch Phantasie, Unschuld und Naturverbundenheit. Kindheit bildet, dieser Idee folgend, eine Zeit des Einklangs mit sich und der Welt, ist als ein glück-liches Ganzes zu denken. Die essentialistische „gegenmoderne" (Ewers, 2013, S. 19) Vorstellung einer solchen ganzheitlichen Seinsweise unterscheidet sich grundsätzlich von Subjekt- und Individualitätsentwürfen, wie sie seit dem frühen 18. Jahrhundert in Philosophie und Literatur verhandelt worden sind. Das imaginäre ganze Glück der Kindheit konturiert sich als Gegenbild zu der sich hier etablierenden Semantik der Individualität, welche die Einzigartigkeit, aber auch die Zerrissenheit, die Fragmen-tierung der Identität in einer sich modernisierenden, funktional ausdifferenzierenden Gesellschaft artikuliert. In ihr hat der Einzelne in unterschiedlichen Handlungsfeldern eine Vielzahl unterschiedlicher Rollen einzunehmen. Die Idee des ganzen Glücks der Kindheit lässt sich im Anschluss an Luhmann (1989) als kulturelle Konstruktion ver-stehen, die auf das soziale Problem der „Exklusionsidentität" reagiert. Mit diesem Begriff der „Exklusionsidentität" bezieht sich Luhmann auf die Bedingungen des mo-dernen Individuums, das sozial ortlos geworden ist, da die umfassende Einbindung in die Ständeordnung nicht mehr gegeben ist, und kein übergeordnetes Wertsystem einen festen Platz in der Gesellschaft zuweist. Identität muss sich im Wechsel der Rollen in unterschiedlichen Handlungsräumen selbst konstituieren und bleibt dabei krisenanfällig.

In den 1950er und 1960er Jahren werden die (neo-)romantischen Anschauungen von Kindheit konsensfähig, die zu Beginn des 20. Jahrhunderts in der Reformpä-dagogik und ihren Konzeptionen einer so genannten „Dichtung vom Kinde aus" zunächst aufgegriffen wurden. Insbesondere bilden sie die Grundlage für literarische Genres, die die Vorstellungen von kindlichen Welten in der skizzierten Topographie der Texte umsetzen. Die Märchendichtung mit ihren wunderbaren Eigenwelten, die phantastische Literatur, die mit ihrer Zweiteilung von realistischer und phantastischer Welt die Schwelle von Kindheit und Erwachsensein thematisiert und eigensinnige Phantasie-, Abenteuer- und Wunderwelten schafft, wären weitere Genres, die mit dieser Zuordnung von Kindheit und Raum arbeiten, aber auch Dorf- und Ferien-erzählungen mit ihren kindlichen Spiel- und Abenteuerwelten. Stilistisch manifestiert sich diese Literaturströmung mit der Renaissance folkloristischer Traditionen, von Sagen und Märchen, der Nähe zur Mündlichkeit, dem typischen Erzählduktus, der sich etwa in Preußlers Texten und in den Erzählzyklen von James Krüss findet (Ewers, 2013; Weinmann, 2013).

Die philosophisch-anthropologische Konstruktion, die Kindheitsidee der Roman-tik, wird in den 1950er und 1960er Jahren durch die zeitgenössische Entwicklungspsy-chologie untermauert; zu denken ist hier an die einflussreiche Theorie der Lesealter von Charlotte Bühler, die auf der Vorstellung von entwicklungspsychologisch bedingten Vorlieben bzw. von einer biologisch vorbestimmten Abfolge von Leserinteressen fußt. Die aufeinander folgenden Altersstufen sind hier über die Vorliebe für bestimmte Genres definiert, Bühler spricht zum Beispiel vom Struwwelpeter-, Märchen- oder Robinsonalter, die in der kindlichen Entwicklung aufeinander folgen (Bühler u. Bilz 1977). Die Vorstellungen einer quasi natürlichen Entwicklung literarischer Präferenzen und Kompetenzen sind in den 1950er und 1960er Jahren literaturpädagogisch außerordentlich einflussreich. Sie finden auch kinderliteraturtheoretisch, in der so genannten *Theorie des guten Jugendbuchs*, eine breite Basis (Weinmann, 2013, S. 302–304; Müller, 2014). Die hier geforderte Ausrichtung der Literatur an kindlichen Wahrnehmungs- und Interessenshorizonten, die Forderung nach einer im Sinne der beschriebenen Kindheitsvorstellung „kindgemäßen" Literatur, die Wünschen nach Identifikation, nach Spannung, Abenteuer, Wirklichkeitsentlastung entgegenkommt, bedeutet im Umkehrschluss aber auch den Verzicht auf ästhetische Komplexität, sowohl in formaler als auch in thematischer Hinsicht. Narrative Formen des sozialen und des psychologischen Realismus werden entsprechend als unverständlich aus der Kinderliteratur ausgeschlossen.

4.   Kinderliterarische Aufbrüche in den 1970er Jahren

Eben dieses Verdikt wird in der Folgezeit allerdings vehement bestritten: In den 1970er Jahren formiert sich im Kontext der gesellschaftlichen Umbrüche um 1968 eine kinderliterarische Reformbewegung, die vom Kindertheater bis zur erzählenden Literatur, von der Kinderlyrik bis zum Bilderbuch alle Gattungen, Medien und ästhetischen Formen erfasst. Mit vereinter Kraft arbeiten sich Autoren und Autorinnen nun an den Vorgängern und an den Traditionsbeständen ab. Jörg Müllers Bilderbuch: *Alle Jahre wieder saust der Presslufthammer nieder oder die Veränderung der Landschaft*, 1973 erschienen, dokumentiert in acht großformatigen Bildtafeln im Zeitraffer, wie das stilisierte Dorfidyll im Laufe der Jahre zubetoniert und durch ein großflächiges Gewerbegebiet ersetzt wird. Im fotorealistischen Verfahren wird die kinderliterarische Idyllentradition mit einplaniert, diese Vorstellung erscheint hier im Stilzitat als naive Malerei.

F. K. Wächters 1970 erschienener, berühmt gewordener *Anti-Struwwelpeter* zielt im antiautoritären Geist auch auf die kinderliterarischen Ikonen, die als Repräsentanten einer kleinbürgerlich-autoritären Erziehungsvorstellung verspottet und entmachtet werden. Mit satirischer Schärfe werden insbesondere die kinderliterarisch verbreiteten Vorstellungen vom großen Glück der Kleinfamilie ins Lächerliche gezogen und als spießbürgerliches Idyll entlarvt. Insbesondere Christine Nöstlingers Texte sind in diesem Zusammenhang zu nennen: So lässt uns die 1974 erschienene Erzählung *Das Leben der Tomanis* die Durchschnittsfamilie Meier, Vater, Mutter, zwei gut erzogene Töchter, wohnhaft in einer Reihenhaussiedlung mit Randlage, mit ganz neuen Augen sehen: Ordentlich in Reih und Glied bietet solche Vorstadtidylle vom trauten Heim in ihrer spiegelbildlichen Gleichförmigkeit einen ebenso grotesken Anblick wie die darin wohnende bürgerliche Kleinfamilie, deren ganzes Glück die beiden außerordentlich wohlgeratenen Töchter Luise und Liese darstellen. Sie führen als spindeldürre Hungerhaken in ihrer gleichförmigen Deformation das Lustfeindliche einer angepassten Existenz deutlich vor Augen. Luise und Liese verwandeln sich im weiteren Verlauf des Geschehens in wohlbeleibte, fröhliche Monster – vorgeführt wird die Verwilderung der beiden Mädchen als Ausdruck der Befreiung des Kindes. Zugleich ist darin eine Parodie verbreiteter mädchenliterarischer Erzählmuster enthalten, die den umgekehrten Weg gehen und die so genannten Trotzköpfe zu braven Töchtern erziehen. Und nicht zuletzt ist das Buch ein Plädoyer dafür, auch als Erwachsene das Kind in sich wiederzuentdecken – in Nöstlingers Text solidarisieren sich die Eltern am Ende mit ihren Töchtern, verwandeln sich ebenfalls in Monster und segeln als Monsterfamilie auf und davon.

Mit dem angesprochenen Paradigmenwechsel gelangen nun auch sozialrealistische Themen in die Kinderliteratur. Ursula Wölfels Sammlung von Kurzgeschichten *Die grauen und die grünen Felder* (1970) ist hierfür ein paradigmatischer Text. In knapper Form erzählen die Prosastücke von Konflikten und Krieg, von Misshandlung und Vernachlässigung, von überforderten Eltern und ihren Problemen, die von Depression bis Alkoholismus reichen – und sie lassen solche Befunde desillusioniert, ohne Aussicht auf ein gutes Ende stehen. Im Kindertheater arbeitet währenddessen das Berliner GRIPS-Theater an der Bewusstseinsbildung (Schneider, 1984). Das GRIPS-Theater, das sich in seiner Theaterpädagogik auf Brechts Lehrstücke bezieht, ist ganz dezidiert politisch und anti-autoritär. Seine Stücke wollen zur kritischen Auseinandersetzung mit Realitäten, den herrschenden Verhältnissen, den Machtverhältnissen in Familie und Gesellschaft anregen und zu ihrer Veränderung beitragen. Sie thematisieren in dem so genannten emanzipatorischen Kindertheater aktuelle Themen wie Fremdenfeindlichkeit (*Ein Fest bei Papadakis*), setzen sich kritisch mit Familien- und Geschlechterrollen (*Mannomann!*), aber auch mit den Arbeitsbedingungen in der kapitalistischen Industriegesellschaft (*Trummi kaputt*) auseinander.

Die stellvertretend für viele andere Titel genannten Beispiele machen deutlich, dass die Vorstellung von Kindheit als in sich abgeschlossene Eigenwelt aufgegeben wird. Die Realitäten halten Einzug in die Kinderliteratur. Galt es bis hin zu diesem Paradigmenwechsel gerade als das Vorrecht der Kinder, von Problemen entlastet zu sein, in eigenen, eben auch literarischen Flucht- und Schonräumen zu siedeln, kehren sich die Vorzeichen nun um: Als Recht der Kinder gilt es nun, über die Wirklichkeit, in der sie leben, aufgeklärt und damit ernst genommen zu werden. Bevormundung, Verlogenheit, Manipulation – das sind die kulturkritischen Schlagworte, mit denen in den 1970er Jahren die kinderliterarisch heilen Welten bekämpft werden. Sie dienen, so formuliert es Melchior Schedler, der sich als einer der schärfsten Kritiker dieser Zeit profiliert, der „Produktion und Reproduktion von falschem Bewusstsein" (Schedler, 1973, S. 49), und sie tun dies letztlich im Interesse der Erwachsenen, die sich die Vorstellung einer heilen Kindheit bewahren wollen. Die Kritik, die die Protagonisten dieser Kinderliteraturreform der 1970er Jahre üben, gilt nicht nur den vorangegangenen kinderliterarischen Erzählweisen, sondern ganz grundsätzlich der Kindheitsvorstellung in romantischer bzw. neoromantischer Tradition, die nun als Kindertümelei kritisiert wird. So heißt es mit Bezug auf Otfried Preußler bei Schedler: „Der Kindertümler will nicht, dass das Kind erfährt, wie es in der Welt zugeht: also annonciert er, Kindern sei es schnuppe, wie es da zugeht. Kronzeuge: das Kind im Kindertümler" (Schedler, 1973, S. 48).

Das ist in zeittypischer Weise und in bewusster Absetzung polemisch formuliert – schaut man sich die in die Kritik geratenen Texte an, zeigt sich, dass der Vorwurf der Ausblendung aller Realitäten so nicht zutrifft. Astrid Lindgrens phantastischer Roman *Mio, mein Mio* (EA 1954), um nur ein Beispiel zu nennen, das ist zunächst die Geschichte eines vernachlässigten, einsamen Kindes, das erst in der phantastischen Welt zu eigener Stärke gelangt, auch die *Michel-* und *Madita*-Erzählungen blenden Generationenkonflikte nicht aus. In Michael Endes *Jim Knopf*-Erzählungen (1960, 1962) lassen sich, auf diese Aspekte hat Julia Voss (2009) aufmerksam gemacht, auch zeithistorische Anspielungen entdecken: So in Gestalt des Halbdrachen Nepomuk, der als Kind eines Drachen und einer Nilpferdmutter außerhalb der Drachenstadt leben muss, weil ihm als „nicht-reinrassige[m] Drachen" der Zugang „bei Todesstrafe verboten" (Ende, 1960, S. 158) ist – eine deutliche Anspielung auf die Rassenpolitik des Nationalsozialismus. Erzählt wird davon allerdings nicht in realistischer Form, sondern in der Bildsprache von Märchen und Phantastik.

Der zitierte Vorwurf, dass es eigentlich die Erwachsenen sind, die sich gegen die Realität einer ganz und gar nicht heilen Kinderwelt sperren und sich ihre Vorstellungen einer glücklichen Kindheit erhalten wollen, ist andererseits nicht von der Hand zu weisen. So profitiert die südschwedische Tourismusindustrie vom Sehnsuchtsort Bullerbü bis heute. Die Vorstellungen einer glücklichen Kindheit wirken offenbar übergenerationell attraktiv, angesprochen fühlen sich auch Erwachsene. Die amerikanische Historikerin Stephanie Coontz diagnostiziert mit Blick auf solche Nostalgiephänomene das so genannte „Bullerby Syndrom", eine nostalgische Erinnerung an *the way we never were*, wie es im Titel ihrer Studie zu amerikanischer/n Familiengeschichte/n heißt (Coontz, 1992).

Dass die Vorstellung von unschuldigen, harmlosen und niedlichen Kindern eine kulturell oder auch kulturindustriell erfolgreiche Idee ist, zeigt der Blick auf die verbreiteten Bild- und Objektwelten, die Kinder vielfach als sentimentales Sujet inszenieren. Ganz grundsätzlich gesprochen verbindet sich aber auch mit der Kinderliteratur, die in der Tradition der Romantik steht und die der Intention nach kindliche Eigenarten, Bedürfnisse und Wünsche ins Zentrum stellt, eine grundlegende Ambivalenz: Der romantische Kindheitsmythos, der die Anerkennung von Andersartigkeit begründet, lebt zugleich von einer Idealisierung und Funktionalisierung der Kindheit, die diese Kindheitsentwürfe, diese kulturellen Konstruktionen seit dem 18. Jahrhundert charakterisieren: Man sieht rückblickend in Kindern, was man selbst vermisst und unwiderruflich verloren zu haben glaubt. Von Schiller, der in Kindern die Vergegenwärtigung einer ursprünglich naiven Daseinsform sieht, über Rousseaus Ideal einer natürlich unverdorbenen Kindheit abseits der zivilisatorischen Einflüsse, bis hin zu den Frühromantikern, denen Kinder im magischen Weltzustand als Vergegenwärtigung der mythischen Zeit galten, lassen sich solche Kindheitsideen und -imaginationen verstehen als wirkmächtige Wunschbilder, die aus kulturkritischer Perspektive entworfen sind, und die in der vergangenen Welt der Kindheit das verlorene Glück suchen. Noch Michael Endes Märchenroman *Momo* (1973) steht in dieser romantischen Tradition, wenn er davon erzählt, wie die Heldin Momo (die als Verkörperung einer solchen Kindheitsvorstellung, als Inbegriff von Phantasie und Unschuld, anzusehen ist), gegen die grauen Herren, die Zeitdiebe, antritt, um die Welt mit der Macht der Phantasie vom Ungeist des Kapitalismus zu befreien. Nicht zufällig ist *Momo* in den 1970er Jahren ein Kultbuch unter Erwachsenen geworden.

Perry Nodelman spricht mit Bezug auf die Projektionen, die sich in Texte einschreiben, wenn Erwachsene für Kinder von Kindern erzählen, vom *hidden Adult*, dem verborgenen Erwachsenen, der in der Kinderliteratur steckt und mit seinen Vorstellungen, Erwartungen, Sehnsüchten unausgesprochen präsent ist (Nodelman, 2008). Diese Projektionen schreiben sich, so Nodelman, wie ein Schatten in Texte, in Erzählperspektiven und Handlungsmuster ein und finden zum Beispiel Ausdruck in der Figur des romantischen, kreativen, unschuldigen Kindes, dem Kind als Erlöserfigur.

Der skizzierte Paradigmenwechsel der 1970er Jahre ist mit Blick auch auf die weitere Entwicklung der Kinderliteratur wegweisend insofern, als die Überzeugung, man könne für Kinder nicht von komplexen Verhältnissen und in komplexen Formen erzählen, grundsätzlich bestritten wird. In der Folgezeit macht die Kinderliteratur Ernst und sie macht auch in ästhetischer Hinsicht einen Entwicklungssprung (Ewers, 1995; Gansel, 2010). Die ästhetisch differenzierte, realistische Gestaltung schwieriger Lebensbedingungen, die Auseinandersetzung mit kindlichen Alltagswelten, mit Konflikten, Krisen, Ängsten und Gewalterfahrungen zählt zum inzwischen etablierten Themen- und Darstellungsspektrum des realistischen bzw. des psychologischen Kinderromans. Auch zur Kinderliteratur gehört längst die Darstellung psychischer Realitäten, von Ängsten und Verunsicherungen, wie sie etwa Tormod Haugens inzwischen als Klassiker der psychologischen Kinderliteratur geltender Kinderroman *Die Nachtvögel* aus dem Jahre 1978 (im Folgejahr mit dem deutschen Jugendliteraturpreis ausgezeichnet) inszeniert. Er erzählt von einem Jungen, der in albtraumhaften Szenen immer wieder von riesigen schwarzen Vögeln heimgesucht wird. Wie Gespenster tauchen sie nachts auf, sie verfolgen ihn mit ihren roten Augen, hacken mit aufgerissenen Schnäbeln, greifen mit ihren Klauen nach ihm. Die bedrohlichen Nachtvögel verdichten als Symbol des Unbewussten die übermächtigen Ängste, die den Jungen erfasst haben, der seinen Halt in der Familie verliert – der Vater leidet selbst unter Depressionen und kann dem Sohn, der zuschaut, wie ihm das Leben entgleitet, keine Stabilität vermitteln.

Inzwischen hat sich kinder- und jugendliterarisch ein ausdifferenziertes Themen- und Darstellungsspektrum etabliert. Von Tabuthemen lässt sich seit langem nicht mehr sprechen, erzählt wird von Tod, Misshandlung, Missbrauch, von Krankheit und Krieg, aus aktuellem Anlass derzeit in vielen Facetten von Flucht und Migration und dies auch in ästhetisch komplexer Form. Dominante oder gar epochale Strömungen lassen sich nicht mehr ausmachen, es zeichnet sich vielmehr eine thematische und formale Pluralisierung ab, in der vieles, auch sehr Unterschiedliches, nebeneinander möglich ist.

5. Grenzenloses Erzählen: Aktuelle kinder- und jugendliterarische/-mediale Tendenzen

Ich möchte im letzten Teil des Beitrags, zumindest in Ansätzen, auf aktuelle Tenden- zen eingehen, die einerseits in der weiteren Konsequenz der genannten Entwicklung stehen, insofern sich mit der formalen und thematischen Öffnung eine vielfach bemerkte Annäherung von Kinder- und Jugendliteratur und allgemeiner Literatur vollzieht. Darüber hinaus sind die kinder- und jugendliterarischen Entwicklungen auch in sich verändernden kulturellen Kontexten zu sehen: von sich verändernden Generationenverhältnissen, von Prozessen des medialen Wandels und der kulturellen Globalisierung. Konzentrieren möchte ich mich vor diesem Hintergrund auf Phäno- mene des in der Forschung inzwischen viel beachteten, so genannten Crosswritings bzw. der All-Age-Literatur:[4] Gemeint ist damit, dass Kinder- und Jugendliteratur und -medien über festgelegte Ziel- und Altersgruppen hinaus zunehmend ein generatio- nenübergreifendes Publikum erreichen. Dieses Phänomen umfasst ganz unterschied- liche Medien und Genres, vom Bilderbuch bis zum Animationsfilm, vom Adoleszenz- roman bis hin zu Krimis, Thrillern und populären Fantasy-Serien. Das Phänomen selbst ist nicht neu, viele internationale Klassiker der Kinderliteratur, wie zum Beispiel die Grimm'schen *Kinder- und Hausmärchen*, *Alice in Wonderland*, die Texte Michael Endes oder Preußlers *Krabat*, sind generationenübergreifend gelesen worden. Der enorme Erfolg der *Harry Potter*-Heptalogie markiert in dieser Geschichte allerdings, darüber besteht weithin Einigkeit, einen Meilenstein. In der Forschung wird die Jahr- tausendwende mit Blick auf die Reichweite des Phänomens als Zäsur wahrgenom- men; auf dem Buchmarkt werden Texte seither gezielt als All Age-Texte platziert. Wei- tere Beispiele für einen solchen generationenübergreifenden Erfolg wären Stephenie Meyers *Twilight*-Serie (2005–2008), Suzanne Collins *Hunger Games* (2008–2010), Cornelia Funkes *Tintenwelt*- und *Reckless*-Trilogien (2003–2007 bzw. 2010–2015), Alan Bradleys Krimiserie *Flavia de Luce* (seit 2009) sowie die beiden kürzlich erschienenen Thriller von Kevin Brooks (*Bunker Diary*, 2014) und Friedrich Ani (*Die unterirdische*

---

4   S. hierzu den Forschungsbericht von Blümer (2009) sowie die Beiträge in Gansel u. Zim- niak (2011).

Sonne, 2014). Zu denken wäre darüber hinaus an Jugendromane wie John Greens *Das Schicksal ist ein mieser Verräter* (2014) und Wolfgang Herrndorfs *tschick* (2010) – der letztgenannte Roman wurde, wie zuvor auch die *Harry Potter*-Bände, in textgleichen Ausgaben mit unterschiedlichen Covern für Jugendliche und Erwachsene publiziert, um auf dieser paratextuellen Ebene Unterschiede zu markieren.

Es wäre allerdings zu kurz gegriffen, wollte man diese Entwicklung auf ein ökonomisches Phänomen reduzieren; zudem zeigen die genannten Beispiele, dass All Age bzw. Crosswriting Überbegriffe sind, die nicht nur unterschiedliche Genres und Medien umfassen, sondern sich auch mit Blick auf die narrativen Strategien systematisch unterscheiden lassen.

So sind die genannten Thriller von Kevin Brooks und Friedrich Ani, die desillusioniert und schonungslos von Verbrechen und Gewalt erzählen, ohne Auswege zu zeigen oder in der Erzählperspektive Einordnungen und Erklärungen vorzunehmen, Textbeispiele, die auf die angesprochene ästhetische Annäherung der Literaturen bzw. auf Grenzüberschreitungen verweisen.[5] Von diesen polyvalenten Romanen unterscheiden sich Texte, die – vor allem durch Formen der bildlichen Rede (Allegorie, Metapher, Parabel) – unterschiedliche Lesarten anbieten und auf eine übertragene Bedeutung hin ausgelegt werden können. Michael Endes Roman *Momo* (1973) ist ein Beispiel dafür: Er erzählt nicht nur vordergründig die Geschichte eines Mädchens, das gegen die grauen Herren antritt, sondern lässt sich lesen als politische Parabel, die vom Verschwinden der Zeit, der Menschlichkeit, der Phantasie in einer durchökonomisierten Gesellschaft erzählt – mit all den gesellschaftskritischen und philosophischen Dimensionen, die mit diesem Thema einhergehen. Diese übertragene Lesart, die in der Bildsprache des Textes angelegt ist, erschließt sich vermutlich nur den erwachsenen Lesern und Leserinnen. Daneben sind ironische Brechungen und insbesondere intertextuelle und intermediale Anspielungen narrative Strategien, um Texte mehrdeutig zu machen, sie in weitere Bezugssysteme zu stellen und damit auch unterschiedlich geprägte Zielgruppen anzusprechen. Virtuos passiert das derzeit im Animationsfilm, der sich als Familienfilm positioniert; vor allem die Dreamworks und Pixar Produktionen wie *Shrek* oder *Toy Story* sind hierfür bekannte Beispiele. Auch in den genannten *Harry Potter*-Romanen finden sich diese Dimensionen, die Romane arbeiten mit vielfältigen intertextuellen Anspielungen auf Mythen, Märchen und weitere Genres wie zum Beispiel die Internatsgeschichte. Ebenso zeigt sich in Cornelia Funkes Texten die Lust an Anspielung und Zitat, in expliziten Motti, die den einzelnen Kapiteln vorangestellt sind, aber auch in zahlreichen weiteren intertextuellen Verweisen.

---

5 Beide Texte sind in ihren „Genzüberschreitungen" kontrovers diskutiert worden; s. hierzu Knödler (2014). Im Sinne Gansels, der in systemtheoretischer Perspektive auf das Prinzip Störung als Moment von Irritation und Evolution verweist, ließe sich von einer „aufstörenden" Wirkung sprechen (Gansel, 2011).

Die genannten Erfolgs-Serien zeigen aber auch, dass die einfache und vermeintlich trennscharfe Zuordnung von Lesarten zu kindlichen bzw. jugendlichen Lesern einerseits und erwachsenen Lesern andererseits so nicht mehr aufgeht. Nicht zuletzt die konstitutive Einbindung der literarischen Texte in die aktuellen partizipativen Medienkulturen (Jenkins, 2006; Schlachter, 2013) bietet hier Anschlussmöglichkeiten. Die Fans der Erfolgsserien sind, vor allem im Netz, als Produzenten und Deutungsgemeinschaften aktiv, schreiben Fan Fiction, erstellen Wikis zu Serien, interagieren in Foren und auf Fan-Sites, tauschen sich über Lesarten, Anspielungen und Andeutungen aus und gehen Leerstellen und Rätseln der Texte detektivisch auf den Grund. Solche Formen der Partizipation, die an die komplexer werdenden seriellen Erzählungen gebunden sind, können wiederum in Rückkopplung dazu die Bereitschaft zur weiteren seriellen Entwicklung und Vertiefung befördern (Dettmar, 2016). Es lassen sich inzwischen zahlreiche Texte finden, die an dieser seit einiger Zeit sich abzeichnenden Entwicklung hin zum mehrbändigen, seriellen oder zyklischen Erzählen partizipieren, in denen Geschichten und Figuren, Handlungsstränge und Spannungsbögen sich über Folgen hinweg entfalten und damit differenzierter erzählt werden können, und die auch narrative Strategien von Metafiktion und Selbstreflexion mit einschließen. Das Zusammenspiel von Textkomplexität, Serialität, Transmedialität und Partizipation zeigt, dass die Entgrenzung der Felder nicht allein als Evolution zu hochliterarischen Standards zu diskutieren ist, sondern in weiteren Zusammenhängen, insbesondere von populärkulturellen Entwicklungsdynamiken, steht. Crosswriting lässt sich auch als Effekt der populärkulturellen Dynamik verstehen, die nicht nur immer weiter spezialisierte Angebote bietet, sondern auch Formate schafft (und entsprechend positioniert), die in ihren Themen, Erzählstrategien und Phantasiepotentialen heterogene Adressaten einbeziehen, die sich im kulturellen bzw. im popularisierten kulturellen Wissen keineswegs notwendig im Alter differenzieren. Mit den neuen Kommunikationsmitteln, so Kelleter (2012), entsteht „eine zunehmend zugängliche und elementare, aber auch eine zunehmend anpassungs- und differenzierungsfähige potenziell globalisierte Ästhetik" (S. 30), mit der entsprechend unterschiedliche Adressaten an Unterhaltungserlebnissen partizipieren können.

Crosswriting – Border Cultures

Die vielfältigen und vielschichtigen Phänomene sind darüber hinaus in weiteren kulturellen Horizonten zu sehen, sie schließen auch soziologische bzw. kultursoziologische Überlegungen mit ein. „Kinder-, Jugendlichen- und Erwachsenenkulturen", so haben es Heinz Hengst und Helga Kelle formuliert, sind heute „border cultures" (Hengst u. Kelle 2003, S. 9). Die soziologische Forschung weist nicht nur darauf hin, dass sich die Grenzen zwischen Kindheit und Jugend nach vorne verschoben haben, Kinder also früher jugendlich werden oder aussehen und sich entsprechend für andere Themen interessieren. Auch zieht sich die Adoleszenz gegenwärtig hinein bis ins vierte Lebensjahrzehnt, die Forschung spricht von Postadoleszenz. Die Grenzen zwischen Kinder-, Jugend- und Erwachsenenkultur werden so tendenziell fließend. Jugendkultur ist inzwischen Leitkultur, Jugend ein gesellschaftliches Ideal und entsprechend als Thema von Interesse – Romane wie Herrndorfs *tschick* (2010) oder John Greens Texte, die auf gekonnte, gewitzte, ergreifende Weise davon erzählen, finden auch ein erwachsenes Publikum. Und nicht zuletzt manifestieren sich Grenzüberschreitungen gegenwärtig in den aktuellen Medienkulturen. Auf diesen Zusammenhang weist bereits Hengst hin: „Die Differenzen von Kindheit, Jugend und Erwachsensein sind ebenso ins Fließen geraten wie die zwischen Medien, wie die zwischen medialen und nicht-medialen Aktivitäten sowie von Spielen, Lernen, Konsumieren und Arbeiten." (Hengst, 2002, S. 2) Vernetzungs-, Verwertungs-, Austausch- und Entgrenzungsphänomene prägen die digitalen Kulturen; im Zeichen von postmodernen Ästhetiken, Mashup-Kulturen, den Inszenierungen und Performanzen des Selbst im Wettbewerb um Aufmerksamkeit zirkulieren die Zeichen, sind die Bildwelten volatil geworden. Auch Ikonen der Kinder- und Jugendkultur von Pinocchio bis Harry Potter werden im selbstreferentiellen Bilderkosmos, etwa in Memes, aufgegriffen, weiterverarbeitet, kombiniert und zur Kommentierung genutzt. Wie sich solche Entgrenzungsphänomene im Kontext der gesellschaftlichen Prozesse von Globalisierung, Kommerzialisierung, Mediatisierung und Individualisierung weiter entwickeln, wird weiter zu verfolgen sein.

Literatur

Primärliteratur

Adamson, Andrew u. Jenson, Vicky (2001). *Shrek – Der tollkühne Held* [Film]. DreamWorks.
Ani, Friedrich (2014). *Die unterirdische Sonne*. Köln.
Brooks, Kevin (2013). *Bunker Diary*. München.
Barrie, James Matthew (1904). *Peter Pan*. Oxford.
Bradley, Alan (2009). *Flavia de Luce. Mord im Gurkenbeet*. München.
Carrol, Lewis (1865). *Alice in Wonderland*. Oxford.
Collins, Suzanne (2008–2010, 3 Bde.). *The Hunger Games*. New York.
Ende, Michael (1986). *Momo*. Stuttgart.
Ende, Michael (1962). *Jim Knopf und die Wilde 13*. Stuttgart.
Ende, Michael (1960). *Jim Knopf und Lukas der Lokomotivführer*. Stuttgart.
Funke, Cornelia (2010–2012, 2 Bde.). *Reckless*. Hamburg.
Funke, Cornelia (2003–2007, 3 Bde.). *Tintenherz*. Hamburg.
Green, John (2014). *Das Schicksal ist ein mieser Verräter*. München.
Grimm, Jacob u. Wilhelm (1812). *Kinder und Hausmärchen*. Berlin.
Haugen, Tormod (1978). *Die Nachtvögel*. Einsiedeln.
Herrndorf, Wolfgang (2010). *Tschick*. Leipzig.
Janosch (1978). *Oh, wie schön ist Panama*. Weinheim.
Kruse, Max (1969). *Urmel aus dem Eis*. Reutlingen.
Krüss, James (1967). *Mein Urgroßvater und ich*. Hamburg.

Krüss, James (1959). *Die glücklichen Inseln hinter dem Winde*. Hamburg.

Lasseter, John (1995). *Toy Story*. [Film] Pixar.

Lindgren, Astrid (1989). *Mio mein Mio*. Hamburg. [EA 1954]

Lindgren, Astrid (1988). *Die Kinder aus Bullerbü*. Hamburg. [EA 1947–1952]

Lindgren, Astrid (1949). *Pippi Langstrumpf*. Hamburg.

Ludwig, Volker u. Heymann, Birger (1973). *Ein Fest bei Papadakis*. Grips Theater Berlin.

Ludwig, Volker u. Heymann, Birger (1972). *Mannomann!* Grips Theater Berlin.

Ludwig, Volker u. Heymann, Birger (1971). *Trummi kaputt*. Grips Theater Berlin.

Meyer, Stephenie (2005–2008, 4 Bde.). *Twilight*. Los Angeles.

Müller, Jörg (1973). *Alle Jahre wieder saust der Presslufthammer nieder: oder Die Veränderung der Landschaft*. Berlin.

Nöstlinger, Christine (1976). *Das Leben der Tomanis*. Ravensburg.

Preussler, Otfried (1966). *Das kleine Gespenst*. Stuttgart.

Preussler, Otfried (1957). *Die kleine Hexe*. Stuttgart.

Preussler, Otfried (1956). *Der kleine Wassermann*. Stuttgart.

Rowling, Joanne K. (2001–2007, 7 Bde.) *Harry Potter*. London.

Waechter, F. K. (1982). *Der Anti-Struwwelpeter: oder listige Geschichten und knallige Bilder*. Zürich.

Wölfel, Ursula (1970). *Die grauen und die grünen Felder*. Weinheim.

Sekundärliteratur

Andresen, Sabine (2013). Konstruktionen von Kindheit in Zeiten gesellschaftlichen Wandels. In Christine Hunner-Kreisel u. Manja Stephan (Hrsg.), *Neue Räume, neue Zeiten. Kindheit und Familie im Kontext von (Trans-)Migration und sozialem Wandel*. Wiesbaden, S. 21–32.

Bachtin, Michail M. (2008). *Chronotopos*. Frankfurt a. M.

Blümer, Agnes (2009). Das Konzept Crossover – eine Differenzierung gegenüber Mehrfachadressiertheit und Doppelsinnigkeit. In Institut für Jugendbuchforschung der Goethe Universität Frankfurt am Main/Staatsbibliothek Preußischer Kulturbesitz (Berlin). Kinder- und Jugendbuchabteilung (Hrsg.), *Kinder- und Jugendliteraturforschung*. Frankfurt a. M., S. 105–114.

Bühler, Charlotte u. Bilz, Josefine (1977). Das Märchen und die Phantasie des Kindes (4. Aufl.). Berlin.

Bühler-Niederberger, Doris u. Schwittek, Jessica (2013). Kleine Kinder in Kirgistan – lokale Ansprüche und globale Einflüsse. In Christine Hunner-Kreisel u. Manja Stephan (Hrsg.), *Neue Räume, neue Zeiten. Kindheit und Familie im Kontext von (Trans-)Migration und sozialem Wandel*. Wiesbaden, S. 69–90.

Coontz, Stephanie (1992). *The Way We Never Were: American Families and the Nostalgia Trap*. New York.

Dettmar, Ute (2016). Fortgesetztes Erzählen. Kinder- und Jugendliteratur im Netz von Populär- und Medienkulturen. In Petra Anders u. Michael Staiger (Hrsg.), *Serialität in Literatur und Medien. Bd. 1: Theorie und Didaktik*. Baltmannsweiler, S. 115–127.

Dettmar, Ute (2013). Das Spiel ist aus. Zum Durchspielen der Kindheit in der Kinderliteratur. In Heidi Lexe (Hrsg.), *Wörter würfeln. Kinder- und Jugendliteratur und Spiel*. STUBE (Studien- und Beratungsstelle für Kinder- und Jugendliteratur Wien). Wien, S. 35–49.

Dettmar, Ute (2009). Glück auf Zeit. Zur (De-)Konstruktion des Idyllischen in der Kinderliteratur. In Österr. Institut für Jugendliteratur (Hrsg.), *Darf's ein bisserl mehr sein? Glück in der Kinder- und Jugendliteratur*. Wien, S. 36–48.

Ewers, Hans-Heino (2013). Themen-, Formen- und Funktionswandel der westdeutschen Kinderliteratur seit Ende der 1960er, Anfang der 1970er Jahre. In Ders. (Hrsg.), *Literaturanspruch und Unterhaltungsabsicht. Studien zur Entwicklung der Kinder- und Jugendliteratur im späten 20. und frühen 21. Jahrhundert*. Frankfurt a. M., S. 15–43 [zuerst 1995].

Ewers, Hans-Heino (1995). Die Emanzipation der Kinderliteratur. Anmerkungen zum kinderliterarischen Formen- und Funktionswandel seit Ende der 60er Jahre. In Renate Raecke u. Ute D. Baumann (Hrsg.), *Zwischen Bullerbü und Schewenborn. Auf Spurensuche in 40 Jahren deutschsprachiger Kinder- und Jugendliteratur*. München, S. 16–28.

Ewers, Hans-Heino (1990). Romantik. In Reiner Wild (Hrsg.), *Geschichte der Kinder- und Jugendliteratur*. Stuttgart, S. 99–138.

Gansel, Carsten (2011). Aufstörung und Denormalisierung als Prinzip? Zu aktuellen Entwicklungen zwischen KJL und Allgemeinliteratur. In Ders. u. Pawel Zimniak (Hrsg.), *Zwischen didaktischem Auftrag und grenzüberschreitender Aufstörung. Zu aktuellen Entwicklungen in der deutschsprachigen Kinder- und Jugendliteratur*. Heidelberg, S. 13–36.

Gansel, Carsten (2010). *Moderne Kinder- und Jugendliteratur* (4. Aufl.). Berlin.

Gansel, Carsten u. Zimniak, Pawel (Hrsg.). (2011). *Zwischen didaktischem Auftrag und grenzüberschreitender Aufstörung? Zu aktuellen Entwicklungen in der deutschsprachigen Kinder- und Jugendliteratur*. Heidelberg.

Gebt uns Bücher, gebt uns Flügel. Oetinger Almanach 5, 1967. Hamburg.

Gottschalk, Maren (2006). *Jenseits von Bullerbü*. Weinheim.

Hengst, Heinz (2002). *Zur Verselbstständigung der kommerziellen Kinderkultur*. Verfügbar unter: http://www.br-online.de/jugend/izi/deutsch/publikation/televizion/15_2002_2/hengst15_2.pdf [27.04.2017].

Hengst, Heinz u. Kelle, Helga (2003). Kinder – Körper – Identitäten. Zur Einführung. In Dies. (Hrsg.), *Kinder – Körper –Identitäten. Theoretische und empirische Annäherungen an kulturelle Praxis und sozialen Wandel*. München, S. 7–12.

Jenkins, Henry (2006). *Convergence Culture. Where Old and New Media Collide. Updated with an New Afterword*. New York.

Kelleter, Frank (2012). Populäre Serialität. Eine Einführung. In Ders. (Hrsg.), *Populäre Serialität: Narration – Evolution – Distinktion*. Bielefeld, S. 11–42.

Knödler, Christine (2014). Wir haben da ein Problem für dich. *Die Welt* 12.3.2014.

Lindgren, Astrid (1967). „Gibt es Bullerbü?" In P. J. Schindler (Hrsg.), *Gebt uns Bücher, gebt uns Flügel. Oetinger Almanach 5*. Hamburg, S. 60–63.

Luhmann, Niklas (1989). Individuum, Individualität, Individualismus. In Ders. (Hrsg), *Gesellschaftsstruktur und Semantik. Studien zur Wissenssoziologie der modernen Gesellschaft*. Bd. 3. Frankfurt a. M., S. 149–258.

Müller, Sonja (2014). *Kindgemäß und literarisch wertvoll. Untersuchungen zur Theorie des ‚guten Jugendbuchs' – Anna Krüger, Richard Bamberger, Karl Ernst Maier*. Frankfurt a. M.

Nodelman, Perry (2008). *The Hidden Adult: Defining Children's Literature*. Baltimore.

Ritte, Hans (1986). Astrid Lindgrens Kindheitsmythos. Beobachtungen zu ihren Bullerby-Büchern. In Rudolf Wolff (Hrsg.), *Astrid Lindgren. Rezeption in der Bundesrepublik*. Bonn, S. 81–102.

Schedler, Melchior (1973). *Schlachtet die blauen Elefanten*. Weinheim u. Basel.

Schlachter, Birgit (2012/2013). „Harry Potter", „Twilight", „Die Tribute von Panem" & Co.: serielles Erzählen in der populären Jugendliteratur und im aktuellen Jugendmedienverbund. In Institut für Jugendbuchforschung der Goethe Universität Frankfurt am Main/ Staatsbibliothek Preußischer Kulturbesitz (Berlin). Kinder- und Jugendbuchabteilung (Hrsg.), *Kinder- und Jugendliteraturforschung*, S. 105–115.

Schneider, Wolfgang (1984). *Kindertheater nach 1968. Neorealistische Entwicklungen in der Bundesrepublik und in West-Berlin*. Köln.

Strömstedt, Margareta (2001). *Astrid Lindgren – Ein Lebensbild*. Hamburg.

Surmatz, Astrid (2005). *Pippi Langstrumpf als Paradigma. Die deutsche Rezeption Astrid Lindgrens und ihr internationaler Kontext*. Tübingen.

Schönborn, Felicitas von (1995). *Astrid Lindgren – Das Paradies der Kindheit*. Freiburg.

Voss, Julia (2009). *Darwins Jim Knopf*. Frankfurt a.M.

Weinmann, Andrea (2013). *Kinderliteraturgeschichten. Kinderliteratur und Kinderliteraturgeschichtsschreibung in Deutschland seit 1945*. Frankfurt a.M.

Erzähl- und medientheoretische Perspektivierungen der Kinder- und Jugendliteratur

Kategorien der Einfachheit –
Komplexitäten bildhaften Erzählens

Gabriela Scherer

Die Kategorie der ‚Einfachheit‘ und das ‚einprägsame‘ Bild im (Kinder-)Buch

1.   Einleitung

In Wolf Erlbruchs Kinderzimmerkalender für das Jahr 2013, der unter dem Titel *Nur Geduld* erschienen ist (Erlbruch, 2012), ist ein Dutzend Bilder versammelt, die ebenso einfach wie einprägsam sind: Der Monat August beispielsweise zeigt einen kleinen, mit einer roten Badehose bekleideten Hasen, der am vorderen Ende eines Sprungbretts über einem Springbecken steht. Auf dem Sprungturm, unmittelbar hinter ihm, drängelt sich eine größere Anzahl von Tieren, ebenfalls alle in Badeanzügen. Mimik und Körperhaltung der auf den Absprung des Hasen wartenden Tiere weisen eine Palette unterschiedlicher Emotionen auf: Vorn steht eine vor Ungeduld zornig bebende Schweinedame, gleich hinter ihr ein Mops mit missmutig verdrehten Pupillen, gefolgt von einer sich verständnisvoll gebenden Ente mit geschlossenen Augen und einem Dackel mit freundlicher Neugier im Blick, dahinter eine Katze mit leicht hämischem Grinsen und ganz hinten, über allen thronend, ein Elch mit fast schon elterlich wirkendem Wohlwollen in seiner Körpersprache. Das schlichte Bild ist ausgesprochen eindrücklich: Es spielt mit dem Wort ‚Angsthase‘ auf eine Art und Weise, die den kleinen Kerl an der Spitze des Sprungbretts nicht diskreditiert. ‚Nur Geduld!‘ möchte man den Ungeduldigen unter den nachdrängenden Tieren zurufen. Die Sympathien richten sich auf die Geduldigen unter den Zuschauenden sowie den kleinen Hasen selbst. Das Wort ‚Angsthase‘ möchte man ihm nicht ins Gesicht schleudern, auch wenn es genau die Bedeutung dieses Wortes ist, die einem das Bild veranschaulicht. In Anlehnung an die comenianische Didaktik, welche die Bilder der Phase der Kindheit zurechnet und sie als erste Station auf dem Weg in die Welt der Sprache versteht (vgl. Bannasch, 2007, S. 227), könnte man sagen, dass dieses für das Kinderzimmer gestaltete Kalenderbild Erlbruchs in mehrfacher Hinsicht ein ‚Sprungbrett‘ darstellt. Den Bedeutungsgehalt des Gesehenen mithilfe von Sprache zu erschließen und abzusichern, ist eine Herangehensweise, die auch in aktuellen Bildungsprozessen eine wichtige Rolle spielt.

Der Fokus liegt im hier Folgenden jedoch nicht auf dem sprachlichen Lernen, das mit dem frühkindlichen Adressaten und dem dergestalt ‚einfachen‘ Bild in Verbindung steht, sondern auf dem literarischen Lernen, das sich am literarästhetisch anspruchsvollen, mehrfach adressierten Bilderbuch unserer Gegenwart entzündet. Rekurriert wird so auf eine moderne Bildungsauffassung, in deren Zentrum die den Betrachter verändernde Begegnung mit dem ‚Kunstwerk‘ steht (vgl. Bannasch, 2007, S. 261). Aus diesem Grund wird zunächst ein Schlaglicht geworfen auf die sich um 1800 herum neu konstituierende Gattung Kinderbilderbuch; dass sich die Explifizierung dabei auf das Sachbilderbuch stützt, ist vor allem der Prägnanz geschuldet, die sich aus dem hieraus generierbaren Anschauungsbeispiel ergibt. Daran schließt sich eine kurze Erläuterung der kinderliterarischen Kategorie der ‚Einfachheit' an, wie sie von Maria Lypp Mitte der 1980er Jahre in die Diskussion gebracht worden ist. Es folgt dann eine etwas ausführlichere Betrachtung des zeitgenössischen Bilderbuchs, das sich nicht mehr als Spezialkunst für Kinder versteht, sondern mit seinen vielfältigen Formen literarisch-bildnerischen Erzählens auch den erwachsenen Rezipienten und dessen Kunstgenuss anspricht. Als Argumentationsgrundlage dienen dabei zwei Bilderbuchbeispiele aus dem englischsprachigen Kulturraum, deren deutsche Übersetzung jeweils in die Nominierungsliste für den deutschen Jugendliteraturpreis aufgenommen wurde, sowie Rezeptionsdokumente zu eben diesen Bilderbüchern.

2.   Das ‚einprägsame' Bild im kinderliterarischen Sachbilderbuch um 1800

Friedrich Justin Bertuch, 1747 in Weimar geboren, war ein Zeitgenosse Goethes und Wielands. Seine vielfältige unternehmerische Tätigkeit als Verleger, Fabrikant und Inhaber eines Handels-Comptoirs ist ein wichtiges Element im Zusammenspiel damit, was unserem kulturellen Gedächtnis unter dem Begriff ‚Weimarer Klassik' eingeschrieben ist.

Bertuch ist aber auch ein Kind der Epoche der Aufklärung, was bedeutet: Er war auch Mitakteur im sog. ‚pädagogischen Jahrhundert', in dem sich im Zuge der sog. ‚Entdeckung der Kindheit' das Subsystem ‚Kinder- und Jugendliteratur' ausgebildet hat. Die von Bertuch zwischen 1790 und 1830 herausgegebene monatliche Zeitschrift für Kinder, mit je fünf Kupfertafeln pro Einzelheft, aus deren Bindung sich ein mehrbändiges Sachbilderbuch für Kinder generierte, war nicht nur dem enzyklopädischen Gedanken der Wissens*sammlung* verbunden, sondern stand auch unter dem pädagogischen Impetus der didaktisch klugen Wissens*vermittlung*.

Bertuch stellte hohe Ansprüche an die Fertigkeiten seiner Zeichner und Kupferstecher und bestand auf akkurater Darstellung des Sachgegenstands (vgl. Feuerstein-Herz, 2012, S. 18). Heranwachsende sollten keine falschen Eindrücke von der Welt empfangen – was mit der Vorstellung des kindlichen Gedächtnisses als ‚tabula rasa' im Zusammenhang steht. Zugleich aber sollte ihnen das Wissen auf Kindern gemäße Art und Weise vermittelt werden. Im Mittelpunkt von Bertuchs *Bilderbuch für Kinder* stehen daher die Bilder; die Begleittexte zu den kunstvoll gezeichneten Kupfern sind den angenommenen Verstandes-Kräften des Kindes angepasst und eher zum Vorlesen als zum selber Lesen gedacht. Das Bild hat in Bertuchs Kinderjournal dadurch keine dienende, sondern eine zentrale Funktion. Oder in anderen Worten ausgedrückt: Das Bild in der sich um 1800 neu konstituierenden kinderliterarischen Gattung Bilderbuch ist nicht gleichzusetzen mit der Illustration im illustrierten (Kinder-)Buch. Für die visuelle Gestaltung seines Kinderjournals postulierte Bertuch 1801:

Es muß schön und richtig gezeichnete und keine schlecht gestochene Kupfer haben, weil nichts wichtiger ist, als das Auge des Kindes, gleich vom Anfange an, nur an wahre Darstellung der Gegenstände, richtige Verhältnisse, Eindrücke und Begriffe, die es der Seele geben kann, und an schöne Formen und guten Geschmack zu gewöhnen. Man kann nicht glauben, wie begierig die Einbildungskraft eines Kindes die ersten bildlichen Eindrücke faßt, wie fest es dieselben hält, und wie schwer es hernach ist, falsche Bilder und Begriffe, die sie dadurch empfieng, in der Folge wieder wegzuschaffen. Gute und schlechte Kupfer thun hierbey alles, und können bey Kindern entweder großen Nutzen oder wahres Unheil stiften. (Bertuch zit. nach Chakkalakal, 2014, S. 40)

Zum Allgemeinwissen des Gebildeten um 1800 gehörte u.a. das Linnésche Pflanzensystem. Es ist auch in Bertuchs Sachbilderbuch dargestellt. Carl von Linné selber formulierte 1737 – also rund 60 Jahre vor Bertuch – in seiner *Genera plantarum* jedoch eine drastische Ablehnung von Bildern für die taxonomische Beschreibung. Visualisierung hielt er nur für statthaft für Schriftunkundige, da er Bilder, im Einklang mit den Vorstellungen seiner Zeit, als bloße Vorstufe des schrifttextlich basierten Erkenntnisgewinns betrachtete:

§13. *Bilder* empfehle ich nicht um Gattungen zu bestimmen, sondern verwerfe sie unbedingt, wenngleich ich bekenne, dass sie von großem Verdienst für den Knaben und diejenigen sind, die mehr Köpfe haben als Gehirne; ich bekenne, dass jemand diese den Laien liefern [muß]. Bevor den Sterblichen der Gebrauch der Buchstaben bekannt wurde, war es nötig, alles durch Bilder auszudrücken, wo der Klang der Stimme nicht anwesend sein konnte. Aber als diese erfunden worden waren, war der leichtere und sichere Weg gegeben, Vorstellungen durch Schriften mitzuteilen. So gewährten auch in der Botanik, bevor die Buchstaben entdeckt wurden, diese Abbildungen das beste Hilfsmittel; aber mit diesen [Buchstaben] wird ein abkürzender Weg bestritten; uns sind 26 Buchstaben gegeben, mit denen wir unsere Vorstellungen schreiben. (Linné zit. nach Chakkalakal, 2014, S. 227, Hervorhebungen im Original)

Stellt man die taxonomischen Beschreibungen Linnés Bertuchs enzyklopädischer Darstellung in Bild und erläuterndem Begleittext gegenüber, so erscheint einem heutigen, in multimodalen Text- und Bildwelten Sozialisierten, Bertuchs visuell unterstützte Belehrung der abstrakten Aufzählung Linnés nicht nur unter dem Aspekt der Wissensvermittlung überlegen, sondern auch unter dem Gesichtspunkt der nachhaltigen Erkenntnis weitaus wirkungsvoller. Dies ist im anschauenden Vergleich leicht nachzuvollziehen: Man lege beispielsweise Linnés nur auf Schrift beruhende Beschreibung der Pfefferpflanze (abgebildet in Chakkalakal, 2014, S. 229) neben Bertuchs Bild-Text-Kombination zum Pfeffer (abgebildet in Feuerstein-Herz, 2012, S. 50 f.). Nicht nur dem leseunkundigen Kind, sondern auch dem alphabetisierten Erwachsenen prägt sich der in Bertuchs Sachbilderbuch dargestellte Sachverhalt nachhaltiger ein als Linnés nur auf Buchstaben basierende Beschreibung.

3. ,Einfachheit' als Kategorie der modernen Kinderliteratur

„Mit der Einfachheit als kinderliterarischer Kategorie scheint es sich einfach zu verhalten." So lautet der einleitende Satz von Maria Lypps oft zitierter Abhandlung *Einfachheit als Kategorie der Kinderliteratur* von 1984 (Lypp, 1984, S. 9). Dass es sich mit der ,Einfachheit' als kinderliterarischer Kategorie nur *scheinbar* einfach verhält, ist damit schon gleich zu Beginn gesagt. Es trifft zwar durchaus zu, dass für Kinder geschriebene Literatur sich in Sprache, Darstellungsweise und Thematik von Literatur unterscheidet, deren primäre Adressaten Erwachsene sind. Sprachliche, formale und inhaltliche Komplexitätsreduktion ist neben der Erziehungsfunktion denn auch einer der wesentlichen Gründe, weshalb man Kinderliteratur gemeinhin eine mindere Qualität im Vergleich mit der Allgemeinliteratur zuschreibt. Dass Zugänglichkeit für Kinder jedoch nicht notwendigerweise auf literarisch unkomplizierte Weise zustande kommt, ist Leuten, die sich professionell mit Kinderliteratur befassen, aber durchaus bewusst. Einfachheit mit Schlichtheit gleichzusetzen, ist verfehlt. Es ist dies eine Fehleinschätzung, die mit einer naiven Vorstellung von Kindern einhergeht, die Erfahrungen, die Kinder in ihrem Alltag machen, nicht in Rechnung stellt.

Wenn man mit leicht verständlichen Texten, unter der alleinigen Maßgabe von Einfalt und Simplizität ausgewählt, eine progressive Stufenleiter baut, von deren oberem Ende die Herangewachsenen dann irgendwann abspringen und in die ,richtige' Literatur eintauchen sollen, stellt sich unweigerlich die Frage: Was sollte Herangewachsene dazu bewegen, den Literaturteich, auf den sie am Ende ihres herausforderungsarmen Lesegangs hinunterblicken, für einen Born höchster Gratifikationen zu halten, wenn ihnen auf dem Treppchen hinauf zum Sprungturm nichts begegnet ist, das der Mühe des Lesens wert war? Und fragt sich außerdem, wie jemand schwimmen und nicht untergehen soll, dessen Vorbereitung vor dem Absprung ins tiefe Wasser sich in Trockenübungen am Beckenrand erschöpft hat.

Der Titel von Maria Lypps Beitrag zum *Taschenbuch der Kinder- und Jugendliteratur* der Jahrtausendwende lautet *Die Kunst des Einfachen in der Kinderliteratur* (Lypp, 2000). In diesem Beitrag reflektiert sie, dass sie den Begriff der ,Einfachheit' nicht zufällig zu einem Zeitpunkt in die Diskussion eingebracht hat, als die Kinderliteratur sich im Zuge der Kinderliteraturreform gerade zu emanzipieren begonnen hatte. Den Raum der pädagogischen Funktionalisierung hatte die um 1970 herum neu entstehende moderne Kinderliteratur eben erst verlassen und die Halle der ernst zu nehmenden Kunst gerade erst mit bislang in der Kinderliteratur tabuisierten Themen und erwachsenenliterarischen Formen betreten, als sich die Frage nach der Andersartigkeit der für Kinder geschriebenen Literatur im Zusammenhang mit der Zurückweisung der ihr zugeschriebenen Minderwertigkeit aufdrängte.

Das Unternehmen der Emanzipation der Kinderliteratur zu einer vollgültigen, der Erwachsenenliteratur gleichwertigen Literatur, das die kinderliterarische Wende anstieß, warf die Frage auf, wie die Differenz zwischen Kindern und Erwachsenen hinsichtlich des Wissens, Erfahrungs- und Sprachstandes literarisch überwunden werden könnte. Dabei zeigte sich, dass das Einfache keineswegs der neuen Komplexität zu weichen hatte, sondern bei deren Vermittlung eine fundamentale Rolle spielte. [...] Verfahren der Vereinfachung sind Balance-Akte. Sie halten die Mitte zwischen Irritation und Schematismus: Sie begrenzen Mehrdeutigkeit, Widersprüchlichkeit oder Undurchdringlichkeit, sodass der Leser nicht irritiert zurückweicht, sie reduzieren aber andererseits den komplexen Gegenstand nicht auf ein simples Schema. (Lypp, 2000, S. 829)

Für die ‚Einfachheit' als kinderliterarische Kategorie aber bedeutet das in den Worten Maria Lypps,

dass das Kind an der Kinderliteratur nicht literarische Vorübungen macht, sondern dass es diejenigen literarischen Operationen einübt, die es immer wird brauchen müssen, um das literarische Zeichensystem für sich zu entschlüsseln, dass es mit den ersten Texten also nicht Stufen erklimmt, die es hinter sich lässt, sondern sofort im Zentrum steht. (Ebd., S. 833)

Nehmen wir den eingangs beschriebenen kleinen Hasen in Wolf Erlbruchs Kinderzimmerkalender noch einmal in den Blick. Diesem traut man den Mut zum Absprung ins tief unter ihm glitzernde Wasser gerade auch deswegen zu, weil man ihn des Schwimmens für mächtig hält. Um im Bild zu bleiben: Seine Badehose war, so unsere These, schon vor dem Erklimmen des hohen Sprungturms vom Schwimmen im Schwimmbecken nass. Man beachte bitte auch, dass sich auf dem betrachteten Sprungturm Groß und Klein tummeln und unter ihnen Tiefgründiges mit Gratifikationen aller Art lockt: erfrischt zu werden, Spaß zu haben, sich mit allen Sinnen zu vergnügen, es geschafft zu haben, etwas Neues zu erfahren oder zu entdecken etc. „Literarisches Lernen ist", so nochmals Maria Lypp, „die Ausdifferenzierung und Anreicherung dieser grundlegend literarischen Operationen im Umgang mit komplexeren Formen". (Ebd.)

4.   Elementarisierung des Allgemeinliterarischen im zeitgenössischen Bilderbuch

Im Folgenden stehen das Bildungspotenzial sowie die Rezeptionsanforderungen von zwei literarästhetisch komplexen Bilderbüchern im Mittelpunkt des Interesses. Dass dabei die Wahl zum einen auf Anthony Brownes Bilderbuch *Stimmen im Park* fällt, das die Seelenlandschaften seiner Erzählfiguren einprägsam versinnbildlicht, sei mit Worten Maria Lypps begründet:

Bildlichkeit, ein universales literarisches Vereinfachungsverfahren, ist für Kinderliteratur unentbehrlich und begründet ihren Bilderreichtum. Nicht erst seit sie sich komplexen Themen geöffnet hat, braucht sie den indirekten Ausdruck, um aus der Fülle und Vielschichtigkeit der Dinge das Wesentliche hervorzuheben und – zu verstecken, d.h. dem fixen sprachlichen Zugriff im Symbol zu entziehen. (Ebd., S. 837)

Und die Frage, weshalb zum anderen David Wiesners *Die drei Schweine* aus dem reichen Fundus zeitgenössischer Bilderbücher herausgegriffen wird, kann man ebenfalls mit einer Formulierung Maria Lypps beantworten, wartet Wiesners Bilderbuch doch mit einem metafiktionalen Spiel erster Güte auf: „Die basal-literarischen Elemente einfacher Texte können das Material für komplexe literarische Konstruktionen abgeben, die ‚einfach' wirken und dennoch vielschichtig sind." (Ebd., S. 840)

Die hier postulierte Beispielhaftigkeit der getroffenen Auswahl ist aber insbesondere auch mit der bildkünstlerisch anspruchsvollen Elementarisierung des Allgemeinliterarischen verknüpft, die den zwei Autoren-Illustratoren auch in anderen ihrer Bilderbücher geglückt ist. Wiesner beispielsweise ist nicht zufällig mehrfach mit der Caldecott Medal ausgezeichnet worden; außer für *Die drei Schweine* auch für *Tuesday* (1991) und *Flotsam* (2006). Und Browne hat schon früh den deutschen Jugendliteraturpreis zugesprochen bekommen, für die deutsche Übersetzung von *The Visitors Who Came to Stay* (1984). Die gern auch ‚postmodern' genannte (vgl. z.B. Tabbert, 2010) Innovation des Bilderbuchs, wie sie so ins Blickfeld kommt, ist seit den 1990er Jahren in größerem Ausmaß zu beobachten. Die ersten bildkünstlerisch und literarisch innovativen Bilderbücher stammen aus dem englischsprachigen Kulturraum. In der im Original deutschsprachigen Kinderliteratur ist mit Bilderbüchern wie *Ein Buch für Bruno* (1997) von Nikolaus Heidelbach, *Nachts* von Wolf Erlbruch (1999), *Laura* (1999) von Binette Schroeder oder *Johanna im Zug* (2009) von Kathrin Schärer aber durchaus Vergleichbares auf dem Buchmarkt vertreten.

4.1 Kunstvolles Spiel mit vorhandenem Material, Erzählperspektiven und Innenweltdarstellung: Anthony Brownes *Stimmen im Park* (engl. Originalausgabe und deutsche Übersetzung 1998)

Anthony Browne ist 1946 in Sheffield geboren und gehört aktuell zu den renommiertesten Bilderbuchkünstlern weltweit. Brownes Bilderbuch *Stimmen im Park*, 1998 zeitgleich auf Englisch und in deutscher Übersetzung erschienen, erzählt die Begegnung einer arroganten Oberschichtmutter und ihres schüchternen Sohnes sowie ihrer reinrassigen Hündin mit einem arbeitslosen Unterschichtvater, dessen fröhlich unbekümmerter Tochter sowie deren vierbeiniger Promenadenmischung bei einem Spaziergang in einem Stadtpark. Ungewöhnlich an der narrativen Anlage ist die Vervierfachung der Erzählperspektiven; pro Reflexionsfigur ist die imaginäre Welt in einer anderen Jahreszeit gemalt und in je anderer Typographie verbalisiert (vgl. auch Scherer, im Druck).

Der dem Mädchen zugeordnete Schrifttyp ist ein die gerade Linie munter herausfordernder Schriftzug. Und seine versinnbildlichte Seelenlandschaft präsentiert sich in der üppigen Fülle des Sommers. In der Erzählversion des Mädchens hängen die Bäume voller Früchte, die zum Pflücken des prallvollen Tages einladen. An dieser Sicht auf die Welt vermag auch die fremde, griesgrämige Mutter nichts zu ändern, die sich mit ihrem schüchternen Sohn auf die Parkbank neben das Mädchen und seinen Vater setzt. Der Park spiegelt auch auf diesem Bild den Seelenzustand des Mädchens als üppigen Sommertag wider.

Die Seelenlandschaft des arbeitslosen Vaters präsentiert sich demgegenüber wintergrau. Die Bäume des Stadtparks sind in der Erzählversion des Vaters kahl und setzen sich gegen einen trostlosen Hintergrund ab. Die Schrift, in der sich seine Stimme verbal ausdrückt, ist die eines etwas grobschlächtigen Erwachsenen. Auf dem aus seiner Perspektive ins Bild gesetzten Heimweg sind der Vater und seine Tochter in einen Hoffnungsschimmer getaucht, der sich aus einer Lampe speist, die in Form eines Schneeglöckchens den nahenden Frühling ankündigt. Den kahlen Bäumen sind Glühlämpchen angesteckt, die Fenster der vormals tristen Hochhäuser erstrahlen jetzt in bunten Lichtern, eine Sternschnuppe fällt vom Himmel und King Kong präsentiert sich als Kraftprotz auf einem der Hochhäuser, die hinter der Parkmauer stehen. Die Tochter hinterlässt außerdem eine Fußspur von zarten weißen Blütenblättern. Auch damit kündigt sich der Frühling als symbolischer Hoffnungsbote an, der gegen die Tristesse des Vaters anzugehen vermag.

Die Seelenlandschaft der Oberschichtmutter ist in einen herbstlichen Ton getaucht. Nach der aus ihrer Sicht unerfreulichen Begegnung im Park tritt sie zornentbrannt den Heimweg an. Da sie um die Reinheit ihrer reinrassigen Hündin ebenso zu fürchten hat wie um die Reinlichkeit ihres Sohnes, erlebt sie den Spaziergang im Park als Fiasko. Auf ihrem Heimweg hinterlässt sie denn auch folgerichtig einen brennenden Baum, in dem ihr Zorn über das Herumtollen ihres Hundes mit dem Straßenköter und das unbeaufsichtigte Spielen ihres Sohnes mit dem fremden Schmuddelkind sichtbar zum Himmel lodert. Das satte Grün der Bäume und der goldene Schimmer in der herbstlich gefärbten Parklandschaft weisen auf die Saturiertheit dieser in einer Vorstadtvilla lebenden und mit Seidenschal und Hut wohlhabend gekleideten Figur hin.

Dem Oberschichtjungen ergeht es ähnlich wie dem Unterschichtvater: Seine Seelenlandschaft zeigt sich zu Beginn des Parkbesuchs winterlich trist. Die kahlen Bäume widerspiegeln die Trostlosigkeit seines Daseins. Allerdings bedrücken ihn keine Geldsorgen wie den arbeitslosen Unterschichtvater, ihn bedrückt seine übermächtige Mutter, in deren Hutschatten er mutlos steht. Seine dominante Mutter ist in seiner Parklandschaft in den hutartigen Wolken, behüteten Bäumen und sogar behüteten Straßenlaternen omnipräsent.

Aber auch für ihn spielt das muntere Mädchen die Rolle des Seelentrösters. Bei der Kontaktaufnahme der beiden Kinder ist die Parklandschaft aus der Sicht des Jungen zweigeteilt: Seine Seite zeigt sich ihm winterlich kahl und wolkendüster, in seinem Teil strampelt sich außerdem ein Fahrradtandem ab, bei dem die beiden Radfahrer – wie er und seine Mutter – in verschiedene Richtungen auseinanderstreben. Das Mädchen dagegen sitzt in des Jungen Wahrnehmung vor einer frühlingshaften Blumenwiese, die sich vor blühenden Kirschblütenbäumen und einer Laterne in Form einer Osterglocke erstreckt, und selbst die tristen Hochhäuser am Rande des Parks zeigen sich ihm in dem von der Ausstrahlung des Mädchens geprägten Teil des Bildes als Schloss. Der Wechsel aus der Dominanz der Mutter in den Einflussbereich des Mädchens bekommt dem Jungen gut: Sein Gemütszustand zeigt sich beim Klettern im Baum im Spiel mit dem Mädchen plötzlich frühlingshaft – und selbst beim Verlassen des Parks an der Hand seiner Mutter zieht er noch eine weiße Blütenspur als Reminiszenz an das unbeschwerte Spiel hinter sich her. Das Licht färbt sich beim Verlassen des Parks zwar wieder in eine von der Farbe der Mutter dominierte Atmosphäre, aber es ist jetzt ein mildes Licht, das einen Hoffnungsschimmer auf ein Wiedersehen mit dem kecken Mädchen wirft. Dass der überbehütete Junge sehr schüchtern ist, zeigt sich auch in der seiner Stimme zugeordneten schwach gedruckten Schrift.

Stimmen im Park bietet in den symbolisch aufgeladenen Landschaftsgemälden ein einprägsames Feuerwerk von international bekannten hoch- und populärkulturellen Bildzitaten. Diese haben wie die gemalten Seelenlandschaften symbolische Aussagekraft. Aus dem Genre des Films finden sich Figuren wie Mary Poppins oder King Kong auf den Bilderbuchseiten wieder. Aus dem Bereich der bildenden Kunst sind unter anderem Leonardo da Vincis *Mona Lisa* und Frans Hals' *Lachender Kavalier* zu entdecken – auf dem Heimweg von Vater und Tochter in der von der Fröhlichkeit des Mädchens beeinflussten Perspektive des Vaters als unbeschwert lockeres Tanzpaar. Auf dem Hinweg waren Mona Lisa und der Lachende Kavalier noch in tristen Gemälden gefangen – dem Seelenzustand des Vaters entsprechend traurig dreinblickend, trotz ihrer Berühmtheit für ihr Lächeln bzw. Lachen. Auch Edvard Munchs expressionistisches Bild *Der Schrei* wird gleich mehrfach zitiert in Brownes Bilderbuch – und ebenfalls mit symbolischem Mehrwert: Zum einen erscheint das Bild in der Zeitung, die der arbeitslose Vater nach Stellenanzeigen durchblättert, und kann dort als Ausdruck seiner Verzweiflung gedeutet werden. Zum anderen ist das Bildzitat wiederholt auf den Bildern erkennbar, die aus der Perspektive der Mutter erzählen, wie ihr Sohn sich unbemerkt entfernt hat: Die Parkbäume sind in dieser Erzählsequenz mit schreienden Mündern gemalt und die Mutter selbst ist in deutlicher Anlehnung an Munchs Vorlage als Schreiende gezeichnet. Bei ihr ist der damit symbolisierte Gemütszustand jedoch weniger Verzweiflung als vielmehr Wut. Ähnlich offenbart sich auch in einem der Bildzitate zu René Magrittes legendärem Hut ihre Wut: Der Mutter geht in der Wahrnehmung des Mädchens sprichwörtlich der Hut hoch, als ihr Hund nicht auf sie hört. Diesem nämlich geht – wiederum idiomatisch – ‚zum einen Ohr rein und zum anderen raus‘, was sie ihm befiehlt. Dass auch andere Bildseiten, die surrealistisch mit Hüten spielen, Magrittes Hut zitieren, ist offensichtlich. Die symbolische Aussage der vielen Hüte ist mit dem deutschen Wort ‚überbehütet‘ treffend benannt.

Eindrücklicher als mit den wiederholten Bildvariationen Anthony Brownes lassen sich allgemeinliterarische Merkmale wie kunstvolles Spiel mit vorhandenem Material, Innenweltdarstellung und Erzählperspektive nicht elementarisieren.

Dass nicht nur erwachsene Leser das kunstvolle Spiel, das *Stimmen im Park* inszeniert, vergnüglich finden, sondern sich auch primäre Adressaten des Bilderbuchs von diesem angesprochen und gut unterhalten fühlen, zeigen Rezeptionsdokumente aus schulischen und außerschulischen Erhebungen (vgl. Doonan, 2000; Pantaleo, 2004a, 2004b u. 2008; Hoffmann, 2013; Scherer u. Volz, 2013a). Im hier Folgenden sollen dies exemplarisch Auszüge aus dem Rezeptionsprozess einer Drittklässlerin dokumentieren, die bei ihrer eigenständigen Erschließung des Bilderbuchs in einem außerschulischen Setting zu Forschungszwecken gefilmt worden ist. Die Kameraführung der Handkamera oblag einem ihr unbekannten, in etwa gleichaltrigen Mädchen. Anwesend war außerdem der erwachsene Forscher, der die Probandin zu Anfang nur gebeten hatte, bei ihrer Bilderbuchlektüre ‚laut' zu denken und alles zu verbalisieren, was ihr beim Lesen und Betrachten durch den Kopf geht. Die Probandin hatte das ihr vorgelegte Bilderbuch zuvor noch nie gesehen. Sie rezipierte es in zwei Durchgängen, die unmittelbar aufeinander erfolgten; im zweiten Durchgang wurden ihr vom Forscher ein paar Nachfragen gestellt.

Unübersehbar ist in dem Video, dass die Grundschülerin sich von Anfang an nicht auf die einfachen Rezeptionshandlungen Lesen, Betrachten, Erkennen, Benennen und Beschreiben zurückzieht, sondern dass sie die Bildinformation sogleich mit symbolischer Bedeutung auflädt und ihre Interpretation der Bilder in ihren Sinnbildungsprozess einbaut: „und da (zeigt darauf) brennt der Baum und die Mutter ist stinkig". Auch den Übergang von der ersten zur zweiten Stimme meistert sie problemlos. Ob sie dabei sogleich erkennt, dass es sich um die Wiederholung desselben Geschehens aus einer anderen Perspektive handelt, ist damit jedoch nicht gesagt. Das spielt für ihren Sinnbildungsprozess aber zunächst auch keine Rolle – und ist auch von geübten und mit polyphonischem Erzählen vertrauten Leserinnen und Lesern mit hoher Wahrscheinlichkeit nicht auf den ersten Blick und beim ersten Durchgang zu erkennen. Als ein ihr bekanntes intertextuelles Versatzstück ihre Aufmerksamkeit erregt, steigt sie kurz aus der Rekonstruktion der Geschichte aus, um ihre Entdeckung mitzuteilen: „und ich glaub, ich hab schon mal von der Geschichte (zeigt darauf) gehört, wo jemand mit'm Regenschirm fliegt". Dass es nicht die mittlerweile popikonische Mona Lisa Leonardo da Vincis ist, die sie – anders als vermutlich die Mehrzahl der Erwachsenen – als Bildzitat wahrnimmt, ist dabei nicht das Frappierende. Ungleich bemerkenswerter, gerade im Hinblick auf die in der Medienkindheit unserer Tage ‚einprägsamen' Bilder, ist, dass es sich bei ihrer Entdeckung um die Filmfigur Mary Poppins handelt, die sie – wie sich später auf Nachfrage des Forschers herausstellt – allerdings auch wiederum nur indirekt, nämlich aus einem Zitat in einer Verfilmung einer Kinderbuchreihe von Astrid Lindgren kennt (*Die Kinder von Bullerbü*, Buch schwedische Originalausgabe 1954, schwedische TV-Serie 1960, schwedischer Film 1986).

Erst ganz zum Schluss, am Ende ihrer wiederholten Bilderbuchlektüre, schaut sich die Probandin den Buchrücken (der Erstausgabe der deutschen Übersetzung) erstmalig an, auf dem unter dem Paratext, der die Vielstimmigkeit des Bilderbuches erläutert, je ein Zitat von jeder der vier Stimmen in der entsprechenden Schrifttype abgedruckt ist und wo auch der rote Hut nochmals zu sehen ist. Ohne den erläuternden Paratext eines Blickes zu würdigen, wendet die Drittklässlerin ihre Aufmerksamkeit sogleich den als Bild erfassten Teilen des Buchrückens zu und ordnet mit verhaltener Freude über die gemachte Entdeckung den Hut und die aufgrund ihrer semantisch aufgeladenen Typographie bildhaft wahrgenommenen Schriftzüge den Figuren zu. Diese abschließend spontan vorgenommene korrekte Zuweisung der Zitate zeugt von einem globalen Textverstehen der Rezipientin. Dass sie sich die Mehrperspektivität bewusst erschlossen hat, ist damit zwar nicht zu belegen. Aber die Rezeptionsanforderung, die in dem polyphonischen Erzählen liegt, hat ihren Sinnbildungsprozess nicht beeinträchtigt (vgl. auch Scherer u. Volz, 2013a, S. 115).

> Grundschulkind (3. Klasse, weiblich) K, Forscher F
> Ende des zweiten Durchgangs durch das Bilderbuch, Blick auf Buchrücken
> K (klappt Buch um): Und da, des könnte und da is der Hut (zeigt darauf), glaub ich, noch von der Mutter.
> F: Da liegt der Hut von der Mutter.
> K: Und des könnte vielleicht (streicht über Buchrücken), des da könnten vielleicht, des kann vielleicht sein (zeigt auf Zitate aus dem Bilderbuch), das war en Satz, glaub ich, von ihr (zeigt darauf), von ihm, weil er war überrascht, als das Mädchen geklettert is. Und des könnte der Mann sein, der Papa (klopft mit dem Zeigefinger auf das Zitat) und des is die Mutter (zeigt darauf) und und ich war glücklich, des is das Mädchen (klopft mit dem Zeigefinger auf das Zitat).

Der in deutlich erkennbaren Variationen wiederkehrende Handlungskern eines Spaziergangs im Park kann der kinderliterarischen Kategorie der von Lypp sog. ‚Einfachheit‘ zugeordnet werden, über die sich der Zugang zur allgemeinliterarischen Komplexität dieses formal und ästhetisch anspruchsvollen Bilderbuchs öffnet.

4.2 Zurschaustellung von Literatur als Artefakt: David Wiesners *Die drei Schweine* (amerikanische Originalausgabe 2001, deutsche Übersetzung 2002)

Das internationale Renommee des 1956 in Bridgewater, New Jersey, in den USA geborenen Bilderbuchautors David Wiesner ist demjenigen des zehn Jahre älteren Briten Anthony Browne vergleichbar. Wiesners Bilderbuch *Die drei Schweine*, 2001 im amerikanischen Original und 2002 in der deutschen Übersetzung erschienen, bricht mit vertrauten Erzählmustern und Erzählerwartungen, indem es das im englischsprachigen Kulturraum bekannte Märchen *Die drei kleinen Schweinchen* dekonstruiert und es in geradezu parodistischer Art und Weise als eine Geschichte von frisch geknüpften Freundschaften und abgeschnittenen Handlungsfäden rekonstruiert, bild- und schriftgestalterische Anleihen beim Genre des Comics macht, ein Spiel mit

Erzählwelten treibt und Bild und Verbaltext in Kontradiktion setzt. Zum Nachvollzug der Handlung muss das metafiktionale Spiel in seinen Grundzügen erfasst werden: Die drei Schweine entkommen in Wiesners Version ihrem vorgezeichneten Märchenschicksal des Gefressenwerdens nämlich durch einen Wechsel in eine andere Bilderwelt, während der verdutzte Wolf in der Originalerzählung gefangen bleibt. Ein solcher Wechsel zwischen unterschiedlichen Erzählwelten wird im Verlauf der Narration auch noch von zwei weiteren Figuren – einer Katze und einem Drachen – vollzogen. Wechsel und Übergänge zwischen den verschiedenen Erzählwelten und Erzählgenres sind als Brüche und Gegensätze in unterschiedlichen Zeichenstilen und Schrifttypen gestaltet. So ist beispielsweise der Übergang der Figuren aus der schwarz-weiß gemalten Drachentötergeschichte in die bunte Welt des Findens neuer Geschichten farblich, zeichnerisch-stilistisch und typographisch markiert. Durch das Experimentieren mit den imaginären Versatzstücken eröffnet Wiesners Bilderbuch *Die drei Schweine* einen Blick auf Literatur, in der diese als Artefakt erkennbar wird. Das trotz der genannten deutlichen Markierungen nicht sogleich durchschaubare metafiktionale Spiel ist nicht nur für Kinder, sondern auch für Erwachsene eine erhebliche Rezeptionsanforderung. Denn die Handlung in der Erzählwelt, die die Figuren auf der bildsprachlichen Erzählebene verlassen, wird auf der Ebene des Verbaltextes unverändert fortgeführt, so als seien die Figuren noch darin anwesend. Daraus ergeben sich Widersprüche zwischen Bild- und Schriftebene, die es wahrzunehmen und zu interpretieren gilt (vgl. auch Pantaleo, 2002, 2004b u. 2008; Volz, Scherer u. Schröder, 2016).

Das Datenmaterial, das im Folgenden betrachtet wird, stammt aus studentischen Feldversuchen, die im Rahmen von universitären Lehrveranstaltungen und Abschlussarbeiten unternommen wurden. Das erste Beispiel liegt als Audiodatei vor, das zweite als Video. Im ersten Exempel kommen ein erwachsener Rezipient und dessen Erstbegegnung mit dem ungewöhnlichen Bilderbuch in den Fokus. Im Raum mit anwesend sind eine Person im Hintergrund sowie die Studentin, die den Rezeptionsprozess ihres Probanden aufzeichnet. Das zweite Beispiel ist einer außerschulischen Erhebung mit drei Grundschulkindern einer vierten Klasse entnommen, deren Daten zunächst für eine Abschlussarbeit ausgewertet und später auf einer internationalen Tagung in Form einer Einzelfallanalyse präsentiert wurden (vgl. Schröder, 2014). Im hier Nachfolgenden wird die Darstellung als Einzelfallanalyse beibehalten, aber auf eine spätere vergleichende Analyse des Materials zurückgegriffen (Volz et al., 2016). Auch in diesem Fall kennt der Proband das ihm vorgelegte Bilderbuch noch nicht. Um seinen Rezeptionsprozess gezielt zu verlangsamen, wurde er zu Beginn seiner Bilderbuchlektüre instruiert, nach jedem Umblättern zunächst die Bilder zu beschreiben und erst danach den Verbaltext vorzulesen. Außerdem wurde er gebeten, seine Bilderbuchbetrachtung ‚laut denkend' zu begleiten. Eine weitere Steuerung seines Rezeptionsprozesses gab es beim ersten Durchgang durch das Bilderbuch nicht. Beim zweiten Durchgang, der am darauf folgenden Tag stattfand, wurden ihm dann gezielte Nachfragen durch die Forscherin gestellt. Anwesend mit im Raum war die forschende Studentin, die ihm als Lehrkraft (Praktikantin) aus seinem Deutschunterricht bereits vertraut war. Die Kamera war fest installiert. Zunächst jedoch zum erwachsenen Probanden:

Erwachsener E, Forscherin F, Hintergrundperson
Blick auf die Doppelseiten 2/3 u. 4/5: Schweine dekonstruieren die Ausgangsgeschichte

E: Mhm, das Haus ist fertig gestellt, der Wolf hat das beobachtet und äh kommt dann zum Holzhaus, da ihm nicht geöffnet wird, kommt er mit Wucht und Macht durch die Tür herein, zerstört diese und frisst das Schwein also auf.

F: Guck mal genau hin, hat er das Schwein wirklich aufgefressen?

H: Ja (Raunen im Hintergrund).

E: Äh.

F: Wenn du Bild für Bild anguckst?

E: Umblasen, ah, ne, er bläst, ja, ja, ja!

F: Was sagt das Schwein?

E: Joa, aber ich lese hier (liest), *er fraß das Schwein auf.*

F: Mhm.

E: Also hat er net nur die Hütte umgepustet, sondern auch das Schwein aufgefressen.

F: Mhm, aber schau mal auf den Gesichtsausdruck vom Wolf und auch das Bild davor, schau mal was das Schwein sagt.

E: *Er hat mich aus der Geschichte gepustet,* aus der *Geschichte.* Ja, das kann also sein, aber ich lese hier trotzdem, dass das Schwein aufgefressen wurde (leichtes Lachen).

F: Okay (Schmunzeln).

E: (Blättern) Zum zweiten Schwein, mhm, das zweite Schwein hat offenbar auch ein Haus gebaut und ähnlich wie im ersten Teil der Geschichte kommt der Wolf wieder und sucht dieses zweite Schwein auf, die Geschichte läuft hier ähnlich ab, der Wolf droht wieder das Haus umzupusten und tat das auch. Auch hier muss ich sagen, steht als Schlusssatz (liest) *er fraß das Schwein auf.*

F: Mhm.

E: Wobei der Wolf hier ein nachdenkliches Gesicht macht, was ich jetzt nicht deuten kann (Blättern).

F: Okay.

Der Erwachsene lässt sich weder durch die Bilder noch durch die suggestiven Einwürfe der Studentin darin beirren, dem Schrifttext den Vorrang zu geben in der Deutung dessen, was auf den betrachteten Doppelseiten geschieht („joa, aber ich lese hier [liest], *er fraß das Schwein auf*", „ja, das kann also sein, aber ich lese hier trotzdem, dass das Schwein aufgefressen wurde", „auch hier muss ich sagen, steht als Schlusssatz [liest] *er fraß das Schwein auf*"). Dem Bild, das die Kontradiktion von Bild- und Verbaltext im verdutzten Gesichtsausdruck des Wolfes spiegelt, steht er dadurch ratlos gegenüber („wobei der Wolf hier ein nachdenkliches Gesicht macht, was ich jetzt nicht deuten kann"). Er lässt sich jedoch nicht irritieren und führt die Lektüre des ihm vorgesetzten ‚Kinderkrams' gutmütig fort („Blättern").

Im Vergleich dazu jetzt der Viertklässler. Dieser ist zunächst ähnlich wie der Erwachsene auf den Verbaltext fixiert; anders als bei diesem führt diese für das Bilderbuch unsinnige Lesestrategie bei ihm jedoch beinahe zu einem dramatischen, in seiner Emotionalität geradezu Mitleid erregenden Lektüreabbruch:

Grundschulkind (4. Klasse, männlich) J, Forscherin F
Erster Erhebungstag, Blick auf Doppelseite 10/11: Schweine dekonstruieren die Ausgangs-
geschichte
J: *„Wir sind ihm entkommen … für immer." „Wow! Wie kommt's, dass er euch nicht gefres-
      sen hat?" „Jetzt haben wir mehr Platz. Schaut mal – uups!"* (orientiert sich ausschließ-
      lich am Verbaltext, der Figurenrede) Hä? (– –) (blickt seitlich zur Forscherin, stützt
      Kopf in die Hände, wendet Blick zurück, blickt ratlos in die Kamera, rollt Augen und
      blickt nach oben, lehnt sich zurück, wendet sich erneut an Untersuchungsleiterin)
      Hä? (18 sec) Da weiß ich nicht mehr weiter (lehnt sich erneut zurück, schiebt Buch
      weg, unterdrückt Tränen).
F: Das ist überhaupt nicht schlimm.

In der hier ausgewählten Sequenz kommt die Irritation des Viertklässlers besonders prägnant zum Ausdruck. Neben dem zweimaligen „Hä?" lässt sich dies auch an seinen körperlichen und psychischen Reaktionen ablesen: Er ist den Tränen nahe und seine Mimik wirkt geradezu verzweifelt. Auch die 18 Sekunden dauernde Pause zwischen dem zweiten „Hä?" und dem Eingeständnis „Da weiß ich nicht mehr weiter" spricht Bände. Er kann offensichtlich nicht nachvollziehen, wie und warum die Schweine dem Wolf entkommen konnten und was sich daraufhin abspielt. Nur die Anwesenheit der Untersuchungsleiterin, die er aus ihrem Praktikum aus seinem Schulunterricht als vertrauenswürdige Person kennt, sowie deren kurze Aufmunterung verhindern einen Rezeptionsabbruch. Sie bürgt in seinen Augen für die Sinnhaftigkeit dessen, was ihm vorgelegt worden ist und worauf er sich keinen Reim machen kann.

Als er seine Lektüre fortsetzt, ist sein Rezeptionsprozess durch mehrfaches su-chendes Hin- und Herblättern gekennzeichnet, wie es als Strategie für Sinnbildungs-prozesse bei komplexen literarischen Texten nicht nur üblich, sondern auch notwen-dig ist. Nachdem er am Ende des Buches angelangt ist, kehrt er zu der Doppelseite zurück, auf der die Schweine den Drachen vor dem Ritter retten, was schließlich den Wendepunkt seines Erkenntnisprozesses einleitet:

Grundschulkind (4. Klasse, männlich) J, Forscherin F
Erster Erhebungstag, Blick auf Doppelseite 30/31: Schweine retten Drachen vor dem Rit-
ter
J: (stützt Kopf in rechte Hand): Dann klettern die zwei Schweine praktisch in das Bild
      hinein, wenn ich das jetzt richtig verstanden habe (rückversichernder Blick zu F), sie
      klettern in das Bild (lehnt sich energisch zurück, blättert vor), sie klettern bei allen
      Bildern kurz in das Bild hinein, da (tippt auf Bild) sind sie auch drin (– –) und sobald
      sie wieder draußen sind, sind sie wieder in der wirklichen Welt.

Seine allmähliche kognitive Durchdringung der Problematik, die in einer Art Er-kenntnisschock gipfelt (er lehnt sich energisch zurück und blättert dann vor), lässt sich hier eindrücklich nachvollziehen. An dieser Stelle begreift er, dass die Schweine die Fähigkeit besitzen, zwischen unterschiedlichen Erzählwelten zu wechseln („sie klettern bei allen Bildern kurz in das Bild hinein"). Mit der Formulierung „wirkliche Welt" versucht er, die Erzählwelten begrifflich voneinander abzugrenzen. Damit hat er ein zentrales Konstruktionsprinzip des Buches erkannt und in eine eigene, den Sachverhalt treffende Begrifflichkeit gefasst (vgl. auch Volz et al., 2016, S. 176).

Auf die Frage nach seiner Lieblingsstelle gleich zu Beginn der zweiten Aufzeichnung am darauffolgenden Tag antwortet der Proband mit der Suche nach der Doppelseite, an der er am Vortag das Prinzip durchschaut hat.

> Grundschulkind (4. Klasse, männlich) J, Forscherin F
> Zweiter Erhebungstag, Blick auf Doppelseite 30/31: Schweine retten Drachen vor dem Ritter
> J: Mhm (schaut Bilder an, liest Text, blättert immer schneller bis zu den Doppelseiten 28/29 u. 30/31). Was mir eigentlich ganz gut gefallen hat, als sie hier (blättert zwischen beiden Doppelseiten hin und her) in diese Geschichte mit dem Drachen reingegangen sind.
> F: Mhm. Warum?
> J: Weil ich das eine gute Idee finde, dass die dann so in Geschichten reinklettern, ist mal was ganz anderes, steht ja nicht in jedem Buch. Dass in einer Geschichte, dass in einer Geschichte die Figuren der Geschichte in eine andere Geschichte gehen.

Jetzt beschreibt er das ihm bis dahin unbekannte Gestaltungsmittel als besonderen Lektüreanreiz („gute Idee"). Mit dieser Sichtweise wird der psychische Stress des Vortages nicht nur bewältigt, sondern auch ins Positive gewendet. Noch markanter zeigt sich dies kurz darauf in folgenden Äußerungen:

> Grundschulkind (4. Klasse, männlich) J, Forscherin F
> Zweiter Erhebungstag, Blick auf die letzte Seite: Figuren setzen Geschichte neu zu einem Happy End zusammen
> J: Das ist das einzige Buch, wo ich so querdenken muss (dreht das Buch hin und her).
> F: Mhm. Aber das gefällt dir, ne?
> J: Ja also, es gibt ja andere Bücher, da liest man da so im Halbschlaf so durch, aber wenn man das hier im Halbschlaf so durchliest, dann versteht man überhaupt nichts (lehnt sich zurück, blättert sehr schnell, stellt das Buch auf).

Tätigkeiten (Zurücklehnen, Hantieren mit dem Buch), die am Vortag als Zeichen seiner Schwierigkeiten zu lesen waren, werden nun zum Ausdruck des Gelingens. Die erfolgreich gemeisterte Verstehensanstrengung bewirkt eine besondere Form des Genusses und wird von dem Viertklässler jetzt als spezieller Ansporn zur Lektüre und intellektuellen Auseinandersetzung mit dem Buch dargestellt (vgl. auch Volz et al., 2016, S. 180).

5. Schluss

Aus dem hier Dargelegten mag der Eindruck entstanden sein, das zeitgenössische Bilderbuch, das einen spielerisch elementarisierenden Umgang mit komplexen allgemeinliterarischen Merkmalen pflegt, sei nicht nur im Kinder-, sondern auch im Schulzimmer angekommen. Dem ist jedoch keineswegs so. Die Unterweisung in der Schrift hat in der Schule nach wie vor erste Priorität, auch wenn die Schrift ihre Monopolstellung als dominante Kulturträgerin im gegenwärtigen Medienzeitalter längst verloren hat. Bilder kommen aus historischen Gründen im primär auf Lesen und Schreiben ausgerichteten Deutschunterricht bis heute hauptsächlich in illustrierender, didaktisch veranschaulichender Funktion vor und werden so in Subordination zum kulturell hoch gewerteten Schrifttext präsentiert. Die Ansicht, Geschichten mit Bildern seien nur etwas für kleine Kinder, ist daher auch unter Schülerinnen und Schülern weit verbreitet (vgl. Kist, 2016). Sieht man Geschwisterkindern zu, die sich gemeinsam ein Bilderbuch erschließen, so kann man beobachten, wie das ältere, bereits lesefähige Kind die Seiten im Schnelldurchgang überblättert und sich nur auf den Verbaltext konzentriert, während das jüngere Kind aufmerksam die Bilder studiert und gern etwas länger bei der Betrachtung der Bilder verweilen würde. Der Schrift wird im Zweifelsfall auch größere Autorität zugesprochen als dem Bild, wie oben exemplarisch anhand der Lektüre eines Erwachsenen von David Wiesners Bilderbuch *Die drei Schweine* gezeigt wurde, in dem Bildnarration und Schrifttext in einem kontradiktorischen Verhältnis zueinander stehen. Wie sehr unsere Vorstellungsbildung von der Aussage des Schrifttextes beeinflusst ist und selbst bei Anschauung eines Bildes, das unseren mit dem Verbaltext verknüpften Sehgewohnheiten widerspricht, nicht verändert wird, lässt sich auch am gängigen Beispiel der Märchenillustration dokumentieren. In einem außerschulischen Bilderbuchgespräch über Susanne Janssens innovativ bebildertes Märchenbilderbuch *Hänsel und Gretel* (2007) zwischen einer Fünftklässlerin und einer Lehramtsstudentin ist eine Gesprächssequenz zu finden, die sich auf den zentralen Handlungsmoment der Ankunft der Kinder vor dem Hexenhaus bezieht, das von Janssen mitnichten als Pfefferkuchenhaus gemalt ist, sondern als jugendstilartig dekoriertes, großes Bauwerk aus Stein, das an ein öffentliches Gebäude erinnert und dem trotz der Art déco-Elemente etwas Bunkerartiges anhaftet (vgl. auch Scherer, 2014). Die Privilegierung der Information des Schrifttextes gegenüber der Bildaussage, die sich in der zwischen der Schülerin und ihrer Nachhilfelehrerin ausgehandelten Deutung manifestiert, darf als durchaus richtungweisend in schulischen und außerschulischen Vermittlungszusammenhängen gelten:

Gymnasiastin (5. Kl., Nachhilfeschülerin bei S) G, Lehramtsstudentin S
Blick auf Bild: Hänsel und Gretel kommen vor dem Hexenhaus an
G: (zeigt auf das Haus im Bild): Und das hier wird wahrscheinlich als das Haus der Hexe dargestellt.
S: Mhm.

G: (zeigt auf die Kinder im Bild): Und hier stehen dann Hänsel und Gretel, die von dem Haus essen, (leiser), weil das Haus ist aus Brot und Kuchen und die Fenster sind aus Zucker.

S: (überrascht): Jaaa! Wo siehst du das, dass die Fenster aus Zucker sind?

G: Das steht im Text!

S: Ach so. Ah, okay.

Es ist nicht zuletzt der Sozialisationsinstanz Schule geschuldet, dass Bilder in Büchern mit zunehmender Lesefähigkeit nur noch als unwichtiges, schmückendes Beiwerk betrachtet werden. Die Auffassung, die Linné im Einklang mit seinen Zeitgenossen im frühen 18. Jahrhundert vertrat, nämlich dass die von Buchstaben evozierten, inneren Vorstellungsbilder den äußeren Abbildungen überlegen seien, lässt hier von Ferne grüßen. Die nachhaltige Diskreditierung des äußer(-lich-)en Bildes beginnt jedoch bereits in der zweiten Hälfte des 17. Jahrhunderts (vgl. Bannasch 2007). Dass das Bild in der sich um 1800 herum konstituierenden, kinderliterarischen Gattung Bilderbuch eine Sinn mitkonstruierende Rolle spielt und die Erschließung eines dergestalt multimodalen Textes nicht ohne das Lesen der Bilder auskommt, ändert daran nichts. Die eindrückliche Betrachtung der Bilder, die die Grundschulkinder an den Tag legten, deren Rezeptionsprozess hier auszugsweise vorgestellt worden ist, war der vorgängigen Aufforderung des Forschers bzw. der Forscherin geschuldet, sich Text *und* Bild genau anzuschauen.

Dem Bilderbuch wird nach wie vor ein unhinterfragter Platz in der *früh*kindlichen Bildung zugewiesen. Gerät das literarästhetisch anspruchsvolle und thematisch kontroverse Bilderbuch als multimodale Herausforderung zur Anbahnung von *(visual) literacy* unversehens doch ins Blickfeld von professionellen Literaturvermittlerinnen und -vermittlern, so speist sich deren Abwehr dann auch meist aus einer behaupteten Überforderung der kindlichen Rezipientinnen und Rezipienten durch ein Bilderbuch mit offener Adressierung (vgl. Ritter u. Ritter, 2014 sowie Evans, 2016). Dem kann man jedoch entgegenhalten, dass Maria Lypp bereits 1984 darauf hingewiesen hat, dass die Ineinssetzung von ‚Einfachheit‘ mit Leichtverständlichkeit und Leichtverdaulichkeit allein schon unter dem Aspekt der Rezeption Probleme aufwirft: In der Realisation von Textbedeutung entsteht ein Lesertext; dieser aber kann gegenüber dem Werktext von größerer oder auch geringerer Komplexität sein (vgl. Lypp, 1984, S. 10). Dem kann man etwas polemisch noch hinzufügen, dass schlichte erwachsene Gemüter die Klugheit von Kindern gern unterschätzen und, falls sie selbst nur in bekannten, wohl temperierten Gewässern plantschen mögen, der Neugier auf Unbekanntes und Offenheit für Ungewöhnliches, die die meisten Kinder an den Tag legen, keine Rechnung tragen. Aber auch für Kinder und Jugendliche mit speziellem Förderbedarf kann die Auseinandersetzung mit literarästhetisch anspruchsvollen Bilderbüchern bei sachkompetenter sowie an Gegenstand und Kind und dessen Deutungsangeboten interessierter Begleitung zu großer Gratifikation und erheblichem Erfahrungszuwachs führen. (Vgl. exemplarisch zum metafiktionalen Bilderbuch *Johanna im Zug* Scherer

u. Volz 2013b sowie Scherer 2014; beide Beiträge verzeichnen ermutigende Rezeptionsbeispiele von Förderschülerinnen und -schülern mit den Förderschwerpunkten Sprache bzw. ganzheitliche Entwicklung.)

Schwieriger ist es, der verbreiteten Abwertung von Kinder- und Jugendliteratur im akademischen Kontext argumentativ zu begegnen. Der Einwand, die von der Postmoderne als überholt ausgerufene Unterscheidung zwischen Hoch- und minderer Literatur sei außer Kraft gesetzt, wird hier nämlich gern mit dem Hinweis auf Autonomieästhetik und pädagogische Funktion von Kinder- und Jugendliteratur abgewehrt. Unbesehen wird damit auch die (post-)moderne Kinderliteratur als Literatur zweiter Ordnung in Absetzung zur zweckfreien Kunst der Allgemeinliteratur abgetan. Die Kinderliteraturforschung, dergestalt von der institutionellen Abwertung ihres Forschungsgegenstands narzisstisch gekränkt, möchte sich deshalb auch ungern zusätzlich auch noch mit der Didaktik beschmutzen. Etwas holzschnittartig kann man deshalb zum Schluss die Behauptung in den Raum stellen, dass sich aktuell nur die Bilderbuchrezeptionsforschung ernsthaft mit der ‚Einfachheit‘ des literarästhetisch komplexen Bilderbuchs der Gegenwart und dessen Bildungspotenzial beschäftigt. (Für den englischsprachigen Raum sind die entsprechenden Publikationen gut nachvollziehbar besprochen in der Überblicksdarstellung von Arizpe u. Styles, 2016; vgl. außerdem die Auswahlbibliografie von Volz u. Wetterauer, 2014.)

> In einem sehr allgemeinen Sinn verfährt letztlich [jedoch] alle Literatur, was ihre Gegenstände betrifft, vereinfachend, insofern sie [nämlich Modell] bildend strukturiert. Diese allgemeinliterarische Gegebenheit wird von der Kinderliteratur [nur] in spezifischen Gebrauch genommen: Sie vereinfacht gezielt. Ihre Einfachheit ist durch ein hohes Maß an Bewusstheit gekennzeichnet. Bewusstheit meint die Durchschaubarkeit der Texte, die es erlauben, ja die geradezu dazu nötigen, sich ihrer Form bewusst zu werden. (Lypp, 2000, S. 842)

Die hier vorgestellten Text- und Rezeptionsbeispiele weisen eindrücklich darauf hin, dass man Lypps Argumentation nur beipflichten kann.

Literatur

Arizpe, Evelyn u. Styles, Morag (2016). Responding to Picturebooks in the 21st Century. The Challenges for Readers, Teachers and Researchers. In Gabriela Scherer u. Steffen Volz (Hrsg.), *Im Bildungsfokus: Bilderbuchrezeptionsforschung*. Trier, S. 79–96.

Bannasch, Bettina (2007). *Zwischen Jakobsleiter und Eselsbrücke. Das ‚bildende Bild‘ im Emblem- und Kinderbilderbuch des 17. und 18. Jahrhunderts*. Göttingen.

Browne, Anthony (1998). *Stimmen im Park*. Aus dem Englischen von Peter Baumann [OA 1998]. Oldenburg.

Chakkalakal, Sylvie (2014). *Die Welt in Bildern. Erfahrung und Evidenz in Friedrich J. Bertuchs ‚Bilderbuch für Kinder‘ (1790–1830)*. Göttingen.

Doonan, Jane (2000). Stimmen im Park und Stimmen im Schulzimmer. Rezeptionsbezogene Analyse von Anthony Brownes *Stimmen im Park*. In Jens Thiele, *Das Bilderbuch: Ästhetik, Theorie, Analyse, Didaktik, Rezeption*. Bremen u. a., S. 142–156.

Erlbruch, Wolf (2012). *Wolf Erlbruchs Kinderzimmerkalender 2013. Nur Geduld*. Wuppertal.

Evans, Janet (2016). Challenging and Controversial Picturebooks. Children's Responses to *Smoke* by Antón Fortes and Joanna Conejo. In Gabriela Scherer u. Steffen Volz (Hrsg.), *Im Bildungsfokus: Bilderbuchrezeptionsforschung*. Trier, S. 205–224.

Feuerstein-Herz, Petra (Hrsg.). (2012). *Friedrich Justin Bertuchs Bilderbuch für Kinder. Das illustrierte Wissen des 18. Jahrhunderts*. Darmstadt.

Grimm, Jacob, Grimm, Wilhelm u. Janssen, Susanne (2007). *Hänsel und Gretel*. Rostock.

Heidelbach, Nikolaus (1997). *Ein Buch für Bruno*. Weinheim u. a.

Hoffmann, Jeanette (2013). „Vielleicht sehnt der sich nach Sonne …" – Entfaltung von Perspektiven im Gespräch zum Bilder(buch)kino einer vielstimmigen Geschichte. In Christoph Jantzen u. Stefanie Klenz (Hrsg.), *Text und Bild – Bild und Text. Bilderbücher im Deutschunterricht*. Stuttgart, S. 37–72.

Kist, Magdalena (2016). „Geschichten mit Bildern sind nur was für kleine Kinder." Einstellungen von Schüler_innen in Bezug auf erzähltextbegleitende Bilder in Deutschlehrwerken. In Gabriela Scherer u. Steffen Volz (Hrsg.), *Im Bildungsfokus: Bilderbuchrezeptionsforschung*. Trier, S. 371–385.

Lypp, Maria (2000). Die Kunst des Einfachen in der Kinderliteratur. In Günter Lange (Hrsg.), *Taschenbuch der Kinder- und Jugendliteratur*. Bd. 2. Baltmannsweiler, S. 828–843.

Lypp, Maria (1984). *Einfachheit als Kategorie der Kinderliteratur*. Frankfurt a. M.

Pantaleo, Sylvia (2008). *Exploring Student Response to Contemporary Picturebooks*. Toronto u. a.

Pantaleo, Sylvia (2004a). Young children interpret the metafictive in Anthony Browne's *Voices in the Park*. *Journal of Early Childhood Literacy, 4* (2), S. 211–233.

Pantaleo, Sylvia (2004b). What do *Four Voices*, a *Shortcut*, and *Three Pigs* have in common? Metafiction! *Bookbird, 42* (1), S. 4–12.

Pantaleo, Sylvia (2002). Grade 1 children meet David Wiesner's *Three Pigs*. *Journal of Children's Literature, 28* (2), S. 72–84.

Ritter, Alexandra u. Ritter, Michael (2014). Zwischen vermeintlichen Stühlen. Einstellungen und beliefs von Grundschullehrer(inne)n im Kontext literarischer Lernprozesse mit Bilderbüchern. In Gabriela Scherer, Steffen Volz u. Maja Wiprächtiger-Geppert (Hrsg.), *Bilderbuch und literar-ästhetische Bildung. Aktuelle Forschungsperspektiven*. Trier, S. 141–153.

Schärer, Kathrin (2009). *Johanna im Zug*. Zürich.

Scherer, Gabriela (im Druck). Komm in den totgesagten Park und lies und schau und lass dich bilden. In Lothar Bluhm, Markus Schiefer Ferrari u. Christoph Zuschlag (Hrsg.), *„Ich wandle unter Blumen/Und blühe selber mit". Zur Kultur- und Sozialgeschichte des Gartens*. Marburg, S. 243–269.

Scherer, Gabriela (2014). „Wo siehst du das, dass die Fenster aus Zucker sind?" – „Das steht im Text!" Zum literar-ästhetischen Bildungspotenzial zeitgenössischer Bilderbücher. In Gabriela Scherer, Steffen Volz u. Maja Wiprächtiger-Geppert (Hrsg.), *Bilderbuch und literar-ästhetische Bildung. Aktuelle Forschungsperspektiven*. Trier, S. 75–88.

Scherer, Gabriela u. Volz, Steffen (2013a). Zur Rezeption zeitgenössischer Bilderbücher durch Grundschulkinder. (Erste) Überlegungen und Erkundungen. In Iris Kruse u. Andrea

Sabisch (Hrsg.), *Fragwürdiges Bilderbuch. Blickwechsel, Denkspiele, Bildungspotenziale*. München, S. 109–123.

Scherer, Gabriela u. Volz, Steffen (2013b). *Johanna im Zug* von Kathrin Schärer. Eine Bilderbuchfigur lädt zum Mitgestalten von Bildern und Erfinden von Geschichten ein. *Grundschulunterricht Deutsch, 60* (3), 18–26.

Schroeder, Binette (1999). *Laura*. Gossau u. a.

Schröder, Klarissa (2014). „Wenn man das hier im Halbschlaf so durchliest, dann versteht man überhaupt nichts." Rezeption zu David Wiesners *Die drei Schweine*. In Gabriela Scherer, Steffen Volz u. Maja Wiprächtiger-Geppert (Hrsg.), *Bilderbuch und literar-ästhetische Bildung. Aktuelle Forschungsperspektiven*. Trier, S. 45–57.

Tabbert, Reinbert (2010). Postmoderne Bilderbücher. In Dagmar Grenz (Hrsg.), *Kinder- und Jugendliteratur. Theorie, Geschichte, Didaktik*. Baltmannsweiler, S. 105–126.

Volz, Steffen u. Wetterauer, Andrea (2014). Auswahlbibliografie Bilderbuch. In Gabriela Scherer, Steffen Volz u. Maja Wiprächtiger-Geppert (Hrsg.), *Bilderbuch und literar-ästhetische Bildung. Aktuelle Forschungsperspektiven*. Trier, S. 338–354.

Volz, Steffen, Scherer, Gabriela u. Schröder, Klarissa (2016). „Ja, jetzt versteh' ich die Handlung mal überhaupt." Das metafiktionale Spiel mit Erzählwelten in David Wiesners *Die drei Schweine* in der Aneignung durch Grundschulkinder. In Gabriela Scherer u. Steffen Volz (Hrsg.), *Im Bildungsfokus: Bilderbuchrezeptionsforschung*. Trier, S. 171–185.

Wiesner, David (2002). *Die drei Schweine*. Aus dem Amerikanischen von Sophie Birkenstädt [OA 2001]. Hamburg.

Theresia Dingelmaier

Erläuternde ‚Erhellungen' und komplexe Wechselverhältnisse von Bild und Text

Bilderbuch und illustriertes Buch

1.   Einführung

Der Akt des Lesens verwandelt Texte in Bilder, nicht äußerlich auf dem Papier, son-
dern innerlich im Kopf eines jeden Lesers und auch Zuhörers. Das, was nach einem
Leseakt im Gedächtnis bleibt, sind nicht Buchstaben, Wörter und Sätze, sondern die
von uns anschaulich-bildhaft erzeugten Bilder und visuellen Erzählungen unserer
Fantasie. Daher ist auch jeder Leseakt subjektiv, veränderbar, immer kreativ – „Jeder
Leser ist zunächst sein eigener Illustrator" (Ries, 1991, S. 10).
    Wenden wir uns jedoch der Welt der Bücher zu, so finden sich nicht nur im
Bilderbuch leseunkundiger Kinder Bebilderungen, die von Illustrator/innen oder
den Autor/innen selbst neben, hinter oder gar an Stelle des verbalen Textes gestellt
sind. Diesen und den daraus entstehenden Wechselverhältnissen von Bild und Text
widmet sich dieser Beitrag. Unter Berücksichtigung des medialen Charakters der be-
handelten Bücher möchte er einen Überblick über die „Buchgattungen" (Weinkauff
u. Glasenapp, 2014, S. 163) illustriertes Buch und Bilderbuch, das darin enthaltene
intermediale Zusammenspiel von Bild und Text sowie den daraus erwachsenden
literarästhetischen und narrativen Wert geben. Auf der Grundlage von medienthe-
oretischen und (kinder-)literaturhistorischen Bestimmungen soll gezeigt werden, dass
es sich bei den Illustrationen und Bebilderungen in Texten nicht notwendig um ein
überflüssiges Beiwerk zu den gerade erlebten Bildern im Kopf oder sogar um eine
störende Entmündigung der Leser-Fantasie (vgl. Ries, 1991, S. 10) handelt. Vielmehr
können Bilder und Illustrationen in einer Art zweiten Erzähldimension Erhellungen
bieten, Bereicherungen, Denkanstöße, ja herausfordernde „Denk-Provokationen"
(Grünewald, 1991, S. 49). Der wahre Charakter illustrierter Bücher und Bilderbücher
zeigt sich erst im Zusammenwirken von Bild und Text.
    Die Untersuchung dieses bimedialen Spannungs- und Wechselverhältnisses soll
hier insbesondere am Beispiel des illustrierten Buches erfolgen, dessen Adressaten seit
Mitte des 19. Jahrhunderts vorzugsweise Kinder waren, die noch nicht lesen konnten
oder deren Lesekompetenz erst im Aufbau begriffen war (vgl. Weinkauff u. Glasenapp,
2014, S. 170).[1] Zum Teil, wie beispielsweise an der Illustrierung der Grimmschen

---

[1] Illustrationen und Bilder aber nur in kinder- oder jugendliterarischen Zusammenhän-
      gen zu verorten, wird dem Gegenstand bereits aufgrund der historischen Entwicklung
      im Mittelalter und der Frühen Neuzeit nicht gerecht. In illustrierten Prachtausgaben,

Kinder- und Hausmärchen ersichtlich, wurden und werden Illustrationen auch dazu genutzt, den Adressatenbezug eines nicht originären Kinderbuches im Nachhinein herzustellen. Kindern, gerade jüngeren Kindern im Vorschul- und frühen Schulalter, wird ausgehend von entwicklungspsychologischen und pädagogischen Annahmen ein „genuines Bildinteresse zugebilligt" (Thiele, 2003, S. 11). Darum gelten bebilderte Bücher als besonders kindgemäß, sie vereinen intermedial Textverständlichkeit mit Textattraktivität in besonderem Maße (vgl. Ewers, 2012, S. 169). Im Sinne von Maria Lypps Kategorie der Einfachheit weisen illustrierte Texte oder Bilderbücher eben jenen „zugespitzten Ausdruck" und eine „Intensität ihres Verweisungscharakters" auf, welche für die kinderliterarische Kommunikation nötig und wertvoll sind (Lypp, 1984, S. 153).

2. Text-Bild-Konzeptualisierungen

Bevor näher auf die Unterschiede zwischen Bild und Illustration, dem Bilderbuch und dem illustrierten Buch, eingegangen wird, erscheint es wichtig, zunächst historische Text-Bild-Konzeptualisierungen, welche die Basis für moderne theoretische Bestimmungen der Wort-Bild-Interaktion bilden, näher zu beleuchten. Im Mittelpunkt stehen dabei zeichen- und medientheoretische Überlegungen zu den möglichen visuell-narrativen Konfigurationen und Relationen im illustrierten Buch und Kinderbuch. Das, was den Mehrwert von Bilderbüchern und illustrierten Büchern ausmacht, liegt nicht in der bloßen Zusammen- und Nebeneinanderstellung von Bild und Text, nicht im bloßen Schmuck und der Wiederholung. Vielmehr sind es das Spannungsfeld und das bimediale Wechselverhältnis, die zu den ganz eigentümlichen Wirkweisen von Illustration und Bild im Text führen.

Ut pictura poēsis – Verkürzt und aus dem Kontext geholt (vgl. Fick, 2016, S. 240) wird dieses berühmt gewordene Diktum aus Horaz' *Ars poetica* mit ‚Wie ein Bild sei das Gedicht' übersetzt. Es begründete die in Altertum und Neuzeit geltende Auffassung von Dichtung und Malerei, von Literatur und Kunst, als sog. „Schwesternkünste", als vergleichbare und ähnlich bildhafte Ausdrucksformen. Zusammen mit Simonides' „blendender Antithese" (Lessing, 1990, S. 14), „die Malerei sei stumme Poesie, die Poesie eine redende Malerei", eröffnete Horaz' Zitat schon im Altertum eine Reihe von sehr unterschiedlichen Konzeptualisierungen des Verhältnisses von Wort und Bild (Rippl, 2004, S. 43). Je nach Epoche und Gattung setzte man Dichtung und bildende Kunst in ein Parallel- oder Konkurrenzverhältnis – einmal befand sich die Malerei in einer oftmals als „dienend" bezeichneten Stellung zur Dichtung, ein anderes Mal die Dichtung in unterlegener Stellung zur Malerei, indem sie sich vor allen Dingen bemühen sollte, besonders malerisch und visuell zu wirken (vgl. Fick, 2016, S. 240).

Comics und der Graphic Novel hat das Bild zudem auch heute noch einen Platz in der erwachsenenliterarischen Welt.

Mit dem Aufleben der Altertumskunde im 18. Jahrhundert und der Neu-Entdeckung der griechischen Plastik rückte die stille Ausdruckskraft antiker bildnerischer Darstellungen, die in ihrer Komprimiertheit und Größe das Ideal für die Dichtung darstellen sollte, in den Mittelpunkt des kunsthistorischen Interesses. Bekannt geworden sind dabei vor allem die *Gedanken über die Nachahmung der griechischen Werke in der Malerei und Bildhauerkunst* Johann Joachim Winckelmanns, der in der Anschauung der Laokoon Gruppe feststellte, dass das „allgemeine vorzügliche Kennzeichen der Griechischen Meisterstücke […] endlich eine edle Einfalt, und eine stille Grösse, so wohl [sic!] in der Stellung als im Ausdruck" (Winckelmann, 1968, S. 24) sei. Winckelmanns Analyse ist die Prämisse zu eigen, „dass der Dichter sich am Maler orientieren solle", und nicht umgekehrt (Fick, 2016, S. 241). Das Auge wurde zum „„vornehmsten Sinn', da es das unbestechlichste und umfassendste" Abbild der Realität liefere (ebd.).

Eine für das Verhältnis von Wort und Bild bis heute wegweisende Anschlussposition zu derartigen Konzeptualisierungen formulierte 1766 Gotthold Ephraim Lessing. In seinem Werk *Laokoon oder Über die Grenzen der Malerei und Poesie* versucht er – wie Winckelmann in Betrachtung der Laokoon-Gruppe und Vergils Laokoon-Mythos –, die Frage nach dem Verhältnis von Dichtung und bildender Kunst neu zu beantworten. Er wendet sich dabei bereits in der Vorrede sowohl gegen eine „Allegoristerei" in der Malerei als auch eine „Schilderungssucht" in der Poesie, also gegen eine *ut-pictura-poesis*-Auffassung und damit gegen eine zu starke Vermischung von Dichtung und Malerei (Lessing, 1990, S. 15). Gemeint ist bei Lessing damit auch, dass Dichtung, die „schöne" Sprache, nicht mehr allzu sehr danach streben sollte, besonders bildhaft zu sein. Er spricht sich gegen eine zu starke Vermischung von Wort und Bild und – wie auch in seiner *Hamburgischen Dramaturgie* – für eine „Simplicität" der Sprache als Ideal aus (Lessing, 1985, S. 409 f.).

Gegründet ist Lessings Argumentation vor allen Dingen in der Vorstellung, dass beide Künste, Dichtung und Malerei bzw. bildende Kunst, zwei unterschiedliche Sinne und damit auch zwei unterschiedliche Zeichensysteme bedienen. Zeichen, also Worte oder Abbilder, sind Repräsentanten, Vorstellungen eines Gegenstandes. Die Malerei verwendet nach Lessing ‚natürliche', dem abgebildeten Gegenstand an sich ähnlichere Zeichen, die Dichtung „willkürlich" gesetzte Zeichen (Lessing, 1990, S. 123), also je nach Sprache und Schrift vertauschbare Repräsentationen:

> Wenn es wahr ist, daß die Malerei zu ihren Nachahmungen ganz andere Mittel, oder Zeichen gebrauchet, als die Poesie; jene nemlich Figuren und Farben in dem Raume, diese aber artikulierte Töne in der Zeit; […] So können neben einander geordnete Zeichen, auch nur Gegenstände, die neben einander, oder deren Teile neben einander existieren, auf einander folgende Zeichen aber, auch nur Gegenstände ausdrücken, die auf einander, oder deren Teile auf einander folgen. (Lessing, 1990, S. 116)

Lessing weist hier der bildenden Kunst und der Poesie basierend auf deren Zeichensystemen je zwei abgegrenzte Darstellmöglichkeiten zu, die Malerei wird von ihm als

Kunst des Raumes, des (schönen) Nebeneinanders, die Poesie dagegen als Kunst der Zeit, des (handlungsreichen) Nacheinanders beschrieben.

Nun sind die soeben nur sehr verkürzt dargestellten Konzeptualisierungen des Verhältnisses von Wort und Bild meist allgemeiner Natur. Das heißt, sie beziehen sich nicht dezidiert auf das Zusammenwirken von Wort und Bild innerhalb ein und desselben Werkes, wie wir es in illustrierten Büchern und Bilderbüchern vorfinden, sondern auf einzeln wirkende Texte und Bilder. Dennoch sind Auffassungen wie die von Lessing die Basis für zeichentheoretische Überlegungen, wie sie ab den 1990er Jahren für bebilderte Kinder- und Jugendbücher formuliert werden, so beispielsweise in Maria Nikolajeva und Carole Scotts einschlägigem Werk *How picturebooks work*, den Studien von Bettina Kümmerling-Meibauer oder Jens Thieles *Bilderbuch*-Monographie.[2] In solch neueren theoretischen Bestimmungen der Wort-Bild- oder Bild-Wort-Korrelationen wird für eine Emanzipation des Bildes und eine Gleichwertigkeit von Bild und Text plädiert. Mit Lessing wird die visuelle Ebene, das Bild, auch als narrative Ebene aufgefasst, jedoch als eine ‚einfache'. Einfach ist hierbei im Sinne der Lyppschen Kategorie der Einfachheit und damit als literarische Verdichtung, als „Zuspitzung" durch „Intensität" (Lypp, 1984, S. 152 f.), als „ästhetische Komprimierung literarischer Komplexität" (Thiele, 2003, S. 41) zu verstehen. Im Bild wird die Aussage des Textes elementarisiert, mit Lessings scheinbar ‚natürlichen' Zeichen abgebildet. Resultierend daraus stehen in der Analyse von illustrierten Büchern und Bilderbüchern nicht mehr die einzelnen textlichen oder bildlichen Elemente getrennt voneinander im Fokus, sondern die Kategorie des Narrativen in den als Einheit betrachteten Bild-Text-Strukturen (ebd., S. 40).

Das Bilderbuch und auch das illustrierte Buch weisen in der Nebeneinanderstellung von Text und Bild eine Art „Zweisprachigkeit" (Schmitt, 2005, S. 69) auf, sie erzählen in zwei unterschiedlichen Zeichensystemen und können dadurch den narrativen Gehalt nahezu verdoppeln. Daraus erwächst allerdings auch ein Wechsel- und Zusammenspiel von Wort und Bild, es entsteht ein Spannungsfeld aus sprachlich-narrativer und bildlich-narrativer Ebene. Dieses Spannungsfeld wird von Jens Thiele als eine sich zwischen diesen beiden Ebenen eröffnende „fantasiestiftende dritte Ebene" bezeichnet (Thiele, 2003, S. 65). Diese ist der Ort, an dem die Fantasie des Lesers bzw. Zuhörers und Betrachters aktiv wird. Erst in der Auseinandersetzung mit der Interaktion von Bild und Text kann eine adäquate Annäherung an die Bedeutung des jeweiligen Werkes geleistet werden.

---

2   All diese Studien widmen sich allerdings vornehmlich dem Bilderbuch, das illustrierte Buch wurde in Untersuchungen zu Bild-Text-Konfigurationen bisher meist – m. E. ungerechtfertigter Weise – kaum beachtet.

## 3.	Bild-Text-Interaktionen im illustrierten Buch und Bilderbuch

Das Feld möglicher Bild-Text-Interaktionen ist weit und hängt nicht zuletzt auch vom Grad der Bebilderung, also der jeweiligen Buchgattung ab. Die Interaktion zwischen verbaler und visueller Ebene kann jedoch sowohl im illustrierten Buch als auch im Bilderbuch – wie ein Vergleich von zwei Illustrationen und einer Bilderbuch-Umsetzung des Perraultschen Märchens *Der Gestiefelte Kater* im Folgenden zeigen soll – als Ergänzung, Komprimierung, Verdopplung oder auch im Widerspruch stattfinden.

Während die Illustration von Moritz von Schwind aus der Mitte des 19. Jahrhunderts das gesamte Märchen plurizenisch auf einem Bild darzustellen versucht (ganze neun Einzelszenen sind hier abgebildet), konzentrieren sich der französische Illustrator Gustave Doré, ein zeitgenössischer Illustrator, und das Bilderbuch aus dem Jahr 2013 auf die Darstellung eines kurzen Augenblicks, also eine monoszenische Darstellungsweise.

Doré legt mit der stark anthropomorphisierten Version des selbstbewusst-schlauen Katers und der detailreich gestalteten Hintergrundlandschaft in hell-dunkel-Manier Wert auf Dramatik und Anschaulichkeit einer der Schlüsselszenen des Märchens (Uther, 2012, S. 4). Das Bild von Chiara Arsego dagegen zeigt eine Szene, der so eigentlich keine Textstelle entspricht. Der Kater, anthropomorphisiert aufrecht, aber mit flauschig schwingendem Katzenschwanz, geht einsam, jedoch mit hochgerecktem Kopf und – für den Leser nur zu erahnen – mutig in die Welt blickend in einen düster-dunklen Wald.

Die Betrachtung des Bildes eröffnet eine ganz eigene Dimension der Geschichte, die so nicht im Verbaltext mitgeteilt wird. Im Mittelpunkt stehen hier eher die psychische Verfasstheit und die Gedankengänge des Katers. Darüber hinaus handelt es sich bei Hélène Kérillis' und Chiara Arsegos *Gestiefeltem Kater* um ein Bilderbuch, was bedeutet, dass sich auf jeder Seite eine großformatige Zeichnung befindet, in die der Text eingebettet ist. Beim Lesen oder Vorlesen blickt man zuerst in ein Bild und liest auch im Bild. Auf jeder Seite ergibt sich ein immer wieder neues Spannungsfeld aus Text und Bild, wobei hier nicht mehr der Text, sondern das Bild dominant ist.

Im Kontrast dazu stehen Illustrationen wie die von Doré, die im Text eher eine Ausnahme bilden. Auf eine größere Anzahl sprachlicher Informationen trifft nur eine visuelle. Die Illustration dient in einem solchen Fall als Folie für wesentlich mehr sprachlich-narrative Vorgänge als im Bilderbuch. In der Darstellung des Katers am Fluss wird auf den ersten Blick eine einzelne Handlungssequenz des Textes dargestellt. Der Kater verschafft dem Müllersohn anhand der List, er sei ausgeraubt worden, kostbare neue Kleider und damit Zugang zur Prinzessin. Dorés Illustration schildert bei genauerem Hinsehen jedoch mehr. Der dominante, mimisch schlau und mutig dargestellte Kater, der den Bildmittelpunkt einnimmt, kümmert sich um den im Hintergrund klein und passiv gezeichneten Müllerssohn. Das Bild erzählt parallel zum Text und darüber hinaus: Der Kater ist derjenige, der die Erzählung handlungsaktiv dominiert, seine Arme und Beine gestikulieren, sein Mantel flattert im Wind und

Abb. 1:
Moritz von Schwind (1850).
Der gestiefelte Kater. Münchner Bilderbogen Nr. 48. Aus:
Klaus Günzel (1995). *Die deutschen Romantiker. 125 Lebensläufe. Ein Personenlexikon.* Zürich, S. 315

verleiht ihm ein ritterlich-heldenhaftes Auftreten. Er ist der magische Märchenheld, der dem scheinbar benachteiligten dritten Sohn ein glückliches Happy End bereitet. In der monoszenischen Darstellung sind so mehrere Aspekte der pluriszenischen Handlung des Textes enthalten.

Diese drei Beispiele zeigen nur einen kleinen Ausschnitt möglicher Variationen, Konstellationen und Interaktionen von Bild und Text. In Anlehnung an Maria Nikolajeva und Carole Scott können im Allgemeinen folgende intermediale Konfigurationen in illustrierten Büchern und Bilderbüchern vorgefunden werden: Wiederholen sich Bildebene und Textebene und weisen eine redundante Bild-Text-Interaktion auf, so handelt es sich um eine symmetrische, ergänzen sich Wort und Bild um eine Komplementär-Beziehung. Geht die Bildebene über das im Text Erzählte hinaus, erweitert und ergänzt das Bild die Aussage des Textes. Selten, aber in postmoderner Bilderbuch- und Illustrationskunst immer häufiger, weisen Bild und Text auch einander entgegengesetzte, sich eigentlich widersprechende, sog. kontrapunktische Aussagen auf (Nikolajeva u. Scott, 2006, S. 12). Dabei laufen der visuelle und der sprachliche Text wie in einer musikalischen Fuge gegeneinander an, sie widersprechen sich, sagen anderes aus, oder ihre Inhalte sind auf ganz unterschiedliche Weisen dargestellt. Das Attribut „kontrapunktisch" kann sich dabei auf unterschiedliche Aspekte beziehen,

Abb. 2:
Gustave Doré (1862).
Le Maître Chat. Aus: Ders. (1867).
*Les Contes de Perrault. Dessins
par Gustave Dore.* Paris, S. 30

Abb. 3: Chiara Arsego (2013). Der Gestiefelte Kater. Aus: Hélène Kérillis (Text) u. Chiara Arsego (Illustration) (2013). *Der gestiefelte Kater.* Berlin, o. S.

Stilistik, Genre oder Perspektive. Kontrapunktische Bild-Text-Interaktionen finden sich beispielweise in den Bilderbüchern David Wiesners, Janoschs und Wolf Erlbruchs, zum Teil aber auch in modernen Märchenillustrationen. Die extremste Form bebilderter Bücher ist das völlig wortlose Buch, in dem die Bilder einziger Narrationsträger sind und den Text vollständig ersetzt haben.

4. Charakteristika der Buchgattungen illustriertes Buch und Bilderbuch

4.1 Das illustrierte Buch

Auch wenn im heutigen (Kinder- und Jugend-)Buchmarkt die Anzahl illustrierter Werke im Vergleich zum Bilderbuch relativ gering ist, sich auch Forschungsbeiträge bisher verstärkt dem Bilderbuch und weniger dem illustrierten Buch zuwandten und der Illustration oftmals weniger narrativer Eigenwert zugesprochen wird, deuten ausgewählte Illustrationen doch darauf hin, dass sich hinter ihnen mehr als nur schmückendes Beiwerk versteckt und eine umfassendere Untersuchung gerade im kinder- und jugendliterarischen Bereich zwingend nötig wäre. Zwar ist die Illustration eines Textes – im Gegensatz zum freien, vom Text emanzipierten und diesem oftmals übergeordneten Bild im Bilderbuch – bereits in ihrer etymologischen Bedeutung abhängig vom Text; Illustration, von lateinisch ‚illustrare‘, bedeutet Erleuchtung, Erläuterung, auch Verschönerung, die Illustration ist die „Veranschaulichung eines gedruckten Textes" (Jahn u. Lieb, 2008, S. 389) in Form eines gedruckten Bildes. Allerdings ist sie auch die älteste Form visueller Adaption literarischer Texte, sie weist in ihrer Bildersprache neben einem visuell-künstlerischen nicht selten auch einen schwerer zu entdeckenden narrativen Eigengehalt auf und kann nicht zuletzt Auskunft über heute viel populärere Formen der Visualisierung, den Film, die Serie oder die Graphic Novel geben (Cambray u. Giudicelli, 2016, S. 2).

Das illustrierte Buch zeichnet sich im Allgemeinen durch zu bestimmten erzählerischen Höhe- bzw. Schlüsselpunkten passende oder das Erzählte komprimierende Illustrationen aus. Die ‚Veranschaulichung‘ kann hierbei wie auch das Bild im Bilderbuch alle Grade des Verhältnisses zum Text miteinschließen, von bloßer visueller Spiegelung, also der symmetrischen Bebilderung des sprachlich Gesagten, bis hin zu einer „schöpferischen Auseinandersetzung" (Jahn u. Lieb, 2008, S. 389), kontrapunktisch illustrierte Bücher sind allerdings eher selten anzutreffen.

Im Gegensatz zum Bilderbuch konzentriert sich das Bild im illustrierten Buch meist auf eine Abbildung des textlichen Gehalts und kann nicht losgelöst von diesem existieren. Die Illustration bleibt daher meist fakultativ (Grünewald, 1991, S. 49 u. 58), ist aber deswegen nicht entbehrlich. Vereinfacht gesagt, bleibt der Autor des literarischen Textes in illustrierten Büchern die Hauptperson, der Text kann auch eigenständig ohne das Bild existieren (Nikolajeva u. Scott, 2006, S. 6). Illustratorinnen und Illustratoren können als Vermittler aber nichtsdestotrotz das sprachlich Gesagte weiterspinnen und in ihrer Aussagekraft sogar übertreffen. In allen Fällen erweitern Illustrationen den sprachlichen Text um eine visuell-ästhetische Ebene und eröffnen damit eine weitere künstlerische Expressionsform, die entweder als symmetrische Wiederholung des im Text Erzählten, als Erläuterung, Interpretation oder auch im Widerspruch dem sprachlichen Text zur Seite gestellt ist.

Illustrationen können „in die Satzordnung eingeschaltet" oder auf einer eigenen Seite oder Tafel dem Text beigegeben sein (Jahn u. Lieb, 2008, S. 389). Sie sind jedoch quantitativ nicht dominant. Im Gegensatz zum Bilderbuch wird der Großteil des Textes von dem Leser und der Leserin selbst imaginiert und visualisiert. Die Leser-Fantasie trifft nur an bestimmten Stellen auf ‚fremde‘ Bilder, die Illustrationen, die dann zur Auseinandersetzung besonders einladen. Die Illustrationen unterbrechen die Lektüre kurz, sie lassen den Leser und die Leserin innehalten und fördern eine differenzierte Reflexion des Gelesenen. Bestimmend ist für die Illustration immer der Bezug zum Schrifttext und das Eingebunden-Sein in das Medium Buch.

Davon abweichende rein dekorative Elemente, die weder einen eigenen narrativen Wert noch einen Bezug zum Schrifttext aufweisen, nennt man in der Buchwissenschaft *Vignetten*. Diese befanden sich früher auf Titelblättern und an Seitenrändern, sie sind heute jedoch nur mehr selten anzutreffen.

Die Geschichte der Illustration nahm ihren Anfang im ausgehenden Mittelalter mit Beginn des Buchdrucks. Im Mittelalter wurden Texte noch handwerklich geschrieben und verziert. Die Bebilderung aus dieser Zeit nennt man daher auch noch nicht Illustration, sondern Illumination oder auch Miniaturmalerei. Vor allem in Klöstern gab es eigens dafür ausgebildete, kunstfertige Illuminatoren, welche die zum Teil heute noch erhaltenen Prachtausgaben von meist sakralen, aber auch säkularen Texten, wie den Codex Manesse, fertigten.

Auf die Buchillumination folgte nach der Etablierung des Buchdrucks ab Ende des 15. Jahrhunderts die Buchillustration mit grafischen Künsten, in Holzschnitten, Kupferstichen und ab Ende des 18. Jahrhunderts auch mithilfe der Lithographie. Im Gegensatz zur Buchillumination erfolgte die Buchillustration also in gedruckter Form, in neuerer Zeit mithilfe moderner digitaler Bildbearbeitungs-, fototechnischer Reproduktions- und elektronischer Druckverfahren. Wegweisend im deutschsprachigen Raum war die sog. Maximilianische Buchkunst. Unter Kaiser Maximilian I. (1508–1519) gewann das Buch und die Buchillustration an Bedeutung, „Achtung und Anerkennung" (Kunze, 1988, S. 100), das Buch und mit ihm die Buchkunst ist in der Übergangszeit vom Mittelalter zur Neuzeit gesellschaftsfähig geworden.

Mit Johann Amos Comenius' *Orbis sensualium pictus* fand dann im Jahr 1658 nicht nur das Bild im Buch eine dezidiert didaktische Aufladung, sondern auch das Kinderbuch im Allgemeinen seinen Anfang. Der *Orbis Pictus* gilt in der Forschung als „Urahn" der deutschsprachigen Kinder- und Jugendliteratur schlechthin und bildet eine Vorstufe zum modernen Bilderbuch. In Comenius' Werk ist das Bild in Anlehnung an den Aufbau eines Emblems sowohl Anschauungsbild eines Dinges oder

Begriffes als auch Abstraktion einer komplexen Weltordnung. Das bebilderte Buch wird hier erstmals zur „Abbildung der Welt aus Sicht der Erwachsenen für Kinder" genutzt (Oetken, 2007, S. 20). In den *picturae* des *Orbis Pictus* wird anhand anthropomorphisierter Naturphänomene, wie beispielsweise der Abbildung einer Wolke, die den Wind umherbläst, die Adressierung an eine jüngere Leserschaft ersichtlich. Das Bild, die *pictura*, diente als Veranschaulichung und Hilfe beim Erlernen deutscher Buchstaben und dem Verstehen des Lateinischen. Wie bereits im Emblembuch des 16. Jahrhunderts sollte das Bild im *Orbis Pictus* auch die Mnemonik, also die bessere Einprägsamkeit, unterstützen (vgl. Bannasch, 2007, S. 215). In Johann Amos Comenius' illustriertem Bilderbuch zeigt sich damit eine neue Bildungsauffassung, „die auf die stufenweise Aneignung eines sinnvoll geordneten Wissens im Rahmen einer organischen Entfaltung des Individuums setzt." (Ebd., S. 221)

Ab dem 17. Jahrhundert fand sich die Buchillustration allerdings bereits einiger Kritik ausgesetzt. Gegenüber der bildenden Kunst, der vorgeblich freien und reinen Kunst, galt sie als dienende Kunst und wurde verstärkt im 19. Jahrhundert als Auftragskunst abgewertet (Kunze, 1988, S. 31). Ganz anders im zu dieser Zeit insgesamt florierenden Kinder- und Jugendbuch. Darin erfuhr die Illustration im Laufe des 19. Jahrhunderts ihren ersten Höhepunkt. Steigende Bevölkerungszahlen, die zunehmende Alphabetisierung, die Industrialisierung und ihre neuen billigeren Drucktechniken sowie das anwachsende Bürgertum eröffneten neue Käuferschichten und künstlerische Darstellungsmöglichkeiten für das bisher für viele unerschwingliche bebilderte Buch. Dies war auch die Zeit, in der das Bilderbuch als neue dezidiert kinderliterarische Buchgattung endgültig populär wurde. Richtete sich dieses vor allem an leseunkundige und kleinere Kinder, so wurden für das etwas reifere Kindes- und Jugendalter illustrierte Werke geschaffen.

Einen Höhepunkt der Illustrationskunst bezeichnet die in dieser Zeit entstandene und bis heute gepflegte Märchenillustration. Die Visualisierung der ‚einfachen' Volksmärchen eröffnete aufgrund ihrer Flächenhaftigkeit, der Raum- und Zeitlosigkeit und ihrer Abstraktheit (Lüthi, 2005, S. 8–36) viel Raum für die künstlerische Gestaltung (Schmitt, 2005, S. 75). Stilbildend für die europäische Märchenillustration waren zunächst die Bilder von Ludwig Emil Grimm, einem Bruder von Jakob und Wilhelm Grimm, und die Illustrationen des englischen Illustrators George Cruikshank, der in der 1823 erschienenen Ausgabe der *German Popular Stories* traditionelle Volksmärchen als aktionsreiche Bilderzählungen darstellte (ebd., S. 87 f.; Uther, 2012, S. 2 f.). Mit Cruikshank wurde der Märchenillustrator zu einem Co-Autor, der in seinen Bildern das Märchen auf gänzlich neue Art erzählen und interpretieren konnte (Schmitt, 2005, S. 70). Mit den virtuosen Illustrationen des französischen Künstlers Gustave Doré erlebte die Märchenillustration einen Höhepunkt im 19. Jahrhundert.

Gustave Doré perfektionierte in seinen Illustrationen der Märchen Charles Perraults die Technik des Schwarz-Weiß-Holzschnitts (Uther, 2012, S. 4) und auch die des doppeldeutigen Bildes. In der abgebildeten Illustration aus dem Märchen *Le Chaperon rouge* beispielsweise weist die Mimik des Wolfes ein nicht nur kulinarisches,

Abb. 4:   Gustave Doré (1862). Le Chaperon rouge. Aus: Ders. (1867). *Les Contes de Perrault. Dessins par Gustave Dore.* Paris, S. XIII

sondern auch erotisches Begehren auf. Gestik und Mimik des Rotkäppchens spiegeln daneben weniger die vom Märchen zu erwartende Angst, sondern vielmehr sowohl dessen Zurückhaltung als auch sexuelle Neugier wider. Doré kommt mit einer solchen Darstellung des Perraultschen Märchens der Zweideutigkeit der literarischen Vorlage nach. Es gelingt ihm, diese Doppeldeutigkeit in zugespitzter Form spannungsreich und ästhetisch ausgeformt abzubilden und Perraults moralischen Zeigefinger visuell zu durchbrechen.

Die Märchenillustration insgesamt konzentrierte sich fast immer auf die Darstellung von szenischen Höhepunkten, bekannten und eingängigen Szenen. Meist handelte es sich dabei um symmetrische oder komprimierende Illustrationen, also Bilder, die die Aussage des Textes nochmals wiederholen und zusammenfassen. Anhand von Cruikshanks und Dorés Illustrationen wird jedoch ersichtlich, dass die künstlerische Freiheit der Illustrierenden durchaus weiterzugehen vermochte.

Im frühen zwanzigsten Jahrhundert griff die Buchillustrationskunst vielfältige Strömungen der bildenden Kunst auf. Insbesondere der Jugendstil mit seinen stark dekorativ-floralen Elementen hinterließ seine Spuren im bebilderten Kinder- und Jugendbuch, wie beispielsweise in Ernst Kreidolfs fantastisch-naturhaften Bilderwelten oder Heinrich Vogelers Märchenillustrationen. In den 1910er und 1920er Jahren nahmen expressionistische Illustrationen und Strömungen der Neuen Sachlichkeit zu. Bis heute beliebt sind daraus die ab 1929 entstandenen Illustrationen Walter Triers zu Erich Kästners Werken, die deren Erfolg mitbegründeten. Triers Zeichnungen merkt man seine Freude an der Kindheit an, ohne dabei an Kindertümelei erinnert zu werden. So sagte auch Erich Kästner über ihn: „Alles was er zeichnete und malte, lächelte und lachte, sogar der Schrank und der Apfel, die Wanduhr und der Damenhut. Alles war und machte heiter" (zit. nach Martin, 2016, S. 229). Erich Kästners (kinderliterarisches) Werk ist geprägt von Doppelsinnigkeit, versteckter Kritik und nur einer scheinbaren Einfachheit. Ähnlich – wenn auch nicht in gleichem Ausmaß – verhalten sich Triers Illustrationen. Kritik, grotesk-humoristischer Witz und Hinweise der immer bedrückender werdenden Zeitumstände verstecken sich hinter den bunten Spielzeugwelten, den rundlichen, reduziert-einfachen Figuren und anthropomorphisierten Tieren.

Seit der zweiten Hälfte des 20. Jahrhunderts finden sich ästhetisch und narrativ anspruchsvoll illustrierte Bücher, insbesondere im Bereich der Kinder- und Jugendliteratur, abgesehen von Märchen- oder Sagenillustrationen nicht mehr allzu häufig. Eine Ausnahme bildet das Genre der Fantasy und der fantastischen Kinder- und Jugendliteratur. Bereits in deren Entstehungszeit sind mit John Tenniels Illustrationen zu Lewis Carrolls *Alice's Adventures in Wonderland* in den 60er Jahren des 19. Jahrhunderts bis heute unvergessene Bilder entstanden (vgl. Lampariello, 2017).

Typisch für Tenniels Stil sind die nicht ganz passenden, unnatürlich wirkenden Proportionen der Figuren. Die etwas zu großen Köpfe und Gliedmaßen, exzentrischen Kleidungsstücke und anthropomorphisierten Tiere aus der Natur- und Fantasiewelt entsprechen, erweitern und erläutern Carrolls verbal-textuelles fantastisches Universum. Alices Abdriften in das realitätsverzerrende wunderliche Geschehen im Wunderland wird in den Illustrationen Tenniels auf visueller Ebene gespiegelt, erhellt und potenziert. Die naturalistische Darstellung eines Hasen oder Hummers bekommt durch kleine Details, den Kamm, die anthropomorphe Haltung, die Kleidung, die Uhr, eine fantastische Dimension, ebenso wie das scheinbar der Leser-Realität entsprechende Geschehen zu Beginn der Erzählung mit Alices Fall in den Kaninchenbau eine fantastische Wendung und Dimension bekommt.

Fantastische Kinder- und Jugendbücher des 20. und 21. Jahrhunderts sind oftmals Werke von Auto-Illustrierenden, also Autorinnen und Autoren, die ihre Werke selbst illustrieren, bzw. zu ihren Illustrationen selbst einen Text verfassen. Eine Besonderheit stellt dies deswegen dar, da in illustrierten Büchern eigentlich zunächst der Text eines Autors besteht, der dann von einer anderen Person, der Illustratorin oder dem Illustrator, visualisiert wird. Die bekanntesten Beispiele sind Walter Moers und seine Zamonien-Romane, Michael Ende und seine Illustrationen zu *Momo* und natürlich Cornelia Funke, die zuerst Illustratorin war, bevor sie auch schriftstellerisch tätig wurde. Ebenfalls schufen Paul Maar, der Autor des Sams, eigene Illustrationen sowie auch Philip Pullmann in seiner *His Dark Materials*-Serie.

Abb. 5:   John Tenniel (1865). Eine verrückte Teegesellschaft. Aus: Lewis Carroll (Text) u.
           John Tenniel (Illustration) (2010). Alices Abenteuer im Wunderland. In Günther
           Flemming (Hrsg.), *Die Alice-Romane*. Stuttgart, S. 78

Nicholas Gannon, ein New Yorker Illustrator und Autor, kreierte in den letzten Jahren mit seinem autoillustrierten Kinder- und Jugendbuch *Die höchst wundersame
Reise zum Ende der Welt* ein einfallsreiches neues illustriertes Werk. Das Buch über
Arthur B. Helmsley, einen verhinderten Abenteurer, und seine Freunde Adélaïde
und Oliver, verweigert sich auf der Handlungs-, aber auch der Illustrationsebene
eindeutigen genrespezifischen Zuweisungen. Es weist Elemente der Abenteuererzäh-
lung, des Schul- und Adoleszenzromans sowie auch der fantastischen Kinder- und
Jugendliteratur auf. Die darin enthaltenen Illustrationen sind durchgängig ästhetisch
anspruchsvoll und oftmals mit einem surrealen Twist gestaltet. Sie wechseln jedoch
im Grad der Bebilderung stark ab. Dominieren sie bilderbuchhaft in einer Art fil-
mischem Vorspann den Beginn der Narration, so sind sie im weiteren Verlauf des
im Text mitgeteilten Geschehens meist nur zu bestimmten Schlüsselszenen in ein
symmetrisches bis ergänzendes Text-Bild-Verhältnis gesetzt. Eine Ausnahme bildet
die Retrospektive auf Adélaïdes Vergangenheit, in der sich die Erzählstränge der verbalen und der visuellen Narration teilen und zwei unterschiedliche Perspektiven, die
Adélaïdes und die ihres Vaters, einnehmen (Gannon, 2016, S. 144–152). Die Illustrationen emanzipieren sich hier also während der Erzählung vom Text und gehen über eine
bloße Veranschaulichung hinaus. Ermöglicht wird diese neue Art illustrierter Werke

gerade durch die Auto-Illustration (Martinelli, 2016, S. 2). Zwischen Illustrator/in und Autor/in muss sich kein Dominanzverhältnis ausbilden, beide Zeichensysteme haben denselben Urheber und sind stärker als dies in nachträglichen Illustrierungsarbeiten der Fall sein kann gleichberechtigt. Es sind in Nicholas Gannons Werk somit nicht zuletzt die zum Leben erwachten Illustrationen, die dem Buch einen fantastischen, zauberhaften, Beigeschmack verleihen.

Das fantastische Kinder- und Jugendbuch scheint insgesamt – ähnlich wie das Märchen – in seiner die Wirklichkeit um eine fantastische Dimension erweiternden Erzählweise ideale Ausgangsbedingungen für eine visuelle Ebene zu schaffen. Die Fantasie der Leser und Leserinnen wird in illustrierten Büchern nicht mehr nur sprachlich angeregt, sondern auch bildhaft, auf visueller Ebene. Einige Illustrationen entsprechen keiner Textstelle, sie sind selbst Teil der fantastischen Welt und erscheinen – auf wundersame Weise – wie ,aus dem Text gehüpft'. Die kunstfertig gemalten Bilder können für die jungen Leser und Leserinnen dabei einen Einstieg in die vielleicht nur schwer vorstellbare fantastische Welt bieten oder die Vorstellung der Leser und Leserinnen bereichern, in neue visuell-imaginative Welten führen. Illustrationen lenken mit ihrer Konzentration auf einzelne Szenen, Figuren oder Settings wie ein Zoom im Film die Aufmerksamkeiten auf Kleinigkeiten, auf Details, die man leicht überliest und tragen so zu einem erweiterten Zauber und magischem Empfinden während der Lektüre bei. Sie ändern den Modus, die Distanz, des Erzählens und bieten in all diesen Fällen einen literarästhetisch-wertvollen Zugewinn.

4.2 Das Bilderbuch

Im Gegensatz zu den soeben skizzierten illustrierten Büchern versteht sich das Bilderbuch als eine durch die „qualitative und quantitative Äquivalenz oder Dominanz der Bilder" in Relation zum Verbaltext bestimmte Buchgattung (Weinkauff u. Glasenapp, 2014, S. 187), die sich „durch ein Erzählen mit bzw. in Bildern" auszeichnet (Kümmerling-Meibauer, 2012, Sp. 146). Das Bilderbuch als Ikonotext definiert sich durch eine simultane und symmetrische Symbiose aus Bild und Text. Bilder sind hier nicht nur vereinzelt dem Text beigegeben, sondern bestimmen jede Seite und den Handlungsverlauf, wobei der Anteil und die Bedeutung der Bebilderung wie auch im illustrierten Buch stark variieren können. Untersuchungen der letzten Jahre betonen allerdings, dass weniger die Bilddominanz als vielmehr die frei zu besetzende dritte Ebene zwischen Bild und Text, also eine nicht im Vorhinein festgelegte Text-Bild-Konfiguration, als zentrales Charakteristikum des Bilderbuches angesehen werden kann (Schmitt, 2005, S. 69).

In den letzten Jahrzehnten des 20. Jahrhunderts hat sich der Bilderbuchmarkt stark gewandelt (vgl. Scherer in diesem Band). Neue visuelle Erzählformen, stark kontrapunktisch, postmodern-intertextuell oder collagenhaft wurden entwickelt. Problemorientierte Bilderbücher setzen sich nun mit den zunehmend komplexer werdenden

Lebenswirklichkeiten von Kindern und Familien auseinander. So werden beispielsweise in Bilderbüchern wie Wolf Erlbruchs *Nachts* in Innerer-Monolog-Technik und collagenhaft zusammengesetzten Bildern verbal wie auch visuell neue Wege beschritten. Die Wort-Bild Korrelationen in Bilderbüchern decken nun das gesamte Spektrum ab, von symmetrischen, also redundanten bildlichen und sprachlichen Erzählungen à la *Häschen-Schule*, bis hin zum absolut wortlosen, sylleptischen Bilderbuch (Nikolajeva u. Scott, 2006, S. 12), das in der völligen Absenz der sprachlichen Ebene zwar kein Spannungsfeld zwischen Bild und Text eröffnet, jedoch in dieser Eigenart eine offene Rezeption ermöglicht und die Imagination eines Textes anregt.

Zu den Charakteristika des Bilderbuchs gehört, dass die Bilder „selbständige Bedeutungsträger“ sind (Weinkauff u. Glasenapp, 2014, S. 164), sie also nicht nur eine Veranschaulichung des Textes, sondern eine eigenständige visuelle Narration bieten. Die Bilder des Bilderbuches können für sich selbst stehen. Im Bilderbuch als Ikonotext wird das Text-Bild-Verhältnis zu einem hochkomplexen ästhetischen und symbolischen Gebilde (Thiele, 2003, S. 13 u. S. 36), das sich auch zur wiederholten Lektüre eignet und dem kindlichen Bedürfnis nach Wiederholung und einem schrittweisen Kennenlernen entspricht.

Dies bildet die Voraussetzung dafür, *visual literacy*, also sowohl das Interpretieren visueller Botschaften als auch deren Konstruktion, zu erlernen (hierzu: Kümmerling-Meibauer u. Meibauer, 2015; Dehn, 2007). In einer visuell dominierten Gesellschaft ist es erstrebenswert, dass Kinder die Kompetenz, Bilder *richtig* zu sehen und zu interpretieren, erwerben. Das Bilderbuch bietet dafür mit seinem geringen Umfang und der Möglichkeit zur unbegrenzten Wiederholung ideale Ausgangs- und Erweiterungsmöglichkeiten und kann gerade in neuen Erzählformen zu weiteren visuellen Medien wie Comic oder Film hinführen.

Bilderbüchern gelingt es, die von Lessing einstmals gesetzte Eingrenzung des Bildes auf den Raum, auf das Nebeneinander, in seiner Gesamtheit aufzubrechen. Die aufeinander aufbauende Bilderfolge im Bilderbuch setzt nämlich eine Zeitlichkeit geradezu voraus. Verstärkt wird dies noch durch moderne filmische Erzähltechniken im Bilderbuch, wie sie zum Beispiel in Aaron Beckers *Die Reise* angewendet werden. Dieses Bilderbuch weist eine völlige Absenz des Verbaltextes auf, die Bilder sind der einzige Narrationsträger. Es handelt von einem Mädchen, das, um dem tristen grauen Alltag zu entgehen, mit einem roten Stift eine Tür an die Wand malt und dadurch in eine fantastische farbenfrohe Welt gelangt. Dort kann es sich mit Hilfe des roten Stiftes immer wieder neue Transportmöglichkeiten zeichnen, es erreicht Burgen voller Wasserkanäle, sieht fliegende Schiffe und fliegt auf einem fliegenden Teppich über fremde Landschaften und orientalische Oasen. Die Bilder des Buches entwickeln einen eigenen Handlungsstrang, die genaue Ausformulierung bleibt jedoch – immer wieder neu – dem Betrachter oder der Betrachterin überlassen.

Die Illustrationen sind dabei keine unabhängig voneinander gesetzten Bilder, sondern stehen, darin dem Comic ähnlich, in einer zeitlich-kausalen Abfolge. Großformatige Bilder wechseln sich mit die Handlungen stärker erläuternden, aus einer

Abb. 6:   Aaron Becker (2013) [Eintritt in die Farbenwelt]. Aus: Ders. (2016). *Die Reise*
(6. Aufl.). Hildesheim, o. S.

Nah-Perspektive gezeichneten Bildern ab. Während in den großformatigen Bildern
die Zeit still zu stehen scheint, erzeugen die kleineren Bildfolgen ein Zeitgefühl, der
Betrachter oder die Betrachterin sieht in einer Bilderfolge förmlich, wie der mit rotem
Stift gezeichnete rettende fliegende Teppich Form annimmt. Entsprechend wird auch
in anderen Bilderbüchern die zeitliche Handlung gestoppt, beschleunigt oder gerafft,
es finden sich Zeitsprünge und Rückschauen.

Der Kommunikationssituation von Bilderbüchern ist eigen, dass sie Kindern
meist vorgelesen werden. Doch auch ohne die verbal-akustische Vermittlung können
Kinder in vielen Fällen – und dies stellt einen wichtigen Aspekt der Unterscheidung
von Bilderbuch und illustriertem Buch dar – über die visuelle Bildebene das Geschehen erschließen und somit bereits vor dem Erwerb der Lesekompetenz einen Zugang
zur Buchwelt erhalten.

5.   Resümee

Die Frage, warum, wie und wozu sich Bilder und Illustrationen nicht nur in kinder- und jugendliterarischen Texten bzw. Texte in Bildern befinden und welche Auswirkungen dies auf deren narratives und literarästhetisches Potential hat, bildete den Ausgangspunkt der Überlegungen. Zusammenfassend kann im Hinblick auf den narrativen und literarästhetischen Mehrwert festgehalten werden, dass Illustrationen und Bilder in Büchern eine neue ästhetische Darstellungs- und Rezeptionsebene sowie auch eine dritte Ebene des bimedialen Spannungsfeldes eröffnen und dies nicht nur im breit untersuchten Bilderbuch, sondern auch im oftmals vergessenen illustrierten Buch. Illustrierte Bücher und Bilderbücher sind „zweisprachige", medienübergreifende Buchgattungen (Kümmerling-Meibauer, 2014, S. 4). Illustrationen und Bilder fördern die mnemonische Leistung, sie erklären, interpretieren, leiten die Lektüre, schaffen Irritationen und wecken Erwartungen. Sie sind eine Art „Ruhepause" im Akt des Lesens sowie auch dessen potentieller „Katalysator" (François, 2016, S. 15). Sie rütteln den Leser und die Leserin wach, zeigen ihnen Widersprüche auf, gelegentlich konkurrieren sie mit dem Text um die narrative Vorherrschaft. Sie bieten ein erweitertes synästhetisches Erfahrungsangebot, sie verlocken zur Lektüre (Ries, 1991, S. 16), helfen bei der didaktischen Vermittlung und geben einen ersten Eindruck von der im Text wiedergegebenen Handlung. Sie können den Text bereichern, die Worte paraphrasieren, interpretieren, verdrehen, erweitern und komprimieren. Illustrationen bieten eine Vielzahl und Vielfalt an künstlerischen Wirkungsmöglichkeiten für Autoren/innen und Illustrator/innen – und wenn die Sprache versagt, kann ein Bild sprichwörtlich mehr als tausend Worte sagen.

Illustrationen fördern die *visual literacy*, sie ebnen den Weg zu erweiterten visuellen Kompetenzen, die nicht zuletzt in einer Welt der oft zitierten „Bilderflut" notwendig sind. Illustrierte Bücher und Bilderbücher eröffnen zusammengenommen in ihrem komplexen Wechselverhältnis aus Bild und Text einen Raum, der ‚Erhellungen‘ bietet und zu immer weiterer Lektüre und Textinterpretation sowie einem nachhaltigen Lese- und Seherlebnis einlädt.

Literatur

Bannasch, Bettina (2007). *Zwischen Jakobsleiter und Eselsbrücke. Das ‚bildende‘ Bild im Emblem- und Kinderbilderbuch des 17. und 18. Jahrhunderts*. Göttingen.

Cambray, Carole u. Giudicelli, Xavier (2016). Illustration et construction narrative – Avant-propos. *Image [u.] Narrative, 17* (1), 1–4.

Dehn, Mechthild (2007). Visual literacy und Sprachbildung. *kjl&m 59* (3), 11–20.

Ewers, Hans-Heino (2012). *Literatur für Kinder und Jugendliche. Eine Einführung in Grundbegriffe der Kinder- und Jugendliteraturforschung* (2., überarbeitete u. aktualisierte Aufl.). Paderborn.

Fick, Monika (2016). *Lessing-Handbuch. Leben – Werk – Wirkung* (4., aktualisierte u. erweiterte Aufl.). Stuttgart.

François, Anne Isabelle (2016). *Un juste retour des choses?* Or the process in reverse: „Illustrating" texts, „textualising" illustrations (Moers and Doré). *Image [&] Narrative, 17* (2), 14–23.

Gannon, Nicholas (2016). *Die höchst wundersame Reise zum Ende der Welt.* Münster.

Grünewald, Dietrich (1991). Denk-Provokation. Zu Funktion und Wirkung von Illustration im Kinder- und Jugendbuch. In Alfred Clemens Baumgärtner u. Max Schmidt (Hrsg.), *Text und Illustration im Kinder- und Jugendbuch.* Würzburg, S. 49–59.

Jahn, Johannes u. Lieb, Stefanie (2008). *Wörterbuch der Kunst* (13., vollst. überarbeitete u. ergänzte Aufl.). Stuttgart.

Kümmerling-Meibauer, Bettina (2014). Introduction. Picturebooks between Representation and Narration. In Dies. (Hrsg.), *Picturebooks. Representation and Narration.* London u. New York, S. 1–14.

Kümmerling-Meibauer, Bettina (2012). Bilderbuch. In Gert Ueding (Hrsg.), *Historisches Wörterbuch der Rhetorik.* Tübingen, Sp. 146–161.

Kümmerling-Meibauer, Bettina u. Meibauer, Jörg (2015). Picturebooks and early literacy. How do picturebooks support early conceptual and narrative development? In Diess., Kerstin Nachtigäller u. Katharina J. Rohlfing (Hrsg.), *Learning from Picturebooks. Perspectives from child development and literacy studies.* London u. New York, S. 13–32.

Kunze, Horst (1988). *Vom Bild im Buch.* München u. a.

Lampariello, Sandro (2017). *Literarisches Übersetzen in der Kinder- und Jugendliteratur im 20. Jahrhundert am Beispiel von Lewis Carrolls ‚Alice's Adventures in Wonderland'.* Würzburg.

Lessing, Gotthold Ephraim (1990). Laokoon oder über die Grenzen der Malerei und Poesie. In Ders. *Werke 1766–1769.* Hrsg. v. Wilfried Barner. Frankfurt a. M., S. 11–206.

Lessing, Gotthold Ephraim (1985). Hamburgische Dramaturgie, 46. Stück. In Ders. *Werke 1767–1769.* Hrsg. v. Klaus Bohnen. Frankfurt a. M., S. 181–694.

Lüthi, Max (2005). *Das europäische Volksmärchen. Form und Wesen* (11. Aufl.). Tübingen u. Basel.

Lypp, Maria (1984). *Einfachheit als Kategorie der Kinderliteratur.* Frankfurt a. M.

Martin, Ariane (2016). Romantik und Moderne im Zeitgeist der Weimarer Republik. Zwei Zeichnungen von Walter Trier im „Uhu". In Christina Niem, Thomas Schneider u. Mirko Uhlig (Hrsg.), *Erfahren – Benennen – Verstehen. Den Alltag unter die Lupe nehmen: Festschrift für Michael Simon zum 60. Geburtstag.* Münster u. New York, S. 229–238.

Martinelli, Hélène (2016). L'illustration comme narration concurrente dans le livre autoillustré (Bruno Schulz). *Image [&] Narrative, 17* (2), 1–13.

Nikolajeva, Maria u. Scott, Carole (2006). *How picturebooks work.* New York u. London.

Oetken, Mareile (2007). Neuere Ansätze in der Bilderbuchillustration. *kjl&m, 59* (1), 19–27.

Ries, Hans (1991). Grundsätzliche Überlegungen zur Illustration von Kinder- und Jugendliteratur. In Alfred Clemens Baumgärtner (Hrsg.), *Text und Illustration im Kinder- und Jugendbuch.* Würzburg, S. 9–20.

Rippl, Gabriele (2004). Text-Bild-Beziehungen zwischen Semiotik und Medientheorie: Ein Verortungsvorschlag. In Renate Brosch (Hrsg.), *Ikono/Philo/Logie. Wechselspiele von Texten und Bildern.* Berlin, S. 43–60.

Schmitt, Christoph (2005). Die Märchenillustration. Bildnerische Reflexionen auf Märchen der Brüder Grimm. In Kurt Franz u. Günter Lange (Hrsg.), *Bilderbuch und Illustration in der Kinder- und Jugendliteratur*. Baltmannsweiler, S. 68–92.

Thiele, Jens (2003). *Das Bilderbuch. Ästhetik – Theorie – Analyse – Didaktik – Rezeption* (2. erweiterte Aufl.). Oldenburg.

Uther, Hans-Jörg (2012). Europäische Märchenillustrationen in Geschichte und Gegenwart. Zur Entwicklung einer gemeinsamen Bildersprache. *literaturkritik.de,* 12, S. 1–7. Verfügbar unter: http://literaturkritik.de/public/rezension.php?rez_id=17411 [11.01.2017].

Weinkauff, Gina u. Glasenapp, Gabriele von (2014). *Kinder- und Jugendliteratur* (2. aktualisierte Aufl.). Paderborn.

Winckelmann, Johann Joachim (1968). *Gedanken über die Nachahmung der griechischen Werke in der Malerei und Bildhauerkunst.* Nachdruck der Ausgabe von 1885. Nendeln/Liechtenstein.

Véronique Sina

Der Holocaust-Comic *Die Suche* im Kontext der Kinder- und Jugendliteratur

1.   Medium für die Massen

Als populärkulturelles Medium für die Massen sieht sich der Comic immer wieder mit dem Vorwurf der ‚Trivialität' konfrontiert. Vermeintlich schnell und billig produziert richten sich die ‚bunten Bilder' des Comics angeblich primär an ein ‚bildungsfernes' oder ‚lesefaules' jugendliches Publikum. Auch die langjährige Dominanz humoristischer sowie aktionsgeladener Themen und Inhalte hat im Laufe der Entstehungs- und Entwicklungsgeschichte ihr Übriges zu dem recht einseitigen und oftmals schlechten Ruf des einst als ‚Schundliteratur' verpönten Comics beigetragen (vgl. Linsmann u. Schmitz, 2009, S. 3). Als hybride und damit ‚unreine' Form, die sich „nicht an die durch legitimes Kunstverständnis vorgegebene eindeutige Trennung von Bild- und Schriftraum" (Becker, 2011, S. 10) hält, ist der Comic zudem lange Zeit aus dem Kanon angesehener Künste ausgeschlossen worden und muss bis heute immer wieder um seinen Status als ernst zu nehmende Erzähl- und Darstellungsform bangen (vgl. Groensteen, 2000).

Trotz dieser hartnäckigen Vorbehalte hat sich der Comic Dank seiner Darstellungsvielfalt und seinem erzählerischen Potenzial als wertvoller Teil der Kinder- und Jugendliteratur etabliert (vgl. Roeder, 2009, S. 2). Daher verwundert es auch nicht, dass immer mehr Sach- und Geschichtscomics im Schulunterricht eingesetzt werden. „Die Hoffnungen, die sich mit den Sachcomics als Mittel für Wissensverbreitung verbinden", seien – so Urs Hangartner, Felix Keller und Dorothea Oechslin –, „dass die unmittelbar einleuchtende Kraft der Bilder in Verbindung mit guten Geschichten neue Möglichkeiten bietet, Wissen in medial gesättigten und kulturell diversen Gesellschaft[en] auf anregende und erfolgreiche Weise zu vermitteln" (Hangartner, Keller u. Oechslin, 2013, S. 7). Und auch die Historikerin Christine Gundermann weist in ihren Ausführungen darauf hin, dass Comics historisches Lernen nicht nur gezielt stimulieren können, sondern dass durch den Gebrauch von Comics (im Schulunterricht) sogar ein „reflektiertes Geschichtsbewusstsein" (Gundermann, 2013, S. 149) bei jugendlichen Lesern und Leserinnen gefördert werden kann. Voraussetzung für den kritisch-reflektierten Umgang mit Comics stellt jedoch eine gewisse Medien- und Methodenkompetenz dar. „Denn damit historisches Lernen mit Comics gelingen kann, müssen die Schülerinnen und Schüler lernen, mit dem Medium selbst umzugehen, seine Funktionsmechanismen und narrativen Strategien zu verstehen und zu hinterfragen." (Ebd., S. 162)

Am Beispiel des ausdrücklich für die schulische Vermittlung produzierten niederländischen Geschichtscomics *Die Suche* (De Zoektocht, 2007, dt. 2010) wird dem darstellerischen sowie erzählerischen Potenzial des Mediums Comic im Folgenden nachgegangen. Den Comic als ein komplexes Medium begreifend, welches sowohl die (pädagogische/didaktische) Vermittlung von historischem Wissen gezielt zu fördern als auch diskursive Zu- und Einschreibungsprozesse als solche kenntlich zu machen vermag, wird zunächst die spezifische (hyper-)mediale Beschaffenheit des Comics herausgearbeitet. Damit soll verdeutlicht werden, dass es sich bei dem ‚Phänomen Comic' um eine eigenständige mediale Form handelt, die ein bestimmtes reflexives sowie produktives Potenzial besitzt, welches für die Kinder- und Jugendliteratur, insbesondere im Hinblick auf die (mediale) Repräsentation des Holocaust (vgl. Köppen u. Scherpe, 1997; Bannasch u. Hammer, 2004, Heindl u. Sina, 2017) – also im Hinblick auf die Darstellbarkeit des Undarstellbaren – nutzbar gemacht werden kann. Denn, wie René Mounajed und Stefan Semel bemerken, bieten (Geschichts-)Comics „stets Anlässe zur De-Konstruktion: Dass Geschichte ‚gemacht wurde', offenbart der Geschichtscomic unmittelbar. Von ihm ausgehend kann der konstruktive Charakter aller Geschichtsschreibungen erörtert werden." (Mounajed u. Semel, 2010, S. 4)

2. Die (hyper-)mediale Beschaffenheit des Comics[1]

Zu den typischen Charakteristika, welche die mediale Beschaffenheit des (modernen) Comics kennzeichnen und ihn trotz seiner Affinität zu anderen Medien – wie etwa dem Film oder der Literatur – deutlich von ihnen unterscheidet, zählen sicherlich die Integration von Bild und Text sowie das spannungsgeladene Wechselspiel von Einheit und Diskontinuität, welches sich in der von Leerstellen durchzogenen sequenziellen Struktur des Mediums niederschlägt. Als grafisches Medium bedient sich der Comic zudem einer ganz bestimmten selbstbezüglichen, abstrakten Repräsentationsästhetik, welche als ‚überzeichnete Reduktion' verstanden werden kann. Diese befreit den Comic nicht nur von dem Prinzip der unmittelbaren Darstellung, sondern eröffnet gleichzeitig auch die Möglichkeit, gängige, auf Naturalisierung setzende Ästhetiken als mediale Inszenierungen von Transparenz und Kohärenz sichtbar und erfahrbar zu machen (vgl. Lummerding, 2011, S. 335). Auf dem „Modus der Wiederholung" (Frahm, 2010, S. 12) basierend, ist der Comic zudem durch eine performative Grundstruktur geprägt, welche nicht nur das (produktive) Potenzial der Differenz und Verfehlung in sich birgt. Die Fragmentierung, Hybridisierung und demonstrative Künstlichkeit des Mediums Comic vermag – unter gewissen Umständen – ebenfalls die „eigene Logik des Medialen" (Birkmeyer, 2010, S. 59) zu thematisieren und (selbst-)kritisch zu reflektieren. Die „besondere Form der Aufklärung eines Comics" bestehe damit „gerade nicht in einem rationalen Diskurs", sondern „in seiner visuellen Subversion" (ebd.).

---

1 Bei diesem Textabschnitt handelt es sich um einen stark gekürzten Auszug des Kapitels „Die (hyper-)mediale Beschaffenheit des Comics" aus der Dissertationsschrift der Verfasserin, welche unter dem Titel *Comic – Film – Gender. Zur (Re)Medialisierung von Geschlecht im Comicfilm* im Jahr 2016 im transcript Verlag erschienen ist.

2.1 Bild und Text

Wenngleich die Kombination sowohl bildlicher als auch linguistischer Zeichen nicht ausschließlich dem modernen Comic vorbehalten ist, stellt sie für viele – wenn auch keineswegs für alle – Comicforscher und -forscherinnen eines der grundlegenden Merkmale des Mediums dar. So unterstreicht etwa Mila Bongco die Relevanz der Zusammenführung von Bild und Text für die mediale Beschaffenheit des Comics, wenn sie bemerkt: „[b]oth pictures and texts are the fundamental basis of almost all comics, and to seek to understand one without the other is to misinterpret the substance of this hybrid genre." (Bongco, 2001, S. 14) Die Interaktion von Bild und Text im Comic ist also nicht mit einer bloßen „Verdoppelung von Informationen" (Dolle-Weinkauff, 1991, S. 78) zu verwechseln. Betrachtet man beispielsweise die von Scott McCloud erarbeitete Typologie unterschiedlicher Wort-Bild-Kombinationen (vgl. McCloud, 2006, S. 130), wird vielmehr deutlich, dass es sich bei dem Phänomen Comic aufgrund der verschiedenen Kombinationsformen schriftlicher und bildlicher Zeichen sowohl um ein integrales als auch um ein hybrides Medium handelt (vgl. Varnum u. Gibbons, 2002, S. xiii). Demnach schöpft der Comic sein produktives Potenzial gerade aus der Spannung bzw. dem vielschichtigen Wechselspiel verbaler und piktorialer Elemente. Das Medium ist durch „a plurality of messages" (Hatfield, 2009, S. 132) gekennzeichnet, welche der heterogenen Form des Comics geschuldet ist. So interagieren Text und Bild nicht einfach miteinander, sondern können sich sogar aufeinander zubewegen und somit die gängige Dichotomie zwischen beiden Kommunikationskanälen aufbrechen (vgl. ebd., S. 133). Gleichzeitig kann die Trennung zwischen Bild und Text niemals ganz aufgehoben werden, denn indem die Schrift „als grafische Form inszeniert wird, tritt ihre Andersartigkeit gegenüber dem Bild deutlich hervor" (Schüwer, 2008, S. 304).

Die Kombination von Schrift und Bild führt zu einer Hybridisierung sowie Fragmentierung des Mediums, welche nicht nur als hypermediale Faszination mit der eigenen Medialität begriffen werden kann, sondern die Rezipierenden zugleich dazu auffordert, Vergnügen an diesem bewusst ausgestellten Akt der Medialisierung zu finden. Aufgrund ihrer (hyper-)medialen Beschaffenheit erzeugen Comics also einerseits die „Sehnsucht nach Identität, dem Original und der Wahrheit außerhalb der Zeichen" (ebd., S. 54). Andererseits wird eine einheitliche, transparente sowie unmittelbare Repräsentation durch die Heterogenität des Mediums destabilisiert.

2.2 Einzelbild und Bildfolge

Beim Comic handelt es sich um ein visuelles Medium, welches sich im Gegensatz zum Film nicht durch die bewegte, sondern durch die statische Bildfolge definiert (McCloud, 1993, S. 7). Erst die Abfolge mindestens zwei stehender Bilder verwandelt „the art of the *image* […] into something *more: the art of comics*" (ebd., S. 5; Hervorh.

im Orig.). Auch Dietrich Grünewald betont die Relevanz der Bildfolge für die mediale Beschaffenheit des Comics. Vom ‚Prinzip Bildgeschichte' sprechend, versteht er den Comic als eigenständige Kunstform, genauer gesagt als „künstlerische Grundhaltung, mittels Bildern Geschichten zu erzählen" (Grünewald, 2010, S. 28). Mit diesem Ansatz hebt Grünewald deutlich die Wichtigkeit der Narrativität, also des kausalen Zusammenhangs zwischen den sequenziell aufeinander folgenden Panels des Comics hervor (vgl. Sackmann, 2007, S. 6).

Nach Grünewald lassen sich verschiedene Ebenen des Comics bzw. des Prinzips Bildgeschichte ausmachen. Neben dem Inhalt, also dem, *was* im Comic erzählt bzw. dargestellt wird, und dem Gehalt, dem gesellschaftlichen, philosophischen sowie kulturellen Kontext, stellt die Inszenierung eine weitere Ebene des Comics dar. Mit dem Begriff der Inszenierung beschreibt Grünewald die künstlerische Gestaltung und Anordnung einzelner Szenen. Dabei umfasst die Ebene der Inszenierung sowohl die Gestaltung der kleinsten Einheit im Comic – dem Panel bzw. Einzelbild – als auch die der Panel- bzw. Bildfolge, die ‚narrative Bildfolge'. Im Comic herrscht ein permanentes Spannungsverhältnis zwischen dem Konzept des so genannten *breaking down* – also dem Auffächern oder Aufbrechen einer Comicgeschichte in einzelne Panels – und ihrer (erneuten) Zusammenführung zu einem einheitlichen (narrativen) Ganzen (vgl. Hatfield, 2009, S. 140).

Der Prozess des *breaking down* resultiert in eine Aufspaltung von Zeit und Raum, was wiederum zu einer Ansammlung von Leerstellen zwischen den einzelnen Panels, dem so genannten *gutter* bzw. Gitter, führt. Mit Hilfe des Gitters werden die einzelnen aufeinanderfolgenden Panels zugleich miteinander verbunden und voneinander getrennt (vgl. McCloud, 1993, S. 66). Um einen kausalen Zusammenhang zwischen den verschiedenen Panels und den Lücken, die sie voneinander trennen, zu schaffen, müssen die Leerstellen auf Basis des Dargestellten, der erlernten Konventionen bzw. der eigenen Rezeptionserfahrungen sowie des eigenen Vorwissens (sinngemäß) von den Rezipierenden gefüllt werden (vgl. Bongco, 2001, S. 17). Die durch das Gitter voneinander getrennten Einzelbilder werden so nach dem *pars pro toto* Prinzip zu einem Ganzen zusammengefügt. Die sequenzielle Struktur des Comics ist also durch ein Zusammenspiel von Fragmentierung, (Dis-)Kontinuität und Einheit geprägt, da die Panelsequenz bzw. die Comicseite durch die gleichzeitige Sukzessivität und Simultanität ihrer Bilder in der Rezeption permanent zwischen Illusionsschaffung und -störung oszilliert.

Comics vermitteln eine „Medienwirklichkeit" (Hickethier, 2003, S. 34), die durch Medien (re-)produziert und nach den Bedingungen der Medien – in diesem Fall des Comics – organisiert wird. Zu den medialen Bedingungen, die die ‚Realität' des Comics konstituieren, gehören nicht nur die bereits erwähnten Prozesse der Aufspaltung (*breaking down*) und Zusammenführung (*closure*), sondern auch das Konzept der Rahmung bzw. des Rahmens. Rahmen spielen im Comic eine besondere Rolle, da diese „die einzelnen Bilder voneinander abgrenzen und deren Sequenzialität überhaupt verdeutlichen und die Erzählung dabei gliedern und moderieren" (Dittmar, 2008, S. 58).

Der Rahmen trennt das Anwesende von dem Abwesenden, das Darstellbare von dem Nicht-Darstellbaren und das Sichtbare von dem Unsichtbaren. Die Leerstellen zwischen den Panels werden somit zu einem Ort des Nicht-Gezeigten, zu einer Art des *hors champ* (vgl. Schüwer, 2008, S. 186) oder genauer gesagt des *hors cadre* (vgl. Lefèvre, 2009, S. 157) – einer „Schnittstelle von visuellem und imaginiertem Handlungsraum" (Wendt, 2011, S. 12). Im Comic weisen die Inhalte eines Panels also immer über die Grenzen des Dargestellten hinaus. Zwischen den Panels eines Comics wird stets „mehr zu verstehen gegeben, als in den Panels gezeigt wird" (Hein, 2002, S. 56). Demnach handelt es sich beim Comic um eine auf dem Prinzip der Auslassung basierende Repräsentationsform, welche niemals vollständig, niemals ganz abgeschlossen sein kann.

2.3 Reduktion und Überzeichnung

McCloud verdeutlicht, dass das Darstellungsprinzip des Comics auf der ikonischen Repräsentation von Personen, Orten und Gegenständen basiert. Dabei unterscheidet er zwischen so genannten nicht bildlichen Zeichen wie z. B. Wörtern und Zahlen – also völlig abstrakten Symbolen, die keinerlei Ähnlichkeit mit dem bezeichneten Referenten mehr aufweisen – und bildlichen Zeichen (*pictures*), die so gestaltet sind, dass sie dem jeweils dargestellten Objekt bzw. bezeichneten Gegenstand (etc.) ähneln. Darüber hinaus geht McCloud davon aus, dass einige Bilder (*pictures*) einen größeren ikonischen Wert (*iconic content*) besitzen als andere (vgl. McCloud, 1993, S 26 f.). Er spricht in diesem Zusammenhang auch von der so genannten ikonischen Abstraktion (*iconic abstraction*) (vgl. ebd., S. 46). Abhängig vom Grad der ikonischen Abstraktion lassen sich im Medium Comic verschiedenste Zeichenstile ausmachen, die „von realistischer Repräsentation zu einfachsten Grundformen" (Dittmar, 2008, S. 155) reichen. Je mehr ein Bild simplifiziert und abstrahiert wird, desto weniger wird es mit der unmittelbaren Darstellung von ‚Realität' in Verbindung gebracht. Bei dem hier beschriebenen Realismuseffekt handelt es sich um eine Konvention, also um eine inszenierte, konstruierte und subjektive Auffassung dessen, was zu einem bestimmten Zeitpunkt innerhalb einer bestimmten Kultur als realistisch aufgefasst wird. Dementsprechend wird Realismus „als formaler Aspekt der Bildgestaltung betrachtet, der sich durch Übersetzungsleistungen, besondere Inszenierungsstrategien und konventionalisierte Bezugnahmen herstellt" (Richter, 2008, S. 191). Auch wenn der Comic – ebenso wie andere mediale Formen – in der Regel darum bemüht zu sein scheint, sich selbst möglichst „unauffällig zu machen" und „hinter der Erzählung zu verschwinden", lenkt seine „graphische Sprache" (Groensteen, 1988, S. 4) die Aufmerksamkeit der Rezipierenden doch stets auf den medialen Herstellungsprozess und damit auch auf den artifiziellen Status der repräsentierten Bilder und deren Inhalte.

Obwohl keineswegs von einem einheitlichen oder einzigen, konsequent durchgehaltenen Comicstil die Rede sein kann, sind Zeichenstile im Allgemeinen als Formen der (Über-)Codierung und Vereinfachung zu verstehen. Mit dem Ziel, eine maximale Wirkung zu erreichen, werden Figuren im Comic meist auf ihre wesentlichen Züge reduziert – und gleichzeitig überzeichnet –, so dass sie jederzeit von den Rezipierenden identifiziert und wiedererkannt werden können (vgl. Morgan, 2011, S. 142–143). Dabei kommt dem Umriss bzw. der Kontur einer Comicfigur besondere Bedeutung zu, da erst die Kontur die Comicfigur von ihrer Umgebung abhebt und sie als solche sichtbar sowie wiedererkennbar macht (vgl. Frahm, 2010, S. 72). Gleichzeitig lässt die Kontur die Comicfigur eindimensional wirken und reduziert sie auf wenige, stereotype Merkmale (vgl. ebd., S. 273).

Eine weitere Form der Übercodierung und Überzeichnung lässt sich im so genannten ‚exaltierten Code‘ der Comics ausmachen (vgl. Weidenmann, 1991). Der exaltierte Code des Comics kann dabei helfen, „die Geschichte des jeweiligen Comics eindeutiger zu präsentieren und die Wahrnehmung der Bilder zu erleichtern" (Ofenloch, 2007, S. 41). Gleichzeitig trägt der exaltierte Code der Comics zur Schaffung einer hyperstilisierten Pseudorealität bei, welche ihre eigene Künstlichkeit – ihr ‚Gemachtsein‘ – thematisiert und damit den Comic vom Anspruch der unmittelbaren bzw. transparenten Darstellung befreit. Mit seinem darstellerischen sowie erzählerischen Potenzial handelt es sich beim Comic also keineswegs um ein ‚triviales Massenmedium‘, dessen ‚bunte Bilder‘ sich lediglich auf humoristische oder aktionsgeladene Inhalte beschränken. Wie im Folgenden anhand des Geschichtscomics *Die Suche* verdeutlicht wird, besitzt der Comic aufgrund seiner medialen Spezifik vielmehr ein gewisses kritisches sowie gesellschaftspolitisches Potenzial, welches zu einer reflektierenden Lektüre und differenzierten Auseinandersetzung mit dem Gezeigten bzw. Erzählten aufzufordern vermag.

3.   Der Holocaust-Comic *Die Suche*[2]

Bei *Die Suche* handelt es sich um einen 60-seitigen niederländischen Comic, welcher im Jahr 2007 erstmalig erschien und vom Anne-Frank-Haus in Amsterdam in Zusammenarbeit mit dem Jüdischen Historischen Museum Amsterdam publiziert wurde. *Die Suche* wurde „über einen Zeitraum von drei Jahren in einem intensiven

---

2   Für wertvolle Hinweise und anregende Diskussionsbeiträge danke ich Nina Heindl sowie den Teilnehmern und Teilnehmerinnen des B.A.-Seminars *Repräsentationen des Holocaust* (Ruhr-Universität Bochum, Wintersemester 2014/2015) und des Schülerlabor-Projektes *Holocaust im Comic. Über die Repräsentation des Un-Darstellbaren in der sequenziellen Kunst*, welches im Winter 2014 begleitend zu der Ausstellung *Holocaust im Comic* an der Ruhr-Universität Bochum stattgefunden hat. Sowohl im Rahmen des Seminars als auch des Schülerlabor-Projektes wurde der Comic *Die Suche* gemeinsam mit den Studierenden bzw. Schülern und Schülerinnen intensiv diskutiert.

und diskussionsreichen Prozess entwickelt" (Hartwig u. Schippers, 2008, S. 6). Neben dem Zeichner Eric Heuvel, dem Autor Ruud van der Rol sowie der Autorin Lies Schippers waren ebenfalls verschiedene internationale Experten/Expertinnen sowie Berater/Beraterinnen (z. B. Mitarbeiter/Mitarbeiterinnen des Resistance Museum in Amsterdam oder des Staatlichen Museums Auschwitz-Birkenau), Schüler/Schülerinnen sowie Lehrkräfte an der Entwicklung des Comics beteiligt. Ziel des ausdrücklich für die schulische Vermittlung konzipierten Werks ist es, „auch über die Niederlande hinaus einen für Jugendliche neuen Zugang zur Geschichte der nationalsozialistischen Judenverfolgung anzubieten" (Franz u. Siegele, 2011, S. 353). Der pädagogische Comic, dessen primäre Zielgruppe 13- bis 16-jährige Schüler und Schülerinnen sind (vgl. Flory, 2011, S. 34), inszeniert die fiktive Geschichte der jüdischen Protagonistin Esther Hecht, die sich mit ihrem Sohn Paul und ihrem Enkel Daniel auf die Suche nach ihren fehlenden Erinnerungen macht, um eine Antwort auf die Frage zu finden, was mit ihren Eltern passierte, die während des Zweiten Weltkriegs nach Auschwitz deportiert wurden.

Es handelt sich bei *Die Suche* um eine „fiktionale Familiengeschichte, die auf tatsächlichen Ereignissen und Schicksalen beruht und die Rollen von Opfern der Judenverfolgung, ihren Helfer/innen, den Zuschauer/innen und den Täter/innen" (Franz et al., 2011, S. 353) veranschaulichen soll. *Die Suche* ist dem Genre der so genannten ‚Holocaust-Comics' zuzuordnen, einem Genre, welches sich immer wieder besonderer Kritik ausgesetzt sieht. So wurde beispielsweise Art Spiegelman – Autor des mit dem Pulitzerpreis ausgezeichneten Werks *Maus. A Survivor's Tale* (1986/1991) – im Jahr 1987 auf der Frankfurter Buchmesse von einem Journalisten die Frage gestellt: „Don't you think that a comic book about Auschwitz is in bad taste?", woraufhin Spiegelman antwortete: „No, I thought Auschwitz was in bad taste." (Spiegelman, 2011, S. 155) Auch der Geschichtscomic *Die Suche* ist nach seinem Erscheinen vor allem in Deutschland kontrovers diskutiert worden. Von diversen Kritikern/Kritikerinnen als „Tim und Struppi in Auschwitz" (Hartwig et al., 2008, S. 7) bezeichnet, wurde dem Werk die Trivialisierung und Verharmlosung des Holocaust vorgeworfen.

3.1 Verstärkung durch Vereinfachung

Der Vorwurf der Verharmlosung ist u. a. auf den von Eric Heuvel gewählten Zeichenstil der *ligne claire* zurück zu führen. Die *ligne claire* (klare Linie) wurde von dem belgischen Comickünstler Hergé (alias Georges Remi) entwickelt und erlangte vor allem durch seine *Tintin*-Comics (dt. *Tim und Struppi*) weltweite Bekanntheit. Der Begriff der *ligne claire* beschreibt einen Zeichenstil, dessen wichtigste Elemente die Beschränkung auf funktionale Konturierung und die Anwendung einer monochromen, flächigen Kolorierung sind. Dabei verzichtet der Zeichner bzw. die Zeichnerin weitestgehend auf Schatten, Schraffuren oder Farbverläufe. Darüber hinaus bewegen sich cartoonhafte, reduzierte Charaktere vor detaillierten Hintergründen. Die cartoonhaften Charaktere der *ligne claire* erlauben eine besonders hohe Identifikation mit dem Gezeigten (McCloud, 1993, S. 36). Der so genannte *masking effect* eröffnet den Rezipierenden die Möglichkeit, „to *mask* themselves in a character and safely enter a sensually simulating world" (ebd., S. 43; Hervorh. im Orig.). Es geht also bei dieser Art von Darstellung nicht einfach nur darum, bestimmte Details etc. wegzulassen, sondern besondere Aspekte hervorzuheben, um *amplification through simplification* – Verstärkung durch Vereinfachung. In ihrer Lesart der *Suche* schließen sich Julia Franz und Patrick Siegele dieser Interpretation des Cartoonhaften an, wenn sie konstatieren, dass darin „[d]urch die universellen Gesichtszüge der abstrakt gezeichneten Figuren" die Zeichnungen „eigene Interpretationen und Identifikationen zu[lassen]" (Franz et al., 2011, S. 354).

Ebenso wie der Zeichenstil, ist auch die Erzählweise der *ligne claire* besonders geradlinig und zielgerichtet:

> Die ligne claire hat nicht nur etwas mit der Zeichnung zu tun. Natürlich ist die Zeichnung ein Teil davon; man versucht, in ihr all das zeichnerische Beiwerk wegzulassen und möglichst weitgehend zu stilisieren und diejenige Linie zu finden, die am ‚klarsten' ist. Das bezieht sich auf das Drehbuch und die Erzähltechnik. (Hergé zit. n. Knigge, 2004, S. 43)

Dementsprechend sorgt „die Choreographie der *Suche* [mit ihrem geradlinigen Erzählstil] für überschaubare Übersicht im komplexen Geschichtsmaterial" (Birkmeyer, 2010, S. 56). Daher verwundert es auch nicht, dass ein Großteil der Schüler und Schülerinnen, welche *Die Suche* im Rahmen eines internationalen Evaluationsprojektes getestet haben, „die verständliche Darstellung der Judenverfolgung in einer zusammenhängenden Geschichte" (ebd., S. 57) als besonders positiv empfunden haben.

Um die Geschichte der fiktiven Familie Hecht zu vermitteln, kommen in *Die Suche* verschiedene Erzählperspektiven und Zeitebenen zum Einsatz. In Rückblenden, die visuell durch ihre gedeckte Farbgebung von der Gegenwartsebene abgesetzt werden, berichten sowohl Esther als auch ihre Jugendfreunde Helena, Barend und Bob über ihre persönlichen Erfahrungen und Erlebnisse während des Zweiten Weltkriegs. So erfahren die Leser und Leserinnen im Rahmen der Narration nicht nur wie Esther sich auf dem Bauernhof von Barend verstecken oder Bob Auschwitz überleben konnte, sondern auch wie Esthers Eltern im Holocaust umgekommen sind. Gleichzeitig werden den Lesern und Leserinnen historische Fakten und Zusammenhänge erläutert. Durch die Erzählung der Protagonisten und Protagonistinnen sowie der Darstellung verschiedener Karten, Schaubilder und Grafiken, wird die Verfolgung und systematische Ermordung Europäischer Juden und Jüdinnen während des Holocaust thematisiert und in einen gesamthistorischen Kontext gestellt. *Die Suche* bedient sich dabei einer „doppelten Vermittlung":

> Esther, Daniels Großmutter, erzählt von ihrem Überleben im Versteck und berichtet davon, dass sie nicht weiß, wie ihre Eltern nach der Deportation gestorben sind. Durch eine Internetrecherche ihres Enkels trifft sie daraufhin denjenigen wieder, der ihr die Nach-

richt vom Tod ihrer Eltern im Konzentrationslager kurz nach Kriegsende überbracht hat. Der Comic erzählt aber nicht von dieser Begegnung, sondern nur wie sie ihren Enkeln davon erzählt und das Berichtete wiedergibt. Mittels dieser doppelten Vermittlung, in der die Frage aufscheint, was die Enkelgeneration von der Shoah in Erfahrung bringen kann, wird der Status der Panels, in denen das vergangene Geschehen dargestellt wird, uneindeutig. Zum Teil illustrieren sie das von Esther erzählte, zum Teil – insbesondere in Sprechblasen – kommentieren sie es und präzisieren die Erzählung. Wer diese Sprechakte erzählt, bleibt unklar. Ihr Eigensinn wird in einem Panel greifbar, in dem David eine Frage stellt und in einer Gedankenblase ein Bild im Stil der Vergangenheit erscheint. (Frahm, 2015, S. 203)

Sämtliche Panels, in denen der Holocaust (nach-)erzählt wird, „materialisieren" die „Gedankenblasen der Jugendlichen" (ebd.). Demnach werden in *Die Suche* „keine Bilder der Vergangenheit [gezeigt], sondern Vorstellungsbilder von Heranwachsenden, mit denen sie sich die durch Esther vermittelte Erzählung des Auschwitz-Überlebenden fasslich machen" (ebd.). Der Anspruch des Comics wäre demnach nicht, eine Geschichte zu inszenieren

wie sie gewesen sein könnte, sondern wie sie sich ein mit Tim und Struppi […] aufgewachsener Jugendlicher am Anfang eines neuen Jahrhunderts imaginieren mag. Es sind weniger Spuren von Spuren als Spuren von Klischees und Ikonen überdeterminierter Fiktionen, hinter die aber – so zeigt Heuvels Selbstreflexion – kaum zurück gegangen werden kann. (Ebd.)

Mit Hilfe der „doppelten Vermittlung" sowie des Einsatzes der *ligne claire*, welche das ‚Cartoon-‚ oder auch ‚Comichafte' nicht etwa verleugnet, sondern vielmehr betont und ausstellt, gelingt es der *Suche* zu verdeutlichen, dass es sich bei den hier repräsentierten Bildern nicht um ‚wahrhaftige' Bilder der Judenvernichtung, sondern um aktuelle Vorstellungen des Holocaust handelt, die bereits medial vermittelt sind. Ganz im Sinne des von Marianne Hirsch etablierten Konzepts der *postmemory* – welches die Autorin als „response of the second generation to the trauma of the first" (Hirsch, 2001, S. 8) definiert – geht es in dem Comic somit nicht zwangsläufig um die detailgetreue Darstellung von Esthers oder Bobs Erlebnissen, sondern vielmehr um die Reflexion des Darstellungsprozesses sowie um die Frage nach der ästhetischen Gestaltung von Erinnerung und Zeugenschaft. Dementsprechend spielt auch die Fotografie als ‚dokumentarisches Medium' eine besondere Rolle in *Die Suche*.

3.2 Fotografie und *postmemory*

Noch bevor die Erzählung beginnt, werden die verschiedenen Protagonisten und Protagonistinnen von *Die Suche* auf einer einführenden Doppelseite präsentiert: Auf der linken Seite, welche in Schwarzweiß gehalten ist, sehen die Leser und Leserinnen Esther, Helena sowie Bob als Kinder, während sie auf der rechten, farbigen

Abb. 1:   Eric Heuvel, Ruud van der Rol u. Lies Schippers (2010). *Die Suche*. Braunschweig,
S. 60–61

Seite als Erwachsene dargestellt werden. Auf der unteren rechten Seite ist zudem Bob
als erwachsener Mann zu sehen, wie er ein Fotoalbum in Händen hält. Nur wenige
Seiten später erfahren die Rezipierenden, dass Esther als junges Mädchen zunächst
mit ihren Eltern in Karlsruhe gelebt hat, dass ihr Vater Hausarzt war und dass ihre
Mutter „furchtbar gern" fotografiert hat (vgl. Heuvel, van der Rol u. Schippers, 2010,
S. 9). Aber nicht nur zu Beginn des Comics spielt das Medium der Fotografie eine
wichtige Rolle. Auch auf den letzten Seiten von *Die Suche* werden Fotografien bzw.
ihre grafische Adaption prominent in Szene gesetzt und fungieren damit gleichsam
als Klammer der medialen Vermittlung: Nachdem eine völlig niedergeschlagene
Esther ihrer langjährigen Freundin Helena gesteht, sie habe nichts mehr, was sie an
ihre verstorbenen Eltern erinnere und sie auch gar nicht mehr wüsste, wie ihre Eltern
ausgesehen haben, springt Helena auf und sucht auf dem Dachboden ihres Hauses
nach ‚etwas Persönlichem', was sie damals nach Esthers Flucht und der Deportation
ihrer Eltern nach Auschwitz an sich genommen hatte (vgl. ebd., S. 59). Bei diesem
persönlichen Artefakt handelt es sich um ein Album mit Familienfotos, welches sie
enthusiastisch ihrer Jugendfreundin überreicht. Und genau dieses Familienalbum ist
es, welches den Rezipierenden großformatig auf der finalen Doppelseite des Comics
präsentiert wird (s. Abb. 1).

Durch die Darstellung des aufgeschlagenen Albums ‚in Großaufnahme' werden
die Rezipierenden zum Schluss des Comics nicht nur dazu aufgefordert inne zu hal-

Abb. 2: Eric Heuvel, Ruud van der Rol u. Lies Schippers (2010). *Die Suche*. Braunschweig, S. 11 (links) und http://www.planet-wissen.de/geschichte/nationalsozialismus/ das_attentat/attentat-brandenburgertor-100~_v-gseapremiumxl.jpg (rechts)

ten und Esthers Position sowie Perspektive bei der Betrachtung der schwarzweißen Familienfotos einzunehmen. Indem Heuvel auch Esthers Hände abbildet, die das aufgeschlagene Album den Lesern und Leserinnen geradezu entgegenhalten, gelingt es dem Comiczeichner eine zusätzliche Form der Nähe und Verbundenheit – oder besser gesagt: der Vermitteltheit zu suggerieren, da der Zugang der Rezipierenden zu Esthers Vergangenheit und ihrer Familiengeschichte an dieser Stelle sowohl über die remedialisierten Fotografien als auch über die dokumentarische Geste des grafischen Körpers ermöglicht wird. [3]

Neben der Darstellung von fiktiven Familienfotos werden die Rezipierenden im Verlauf des Comics ebenfalls mit der grafischen Adaption von historischem Bildmaterial konfrontiert. Wie den Unterrichtsmaterialien zu entnehmen ist, die im März 2010 begleitend zur deutschen Ausgabe des Comics erschienen sind und der „Reflexion inhaltlicher Schwerpunkte" (Franz et al., 2011, S. 353) dienen, basieren verschiedene Zeichnungen in *Die Suche* auf historischen Fotografien. Diese werden jedoch nicht eins-zu-eins in das Medium Comic übertragen, sondern durchlaufen vielmehr einen Prozess der Veränderung und Akzentuierung. So werden auf Seite 11 des Comics gleich zwei Panels abgebildet, die nach der Vorlage historischer Fotos gezeichnet wurden. Während das mittlere Panel in der ersten Bilderreihe den Fackelzug der SA durch das Brandenburger Tor am 30. Januar 1933 darstellt (s. Abb. 2), wird in dem darunter stehenden Panel die grafische Remedialisierung einer Fotografie präsentiert, welche den Boykott von jüdischen Geschäften in Deutschland am 1. April 1933 dokumentiert (s. Abb. 3).

Im Vergleich zur Fotografie taucht hier jedoch Esther (bzw. ihr sprechender Kopf) als erzählende Figur auf, welche den dargestellten Boykott jüdischer Geschäfte durch die Nazis mit den Worten „Die Leute durften nicht mehr bei Juden einkaufen" kom-

---

3 Siehe hierzu auch Hirsch, 2011. Am Beispiel von Art Spiegelmans berühmtem Comic *Maus. A Survivor's Tale* (1986/1991) beschreibt die Autorin ausführlich den Zusammenhang zwischen der grafischen Darstellung von Händen, Fotografien und *postmemory*.

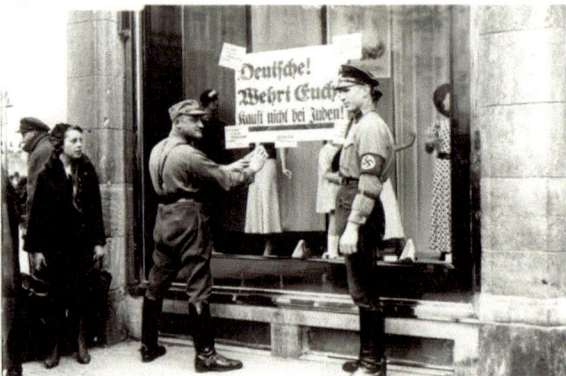

Abb. 3: Eric Heuvel, Ruud van der Rol u. Lies Schippers (2010). *Die Suche*. Braunschweig, S. 11 (links) und Bundesarchiv Bild 102–14468, Berlin, NS-Boykott gegen jüdische Geschäfte.jpg (rechts)

mentiert. Auch der rechts vor dem Schaufenster stehende Nazi bekommt hier eine Sprechrolle: In einer Sprechblase sind die aggressiven Worte „Kommen Sie nicht auf die Idee, hier was zu kaufen!" zu lesen. Darüber hinaus werden der grafischen Version der Fotografie ebenfalls ein Farbeimer sowie ein Graffiti hinzugefügt. All diese Gestaltungs- und erzählerischen Mittel scheinen dazu zu dienen, das Gezeigte zu vereindeutigen. Gleichzeitig wird ein Effekt der Unmittelbarkeit erzielt: Durch die angeschnittene Figur am linken Panelrand werden die Rezipierenden zum Teil der beobachtenden Menge und scheinen so förmlich in die Geschichte hineingezogen zu werden. Eine weitere Veränderung, die im direkten Vergleich mit dem Originalfoto auffällt, ist die Darstellung der Passantin links neben dem Schaufenster. Während die auf der Fotografie abgebildete Frau die Geschehnisse relativ emotionslos zu beobachten scheint, wird sie im Comic mit Hilfe eines comictypischen ‚Spezialzeichens‘ – nämlich drei Strichen über dem Kopf – als sichtlich überrascht und entsetzt dargestellt. Durch diese Gefühlsregung wird die repräsentierte Szene im Comic zusätzlich narrativiert und emotionalisiert.

Auch dem mittleren Panel der ersten Bildreihe wird durch die zeichnerische Interpretation ein intermedialer Kommentar hinzugefügt. Hier ist nicht nur der Bildausschnitt, sondern ebenfalls die Perspektive verändert worden: Im Vergleich zur Fotografie werden die Geschehnisse am Brandenburger Tor in ‚unmittelbarer Nähe‘ gezeigt, so dass nun auch die Gesichter einzelner Soldaten zu erkennen sind. Darüber hinaus erscheint in der Zeichnung ein Radioreporter, welcher neben den marschierenden Soldaten stehend ‚live vor Ort‘ von der Machtübernahme berichtet. Der direkte Vergleich der Originalaufnahme mit dem Comicpanel zeigt die Intention des Zeichners, die Rezipierenden auf die Inszenierung hinzuweisen, „an der sich die SA-Männer aktiv beteiligten. Damit entsteht ein Kontrast zum Foto, dessen Komposition erkennbar Propagandazwecken dient" (Franz et al., 2011, S. 355). In Kombination mit dem Zeichenstil der *ligne claire* wird mit der grafischen Adaption historischer

Fotografien in *Die Suche* also nicht nur die Frage nach der Darstellbarkeit, sondern auch nach der Überlieferung bzw. (medialen) Vermittlung historischer Fakten aufgeworfen. Auf diese Weise wird ein „Nachdenken über Ansprüche wie Objektivität und Authentizität" (ebd.) angeregt und eine Sensibilisierung für (historische) Repräsentationsmechanismen ermöglicht.

3.3 Leerstellen und Auslassungen

Gleichzeitig verweist *Die Suche* auch auf die „Begrenztheit ihres [eigenen] Zugangs zur Vergangenheit" (Franz et al., 2011, S. 353) sowie auf die Grenzen medialer und künstlerischer Repräsentationen der Shoah. Wie bereits erwähnt wurde, sieht sich *Die Suche* – vor allem innerhalb des deutschsprachigen Rezeptionsdiskurses – immer wieder mit dem Vorwurf der „bonbonbunte[n] Bagatellisierung" (Birkmeyer, 2010, S. 57) konfrontiert. In der Tat weist der Comiczeichner Eric Heuvel in einem Interview mit *Welt Online* darauf hin, dass bei der darstellerischen Umsetzung des Comics bewusst darauf verzichtet wurde, die Schrecken des Holocaust in Szene zu setzen:

> Wir haben die Geschehnisse davor und danach gezeigt, aber nicht die furchtbaren Taten. Schließlich ist es auch gar nicht möglich, das ganze Ausmaß des Grauens darzustellen, das tatsächlich geschehen ist. Das ist weder zeichnerisch noch mit anderen Mitteln zu erfassen. (Eric Heuvel zit. n. Wir wollten nicht zeigen, 2008)

Auch wenn auf die Präsentation von Leichenbergen sowie anderer Bilder des Grauens verzichtet wurde und es sich bei *Die Suche* durchaus um eine „jugendfreie Variante" (Frenzel, 2011, S. 49) eines Holocaust-Comics handelt, lassen sich dennoch Szenen ausmachen, welche den Prozess der Vernichtung mit Hilfe comictypischer Gestaltungsmittel darzustellen und gezielt zu reflektieren versuchen.

Eine solche Szene findet sich im Rahmen der ‚dokumentarischen' Sequenz (*documentary sequence*) zur Planung und Umsetzung der systematischen Judenvernichtung im Zweiten Weltkrieg durch die Nationalsozialisten und Nationalsozialistinnen (vgl. Flory, 2011, S. 41). Auf zwei aufeinanderfolgenden Seiten erläutert Esther als auktoriale Erzählinstanz nicht nur, wie unter dem Vorsitz von Reinhard Heydrich 1942 auf der Berliner Wannsee-Konferenz die Ermordung von Millionen europäischer Juden und Jüdinnen geplant und in Auftrag gegeben wurde. Auch die Etablierung von Ghettos im besetzten Polen, die Invasion der Sowjetunion durch deutsche Truppen im Jahr 1941 sowie die Standorte der Vernichtungslager Chelmno, Treblinka, Sobibor, Majdanek, Belzec und Auschwitz-Birkenau werden auf textueller und visueller Ebene der Doppelseite thematisiert. In der letzten Bildreihe wird zudem die Erschießung sowjetischer Juden und Jüdinnen durch die so genannten ‚Einsatzgruppen' der Nazis in einer Abfolge von drei Panels inszeniert (s. Abb. 4):

Im ersten Panel wird zunächst eine Gruppe von Menschen dargestellt, die, von drei SS-Soldaten in Schach gehalten, vor einer ausgehobenen Erdgrube im Wald stehen

Abb. 4: Eric Heuvel, Ruud van der Rol u. Lies Schippers (2010). *Die Suche*. Braunschweig, S. 39

und auf die ein Maschinengewehr gerichtet ist. In dem zweiten, etwas schmaleren Panel, werden die Rezipierenden durch die Wahl des Bildausschnittes näher an das Geschehen herangeführt. Während die Menschengruppe im ersten Panel noch anonym dargestellt wird, sind im darauffolgenden Bild die verängstigten Gesichter einzelner Personen, genauer gesagt einer orthodoxen jüdischen Familie, deutlich zu erkennen. Das dritte und letzte Panel zeigt schließlich wieder denselben Bildausschnitt wie das erste Panel. Doch nun ist die Gruppe von Juden und Jüdinnen verschwunden. Neben der Grube ist lediglich noch ein Haufen aufgetürmter Kleidungsstücke zu erkennen.

Wenngleich die Erschießung selbst hier nicht gezeigt wird, werden die Leser und Leserinnen durch den comictypischen Einsatz von Blocktexten, Sprech- und Gedankenblasen explizit auf den Massenmord hingewiesen. Darüber hinaus greift der Comic mit der Darstellung des Kleiderberges auf ikonische Bilder des Holocaust zurück, die durch ihre massenmediale Reproduktion Einzug in das kulturelle (Bild-)Gedächtnis der Rezipierenden gehalten haben. Durch die sequenzielle Bildfolge werden die Rezipierenden zudem dazu aufgefordert, die Leerstellen zwischen den einzelnen Panels aktiv mit Inhalt zu füllen. Damit setzt *Die Suche* an dieser Stelle bewusst auf die „Vorstellung des Unsichtbaren" und darauf, dass in der von Leerstellen und Auslassungen durchzogenen sequenziellen Struktur des Comics „viel mehr transportiert [wird] als das [tatsächlich] Abgebildete" (Franz et al., 2010, S. 9).[4]

---

4 Die Tatsache, dass die einzelnen Panels der Sequenz in einem direkten Bezug zueinander stehen wird u. a. auch dadurch bekräftigt, dass die Mütze des im rechten Vordergrund des ersten Bildes dargestellten SS-Soldaten über die Panel-Begrenzung hinaus in den weißen Leerraum ragt und so eine zusätzliche visuelle Verbindung zum darauffolgenden Bild suggeriert.

Abb. 5: Eric Heuvel, Ruud van der Rol u. Lies Schippers (2010). *Die Suche*. Braunschweig, S. 40

Die „Grenzen der Darstellbarkeit" werden ebenfalls auf Seite 39 des Comics ausgelo-tet. Hier wird die Ankunft von Bob und Esthers Eltern (sowie weiterer Deportierter) im Vernichtungslager Auschwitz-Birkenau dargestellt (s. Abb. 5).

Die entsprechende Szene beginnt mit einem Panel, welches sich über die gesamte Breite der Comicseite erstreckt und den Güterzug zeigt, in dem die Deportierten nach Auschwitz gebracht werden. Mit blauem Himmel und zarten Pastellfarben wirkt das Panel alles andere als bedrohlich oder grauenerregend. Und auch der Blick in den Güterzug, welcher den Rezipierenden in den folgenden fünf Panels gewährt wird, vermag aufgrund der reduzierten, ‚jugendfreien‘ Darstellung nicht die Schrecken und menschenunwürdigen Missstände der Deportierten ‚realitätsnah‘ wiederzugeben. Doch kann eine detailgetreue Repräsentation der Geschehnisse kaum der Anspruch sein, der an einen Holocaust-Comic im Allgemeinen bzw. an *Die Suche* im Speziellen erhoben wird, da „nicht erwartet werden darf, dass ein solches Text-Bild-Medium auf irgendeine Weise so etwas wie authentische Wirklichkeit abbilden könnte“ (Birkmeyer, 2010, S. 57).

Um zu verdeutlichen, dass Auschwitz und das damit verbundene Grauen in seiner schrecklichen Gänze niemals realistisch repräsentiert werden kann, greifen die Macher und Macherinnen von *Die Suche* auf die grafischen Möglichkeiten des Mediums Comic zurück, wenn sie am Ende der Seite als letztes Bild ein schwarzes Panel zeigen, auf dem in weißen Lettern folgende (von Esther aus dem *off* gesprochene) Worte zu lesen sind: „Sie waren auf dem Weg nach Auschwitz, einem Vernichtungslager im besetzten Polen. Erst nach dem Krieg wurde deutlich, was in Osteuropa geschehen war.“ (Heuvel et al., 2010, S. 39) Das schwarze Panel stellt hier nicht nur einen direkten Kontrast zu den übrigen, im Stil der *ligne claire* gezeichneten bunten Bildern der Comicseite dar. Die Bildsequenz und damit auch den Lesefluss der Rezipierenden abrupt unterbrechend, markiert die „Black Box“ (Birkmeyer, 2010, S. 63) ebenfalls eine frappante Leerstelle, welche als Stellvertreter für die grausame Verfolgung und systematische Ermordung von Millionen Menschen im Nationalsozialismus fungiert. Der Comic vermag so zu verdeutlichen, „worum es hier auch für junge Leser tatsächlich geht, wenn die Erinnerung innehält und sich selbst reflektiert“ (ebd.). Denn in *Die Suche* geht es an dieser Stelle „um den Zusammenhang von Erinnern, Wissen, Deuten, Vergessen, Konstruieren, Werten und Sichtbarmachen, der nur dadurch erhellt wird, indem das Unsichtbare der Vergangenheit selbst gesucht wird und damit auch ins Blickfeld rückt, wie Erinnerung überhaupt funktioniert“ (ebd.).

4. Fazit

Der an eine jugendliche Leserschaft gerichtete Holocaust-Comic *Die Suche* vermag mit Hilfe gestalterischer Mittel, welche die Medialität des Comics thematisieren und ausstellen, die Möglichkeiten und Grenzen der Darstellbarkeit des Holocaust zu reflektieren. Wie anhand der Ausführungen zu den exemplarisch ausgewählten Auszügen aus *Die Suche* deutlich gemacht werden konnte, handelt es sich beim Comic um eine eigenständige mediale Form, welche ein spezifisches darstellerisches sowie erzählerisches Potenzial besitzt, das für die Kinder- und Jugendliteratur sehr gut fruchtbar gemacht werden kann. So bezieht der Comic sein produktives Potenzial aus dem vielschichtigen Zusammenspiel bildlicher und linguistischer Zeichen. Aber auch das Verhältnis von Einzelbild und Bildfolge bzw. die von Leerstellen durchzogene sequenzielle Struktur des Comics ist von einem spannungsgeladenen Wechselspiel der Einheit und Diskontinuität geprägt. Als grafisches Medium bedient sich der Comic zudem einer ganz bestimmten selbstbezüglichen, abstrakten Repräsentationsästhetik, welche als ,überzeichnete Reduktion' verstanden werden kann (vgl. Sina, 2016, S. 70). Diese befreit den Comic von dem Prinzip der unmittelbaren Darstellung und zeichnet ihn als kritische Repräsentationsform aus, welche das Potenzial besitzt, die eigene Medialität zu reflektieren sowie traditionelle Wahrnehmungsmodelle aufzubrechen und etablierte Darstellungskonventionen kritisch zu hinterfragen.

Literatur

Bannasch, Bettina u. Hammer, Almuth (Hrsg.). (2004). *Verbot der Bilder – Gebot der Erinnerung. Mediale Repräsentationen der Schoah*. Frankfurt a. M.

Becker, Thomas (2011). Einführung. Legitimität des Comics zwischen interkulturellen und intermedialen Transfers. In Thomas Becker (Hrsg.), *Comic. Intermedialität und Legitimität eines popkulturellen Mediums*. Essen, S. 7–20.

Birkmeyer, Jens (2010). Bildersuche nach dem Krieg. Eignet sich der Holocaust-Comic *Die Suche* für den Deutschunterricht? *kjl&m 10* (2). *Thema: So leben wir jetzt – Krieg in KJL*, S. 56–63.

Bongco, Mila Francisca (2001). On the Language of Comics and the Reading Process. *Medien u. Zeit, 16* (3), S. 14–21.

Dittmar, Jakob F. (2008). *Comic-Analyse*. Konstanz.

Dolle-Weinkauff, Bernd (1991). Das heimliche Regiment der Sprache im Comic. In Bodo Franzmann, Ingo Hermann und H. Jürgen Kagelmann (Hrsg. et al.), *Comics zwischen Lese- und Bildkultur*. München, S. 66–78.

Flory, Wendy Stallard (2011). *The Search*: A Graphic Narrative for Beginning to Teach about the Holocaust. *Shofar. An Interdisciplinary Journal of Jewish Studies, 29* (2), S. 34–49.

Frahm, Ole (2015). Gespaltene Spuren. Der Holocaust im Comic nach MAUS – A Survivor's Tale. In Iris Roebling-Grau (Hrsg.), *,Holocaust'-Fiktion. Kunst jenseits der Authentizität*. Paderborn, S. 199–218.

Frahm, Ole (2010): *Die Sprache des Comics*. Hamburg.

Franz, Julia u. Siegele, Patrick (2011). Der Geschichtscomic Die Suche. In Ralf Palandt (Hrsg.), *Rechtsextremismus, Rassismus und Antisemitismus in Comics*. Berlin, S. 353–358.

Franz, Julia, Geyik, Diles u. Weiler, Jutta (2010). *Die Suche. Materialien für Lehrerinnen und Lehrer*. Göttingen.

Frenzel, Martin (2011). Über Maus hinaus. Erfundene und biografische Erinnerung im Genre der Holocaust-Comics. Von Bernie Krigsteins *Master Race* bis zu Mikael Holmbergs *26. November*. Eine international vergleichende Bestandsaufnahme. Der Geschichtscomic Die Suche. In Ralf Palandt (Hrsg.), *Rechtsextremismus, Rassismus und Antisemitismus in Comics*. Berlin, S. 206–283.

Groensteen, Thierry (1988). Der Französische Comic als grafische Kunst. In Dominique Paillarse (Hrsg.), *Eine Grafische Kunst. Der Französische Comic*. Berlin, S. 3–4.

Groensteen, Thierry (2000). Why are Comics Still in Search of cultural Legitimization? In Anne Magnussen und Hans-Christian Christiansen (Hrsg.), *Comics Culture. Analytical and Theoretical Approaches to Comics*. Kopenhagen, S. 29–42.

Grünewald, Dietrich (2010). Das Prinzip Bildgeschichte. Konstitutiva und Variablen einer Kunstform. In Dietrich Grünewald (Hrsg.), *Struktur und Geschichte der Comics. Beiträge zur Comicforschung*. Essen, S. 11–32.

Gundermann, Christine (2013). Abschied von Farbe und Fiktion? Comics in der politisch-historischen Bildung. In Urs Hangartner, Felix Keller u. Dorothea Oechslin (Hrsg.), *Wissen durch Bilder. Sachcomics als Medien von Bildung und Information*. Bielefeld, S. 149–169.

Hangartner, Urs, Keller, Felix u. Oechslin, Dorothea (2013). *In Sachen Sachcomics*. In Urs Hangartner, Felix Keller u. Dorothea Oechslin (Hrsg.), *Wissen durch Bilder. Sachcomics als Medien von Bildung und Information*. Bielefeld, S. 7–12.

Hartwig, Anika u. Schippers, Lies (2008). Zur Entstehungsgeschichte der Graphic Novel „Die Suche". In Julia Franz u. Patrick Siegele (Hrsg.), *Holocaust im Comic – Tabubruch oder Chance? Geschichtscomics für den Unterricht am Beispiel der Graphic Novel „Die Suche"*. Berlin, S. 6–8.

Hatfield, Charles (2009). An Art of Tensions. In *A Comics Studies Reader*. In Jeet Heer u. Kent Worcester (Hrsg.), *A Comics Studies Reader*. Jackson, S. 132–148.

Hein, Michael (2002). Zwischen Panel und Strip. Auf der Suche nach der ausgelassenen Zeit. In Michael Hein, Michael Hüners u. Torsten Michaelsen (Hrsg.), *Ästhetik des Comic*. Berlin, S. 51–58.

Heindl, Nina u. Sina, Véronique (Hrsg.). (2017). *Notwendige Unzulänglichkeit. Künstlerische und mediale Repräsentationen des Holocaust*. Münster.

Heuvel, Eric, van der Rol, Ruud u. Schippers, Lies (2010). *Die Suche*. Braunschweig.

Hickethier, Knut (2003). *Einführung in die Medienwissenschaft*. Stuttgart.

Hirsch, Marianne (2011). Mourning and Postmemory. In Michael A. Chaney (Hrsg.), *Graphic Subjects. Critical Essays on Autobiography and Graphic Novels*. Madison, S. 17–44.

Hirsch, Marianne (2001). Surviving Images: Holocaust Photographs and the Ork of Postmemory. *The Yale Journal of Criticism, 14* (1), S. 5–37.

Köppen, Manuel u. Scherpe, Klaus R. (Hrsg.). (1997). *Bilder des Holocaust. Literatur – Film – Bildende Kunst*. Köln.

Knigge, Andreas C. (2004). *Comics – 50 Klassiker von Lyonel Feininger bis Art Spiegelman*. Hildesheim.

Lefèvre, Pascal (2009). The Construction of Space in Comics. In Jeet Heer u. Kent Worcester (Hrsg.), *A Comics Studies Reader*. Jackson, S. 157–162.

Linsmann, Maria u. Schmitz, Bernhard (2009). Struwwelpeter begegnet Monsieur Cryptogame. Einflüsse der Bildgeschichte und des Comics auf die Bilderbuchillustration. *kjl&m, 09* (3), S. 3–15.

Lummerding, Susanne (2011). Das Politische trotz allem. Holocaust-Diskurse im Comic. In Barbara Eder, Elisabeth Klar und Ramón Reichert (Hrsg.), *Theorien des Comics. Ein Reader*. Bielefeld, S. 321–340.

McCloud, Scott (2006). *Making Comics. Storytelling Secrets of Comics, Manga and Graphic Novels*. New York.

McCloud, Scott (1993). *Understanding Comics. The Invisible Art*. New York.

Morgan, Harry (2011). Gibt es eine Ästhetik des Comics? In Thomas Becker (Hrsg.), *Comic. Intermedialität und Legitimität eines popkulturellen Mediums*. Essen, S. 137–146.

Mounajed, René u. Semel, Stefan (2010). *Comics erzählen Geschichte. Sequenzen aus Comics, Manga und Graphic Novels für den Geschichtsunterricht*. Bamberg.

Ofenloch, Simon (2007). *Mit der Kamera gezeichnet. Zur Ästhetik realer Comicverfilmungen*. Saarbrücken.

Richter, Sebastian (2008). *Digitaler Realismus. Zwischen Computeranimation und Live-Action. Die neue Bildästhetik in Spielfilmen*. Bielefeld.

Roeder, Caroline (2009). Editorial. *kjl&m 09* (3). Thema: Harr! Harr! Comic in Kinder- und Jugendliteratur, S. 2.

Sackmann, Eckart (2007). *Comic. Kommentierte Definition*, S. 6–9. Verfügbar unter: http://www.comicforschung.de/pdf/dc10_6–9.pdf [29.03.2012].

Schüwer, Martin (2008). *Wie Comics erzählen. Grundriss einer intermedialen Erzähltheorie der grafischen Literatur*. Trier.

Sina, Véronique (2016). *Comic – Film – Gender. Zur (Re-)Medialisierung von Geschlecht im Comicfilm*. Bielefeld.

Spiegelman, Art (2011). *MetaMaus. A Look Inside a Modern Classic*. New York.

Varnum, Robin u. Gibbons, Christina T. (Hrsg.). (2001). *The Language of Comics. Word and Image*. Jackson.

Weidenmann, Bernd (1991). Der exaltierte Code der Comics. In Bodo Franzmann, Ingo Hermann und H. Jürgen Kagelmann (Hrsg. et al.), *Comics zwischen Lese- und Bildkultur*. München, S. 60–65.

Wendt, Holger (2011). ‚Was sehen wir, wenn wir nichts sehen?‘ Der nicht-visualisierte Zwischenraum im Comicstrip. In Mathis Becker, Ute Friederich u. Joachim Trinkwitz (Hrsg.), *Prinzip Synthese: Der Comic*. Bonn, S. 12–16.

„Wir wollten nicht zeigen, was wirklich an Gräueltaten geschah" (2008). *Welt Online*. Verfügbar unter: https://www.welt.de/regionales/berlin/article1758743/Wir-wollten-nicht-zeigen-was-wirklich-an-Graeueltaten-geschah.html [17.02.2017].

Klaus Maiwald

Konkurrenzen und Korrespondenzen

Filme/Verfilmungen für Kinder und Jugendliche –
am Beispiel von Rico, Oskar und die Tieferschatten (2014)

1. Einführung und Überblick

In welchen Konkurrenz- und/oder Korrespondenzverhältnissen stehen Filme und
Schrifttexte? Was macht insbesondere audiovisuelles Erzählen aus? Die Beantwor-
tung dieser Fragen und damit eine erzähl- und medientheoretische Perspektivierung
der Kinder- und Jugendliteratur (KJL) wird im Folgenden exemplarisch mit Neele
Vollmars Kinderfilm Rico, Oskar und die Tieferschatten aus dem Jahr 2014 unternommen, der auf Andreas Steinhöfels gleichnamigem Roman von 2008 basiert.
Nach einer medienübergreifenden Zusammenfassung der Story und Bilanzierung
ihrer narrativen Qualitäten bzw. ihres Gratifikationspotenzials (Teil 2) kommen ausführlich Aspekte filmischen Gelingens in den Blick (Teil 3). Anschließend werden
schriftliterarische und printmediale Gegebenheiten von Steinhöfels Roman benannt
und noch einmal deren Adaption im Film gewürdigt (Teil 4). Nach einer Systemati-
sierung der textanalytischen Befunde in prototypischen Differenzen zwischen Film
und Schriftliteratur (Teil 5) werden abschließende Folgerungen zu Konkurrenzen und
zur vermeintlichen Einfachheit von KJL in Schrift und Film entwickelt (Teil 6). Demnach ist weniger von einem Konkurrenz- als von einem Komplementärverhältnis der
beiden Medien auszugehen und insbesondere beim Film ein verkürzendes Denken zu
meiden, das eine vermeintlich einfache Bildkultur unter die Schriftkultur stellt.

2. Die medienübergreifende Story von Rico und Oskar

Rico ist ein lernbehinderter Junge – er selbst nennt das „tiefbegabt" –, der mit seiner
Mutter in einem Mietshaus in der Dieffenbachstraße („Dieffe") in Berlin lebt. Eines
Tages trifft der fröhliche und zupackende Rico auf sein genaues Gegenteil: Oskar
ist hochbegabt und angefüllt mit Wissen, zugleich ängstlich und zaghaft. Wo Rico
unbekümmert alles Mögliche von der Straße aufsammelt, steckt Oskar unter einem
Schutzhelm und tief in Statistiken über alle denkbaren Unfallgefahren. Oskar ist auf
der Spur eines Kindesentführers, dem er alsbald jedoch selbst zum Opfer fällt. Unter
größter Anstrengung fahndet Rico auf eigene Faust nach dem Freund. Die Spur führt
hinaus ins weite Berlin und zurück ins Hinterhaus, wo der Entführer und seine Opfer
die geheimnisvollen, von Rico so genannten „Tieferschatten" verursacht haben. In

einem turbulenten Showdown wird Oskar befreit und der Hausmeister als Entführer zur Strecke gebracht.

Die Attraktivität und die Gratifikationen dieser Story gründen einmal in den (Haupt-)Figuren: Freundschaft ist etwas Schönes; die Freundschaft zwischen Ungleichen hat zudem etwas Komisches und Anrührendes. Nicht von ungefähr gibt es das Motiv der ungleichen Freunde zahlreich in der Literatur. Denken lässt sich hier an Huckleberry Finn und Tom Sawyer, George und Lennie in John Steinbecks Novelle *Of Mice and Men* oder die jugendlichen Ausreißer in Wolfgang Herrndorfs Roadmovie-Roman *Tschick*; im Film gibt es z. B. Laurel und Hardy, Danny de Vito und Arnold Schwarzenegger in TWINS (R. Ivan Reitman, USA 1988) oder das Western-Duo Bud Spencer und Terence Hill.

Mit Heidi Lexe (2016) lassen sich die Hauptfiguren zudem als kinderliterarische Archetypen sehen. Rico verkörpert das romantische Bild von Kindheit als vorrationaler Lebensform, wonach das Kind beseelt ist von Emotionalität und Einbildungskraft, seine Unmittelbarkeit noch nicht verformt von kulturellen Konventionen. Für das aufklärerische Kindheitsbild steht hingegen Oskar, der mit seiner Vernunft und seinem Wissen ständig diskursive Ordnung schafft: „Während Rico der Welt intuitiv und ohne Argwohn begegnet, folgt Oskar strengen Regeln und schützt sich vor den Unwägbarkeiten des Seins durch seinen legendären Sturzhelm" (Lexe, 2016, S. 127). Der Schutz erweist sich freilich als illusorisch, führen doch weder der Helm noch der Panzer aus Zahlen und Fakten zu Sicherheit und Wohlbefinden. Eher kann Oskar von Rico lernen als umgekehrt, und am Ende trennt er sich symbolträchtig von seinem Helm. Gerade in ihrer Gegensätzlichkeit sind die kindlichen Protagonisten stark und lösen eigenständig Probleme – so wie dies bereits Erich Kästners *Emil und die Detektive* 1929 vorgemacht hatten (vgl. Rauch, 2012, S. 120 f.). Dabei wird Behinderung undramatisch als „Tiefbegabung" gesehen.

An die Seite der Hauptfiguren tritt ein bunter Reigen sympathischer, komisch-skurriler oder anrührender Nebenfiguren, etwa Ricos hübsche und kesse Mama, die ältlich-fürsorgliche Nachbarin Frau Dahling, der junge, lässige Polizist Westbühl oder das mitleiderregende Mädchen Sophia. Überdies lebt die Story von ihrem Handlungsreichtum und von der Spannung eines Detektivgeschehens. Mit dem Aufbruch ins Unbekannte bzw. der Bewährungsreise, die Rico auf der Suche nach Oskar unternehmen muss, führt sie zudem zeitlose epische Universalien vor.

Obwohl das Gratifikationspotenzial der Story vom Trägermedium unabhängig ist, haben Schriftliteratur und Film jeweils Eigenes zu bieten. Im Film kommt dieses Eigene in narrativen, besonders aber in visuellen und auditiven Mitteln zur Geltung (vgl. v. a. Hickethier, 2007; auch Staiger, 2008; Frederking, Krommer u. Maiwald, 2012, S. 177–186).

3. Aspekte filmischen Gelingens in RICO, OSKAR UND DIE TIEFERSCHATTEN

Betrachtet werden folgend die Gestaltung des Vorspanns und des Beginns, die Darstellung der „tiefbegabten" Wahrnehmung, intensive Bilder, Rhythmisierung, Kontraste sowie Situationskomik und Slapstick. Dabei geht es nicht um eine deduktiv-systematische Analyse der narrativen, visuellen und auditiven Qualitäten des Films, sondern um eine induktive Ermittlung besonders wirkungsvoller Ausdrucksmittel an besonders gelungenen Stellen.

3.1 Gestaltung des Vorspanns und des Filmbeginns

Bereits im Vorspann und zu Beginn kann ein Film viel über sich sagen, viel gewinnen oder verlieren (vgl. Kepser, 2012; Krützen, 2005). Im positiven Fall wird der Zuschauer eingestimmt und eingefangen, im negativen Fall schaltet er oder sie ab. Die Titelsequenz von RICO, OSKAR UND DIE TIEFERSCHATTEN (ab 0:00:45) ist in vielfacher Hinsicht gelungen: Zunächst läuft ein Animationsfilm, in dem eine nächtliche Explosion in einem Haus als sog. *point-of-attack* sogleich für Aufregung und Spannung sorgt. Der mit dem Tagesanbruch erscheinende Zwischentitel „Ungefähr viele Jahre später" fügt eine komische Note bei und deutet bereits Ricos Denkprobleme an. Von einem überblickenden *master shot* auf das Wohnhaus wechseln wir in die Perspektive einer Kinderfigur, die von einer weiblichen Stimme zum Bingo gerufen wird. Aus dem Off setzt eine rockige Musik mit einem witzigen und aufbauenden Text ein:

> Ich reime Zahlen und ich rechne Buchstaben.
> Ich sammle Zeit, bis wir sie zusammenhaben […].
> Doch wenn du da bist, ist alles gut und es swingt so […]
> Sehn wir uns morgen wieder, mein Kopf spielt Bingo.

Beim Gang der Figur (Anton Petzold) durch die Straße erscheinen die Schauspielernamen beiläufig als Graffito, auf Schildern und auf Plakaten in der erzählten Welt. Mit der Ankunft im Bingo-Salon wechselt der Animationsfilm in einen Realfilm, in dem neben einer hübschen jungen Mutter (Karoline Herfurth) eine ältliche, skurrile Moderatorin (Katharina Thalbach) zu sehen ist. Das Laufen der Bingotrommel wird in raschen Schnitten, jäh wechselnden Perspektiven und Einstellungsgrößen sowie durch Musik stark ästhetisiert und verfremdet. Sodann setzt ein *voice-over* als Ich-Erzähler ein: „Ich heiße Rico Doretti und ich bin ein tiefbegabtes Kind […] In meinem Kopf ist auch eine Bingotrommel." In Mehrfachbelichtungen, rapiden Überblendungen und Nahaufnahmen der rotierenden Kugeln entsteht ein *mind screen* der Figur als audiovisuelle Entsprechung des Bingo in Ricos Kopf. In einem Minidrama wird aus der Hauptfigur ein Gewinner im Rampenlicht („Mein Sohn hat Bingo!"), der für seine „Tiefbegabung" von der Moderatorin erniedrigt wird, sich jedoch rasch wieder erhebt – „So, und als Preis hätte ich gern die Tasche!" – und sich abschließend mit seiner Mutter und seinem Gewinn fröhlich heimwärts trollt.

Halten wir fest: ein rascher und Spannung erzeugender *point-of-attack*, eine Gattungsmischung aus Animations- und Realfilm, ein beiläufiges Zeigen der Schauspielernamen, eine rockige Musik mit einem launigen Text, die audiovisuelle Dynamik des Bingo im Saal und im Kopf, eine flotte Mama und eine verschrobene Zeremonienmeisterin, ein Schnelldrama aus Gewinnen, Fallen und Wiederaufstehen. Mit einfallsreich und effektvoll genutzten Mitteln des filmischen Mediums schaffen dieser Vorspann und dieser Beginn ein großes Attraktionspotenzial.

3.2   Darstellung der „tiefbegabten" Wahrnehmung

Für Ricos Denkprobleme steht die Metapher der durcheinanderklackernden Bingokugeln. Rico ist von einströmenden Informationen schnell überfordert, hat Orientierungsprobleme im Raum und kann sich Dinge nur schlecht merken. Sinnfällig wird dies bei seinem Gang zum Supermarkt (ab 0:14:05). Als Speichermedium für Beobachtungen und Instruktionen trägt Rico stets einen – technologisch reichlich anachronistischen – „Merkrekorder" bei sich, und so beginnt auch der Einkaufsgang mit dem Einlegen der dafür vorgesehenen Kassette. In einer Totalen aus extremer Aufsicht sehen wir Rico das Haus verlassen. In dieser Einstellung wirkt die Figur sehr klein, das Draußen sehr mächtig. In Großaufnahme wird hingegen der Schritt über die Bordsteinkante als Grenze zwischen dem vertrauten Raum vor dem Haus und dem unvertrauten jenseits davon ins Bild gesetzt. Mit variablen Mitteln wird sodann ein *mind screen* höchster kognitiver Beanspruchung und Unordnung entwickelt. Abermals sehen wir rotierende Kugeln; Ricos Bewegungen erscheinen im Zeitraffer, in Untersicht, in einem gekrümmten Fischaugenraum, in Überblendungen und Mehrfachbelichtungen; das Straßenschild multipliziert die „Dieffenbachstraße" in surrealer Weise, ebenso surreal erscheinen plötzlich die Nachbarzwillinge im Fenster. Teil des *mind screen* sind Fetzen eines inneren Monologs: „rechts … links … das rote Tuch", darüber gelegt ist eine hastig treibende Musik. Die Desorientierung endet, als Rico an ein Tuch gelangt und mit seinem Merkrekorder weitere Anweisungen abruft – gleichzeitig enden auch die filmischen Verfremdungen (Abb. 1). Rico findet die richtige Richtung, Totalen der Apotheke und des Supermarktes zeigen Überblick und Orientierung an, auch die Musik verstetigt sich.

Ricos Auffassungs- und Orientierungsprobleme sind innere Phänomene, für die ein Film äußere Äquivalente finden muss. Natürlich könnte Rico im *voice-over* Sätze sagen wie „Plötzlich waren da ganz viele Straßenschilder" oder „In meinem Kopf hörte ich dauernd ‚links, rechts'". Weil derlei jedoch schwerfällig wirkt, nutzt der Film visuelle und auditive Mittel für eine genuin filmische Darstellung.

Abb. 1:   Desorientierung (Untersicht, gekrümmter Raum, Wortfetzen im Kopf) und Re-
          Orientierung (Normalsicht, gerader Raum, klare Anweisung aus dem Rekorder):
          Ricos Gang zum Einkaufen (RICO, OSKAR UND DIE TIEFERSCHATTEN, 0:14:40 bzw.
          0:15:12)

3.3   Intensität, Rhythmisierung und Kontraste in der Bildsprache

Filme leben von intensiven Bildern, stimmig rhythmisierten Bildfolgen und markant
gesetzten Kontrasten. Angsteinflößende „Tieferschatten" zu beschreiben ist eines
(*Rico, Oskar und die Tieferschatten*, S. 45 f., ab jetzt unter der Sigle *ROT*); ein anderes
ist es, sie zu zeigen. (Wovon bereits der expressionistische Stummfilm etwa in F.W.
Murnaus NOSFERATU, D 1922, Gebrauch machte.) Eindrucksvoll kommt die audiovisuelle Sprache des Films zur Geltung, wenn Rico auf die Suche nach dem Mädchen
Sophia geht. Die eine Szenenfolge zeigt eine laute Mitfahrt im Auto eines forschen

Nachbarn (David Kross) (ab 0:54:00), die andere einen leisen Besuch bei einem stillen Mädchen (ab 0:57:50). Für Peter Christoph Kern sind „Wettrennen, Verfolgungsjagden und Kämpfe aller Art" die Ursubstanz des bewegten Bildes (Kern, 2012, S. 225). Nicht von ungefähr zeigte einer der ersten narrativen Filme, Edwin S. Porters THE GREAT TRAIN ROBBERY von 1903, einen Überfall und eine Verfolgungsjagd. Nicht von ungefähr war man in Gerhard Lamprechts EMIL UND DIE DETEKTIVE 1931 vor allem von fahrenden Zügen, pulsierendem Verkehr und einer Taxiverfolgung beeindruckt.

Und so zelebriert auch bei Ricos Mitfahrt im Auto der Film seine Möglichkeiten. Was in Wirklichkeit bloß eine zügige Fahrt in einem schicken Auto ist, wird in der filmischen Inszenierung zu einem ästhetischen Artefakt mit praller Affektladung. In atemberaubendem und für das bloße Auge kaum wahrnehmbarem Tempo erleben wir in rund 50 Sekunden 50 Bildschnitte, wobei *jump cuts* den Bewegungseindruck zusätzlich beschleunigen. Hinzu kommen rasend schnelle Wechsel der Bildinhalte, der Einstellungsgrößen und -perspektiven, und durchtönt wird das Ganze von dem (leicht ironischen) Lied *Supermänner* der Hip-Hop-Band *Blumentopf*: „Schau nach oben [...] Supermänner, strotzend vor Kraft [...] wir sind Macher und Entscheider wie MacGyver" usf.[1]

Im stärksten Kontrast dazu steht der nachfolgende Besuch in Sophias Wohnung. Weite und totale Einstellungen zeigen zunächst eine anonyme, abweisende Hochhauslandschaft. Ricos Weg führt von einem riesigen Klingelbrett durch einen dunklen Haus- und Wohnungsflur an ein Zimmer, in dem die Mutter vom Bett aus eine Pöbel-Talkshow anschaut. Mit diesem intermedialen Verweis ist das soziale Milieu konnotationsreich markiert. Bezeichnenderweise verstummt vor dem Gekeife aus dem Fernseher auch die sachte Hintergrundmusik und setzt erst wieder ein, als Rico in Sophias Zimmer tritt. Das Zimmer ist angefüllt mit Zeug und Ramsch, ein Kickertisch und Fußballposter an der Wand deuten zudem darauf hin, dass es Sophia nicht alleine gehört. Inmitten der Unordnung sitzt das Mädchen (Mina Rueffer) in einem rosafarbenen Tüllkleid gebannt vor einem großen Goldfischglas. Im Dialog über Sophias Entführungserlebnis wird auch der Anstecker erwähnt, der hier den Weg von Sophia über Oskar über Rico wieder zurück zu Sophia findet. Das rote Plastikflugzeug mit dem abgebrochenen Flügel ist nicht nur eine wichtige Spur in den Ermittlungen, sondern auch ein eindringliches Symbol prekärer Hoffnungen in einem prekären Milieu (vgl. Abb. 2).

Der Besuch wirkt mit 30 Schnitten in zwei Minuten gerade im Kontrast zur vorangehenden Autofahrt extrem verlangsamt. Kontraste herrschen aber auch innerhalb dieser Szenenfolge: Die verwahrloste Mutter schaut auf einen Bildschirm mit Trash-Fernsehen, die gepflegte Tochter in ein Glas mit einem Goldfisch. Das Zimmer ist zugemüllt, in der Mitte aber kniet ein anmutiges Mädchen. Inmitten von Trash und Tristesse finden sich Symbole für Schönheit und Hoffnung, die freilich ambivalent

---

1 MacGyver hieß der vielfach versierte und zupackende Titelheld einer US-Fernsehserie in den 1980er und 1990er Jahren.

Abb. 2:   Intensive Bilder und ambivalente Symbole: der Besuch bei Sophia (RICO, OSKAR
UND DIE TIEFERSCHATTEN, 0:59:34)

bleiben: Das Tüllkleid wird im Knien getragen, der Goldfisch hat eine Krankheit, das
Plastikflugzeug nur einen Flügel. Zurück auf der Straße fasst Rico das Erlebte in seinem Merkrekorder zusammen: „Sophia hat – das graue Gefühl!"

Für die Autofahrt und den Besuch bei Sophia spielt der Film intensive Bilder aus,
er wechselt im Rhythmus von treibender Rasanz zu ruhiger Verhaltenheit, und er
setzt sowohl zwischen als auch innerhalb der Szenen sehr wirkungsvolle audiovisuelle
Kontraste.

3.4   Situationskomik und Slapstick

Mitunter lässt sich die Komik einer Figur oder einer Situation verbalsprachlich nicht
oder nur unzureichend vermitteln. Diesem Umstand verdankt sich das Filmgenre
des Slapstick, das vor allem in der Stummfilmzeit florierte. Das Schlagen mit einer
Pritsche, das dem Genre den Namen gab, das Werfen von Sahnetorten oder das Aus-
rutschen auf Bananenschalen ist nur in der szenischen Verkörperung lustig. Ebenso
muss man Charlie Chaplin beim Brötchentanz in THE GOLD RUSH (1925), bei der
Rasur zu den Klängen von Johannes Brahms in THE GREAT DICTATOR (1940) oder
im Räderwerk der Fabrik in MODERN TIMES (1936) unbedingt sehen und hören. Eine
verbalsprachliche Narration tut es hier schlecht, so etwas ist eine Domäne des Films.
Folglich lassen sich auch die Inszenierungen von Situationskomik in RICO, OSKAR
UND DIE TIEFERSCHATTEN mit Worten nur unzureichend wiedergeben:

Beispiel 1: Gerade als Rico vor dem Haus nach einem „Fundpapierchen" auf dem
Boden greifen will, rollt der Nachbar mit seinem Wohnmobil darauf (ab 0:07:15).
Damit nicht genug, erscheinen die boshaften Nachbarzwillinge, ironischerweise in

einem feenzarten Outfit, und verwickeln Rico hämisch und von oben herab in eine ihn überfordernde Denkaufgabe.

Beispiel 2: Die auf dem Gehsteig entdeckte „Fundnudel" (ab 0:08:40) wird im Merkrekorder festgehalten („weich, Käsesoße") und dann als Fernrohr auf ein Fenster gerichtet: „Könnte rausgefallen sein!" Die Suche nach der Herkunft der Nudel führt Rico zurück ins Haus und in absurde Gespräche mit verschrobenen Mitbewohnern, an deren Ende der ungehobelte und verwahrloste Nachbar Fitze (Milan Peschel) die Nudel kurzerhand aufisst.

Beispiel 3: Italienisches Eis steht für mediterrane Leichtigkeit und Lebensgenuss, für Sommer, Sonne und Stracciatella. In grotesk komischem Kontrast hierzu führt in dem von Rico und Oskar (Juri Winkler) aufgesuchten Eiswagen eine schlecht gelaunte Verkäuferin (Anke Engelke) ein barsches Regiment (ab 0:29:34). Als Rico umständlich fünf Kugeln Schoko in dieselbe Waffel bestellt und deswegen schief angeredet wird, straft Oskar die Verkäuferin – während sich eine lange Schlange bildet – mit einer hochkomplexen Bestellung sowie mit einem ausufernden Diskurs über künstliche Aromastoffe, echte Vanillepflanzen („Eine Orchidee, wissen Sie!") und die fragwürdigen Arbeitsbedingungen der Vanillegewinnung auf Madagaskar.

Beispiel 4: Der Film beginnt im Animationsmodus und wechselt immer wieder lustig in diesen, wenn Rico sich schwierige Sachverhalte erklärt. Eine solche Animation gibt es beispielsweise zum Thema Schwerkraft, von der die Mutter ihren Busen bedroht sieht (ab 0:11:35), oder zu dem Rat des Mercedes-Fahrers: *Be a man!* (ab 0:55:00) Zur Übersetzung „Sei ein Mann" mutiert Rico zum Wildwest-Sheriff mit Bart, Hut und Stern.

Halten wir fest: Der einfallsreiche und packende Vorspann; das audiovisuelle „Kopfkino" der Hauptfigur; große Bilder, Rhythmuswechsel und Kontrastsetzungen bei Ricos Abenteuer in der Fremde; die Groteske eines Eisverkaufs, die Komik einer „Fundnudel" und der Witz erläuternder Animationen – all dies sind gelungene Nutzungen filmspezifischer Mittel. Rico, Oskar und die Tieferschatten konstruiert intensive Bilder und rasante Bildfolgen, er platziert visuelle Symbole, spielt Situationskomik aus, arbeitet wirkungsvoll mit Musik und Liedern – nicht als bloße Hascherei nach dem Effekt, sondern für das Gelingen der Narration.

Natürlich profitiert der Film grundlegend von seinem Stoff, einer handlungsreichen, spannenden und komischen Story mit witzigen, grotesken, attraktiven (und hervorragend besetzten) Figuren sowie ansprechenden Erzählmotiven. Diese Story verdankt der Film einem Roman, auf dem er beruht. Weil es aber gerade nicht darum gehen sollte, Abweichungen von der Vorlage zu suchen, sondern den Eigenwert des Films *als Film* zu würdigen, kommt dieser Roman nun erst ins Spiel.

4. Schriftliterarische und printmediale Gegebenheiten des Romans RICO, OSKAR UND DIE TIEFERSCHATTEN und kreative Adaptionen im Film

Der 1962 geborene Andreas Steinhöfel ist einer der bemerkenswertesten deutschen Autoren der Gegenwart. Zu seinen Büchern gehören *Die Mitte der Welt* (1998), eine Adoleszenzgeschichte über einen homosexuellen Jungen; *Der mechanische Prinz* (2003), ein im Berliner U-Bahn-System spielendes Fantasy-Abenteuer; und *Beschützer der Diebe* (2011), ein Kinderkrimi. Im Jahr 2014 veröffentlichte Steinhöfel den Roman *Anders*, in dem er die mysteriöse Geschichte eines Jungen erzählt, der als veränderter Mensch aus einem Koma erwacht. Mit diesem Roman wendet sich Steinhöfel von einem sozialen zu einem magischen Realismus. Die unsentimentale, nicht-moralisierende, literarisch anspruchsvolle KJL, für die Steinhöfel steht, zeigt sich auch in den Kinder-Romanen um das Freundespaar Rico und Oskar. Die Trilogie begann mit *Rico, Oskar und die Tieferschatten* im Jahr 2008, wurde fortgesetzt mit *Rico, Oskar und das Herzgebreche* 2009 und abgeschlossen mit *Rico, Oskar und der Diebstahlstein* 2011. *Tieferschatten* ist eine Genremischung aus Detektivroman, Schelmenroman, problemorientiertem und komischem Kinderroman (vgl. Gansel, 2010, S. 130; Rauch, 2012, S. 128). Die Folgebände führen das erzählerische Konzept weiter. In *Herzgebreche* helfen die beiden Freunde Ricos Mutter aus der „Patsche" (Klappentext). Dabei kommt Rico zu einem lustigen Hund – womit eine für einen kinderliterarischen Text wichtige Requisite ergänzt wird. In *Diebstahlstein* führt ein Toter im Treppenhaus die beiden Jungen in ein Abenteuer bis an die Ostsee. Wieder gibt es Situationskomik und Wortwitz, spannende und turbulente Handlung, wobei es nicht unbedingt gut tut, dass die Bücher mit 269 und 328 Seiten immer dicker geraten. Dass die Geschichtenmuster, Gags und Erzählstrategien gewisse Abnutzungserscheinungen zeigen, mag vielleicht der Sicht eines erwachsenen Lesers geschuldet sein; dem Wunsch kindlicher Leserinnen und Leser nach Aufenthaltsverlängerung in der fiktiven Welt kommt der gesteigerte Umfang entgegen. Gleichwohl erschien es weise, die Reihe nach drei Bänden abzuschließen.

Die Story, Motive und Themen in *Tieferschatten* sind im Wesentlichen die des Films. Etwas ausgebaut ist das Figurenspektrum, welches das „schillernde Milieuaufgebot" (Schwahl, 2010, S. 81) einer deutschen Großstadt zu Beginn des 21. Jahrhunderts darstellt. Im Mietshaus gibt es noch drei weitere Parteien, darunter eine Studenten-Wohngemeinschaft teils mit Migrationshintergrund. Auch ist Ricos rasanter Chauffeur im Roman schwul – wozu sich der Film nicht durchringen wollte. Unterschiedlichste Lebenswelten und -entwürfe werden hier vorgeführt, aber nicht be- und schon gar nicht verurteilt. „Alterität [wird] zum allgemein Menschlichen erklärt" (Schwahl, 2010, S. 83) – die Normalität heißt Pluralität.

Von Interesse sind nun die verbalsprachlichen Qualitäten bzw. das Proprium der Schriftliteratur. Ein Ich-Erzähler bringt uns mit der „Fundnudel" *medias in res*: „Die Nudel lag auf dem Gehsteig. Sie war dick und geriffelt, mit einem Loch drin von vorn

bis hinten. Etwas getrocknete Käsesoße und Dreck klebten dran. Ich hob sie auf."
(*ROT*, S. 9)

Viel besser lässt sich ein Roman nicht beginnen. Mit der Nudel macht sich Rico
auf den Weg durchs Haus und klärt den Leser alsbald darüber auf, dass er ein „tiefbegabtes Kind" sei, in dessen Kopf es manchmal „durcheinander wie in einer Bingotrommel" gehe (*ROT*, S. 11). Weil man sich fragt, warum und wie dieser Erzähler
über 200 Seiten zu schreiben vermag, wird später die Genese des Textes erläutert. Der
Roman firmiert als ein „Ferientagebuch" (*ROT*, S. 47), welches Rico auf Anregung
seines Lehrers führt. (Dass ein zumal lernbehindertes Kind den vorliegenden Text
verfasst haben soll, muss man als poetische Freiheit durchgehen lassen.)

Zum sprachlichen Reichtum und zur Komik trägt wesentlich die kreative Sprach-
verwendung des Erzählers bei. Rico verdreht und erfindet ständig Wörter oder erklärt sich Fremdwörter auf lustige Weise. Weil er Rechts und Links gerne verwechselt,
fürchtet er neben der Rechtschreibung eine „Linksschreibung" (*ROT*, S. 218). Wenn
die Stelle, an der Erde und Himmel aufeinander treffen, Horizont heißt, dann müsste
es bei Erde und Meer wohl „Merizont" heißen (*ROT*, S. 70). Erheiternd ist auch Ricos
Hang, alles wörtlich zu nehmen: „Arrogant: Wenn man auf jemanden herabsieht. So
schlau kann Oskar gar nicht sein, schließlich ist er viel kleiner als ich und musste
ständig zu mir raufgucken" (*ROT*, S. 36). Weiter durchziehen sprachliche Bilder leit-
motivartig den Text: neben den Bingokugeln und den geheimnisvollen Tieferschatten
im Hinterhaus (*ROT*, S. 46, 86, 161) gibt es das „graue Gefühl", womit Rico das Un-
glücklichsein anderer Menschen bezeichnet (*ROT*, S. 39, 43, 152, 163).

Neben der impliziten Referenz auf Kästners *Emil und die Detektive* verweist der
Roman explizit auf weitere Texte, vor allem auf Filme. Wie der Titelheld aus FORREST
GUMP (R. Richard Zemeckis, USA 1994) ist Rico ein Behinderter und ein Schelm, der
die Dinge gerne wörtlich nimmt und dabei doch sehr klar sieht (vgl. *ROT*, S. 99). Wie
Julia Roberts in dem Film von 1990 (R. Garry Marshall, USA) ist auch Ricos Mutter
eine *pretty woman*, die im Milieu käuflicher Liebe arbeitet – ohne dass freilich ein
reicher Traumprinz wie Richard Gere auftaucht. Intermediale Verweise tragen eine
zusätzliche Sinnschicht auf und erweitern das Lesevergnügen für ältere und/oder literarisch versiertere Leserinnen und Leser (vgl. Maiwald, 2014, S. 168 f.).

Zu erwähnen sind schließlich Layout und Bilder als Nebentexte: Kleine Bingokugeln lockern immer wieder den Textblock auf (z. B. *ROT*, S. 14, 38, 44); ebenso sind
Ricos Worterklärungen vom Haupttext abgetrennt, gerahmt und in handschriftähn-
licher Type gesetzt (gehäuft z. B. *ROT*, S. 29–42). Illustrationen (von Peter Schössow)
stehen auf dem Cover, in der Titelei und an den Kapitelanfängen. Sie vermitteln opti-
sche Voreindrücke der Hauptfiguren, rücken das Plastikflugzeug bereits in den Blick,
stellen die Hausbelegung graphisch dar und helfen im Verbund mit sprechenden
Kapitelüberschriften (z. B. „Mittwoch – Auf der Suche nach Sophia", *ROT*, S. 135) die
Handlung zu verstehen.

Wir haben also einen Tagebuchroman in der Ich-Form, eine sprachspielerische
und sprachkräftige, teils selbstbezügliche Erzählerrede („Ich sollte an dieser Stelle

wohl erklären, dass ich Rico heiße und ein tiefbegabtes Kind bin", *ROT*, S. 11), auffäl-
lige intermediale Verweise, verbalsprachliche und graphische Nebentexte, buch- bzw.
printspezifische Layoutphänomene. Neele Vollmars Film zeichnet es besonders aus,
dass und wie er für die schriftliterarischen bzw. printmedialen Vorgaben medienspe-
zifische Adaptionen findet. Man kann einen Ich-Erzähler durch ein *voice-over* simu-
lieren, doch wirkt dies im filmischen Medium rasch schwerfällig und aufdringlich,
weshalb sparsamer Gebrauch eine weise Entscheidung ist. Ein raffinierter Kniff, den
Erzähler aus dem Roman nicht von außen, sondern als Figur in der erzählten Welt
sprechen zu lassen, ist der Merkrekorder, in dem Rico seine Beobachtungen und
Gedanken festhält. Im Verbund mit einem aufgeschlagenen Wörterbuch und den
animierten Erklärungssequenzen ersetzt der Merkrekorder auf elegante Weise auch
die Worterklärungskästen bzw. Karteikarten aus dem Roman. (Karteikarten kommen
im Film wiederum als Träger für Ricos üppige Fundstücksammlung zur Geltung.) Die
Animationen im Stil der Buchillustrationen nicht nur im Vorspann (vgl. auch 0:06:47,
0:35:02, 0:38:20) schaffen für Rezipient/innen, die das Buch kennen, einen Wiederer-
kennungs- und Anknüpfungswert. Zudem markieren sie Tagesanbrüche und geben
produktionsgünstig die explosive Vorgeschichte aus dem Hinterhaus wieder. (Eine
todkranke Bewohnerin hatte in ihrer Wohnung das Gas aufgedreht und entzündet.)
Schließlich findet der Film eindrucksvolle Mittel, Ricos „tiefbegabtes" Wahrnehmen
und Denken sichtbar und hörbar zu machen.

5. Prototypische Differenzen zwischen Film und Schriftliteratur

Auf der Grundlage der Textanalyse sollen nun protoypische Differenzen von KJL in
schriftliterarischer und filmischer Ausprägung systematisiert werden. Markant zeigen sich diese in den Szenen um die „Fundnudel" (ab 0:08:40). Im Film stößt Rico
auf eine Nudel, untersucht den glanzlichtbesetzten Fund, gibt die Daten in seinen
Merkrekorder ein, schaut hindurch und hüpft dann das Treppenhaus hoch, um den
Herkunftsort zu lokalisieren. Der Roman beginnt mit genau dieser Szene:

> Die Nudel lag auf dem Gehsteig. Sie war dick und geriffelt […] Ich hob sie auf, wischte
> den Dreck ab und guckte an der alten Fensterfront der Dieffe 93 rauf in den Sommerhim-
> mel. Keine Wolken und vor allem keine von diesen weißen Düsenstreifen. Außerdem,
> überlegte ich, kann man Flugzeugfenster nicht aufmachen, um Essen rauszuwerfen.
>   Ich ließ mich ins Haus ein, zischte durch das gelbgetünchte Treppenhaus rauf in den
> Dritten und klingelte bei Frau Dahling. Sie trug große bunte Lockenwickler im Haar, wie
> jeden Samstag. (*ROT*, S. 9)

Hier erweist sich der Unterschied zwischen dem unmittelbaren Zeigen und Klingen-
lassen im Film und dem sprachlich vermittelten Erzählen im Roman. Im Film hören
wir Rico sprechen und Musik im Hintergrund, wir sehen Figuren, ihr Äußeres, ihre
Handlungen; wir blicken durch eine Nudel auf ein Haus und in ein Treppenhaus. Im

Roman wird die Szene *be-schrieben*, ein Erzähler tritt hervor und bringt subjektive Wahrnehmungen und allgemeine Überlegungen vor: „Keine Wolken und vor allem keine von diesen weißen Düsenstreifen. Außerdem, überlegte ich, kann man Flugzeugfenster nicht aufmachen, um Essen rauszuwerfen." Das Treppensteigen wird als „Hochzischen" verbildlicht, von Frau Dahling erfahren wir vorerst nur, dass sie Lockenwickler trägt (was der Film bei Ursela Monn hier noch ausspart), allerdings auch bereits, dass sie dies „jeden Samstag" tut.

Grundlegende Differenzen zwischen Film und Schriftliteratur lassen sich entlang den Kategorien 1) Zeichentyp/Zeichenträger, 2) Vermittlung und 3) Erzählte Welten systematisieren (vgl. Maiwald, 2015, S. 16–21):

1) Im Film als visuell-auditivem Zeichenträger sind ikonische Zeichen dominant, die in einem Ähnlichkeitsverhältnis zum Bezeichneten stehen. Abgesehen von den sprachlichen Anteilen (Figurenrede, Schrift in der erzählten Welt, Zwischentitel, *voice-over*) sind die Zeichen nicht konventionalisiert. Es gibt keine distinkten kleinsten Einheiten, kein Lexikon, keine Grammatik im linguistischen Sinn. Hingegen dominiert im schriftlichen Text ein konventionell systematisierter, symbolisch-arbiträrer Zeichencode (vgl. Mundt, 1994, S. 17). Generell sind die Zeichen des Films konkret, die der Schriftliteratur abstrakt; das Filmbild erzeugt eine „immediate visual synthesis", die schriftliche Erzählung ein „linear detailing through time" (Chatman, 1978, S. 107).

2) In beiden Erzählformen gibt es „eine perspektivierende, selektierende, akzentuierende und gliedernde Vermittlungsinstanz" (Pfister, zit. nach Bohnenkamp, 2012, S. 30). Auch ein Film ist kein Fenster zur Wirklichkeit, sondern präsentiert ähnlich einem Schaufenster ein Arrangement vor, in und nach der Kamera. Dennoch ist die filmische Erzählinstanz anders beschaffen und steht stärker im Hintergrund als beim schriftlichen Erzähltext. Wo der Film zeigt, reiht der literarische Erzähler symbolisch-abstrakte Zeichen aneinander, kann sich „als Ambivalenz schaffende Instanz in das Gezeigte selbst integrieren" (Schneider, 1981, S. 268) und eine „reflexive Thematisierung der eigenen Mittelbarkeit" (Hurst, 1996, S. 23) vollziehen. Weil die filmische Erzählung immer etwas zeigen muss, kann sie die „Physiognomie der Dinge" (Ruckriegel u. Koebner, 2011, S. 411) nicht ausblenden oder in dem Maße ambivalent halten wie ein Schrifttext. Immer wird sie einen Raum oder das Aussehen einer Figur wenigstens umrisshaft erkennen lassen. Auch ein Film kann verschiedene Zeitebenen markieren (z. B. über Zwischentitel, Farbfilter oder Schwarzweiß, Überblendungen, verfremdeten Ton), und natürlich kann auch ein Film ironisieren, etwa über Musik und Montage. Derlei Möglichkeiten der erzählerischen Gestaltung sind jedoch andere und generell begrenzter als die des literarischen Erzählers. Das Prototypische des filmischen Erzählens lässt sich mit Peter Christoph Kern zuspitzen:

Kinonarrationen sind Erzählungen pur, ohne Adjektive, ohne Adverbien, ohne Präpositionen, ohne Nebensätze und schon gleich ohne Negation. Geschichten also in ihrer reinsten Form, die nicht durch Beschreibung und Erklärung, Wertung und Einschränkung, sondern durch unmittelbare Evidenz des Erzählten beim Beschauer ankommt. (Kern, 2012, S. 223)

Allerdings ist die „unmittelbare Evidenz" nur scheinbar natürlich und wäre jede Auffassung vom Film als Widerspiegelung von Wirklichkeit naiv (vgl. Schneider, 1981, S. 111 f.).

3) Die Evidenz des Filmischen wirkt sich auch auf die Beschaffenheit der erzählten Welten aus: Die Konkretheit des Visuellen im Gegensatz zur Abstraktion des verbalsprachlichen Zeichens führt den Film „näher an Handlung als an Reflexion, näher an Szene als an Resümee, näher an das Äußere als an das Innere" (Schepelern, zit. nach Bohnenkamp, 2012, S. 32). Der zeigende filmische Text weist eine stärkere Gebundenheit an die äußere Realität auf, während die abstrahierende schriftliche Erzählung eher eine innere Welt stilisiert. Zuspitzen lässt sich, dass es in den erzählten Welten des Films eher „um unsere Emotionen und nicht um unsere Probleme" geht (Kern, 2012, S. 223).

Abb. 3 fasst die prototypischen Mediendifferenzen zusammen:

Unterscheidungskriterium	Schriftliteratur	Film
Zeichentyp/Zeichenträger	Sprachlich: Symbolisch-abstrakt-linear	Visuell-auditiv: Ikonisch-konkret-synthetisch
Vermittlung	Fiktive Erzählerfigur Metakommunikatives Erzählen	Vermittelnde Apparatur Zeigen
Erzählte Welten	Originalität Inneres, Reflexion Diskursivität	Nachahmung Äußeres, Handlung Emotionalität

Abb. 3: Prototypische Mediendifferenzen zwischen Schriftliteratur und Film (vgl. Maiwald, 2015, S. 20)

Veranschaulichen wir diese Differenzen noch einmal an der halsbrecherischen Autofahrt. Im Roman heißt es: „Die Fahrt war der Hammer gewesen [...] angefühlt [...] wie über dem Boden schweben [...] Motor [...] wie eine zufriedene Katze [...] Trotzdem war es cool gewesen [...] alle Leute hatten uns angeguckt. Toll!" (*ROT*, S. 145) An die Stelle der Unmittelbarkeit des audiovisuellen Erlebens tritt im Schriftlichen ein nachträgliches Vergegenwärtigen, Ordnen und Deuten. (Siehe den Plusquamperfekt-Gebrauch.)

6. Fazit und Folgerungen zu Konkurrenzen und zur „Einfachheit" von Kinder- und Jugendliteratur in Schrift und Film

Die medialen Eigenheiten des filmischen Erzählens legen es nahe, den Spielfilm als eigenständige literarische Gattung zu betrachten – so wie auch das (Bühnen-)Drama als eine solche gilt. Literatur ist nicht an das Printmedium gebunden, Erzählen nicht an Verbalsprache. Auch Literaturverfilmungen sind zunächst Filme, weshalb weniger nach Abweichungen und Werktreue, sondern nach der Art der Transformation zu fragen ist (vgl. Staiger, 2010, S. 15, 17). Will man Film und Schriftliteratur als Konkurrenten in Stellung bringen, so sind deren jeweilige Möglichkeiten und Aufgaben mitzudenken. Der Film als audiovisuelles Medium funktioniert v. a. im ikonischen Zeigen von Äußerem und in der Inszenierung von Emotionen. Der Roman als Schriftmedium setzt hingegen auf symbolisches Vermitteln von Innerem und auf Diskursivität. Zu berücksichtigen ist auch, dass ein Roman in der Produktion vergleichsweise günstig ist, eine enger umgrenzte *Leser*schaft sucht und daher im ästhetischen Kalkül freier ist. Ein Film ist in der Herstellung kostspielig, benötigt daher ein breiteres Publikum und ist stärker auch einem kommerziellen Kalkül verpflichtet. So erklärt sich vielleicht, warum der Rico-Film eine höchst komische Szene mit einer mürrischen Eisverkäuferin hinzufügt, die es im Roman gar nicht gibt. So erklärt sich, warum er die Autofahrt so spektakulär inszeniert – und so erklärt sich womöglich auch, warum der Fahrer im Film nicht schwul ist, sondern über Superman und Bruce Willis und *Be a man!* redet. Schriftliteratur und Literatur in anderen Medien haben jeweils „eigene Kräfte" (Lypp, 1984, S. 152). Ein Film kann anderes und muss anderes leisten als ein Buch. Daher sind Aufrechnungen und Abwertungen müßig.

Zu warnen wäre weitergehend vor einer medienübergreifenden Abwertung des Kinder- und Jugendliterarischen als „einfach". Generell ist in der KJL seit längerem ein Schub an thematischer und ästhetischer Komplexität, damit einhergehend ein Rückbau von Belehrung und eine Überbrückung der Kluft zur Erwachsenen- oder zur sog. Hochliteratur zu beobachten (vgl. Gansel 2010, Rauch 2012, Wrobel 2010). Deutschsprachige Beispiele hierfür sind neben Andreas Steinhöfels Romanen etwa Kirsten Boies *Nicht Chicago. Nicht hier.* (1999), Charlotte Kerners *Blueprint – Blaupause* (1999), Tamara Bachs Romane *Marsmädchen* (2003) oder *Marienbilder* (2015), und Stefanie de Velascos *Tigermilch* (2013). Maria Lypp hat zudem überzeugend plausibel machen können, dass Einfachheit in der KJL nicht im Sinne von leichtverständlich und unbedeutend, sondern als Elementarisierung von Literarizität aufzufassen ist (vgl. Lypp, 1984, 2002). So auch in Steinhöfels *Rico, Oskar und die Tieferschatten*, wo Leserinnen und Leser literarische Strukturen und poetische Verfahren wie den Ich-Erzähler, den Tagebuchroman, sprachliche Leitmotive und Intermedialität erfahren. Cornelia Funkes eher schlicht gestrickter Kinderroman *Hände weg von Mississippi* aus dem Jahr 1997 verdeutlicht qua Kontrast, welch weiten Weg die KJL gegangen ist. Detlev Bucks Adaption dieses Romans (2007) wiederum zeigt, wie sehr eine betuliche Story in der audiovisuellen Inszenierung gewinnen kann.

Abb. 4:   Unmittelbarkeit audiovisueller Präsenz und Weiterschreibung eines filmischen
           Codes: „Fundpapierchen" in der Luft (RICO, OSKAR UND DIE TIEFERSCHATTEN,
           0:08:34)

Aber noch weniger als einem Kinderbuch wird wohl einem Kinderfilm Komplexität
zugetraut – schon aus dem Grund, dass auch ein Kinderfilm vor allem ein Film ist.
Die kulturelle Diskreditierung des Films als billige und anstrengungslose Massenun-
terhaltung geht auf die Anfänge des Mediums als Jahrmarkt- und Varieté-Attraktion
zurück. Bis heute ist sie auch in Bildungsplänen zu spüren, wenn diese z. B. eine Grenze zwischen „literarischen Texten" und Filmen ziehen (vgl. Abiturstandards der KMK,
S. 19 f.) – als ob ein Film nicht als Text und nicht als Form von Literatur aufzufassen ist.
Die Ausführungen zu RICO, OSKAR UND DIE TIEFERSCHATTEN haben indes gezeigt,
dass ein Film keineswegs per se „einfach" ist, sondern komplexe Rezeptionsleistungen
wie die Verarbeitung von Rasanz und Dynamik, Kohärenz- und Inferenzbildungen,
Deutung und Interpretation erfordert. Natürlich: Ein schlechter Film tut dies nicht;
ein schlechtes Buch aber auch nicht.

So wäre statt der Konkurrenz die Komplementarität der beiden Medien und besonders der Eigenwert des Mediums Film hervorzuheben, der an einem letzten, kleinen und feinen Beispiel hervortritt: Ricos „Fundpapierchen" wird vom Wohnmobil
überrollt (ab 0:07:16) und Rico von den bösen Zwillingen damit aufgezogen. Kaum
dass der Reifen das Papier freigegeben hat, wird es vom Wind emporgewirbelt. Rico
jagt und springt dem Papier fröhlich, aber vergeblich hinterher (Abb. 4), sagt sein ob-
ligatorisches „Mann, Mann, Mann!" und entdeckt dann gleich etwas anderes Neues.

Neben absurder Komik steckt eine Menge Lebensbejahung in dieser Szene: Dinge
sind schnell gewonnen und schnell zerronnen. Man braucht Geduld und man muss
kämpfen, aber wenn etwas nicht klappt, soll man dem nicht lange nachtrauern. Wenn
ein Papierchen davonweht, wird sich schon eine Nudel finden. Vor allem aber tut auch
hier der Film, was so nur ein Film vermag. In einem Roman könnte man schreiben:
„Als das Wohnmobil wegfuhr und ich das Papier aufheben wollte, wirbelte der Wind

es in die Luft. Ich sprang hinterher, konnte es aber nicht erreichen. Mann, Mann, Mann!" Dies hätte aber nicht annähernd die Unmittelbarkeit und Emotionalität der audiovisuellen Präsenz.

Vielleicht kommt es daher nicht von ungefähr, dass in Filmen des Öfteren Dinge in die Luft wirbeln: Hier ist es ein Papierchen, in FORREST GUMP (R. Richard Zemeckis, USA 1994) ist es eine Feder, in AMERICAN BEAUTY (R. Sam Mendes, USA 1999) eine Plastiktüte, in DIE ENTDECKUNG DER CURRYWURST (R. Ulla Wagner, D 2008) eine Papierserviette, in DAS PARFUM (R. Tom Tykwer, D/F/ESP/USA 2006) ein duftendes Tuch. Die Symbolkräfte dieser Szenen lassen sich hier nicht mehr näher erläutern; es lässt sich aber festhalten, dass Neele Vollmars zurecht mit Auszeichnungen bedachter Film[2] an dieser Stelle nicht nur auf minimalem Raum ein Maximum an intratextueller Bedeutung schafft, sondern auch einen intertextuellen filmischen Code weiterschreibt. Von wegen nur ein Kinderfilm, von wegen einfach. Mann, Mann, Mann!

Film

RICO, OSKAR UND DIE TIEFERSCHATTEN (R. Neele Vollmar, D 2014).

Literatur

Abiturstandards der KMK. Verfügbar unter: https://www.kmk.org/fileadmin/Dateien/ver oeffentlichungen_beschluesse/2012/2012_10_18-Bildungsstandards-Deutsch-Abi.pdf [18.04.2017].

Bohnenkamp, Anne (2012). Literaturverfilmung als intermediale Herausforderung [Vorwort]. In Anne Bohnenkamp u. Tilman Lang (Hrsg.), *Interpretationen: Literaturverfilmungen* (2. Aufl.). Stuttgart, S. 9–40.

Chatman, Seymour (1978). *Story and Discourse. Narrative Structure in Fiction and Film*. Ithaca, London.

Frederking, Volker, Krommer, Axel u. Maiwald, Klaus (2012). *Mediendidaktik Deutsch. Eine Einführung* (2. Aufl.). Berlin.

Gansel, Carsten (2010). *Moderne Kinder- und Jugendliteratur* (4. Aufl.). Berlin.

Hickethier, Knut (2007). *Film- und Fernsehanalyse* (4. Aufl.). Stuttgart, Weimar.

Hurst, Matthias (1996). *Erzählsituationen in Literatur und Film*. Tübingen.

Kern, Peter Christoph (2012). ALS OB und SO WIE. Semiotische Grundlagen von Theater und Kino. In Joachim Pfeiffer u. Thorsten Roelcke (Hrsg.), *Drama. Theater. Film*. Würzburg, S. 219–236.

---

2   Von der Gilde Deutscher Filmkunsttheater wurde RICO als bester Kinderfilm 2014 ausgezeichnet. Beim Deutschen Filmpreis 2015 erhielt er die Auszeichnung in der Kategorie *Bester programmfüllender Kinderfilm*.

Kepser, Matthis (2012). Der Filmvorspann im Deutschunterricht: Text oder Paratext? Mit einer Analyse der Titelsequenz von LOLA RENNT. In Michael Baum u. Beate Laudenberg (Hrsg.), *Illustration und Paratext*. München, S. 75–93.

Krützen, Michaela (2005). Filmanfänge. Was der Beginn eines Films über sein Ende verrät. *Der Deutschunterricht, 57* (3), S. 79–84.

Lexe, Heidi (2016). Rico, Oskar und der Kinderfilm. Zur Adaption eines Kinderromans mit Kultcharakter. In Klaus Maiwald, Anna-Maria Meyer u. Claudia Maria Pecher (Hrsg.), *Klassiker des Kinder- und Jugendfilms*. Baltmannsweiler, S. 123–138.

Lypp, Maria (1984). *Einfachheit als Kategorie der Kinderliteratur*. Frankfurt a. M.

Lypp, Maria (2002). Die Kunst des Einfachen in der Kinderliteratur. In Günter Lange (Hrsg.), *Taschenbuch der Kinder- und Jugendliteratur*. Bd. 2 (3. Aufl.). Baltmannsweiler, S. 828–843.

Maiwald, Klaus (2014). „… hat das Zeug zum Klassiker." Andreas Steinhöfels Kinderkrimi *Rico, Oskar und die Tieferschatten* und Zielbereiche des Umgangs mit Literatur. *Literatur im Unterricht, 15* (3), S. 165–178.

Maiwald, Klaus (2015). *Vom Film zur Literatur. Moderne Klassiker der Literaturverfilmung im Medienvergleich*. Stuttgart.

Mundt, Michaela (1994). *Transformationsanalyse. Methodologische Probleme der Literaturverfilmung*. Tübingen.

Rauch, Marja (2012). *Jugendliteratur der Gegenwart. Grundlagen, Methoden, Unterrichtsvorschläge*. Seelze.

Ruckriegel, Peter u. Koebner, Thomas (2011). Literaturverfilmung. In Koebner, Thomas (Hrsg.), *Sachlexikon des Films*. Stuttgart, S. 410–413.

Schneider, Irmela (1981). *Der verwandelte Text. Wege zu einer Theorie der Literaturverfilmung*. Tübingen.

Schwahl, Markus (2010). „Behindert. Aber nur im Kopf und nur manchmal." Alterität und Identität in Andreas Steinhöfels Rico und Oskar-Romanen. *Der Deutschunterricht, 62* (3), S. 80–84.

Staiger, Michael (2008). Grundbegriffe der Filmanalyse. *Der Deutschunterricht, 60* (3), S. 8–18.

Staiger, Michael (2010). *Literaturverfilmungen im Deutschunterricht*. München.

Steinhöfel, Andreas (2008). *Rico, Oskar und die Tieferschatten*. Hamburg.

Wrobel, Dieter (2010). Kinder- und Jugendliteratur nach 2000. *Praxis Deutsch, 33* (224), S. 4–11.

Kinder- und Jugendliteratur im erzieherischen und therapeutischen Kontext

Petra Götte

Zwischen Parteinahme und Polarisierung

Zur Darstellung von ‚Einheimischen' und ‚Fremden'
in Armin Greders Bilderbuch *Die Insel* (2002)

1.   Einleitung

Interkulturelle Bildung zielt darauf ab, die Auseinandersetzung mit migrationsbezogenen Fragestellungen anzuregen, sie will die „Befähigung zum interkulturellen Verstehen" und zum „interkulturellen Dialog" fördern (Auernheimer, 2012, S. 20). Hierzu
gehört auch die Reflexion eigener Selbst- und Fremdbilder. Darüber hinaus geht es
um die Vermittlung von Wissen, z. B. über die strukturelle Benachteiligung von Mi-
grantinnen und Migranten. Nicht zuletzt geht es interkultureller Bildung darum, eine
Haltung der Anerkennung und des Respekts für Andersheit anzuregen und darum,
dass eine solche Haltung in ein aktives Eintreten für die Rechte und die Gleichheit
aller ungeachtet ihrer Herkunft mündet (vgl. ebd.). Insbesondere, wenn es um die
Zielgruppe Kinder geht, stützt sich interkulturelle Bildung in beachtlichem Umfang
auf das Medium Bilderbuch. Das Spektrum migrationsbezogener Themen, die in Bilderbüchern behandelt werden, ist breit. Ohne Anspruch auf Systematik und Vollstän-
digkeit seien hier folgende thematische Facetten genannt: Es finden sich Bilderbücher,
die dezidiert das Thema „Flucht" behandeln, darüber hinaus werden interkulturelle
Begegnungen, wie sie in touristischen Kontexten stattfinden, im Bilderbuch aufgegriffen. Auch das Thema Adoption von Kindern aus fremden Herkunftsgesellschaften
wird im Bilderbuch verarbeitet. Zudem liegen Bilderbücher zum Thema Auswande-
rung vor. Eine Vielzahl von Büchern schildert kindliche Lebenswelten in anderen
Gesellschaften. Die größte Anzahl an migrationsbezogenen Bilderbüchern befasst
sich jedoch mit der Begegnung zwischen ‚Einheimischen' und ‚Fremden', entweder in
dezidiert migrationsgesellschaftlichen Kontexten westlicher Gesellschaften oder aber
auch nicht näher lokalisierten Fantasiewelten.

Ein didaktisch reflektierter Umgang mit Bilderbüchern setzt eine Auseinandersetzung mit dem Medium voraus, das verwendet werden soll. Hierzu können erziehungswissenschaftliche Bilderbuchanalysen einen wichtigen Beitrag leisten: Sie
können Bedeutungspotentiale von Bilderbüchern aufzeigen und für die Spezifika
von Bildern, Texten und den dargebotenen Inhalten sensibilisieren. Auf diese Weise
können sie Anregungen für die Verwendung von Bilderbüchern in interkulturellen
Bildungspraxen bieten.

Im Fokus der im vorliegenden Beitrag präsentierten Bilderbuchanalyse steht das
von Armin Greder verfasste Buch *Die Insel* (2002). Es erzählt die Geschichte eines
Mannes, der sich mit Hilfe eines kleinen Floßes auf eine Insel rettet und dort auf eine

eingeschworene Gemeinschaft von Inselleuten trifft. Wie sich die Beziehung zwischen den beiden Parteien entwickelt, ist der Gegenstand in Greders Bilderbucherzählung. Das Thema ist also die Konstruktion von und der Umgang mit Fremdheit. Es wird von Greder in parabelartiger Form verdichtet. Zwar spielt die Geschichte auf einer fernen, fiktiven Insel, aber der Untertitel: *Eine alltägliche Geschichte* legt nahe, dass Greder die Handlung als eine versteht, die sich überall und jederzeit abspielt.

Die im Folgenden entfaltete Bilderbuchanalyse versteht sich als migrationspädagogisch fundiert, wobei hier Prozesse der Konstruktion von Fremdheit und Differenz im Vordergrund stehen (zur Migrationspädagogik vgl. Mecheril, 2004; Mecheril et al., 2010). Zugehörigkeit und Differenz, Eigenheit und Fremdheit sind relationale Kategorien.[1] Fremd ist nicht eine Qualität einer Sache oder ein Charakteristikum eines Menschen, etwas, das dieser oder diesem gleichsam eingeschrieben ist. Vielmehr ist Fremdheit eine „beobachterrelative Unterscheidung" (Reuter, 2002, S. 25). „A ist B fremd im Hinblick auf C; so lässt sich dieser relationale Aspekt formalisieren." (Hofmann, 2006, S. 14) Fremdheit ist das Ergebnis eines Interpretationsprozesses, im Zuge dessen dasjenige, was sich dem Eigenen nicht zuordnen lässt, als fremd eingeordnet wird (vgl. Leskovec, 2009, S. 53). Fremd ist also eine Zuschreibung, die vom interpretierenden Subjekt und von dessen Standpunkt aus vorgenommen wird und insofern auf das interpretierende Subjekt und dessen Ordnungen zurückweist – Ordnungen in Form von Wahrnehmungsmustern, Beurteilungsmaßstäben, Normalitätsvorstellungen, gesellschaftlichen Konventionen und kulturellen Wissensbeständen. Anhand solcher Muster ordnen wir die uns begegnenden Menschen, Dinge und Ereignisse als vertraut oder fremd ein (vgl. Reuter, 2002, S. 13). Die Etiketten vertraut und fremd oder gleich und different werden von der jeweils gleichen Ordnung erzeugt, wobei diese Ordnungen zumeist binär kodiert und hierarchisch organisiert sind (vgl. Lutz u. Wenning, 2001, S. 20). Vor diesem Hintergrund rücken in den Fokus migrationspädagogischen Interesses nicht nur die Einheimischen und Fremden, sondern auch die Prozesse und Praxen der Bedeutungszuschreibung. Der Blick richtet sich folglich

---

1   Es gibt nur wenige Erklärungsmodelle, die zwischen dem ‚Anderen' und dem ‚Fremden' unterscheiden. Mit Weinrich lässt sich Fremdheit als „Interpretament der Andersheit" verstehen (Büker u. Kammler, 2003, S. 8): Es gibt viele Andere, aber von diesen Anderen werden nur manche als fremd wahrgenommen. Mecheril wiederum unterscheidet zwischen genereller Alterität und konkreter Alterität, „also der immer schon gegebenen Andersheit der Anderen" (Mecheril, 2004, S. 126) und der Andersheit, die das Ergebnis genderbezogener, kultureller oder anderer Zuschreibungen ist. „Der allgemeine Andere kennzeichnet das für pädagogisches Nachdenken grundlegende Thema der Andersheit des Anderen, das Thema der Alterität, in dem deutlich wird, dass der Andere nicht nur Konstitutionsbedingung des *Ich* ist, sondern das *Ich* in mannigfacher Weise durchdringt (vgl. Wimmer, 1988). Von diesem Verständnis des allgemeinen Anderen ist aber jener Andere zu unterscheiden, der im Kontext pädagogischen Nachdenkens über migrationsbedingte Vielfalt bedeutsam ist: der *natio-ethno-kulturelle Andere*." (Mecheril, 2004, S. 19; Hervorhebung im Original)

nicht auf Verschiedenheit/Differenz, sondern auf Prozesse der Differenzierung, nicht auf Kultur, sondern auf Kulturalisierung, nicht auf Ethnie, sondern auf Ethnisierung. Damit ist angezeigt, dass Verschiedenheit nicht einer Interaktion vorausgesetzt ist, sondern deren Ergebnis darstellt. Und diese Prozesse sind nicht abstrakt oder allgemein einzuholen, sondern nur historisch, räumlich, sozial konkret. Prozesse der Differenzierung, der Be-Fremdung, der Inklusion und Exklusion und die darin wirksam werdenden und gleichzeitig hervorgebrachten Ordnungsmuster gilt es auch im Hinblick auf das hier zu interpretierende Bilderbuch in den Blick zu nehmen. Gefragt wird dabei, wie die Einheimischen und der Fremde charakterisiert werden: Werden sie als handelnde oder vor allem als erleidende Subjekte dargestellt, als Individuen oder als Repräsentanten und Repräsentantinnen einer Gruppe? Wird ihre Beziehung als eine Täter-Opfer-Beziehung konturiert, und wenn ja, welcher Art sind die Positionen in dieser Beziehung: veränderlich oder starr? Wie werden Begegnungen zwischen Einheimischen und Fremden gestaltet: friedlich, harmonisch oder spannungsgeladen und konfliktreich? Und nicht zuletzt soll untersucht werden, entlang welcher Ordnungsmuster Zuschreibungen von Zugehörigkeit und Differenz vorgenommen werden.

2. Methodisches Vorgehen

Obwohl Bilderbücher in erster Linie in solchen Kontexten verwendet werden, die man im weitesten Sinne als pädagogisch bezeichnen kann (z. B. Familie, elementarpädagogische Einrichtungen, Grundschule, heilpädagogische Settings), ist die wissenschaftliche Auseinandersetzung mit dem Bilderbuch nach wie vor eine Domäne der Literaturwissenschaft bzw. ihrer Fachdidaktik. Hier hat sich in den vergangenen ca. 25 Jahren ein breiter Forschungsstand rund um Kinderliteratur, respektive Bilderbücher als Medien interkulturellen Lernens herausgebildet (vgl. etwa Blei, 1998; Büker, 2003; Büker u. Kammler, 2003; Hohai, 2014; Hurrelmann u. Richter, 1998; Ritter, 2013; Rösch, 1997; Rösch, 2013). In diesem Kontext wurde die Darstellung fremder Menschen und Kulturen in den Fokus gerückt, und auch Kinderbuchklassiker wie Pipi Langstrumpf oder Jim Knopf wurden einer neuen Lektüre unterzogen „und erwiesen sich unter dieser Perspektive z. T. als höchst problematisch" (Blei, 1998, S. 88). Im Vergleich zu Stand und Umfang literaturwissenschaftlicher Auseinandersetzung nehmen sich dezidiert erziehungswissenschaftliche Beiträge rar aus. Eine Bilderbuchforschung, die aus migrationspädagogischer Perspektive Themen wie Flucht, Auseinandersetzung mit Eigenheit und Fremdheit und die zahlreichen weiteren Facetten von Migration bzw. dem Leben in Migrationsgesellschaften bearbeitet, steht noch ganz am Beginn.

Das Bilderbuch kann in Anlehnung an Michael Staiger charakterisiert werden als ein „Medium der Kinderliteratur" (Staiger, 2014, S. 12), welches Texte aus verschiedenen Gattungen und Genres vermittelt (z. B. Märchen, Abenteuergeschichten, Sachtexte, Gedichte). „Die Besonderheit des Mediums Bilderbuch besteht in der Art und Weise der Informationsvergabe an den Rezipienten: Diese erfolgt in einer Kombination aus bildlichen und verbalen Codes, die in Abhängigkeit und Wechselwirkung zueinander stehen." (Ebd., S. 12) Folglich hat sich die Analyse von Bilderbüchern auf beide ästhetischen Ebenen und auf ihre Verschränkung miteinander zu beziehen.

In der Literaturwissenschaft sind diverse Ansätze zur Interpretation von Bilderbüchern entwickelt worden, die jeweils auf ausgewählte Aspekte ihren Fokus richten, z. B. auf die Erzähldramaturgie, auf die Entfaltung des Themas oder auf die Rezeption (vgl. den Überblick bei Thiele, 2003). Für die folgende Bilderbuchanalyse wird auf das fünfdimensionale Modell[2] von Michael Staiger (2014) zurückgegriffen. Es handelt sich dabei um einen sehr umfassenden Ansatz, der für verschiedene inhaltliche Schwerpunktsetzungen offen ist. Staigers Modell nimmt die verbalsprachliche und die bildliche Dimension zunächst getrennt voneinander in den Blick, um dann zu analysieren, wie Bild und Text in wechselseitiger Bezugnahme ihre Bedeutung entfalten. Im Vergleich dazu schenkt Staiger – ebenso wie andere literaturwissenschaftliche Modelle zur Analyse von Bilderbüchern – der detaillierten Analyse von Einzelbildern nur wenig Aufmerksamkeit. Insofern ist es geboten, einen Ansatz zur Interpretation von (Einzel-)Bildern anzuschließen. Dies geschieht hier, indem die von Roswitha Breckner entwickelte „visuelle Segmentanalyse" hinzugezogen wird (Breckner, 2010; 2012). Es handelt sich dabei um einen symboltheoretisch fundierten, in den Prinzipien der hermeneutisch-interpretativen Soziologie verankerten Ansatz, der Bedeutungspotenziale von Bildern in einem mehrschrittigen Interpretationsverfahren zu erschließen sucht.[3] Mit der Kombination von literatur- und bildwissenschaftlichem Zugang wird

---

2 Es handelt sich dabei um 1. die narrative Dimension (histoire und discours), 2. die verbale Dimension, 3. die bildliche Dimension, 4. die intermodale Dimension sowie 5. die paratextuelle und materielle Dimension (vgl. Staiger, 2014). Alle Dimensionen sind im konkreten Bilderbuch untrennbar miteinander verbunden, selbst in der Analyse lassen sie sich nicht konsequent trennen.

3 Das Verfahren der ‚Segmentanalyse' (Breckner, 2010, hier auch eine ausführliche Darstellung und Begründung der einzelnen Arbeitsschritte) beginnt mit der Dokumentation des Prozesses der Bildwahrnehmung, sodann erfolgt eine formale Bildbeschreibung. Im Anschluss daran wird das Bild in Segmente aufgeteilt. Segmente versteht Breckner als „Bedeutungseinheiten […], aus denen sich das Bild gestalthaft aufbaut" (Breckner, 2010, S. 154). Die Segmente werden zunächst einzeln für sich genommen interpretiert und im Anschluss daran werden sie sukzessive zusammengesetzt und als zusammengesetzte analysiert. In diesem Schritt der Segmentinterpretation werden auch Recherchen zu einzelnen Bildelementen angestellt: sind z. B. Personen auf dem Bild zu sehen, so können Recherchen zum Kleidungsstil oder zur Gestik angestellt werden, um deren Bedeutung auf die Spur zu kommen. Nicht einbezogen wird hingegen fallbezogenes Kontextwissen. Im nächsten Arbeitsschritt wird das Bild einer formalen Kompositionsanalyse unterzogen, wobei Breckner sich hier an Max Imdahls Ikonik anlehnt. Im Anschluss daran wird der Entstehungs- und Verwendungskontext des Bildes in den Blick genommen, an dieser Stelle wird ggf. auch der Text einbezogen und das Bild-Text-Verhältnis untersucht. Am Ende der Analyse wird eine zusammenfassende Interpretation der Gesamtgestalt des

hier versucht, der allenthalben konstatierten interdisziplinären Herausforderung einer Bilderbuchanalyse gerecht zu werden. Angesichts des breiten Spektrums möglicher Aspekte muss jede Bilderbuchanalyse entsprechend ihrer Fragestellung und ihres Erkenntnisinteresses eine Auswahl treffen. Die Untersuchung von Armin Greders *Die Insel* konzentriert sich insbesondere auf die Figurenkonstellation, denn sie scheint im Hinblick auf die Konstruktion von Fremdheit bzw. auf den Umgang mit Fremdheit besonders relevant zu sein. Die folgende Darstellung der Bilderbuchanalyse erfolgt ergebnisorientiert, sie zieht Bild- und Textanalyse in einem Schritt zusammen.[4]

3. Bilderbuchanalyse zu Armin Greders *Die Insel* (2002)

Das Bilderbuch *Die Insel* von Armin Greder ist 2002 im Verlag Sauerländer erschienen.[5] Im Format 32 cm x 22,5 cm, kartoniert, umfasst es 30 Seiten. *Die Insel* wurde 2003 mit dem Katholischen Kinder- und Jugendbuchpreis ausgezeichnet.[6] Die Jury empfiehlt das Buch für Kinder ab 10 Jahren (vgl. Klenner, o. J., S. 1). Zu *Die Insel* liegen Vorschläge und Materialien vor, um das Buch im Schulunterricht einzusetzen (vgl. Klenner, o. J.). Der 1942 in der Schweiz geborene Armin Greder ist hier Autor und Illustrator in einer Person.

3.1 Die Handlung

Das Innentitelbild zeigt ein aufgewühltes Meer und auf ihm, sich von vorn ins Bild schiebend, ein aus groben Pfählen gezimmertes, mit Schnüren zusammengebundenes Floß. Das Meer, in schwarzer Kreide gemalt, unterbrochen nur von gräulicher Gischt, der Himmel in schwarz. Nur am Horizont ist ein schmaler Streifen rot zu sehen, die Andeutung, dass dort etwas sein könnte. Mit diesem Bild verleiht Greder der Geschichte gleich zu Anfang eine düstere Grundstimmung. Es ist eine bedrohliche Szenerie, denn selbst das Rot am Horizont wirkt eher beängstigend. Eingenommen wird die Perspektive desjenigen, der sich auf dem Floß befindet, der vage hoffend auf das zusteuert, was sich in der unendlichen Schwärze des Meeres am Horizont vielleicht als

---

Bildes versucht. Sie erstreckte sich im vorliegenden Fall auf Hypothesen zum Thema des Bilderbuches und zur Art der Themenentfaltung und wurde am Titelcover des Bilderbuches vorgenommen.

4   In der konkreten Bilderbuchanalyse wurde mit der Einzelbildanalyse begonnen, um zu ersten Hypothesen über das Thema und die Art der Themenentfaltung im vorliegenden Bilderbuch zu gelangen. Im Anschluss daran wurde nach Staigers Modell gearbeitet. Am Ende wurden die Ergebnisse der Text- und der Bildanalyse zusammengeführt.

5   Eine Neuauflage der *Insel* ist, versehen mit einem Nachwort von Heribert Prantl, im Jahre 2015 erschienen.

6   Der Preis wird jedes Jahr von der Deutschen Bischofskonferenz verliehen und ist mit 5000 Euro dotiert (vgl. Klenner, o. J., S. 1).

Abb. 1:
Armin Greder: *Die Insel* (2002),
Titelcover

Abb. 2:
Armin Greder: *Die Insel* (2002),
Innentitelbild

Insel abzeichnet. Sodann sehen wir mit den Augen der Inselleute auf die Szenerie, die sie des Morgens am Strand vorfinden: ein winziges Floß mit einem Segel und einen unbekleideten Mann, der ihnen gegenübertritt.

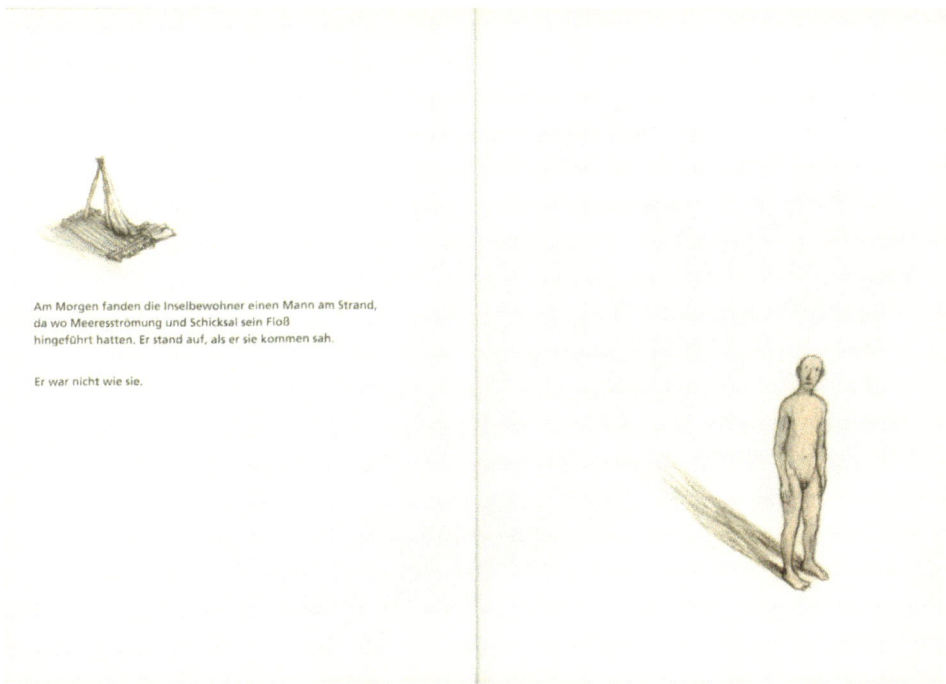

Am Morgen fanden die Inselbewohner einen Mann am Strand, da wo Meeresströmung und Schicksal sein Floß hingeführt hatten. Er stand auf, als er sie kommen sah.

Er war nicht wie sie.

Abb. 3:   Armin Greder: *Die Insel* (2002), S. 1 u. 2

Greder lässt die Leserinnen und Leser hier die Perspektive der Inselbewohner einneh-men, die von oben herabschauend – entweder sind sie größer oder stehen höher – den Mann, der nackt und wehrlos vor ihnen steht, betrachten. Der Mann wiederum blickt sie an und steht ansonsten mit herabhängenden Armen in etwas zusammengesun-kener Haltung da. Die folgende Doppelseite zeigt nun umgekehrt, was aus Sicht des Fremden zu sehen ist:

Es ist eine Gruppe neun äußerst wuchtiger, korpulenter, mit Mistgabeln und Haken bewehrter Männer, die sich ihm dicht an dicht wie eine geschlossene Mauer entgegen-stellen. In ihren Gesichtern steht Ratlosigkeit, Wut und grimmiger Zorn geschrieben. Der Text führt in ihre Gedankenwelt ein. Sie fragen sich, was der Mann auf der Insel wohl wolle und spekulieren, dass es ihm bei ihnen sicherlich nicht gefallen werde, man ihn am besten wieder wegschicke nach dort, von wo er gekommen sei. Diese Überlegungen stellen sie untereinander an. Auf den Gedanken, den Fremden einfach zu fragen, woher er kommt und was er bei ihnen sucht – darauf kommen die Männer anscheinend nicht. Vermutlich wäre der Mann umgehend mitsamt seinem Floß aufs Meer zurückbefördert worden, hätte nicht der Fischer seine Stimme erhoben und zu bedenken gegeben, dass dies unweigerlich den Tod des Fremden bedeuten würde, den er nicht „auf dem Gewissen haben" wolle (Greder, 2002, S. 4). Mit Entschiedenheit äußert der Fischer: „Wir müssen ihn aufnehmen." (Ebd.) Die nächste Doppelseite öffnet den Blick auf jenes tosende Meer und einen von dichten Wolken verhangenen, unwettervollen Himmel, den wir bereits vom Buchanfang kennen. Es ist die Aussicht,

Sie starrten ihn an. Sie wunderten sich.
Sie fragten sich, warum er hierher gekommen sei.
Was er hier wolle. Was nun zu tun wäre.
Einer sagte, es sei wohl am besten, wenn der Mann gleich wieder
weggeschickt würde – da wo er hingehöre.
«Und überhaupt», sagten sie, «es wird ihm hier sowieso nicht
gefallen. So weit weg von seinen eigenen Leuten.»

Aber der Fischer wusste,
wie es draußen auf dem Meer war.
«Es wäre sein Tod, und den möchte ich
nicht auf dem Gewissen haben», sagte er.
«Wir müssen ihn aufnehmen.»

Abb. 4:   Armin Greder: *Die Insel* (2002), S. 3 u. 4

die alle – Fremder und Einheimische – vor sich sehen und die unmissverständlich klarmacht, dass der Fischer mit seiner Einschätzung Recht hat. Mit einem kleinen Floß, bei diesem Wetter und diesem Seegang auf dem Meer zu sein, würde den Untergang bedeuten. Sodann blicken wir – wie auf einer vor uns liegenden Bühne – auf das Geschehen, das sich daraufhin abspielt:

Die Inselbewohner nehmen den Mann auf. Diese ‚Aufnahme' des Fremden gestaltet sich derart, dass sie den Mann – immer noch unbekleidet und allein – vor sich hertreiben. Sie haben ihre Werkzeuge wie Speere auf ihn gerichtet. Text und Bild verhalten sich hier kontrapunktisch: Das Wort „aufnehmen" suggeriert etwas anderes als das, was im Bild zu sehen ist, und was sich eher als Gefangennahme beschreiben lässt. Diese widersprüchlichen Botschaften auf Bild- und Textebene irritieren und führen das Absurde, das völlig übersteigerte Verhalten der Inselbewohner vor Augen. Der Text auf der nächsten Doppelseite informiert darüber, dass die Inselbewohner den Mann in einem Ziegenstall am unbewohnten Ende der Insel unterbringen. Sie vernageln die Stalltür – und kehren zu ihrem Alltag zurück. Unter dem Text hat Greder vier Einzelbilder aufgereiht: Szenen aus dem Leben der Inselleute: Frauen, die ihren dickbäuchigen Männern Essen auftischen, danach den Abwasch machen, während sich die Männer im Wirtshaus vergnügen.

Unter dieser Viererreihe findet sich eine weitere kleine Szene im Weißraum: drei Kinder treiben mit Stöcken bewaffnet ein weinendes Kind vor sich her: Eine Imitation der vorherigen Szene in der Welt der Kinder. Die folgende Doppelseite zerfällt in zwei

Abb. 5:   Armin Greder: *Die Insel* (2002), S. 7 u. 8

Abb. 6:   Armin Greder: *Die Insel* (2002), S. 9 u. 10

173

Eines Tages erschien der Mann in der Ortschaft.

Abb. 7:   Armin Greder: *Die Insel* (2002), S. 11 u. 12

Hälften: auf der linken Seite befindet sich der Text, nur ein Satz, der uns Auskunft darüber gibt, was auf der Handlungsebene geschieht: Der Mann erscheint eines Tages in der Ortschaft.

Auf der rechten Seite blickt uns eine Gestalt entgegen, deren Gesicht von Grauen vollkommen verzerrt ist. Es ist entstellt zu einer entmenschlichten, tierartigen Fratze, und man kann sich nur schwer vorstellen, was diese Gestalt dermaßen in Angst und Schrecken versetzt haben könnte. Es muss das pure Grauen sein. Zitiert wird in diesem Bild Edvard Munchs *Der Schrei* – eine starke Aussage, drückt das Bild von Munch doch äußerste Verzweiflung aus. Das Erscheinen des Fremden im Ort löst Aufruhr aus: Wir blicken auf eine sich zusammenrottende Gruppe männlicher Dörfler, die die Köpfe zusammensteckend darüber beraten und streiten, was mit dem Fremden, den eigentlich nur der Hunger ins Dorf getrieben hatte, nun anzufangen sei. In direkter Figurenrede lässt Greder die Dorfbewohner zu Worte kommen: „Aber wir können doch nicht einfach jeden durchfüttern, der zu uns kommt. […] Sonst müssen wir selbst bald Hunger leiden." (Greder, 2002, S. 13)

Auch anstellen will ihn niemand: der Gastwirt nicht, weil dann wohl niemand mehr bei ihm einkehre; der Zimmermann nicht, weil so jemand doch nicht mit einem Hammer umgehen könne. Und der Fuhrmann sagt: „Schaut ihn euch an. Ich brauche jemanden, der tragen kann." (Greder, 2002, S. 16) Selbst der Pfarrer will ihn nicht in den Chor aufnehmen, weil die Stimme des Mannes einfach nicht passe – vernommen hat er sie allerdings bisher noch nicht. Alle Figuren sprechen von einem Expertensta-

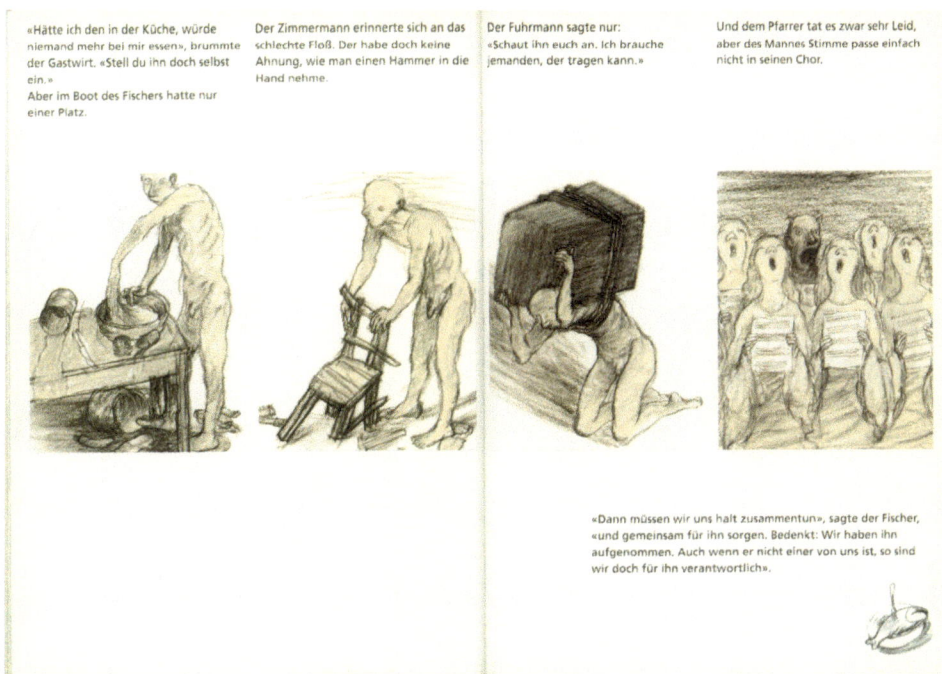

«Hätte ich den in der Küche, würde niemand mehr bei mir essen», brummte der Gastwirt. «Stell du ihn doch selbst ein.»
Aber im Boot des Fischers hatte nur einer Platz.

Der Zimmermann erinnerte sich an das schlechte Floß. Der habe doch keine Ahnung, wie man einen Hammer in die Hand nehme.

Der Fuhrmann sagte nur: «Schaut ihn euch an. Ich brauche jemanden, der tragen kann.»

Und dem Pfarrer tat es zwar sehr Leid, aber des Mannes Stimme passe einfach nicht in seinen Chor.

«Dann müssen wir uns halt zusammentun», sagte der Fischer, «und gemeinsam für ihn sorgen. Bedenkt: Wir haben ihn aufgenommen. Auch wenn er nicht einer von uns ist, so sind wir doch für ihn verantwortlich».

Abb. 8:   Armin Greder: *Die Insel* (2002), S. 15 u. 16

tus aus, der ihren Aussagen das entsprechende Gewicht verleiht. Allesamt schließen sie von äußerlichen Merkmalen des Fremden auf dessen Kompetenzen: dem schmal gebauten Mann wird Schwäche unterstellt; vom Floß des Mannes wird auf dessen handwerkliche Fähigkeiten geschlossen usw. Äußerlichkeiten fungieren hier als Anhaltspunkte für die Zuschreibung von im weitesten Sinne inneren Wesensmerkmalen. Noch einmal erhebt sich am Ende dieser Szene die Stimme des Fischers: „Bedenkt: Wir haben ihn aufgenommen. Auch wenn er nicht einer von uns ist, so sind wir doch für ihn verantwortlich." (Greder, 2002, S. 16) Mit Essensresten, die üblicherweise den Schweinen vorgeworfen werden, versorgen sie den Mann, sperren ihn zurück in den Ziegenstall und verbarrikadieren die Tür so, dass er sich nicht wieder von allein befreien kann. Doch all das verhindert nicht, dass der Fremde die Gedanken der Dorfbewohnerinnen und -bewohner in Unruhe versetzt. Er wird zur „Projektionsfläche für vielfältige Ängste und setzt vielerlei Assoziationen frei." (Thiele, 2003, S. 83) Die Konstruktion von Fremdheit und Feindbildern tritt hier nochmals in ein neues Stadium: Die Fantasien übernehmen nun vollends die Regie. Wie des Einen Fantasien sich zu Gruppenfantasien entwickeln, schildert Greder auf der, wieder als Szenenbilder angeordneten, Doppelseite:

„Er kommt und frisst dich, wenn du deine Suppe nicht isst", droht eine Mutter ihrem Kind. Offensichtlich entwickelt das Kind nun Angst, erzählt davon in der Schule, worauf der Schulmeister abends in der Wirtschaft in dramatischer Weise davon zu berichten weiß. Und sodann steht es in der Zeitung, schwarz auf weiß: „Fremder

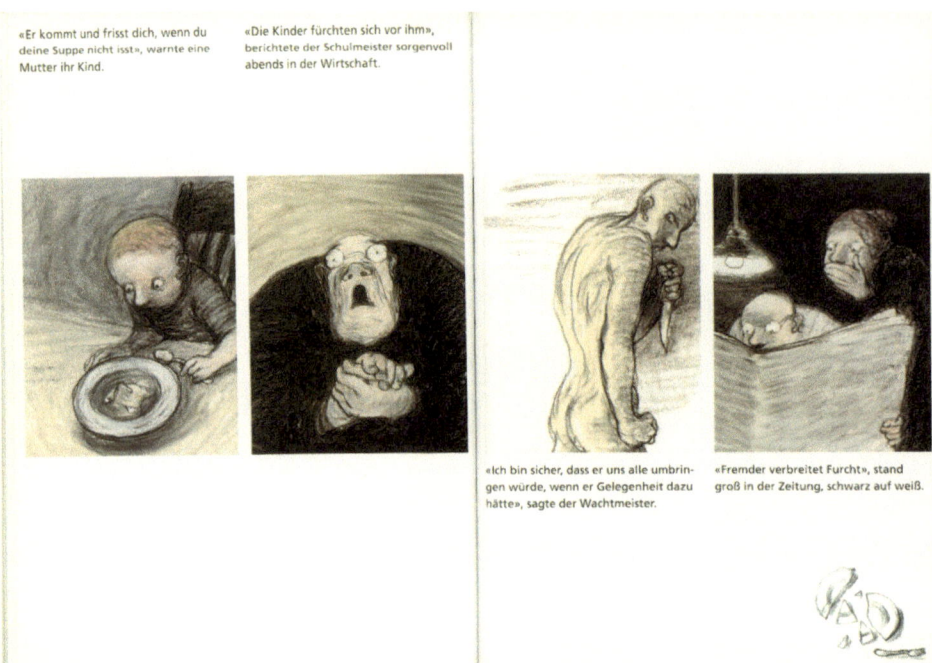

Abb. 9: Armin Greder: *Die Insel* (2002), S. 19 u. 20

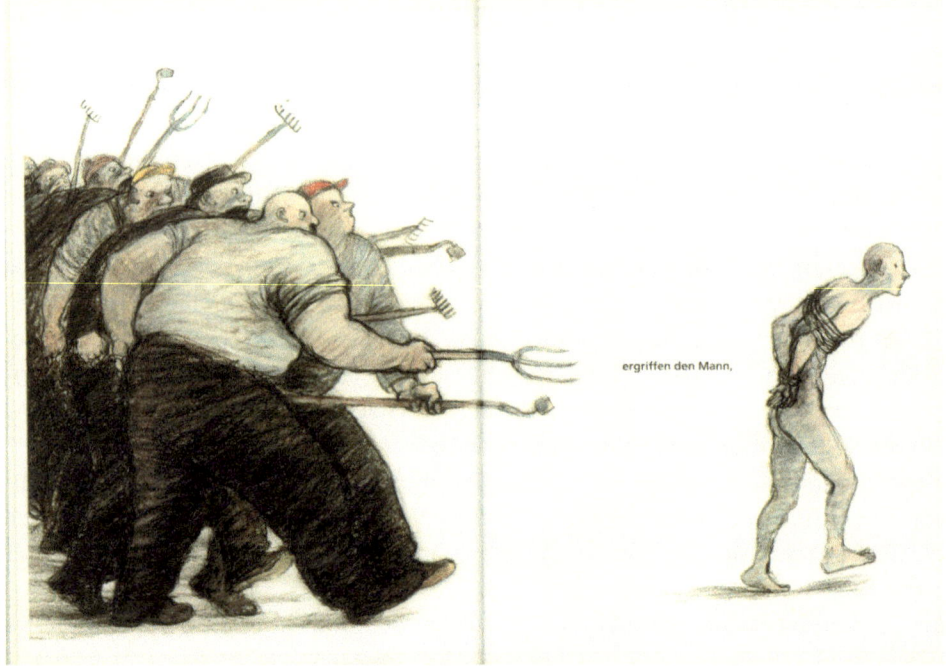

Abb. 10: Armin Greder: *Die Insel* (2002), S. 23 u. 24

verbreitet Furcht." (Greder, 2002, S. 20) Bedrohungsfantasien machen sich breit, ergreifen Besitz von den Dorfleuten, die sich wiederbewaffnen und wie ein wütender Mob Richtung Ziegenstall ziehen. Die Szene, die nun folgt, ähnelt auffällig derjenigen vom Anfang, wenngleich sie sich nunmehr zugespitzter darstellt:

Eine wütende, aggressive Meute Männer treibt den immer noch nackten, nunmehr allerdings an Armen und Händen gefesselten, inzwischen gebeugt gehenden Mann vor sich her. Dieses Mal entspricht der Text eher dem Tenor des Bildes: Sie „ergriffen den Mann" (Greder, 2002, S. 24), zwingen ihn auf sein Floß zurück und schieben ihn hinaus aufs Meer. Auf einer der letzten Doppelseiten stößt der Blick auf eine massive Festung mit Wehrtürmen und Schießscharten. Nicht zuletzt aufgrund der starken Untersicht wirkt die Festung bedrohlich und uneinnehmbar. Im Text heißt es: „Und sie bauten eine hohe Mauer um die ganze Insel; mit Türmen, von denen sie Tag und Nacht das Meer überwachen konnten." (Greder, 2002, S. 28) Die letzte, textlose Doppelseite zeigt schließlich, wie das Boot des Fischers in lodernden Flammen aufgeht.

3.2   Konstruktion von Fremdheit im Wechselspiel von Bild und Text

Wie konturiert Greder den Fremden? Im Vergleich zu den Dorfbewohnern wirkt der Fremde schmal und klein. Zudem ist er ohne jegliches Hab und Gut. Er besitzt nichts, außer seinem Floß. Er ist nackt und wird damit ganz ohne soziale und kulturelle Attribute vorgestellt. Dadurch wirken die Zuschreibungen der Inselbewohner geradezu absurd, bodenlos. Er ist ein unbeschriebenes Blatt, die reine Projektionsfläche. Nicht zuletzt wird Nacktheit assoziiert mit Schutzlosigkeit, aber auch mit Würdelosigkeit und mit der Darstellung von sogenannten Wilden, wie man sie im Kontext kolonialer Bilderwelten findet. Nackt ist der Fremde bei Greder aber auch im übertragenen Sinn, denn er hat keine (erzählte) Geschichte, seine Herkunft bleibt im Dunkeln. Seine emotionale Gestimmtheit ist nur sehr vage an seiner Körperhaltung und seinem Gesichtsausdruck erkennbar: Gestus und Haltung wirken resigniert, traurig, schicksalsergeben; es sind aber auch Anflüge von Aufrecht-Sein und Stolz, von einer gewissen Beharrungs- und Initiativkraft vorhanden. Während die Inselleute in erster Linie schwarz gezeichnet werden, wird der Fremde mit heller Kreide, einzelnen Farbschraffierungen und dunklen Umrisslinien wesentlich feiner und leichter gezeichnet. Seine Nacktheit und der helle, fast weiße Körper lassen ihn als unschuldiges Opfer erscheinen, das einsam und schutzlos der Übermacht der Dorfbewohner und -bewohnerinnen ausgesetzt ist.

Die Inselleute hingegen treten vor allem als Gruppe auf – als Gruppe eng zusammenstehender, relativ gleichartiger Menschen. Sie leben auf ihrer Insel, vermutlich weitgehend abgeschottet von der übrigen Welt in einem patriarchalisch organisierten Verband, der auf der Bildebene anmutet wie eine verschworene Dorfgemeinschaft aus einer Zeit von vor etwa 100 Jahren. Während die Frauen in der Küche schuften, gehen die Männer ihren außerhäuslichen Arbeiten nach und betrinken sich des Abends im örtlichen Wirtshaus. Die Gefühlslage der Dörfler schildert Greder als düster. Sie sind misstrauisch, ängstlich und schreckhaft. Alles andere als aufgeklärt und vernünftig, sind sie beeinflussbar, ihr Handeln speist sich aus unhinterfragten Vorurteilen und Fantasien. Sie sind derb, dumpf, grimmig, wütend, brutal, unbarmherzig. Ihre „Engstirnigkeit und Verbohrtheit" (Thiele, 2003, S. 83) steht ihnen ins Gesicht geschrieben: weit auseinander stehende winzige Augen, aufgerissene oder zu schmalen Strichen verzerrte Münder, weiterhin kleine Köpfe, keine Hälse, Stiernacken, grimmige Blicke. Alle sehen gleich aus, individuelle Eigenheiten sind kaum erkennbar. Nur einer von ihnen scheint anders zu sein: Der Fischer. Ihm hat Greder keine bildliche Gestalt verliehen, er tritt nur als Sprecher auf. Das lässt die Vermutung zu, dass er keine konkrete Figur verkörpert (sonst hätte er ja eine), sondern ein abstraktes Prinzip, eine abstrakte Instanz. Als Hypothese lässt sich formulieren, dass er dem jedem Menschen innewohnendem Gewissen, also auch dem der Inselbewohner, eine Sprache verleiht. Diese Stimme hat anfangs durchaus einige Autorität und bewirkt immerhin, dass man den Mann auf der Insel aufnimmt. Im weiteren Fortgang der Geschichte spurt das Gewissen zunächst auf eine taktisch-pragmatische Argumentation ein, verstummt schließlich ganz und wird am Ende selbst zum Sündenbock, Hassobjekt und Opfer degradiert. Wenn am Ende die Lebensgrundlage des Fischers vernichtet ist, weil sein Boot verbrannt wurde und die Inselbewohner und -bewohnerinnen beschließen, keine Fische mehr zu essen, dann ist dem Gewissen die Existenzgrundlage entzogen. Das Gewissen wird verantwortlich gemacht für den Konflikt, dem man sich ausgesetzt sah, deshalb muss es zum Schweigen gebracht werden. Es ist zu vermuten, dass die Mauer, die die Inselbewohner am Ende um ihre Insel errichten, gleichzeitig eine Mauer im Inneren ihrer selbst ist.

Worauf macht Greders Erzählung aufmerksam? Die Haltung, die wir Fremden gegenüber einnehmen, basiert oftmals nicht auf in realen Face-to-Face-Kontakten erworbenen Eindrücken und Erfahrungen, sondern ist geleitet von Fantasien, von Gerüchten, von Ängsten und mitunter auch von unguter Gruppendynamik. In Greders Insel ist es gerade der Nicht-Kontakt, der zu Gewalt und Ausgrenzung führt. Gewalt ist eine Folge jener wirkmächtigen Fantasien der Dorfbewohner und -bewohnerinnen, die angesichts der realen Situation in Gestalt eines einzigen, wehrlosen Mannes geradezu absurd anmuten. Darüber hinaus kommt die Text- und Bildanalyse, nicht zuletzt die Einzelbildinterpretation[7], zu dem Schluss, dass für das Buch kennzeichnend die

---

7 Die Einzelbildinterpretation im Verfahren der ‚Visuellen Segmentanalyse' (Breckner, 2010) kann an dieser Stelle nicht näher dargestellt werden. Die Interpretation des Titelcovers führte im Hinblick auf das Thema und die Art der Themenentfaltung in Greders *Die Insel* zu folgenden Hypothesen: Das eigentliche Thema des Buches ist das Aufeinandertreffen von Gegensätzen. Am Bild macht sich dies u. a. an folgenden Elementen fest: 1. Die Farbwahl reduziert sich im Wesentlichen auf Schwarz-Weiß, gearbeitet wird mit starken Kontrasten. 2. Bild und Text verhalten sich gegenläufig, auch hier wird mit der Gegenüberstellung von Gegensätzlichem gearbeitet. 3. Die perspektivische Konstruktion der Untersicht in Verbindung mit der abgebildeten mächtigen Festung bewirkt, dass auch

stark polarisierte, im Schwarz-Weiß-Kontrast bzw. in der Täter-Opfer-Dichotomie verbleibende Darstellung ist. Die Figurenkonstellation, die Greder entfaltet, ist eine, in der sich zwei Parteien diametral gegenüberstehen. Der Fremde wird gezeichnet als wehrloses Opfer: familienlos, besitzlos, geschichtslos, sprachlos, machtlos, würdelos; die Einheimischen werden gezeichnet als dumpfer Mob von Tätern und Täterinnen: einfach gestrickt, egoistisch, manipulierbar, brutal. An dieser Konstellation ändert sich im Verlauf der Geschichte wenig. Einzig die mahnende Stimme des Fischers verstummt. Ansonsten bleiben die Parteien in den Koordinaten stehen, in die sie von Greder bereits am Anfang der Geschichte gestellt werden. Mit Ausnahme des Fischers sind Greders Charaktere statischer Natur. Es gibt nur Entweder-Oder: Opfer oder Täter, es gibt keine Übertritte, Berührungen, Gemeinsamkeiten, kein ‚Sowohl-als auch‘ oder ‚Erst so, dann anders‘. Diese polarisierte Darstellung ist zwar auch kritisiert worden, z. B. in einer Rezension in der ZEIT. Dort heißt es: „Mag sein, dass in diesen karikaturhaften Zuspitzungen ein zu einfaches Gut-Böse-Schema angelegt ist, aber", so heißt es weiter, dies schärfe „den Blick für die Not der Schwachen und Verfolgten" (http://www.zeit.de/2002/12/200212_kj-insel_xml; letzter [01.06.2017]).

Diese Einschätzung wird hier nicht geteilt. Denn: beide Parteien sind dermaßen polarisiert überzeichnet, dass sie als reine Stereotype erscheinen und als solche vermutlich wenig Identifikationsfläche für die Lesenden bieten. Die Inselleute sind abstoßend. Sie sind die Täter und Täterinnen, die von ihren wilden Fantasien regiert werden, ihren Ängsten und den Hasstriaden der Agitatorinnen und Agitatoren aufsitzen, die nicht vernünftig denken, jede Mitmenschlichkeit vermissen lassen, sie sind grob, ungehobelt und unsympathisch. Der Fremde, der im bloßen Opferstatus verbleibt, lädt jedoch ebenso wenig zur Identifizierung ein – ja, man hat Mitleid mit ihm. Aber: Wer will sich in diesem Opfer sehen? Oder gar in diesen Tätern und Täterinnen? Wenn man Greders Figuren sieht und hört, liegt es nahe zu sagen: So bin ich aber nicht! Der Leser und die Leserin sympathisieren zwar mit dem Opfer und verdammen die Täter und Täterinnen, er/sie findet schnell zu einem moralisch richtig und falsch. Gleichzeitig erschwert die Art der Darstellung, so die hier vertretene Vermutung, dass der Rezipient bzw. die Rezipientin Aspekte der Figuren in sich selbst entdeckt und erkennt.

---

hier ein Gegensatz, eine Frontstellung konstruiert wird: jemand, der klein von unten aufblickt zu jemandem, der mächtig ist, weil er sich hinter mächtigen Mauern verschanzen kann. Ein Jemand ist draußen, ein Jemand ist drinnen. 4. Die dominante Feldlinie markiert den harten Kontrast zwischen Vorder- und Hintergrund, zwischen Schwarz und Weiß. Vor diesem Hintergrund wurde die Hypothese entwickelt, dass es in der im Buch entfalteten Geschichte um das Aufeinandertreffen von Gegensätzen geht. Es wird vermutet, dass es um eine Konfrontation zweier gegensätzlicher unvereinbarer Welten geht, um eine Geschichte, in der mächtig und hilflos aufeinandertreffen werden. Es wird eine Geschichte über Gut und Böse sein, über unschuldig und schuldig. Es wird eine reduzierte, von Raum und Zeit losgelöste Geschichte sein. Die ganze Stimmung in der Geschichte wird düster sein.

4.   Ausblick

Wie Greders *Die Insel* im Unterricht mit Schülern und Schülerinnen erarbeitet werden kann, dazu hat Edith Klenner umfangreiche Vorschläge und Materialien entwickelt (Klenner, o. J.). Während sieben der acht Bausteine ihrer Unterrichtsreihe darauf abzielen, das Buch zu erschließen, soll Baustein acht über das Buch hinausführen, u. a. indem anhand „aktueller Beispiele […] der Umgang mit Fremden in Deutschland untersucht" werden soll (ebd., S. 43), oder indem die Schüler und Schülerinnen dazu angeregt werden sollen, sich über ihre eigenen Erfahrungen mit Fremdheit und Ausgrenzung auszutauschen (vgl. ebd.). Obwohl diese Vorschläge, insbesondere im Vergleich zu den differenziert ausgearbeiteten anderen sieben Bausteinen zur Erarbeitung des Buches, einigermaßen vage bleiben, weisen sie doch auf einen zentralen Aspekt hin, nämlich auf die Diskrepanz zwischen literarischem (Fremd-)Verstehen und lebensweltlichem (Fremd-)Verstehen: Während literarisches Fremdverstehen im Sinne von Empathie für die literarischen Protagonisten und Protagonistinnen sich auf dem Feld des „Imaginären" bewegt, bezieht sich lebensweltliches Fremdverstehen auf die reale Alltagswelt und „äußert sich in der Fähigkeit und Bereitschaft, die Perspektive eines realen fremden Gegenüber einzunehmen." (Büker u. Kammler, 2003, S. 20) Es handelt sich hierbei also um zwei völlig unterschiedliche Ebenen des Fremdverstehens. Saskia Rudolf verweist zu Recht darauf, dass lebensweltliches Fremdverstehen sich nicht einfach quasi als logische Folge literarischen Fremdverstehens einstelle, sondern mit weiterführenden, vor allem handlungsorientierten Methoden gefördert werden müsse. Die reine Lektüre und ein daran anschließendes Unterrichtsgespräch reichen für den Transfer in die Alltagswelt nicht aus (vgl. Rudolf, 2011, S. 49). Vor diesem Hintergrund ist aus migrationspädagogischer Perspektive Folgendes zu bedenken. Ein Transfer in die Alltagswelt am Ende der Unterrichtsreihe ist sinnvoll und wichtig. Er ersetzt allerdings nicht, auch im Zuge der Erarbeitung des Buches immer wieder mit den Schülerinnen und Schülern zu reflektieren, was die jeweiligen *Einzel*ereignisse und Handlungen der Geschichte mit ihrer Lebenswelt zu tun haben. Die Konstruktion von Fremdheit und die Ausgrenzung des Fremden stellen sich als prozessuales, alltägliches Geschehen dar. Dass der Fremde in Greders *Die Insel* in den Tod geschickt wird, ist das Ergebnis sich sukzessive aufschichtender Einzelereignisse. Wenn der Transfer dieser Botschaft in die Alltagswelt gelingen soll, dann muss er auch an den einzelnen Schritten dieses Prozesses ansetzen: an der Entstehung von Vorurteilen, am Einfluss medialer Bilder und eigener Fantasien sowie gruppendynamischer Prozesse auf das eigene Denken und Handeln usw. An jeder dieser einzelnen Stationen wäre zu überlegen: Was hat das mit mir, mit meiner Welt und meinem Handeln zu tun? Und welche alternativen (Sprach-)Handlungen sind in der jeweils konkreten Situation denkbar und welche Ressourcen benötigt es, um in der konkreten Situation anders zu denken, zu sprechen oder zu handeln? Ein Eintreten für die Rechte aller, wie sie Auernheimer (2012) als Ziel interkultureller Bildungsarbeit formuliert, bleibt dann nicht abstrakt, sondern wird konkret und greifbar als Handeln in einer konkreten Situation, als Eintreten für ein konkretes Gegenüber in einer konkreten Situation.

Und schließlich gilt es in der Erarbeitung der Bilderbuchgeschichte die Schülerinnen und Schüler dazu anzuregen, ihre eigenen Lesarten bzw. Sehweisen der Geschichte zu bilden. Dabei ist nicht nur der Inhalt der Geschichte einzubeziehen, sondern auch die Art der Darstellung und damit die Medialität des Bilderbuches. Erst dadurch kann Greders *Die Insel* als *eine*, in ihrer Art und Stellungnahme spezifische, Darstellung des Umgangs mit Fremdheit in den Blick kommen. Ihr können dann andere Interpretationen dieses Themas gegenübergestellt werden, wie sie in Form zahlreicher Bilderbücher, aber auch in anderen Formaten der Kinder- und Jugendliteratur vorliegen.

Literatur

Auernheimer, Georg (2012). *Einführung in die interkulturelle Pädagogik* (7. Aufl.). Darmstadt.

Blei, Claudia (1998). *Zur bild- und sprachästhetischen Darstellung des Eigenen und Fremden im deutschsprachigen Bilderbuch.* Dissertation: TU Dresden.

Breckner, Roswitha (2012). Bildwahrnehmung – Bildinterpretation. Segmentanalyse als methodischer Zugang zur Erschließung bildlichen Sinns. *Österreichische Zeitschrift für Soziologie, 12* (2), 143–164.

Breckner, Roswitha (2010). *Sozialtheorie des Bildes. Zur interpretativen Analyse von Bildern und Fotografien.* Bielefeld.

Büker, Petra (2003). „Tut uns Leid, du bist nicht wie wir!" Zum Umgang mit Differenz in Kathyn Caves und Chris Riddells „Irgendwie Anders". In Petra Büker u. Clemens Kammler (Hrsg.), *Das Fremde und das Andere. Interpretationen und didaktische Analysen zeitgenössischer Kinder- und Jugendbücher.* Weinheim, München, S. 29–44.

Büker, Petra u. Kammler, Clemens (2003). Das Fremde und das Andere in der Kinder- und Jugendliteratur. In Dies. (Hrsg.), *Das Fremde und das Andere. Interpretationen und didaktische Analysen zeitgenössischer Kinder- und Jugendbücher.* Weinheim, München, S. 7–27.

Greder, Armin (2002). *Die Insel. Eine alltägliche Geschichte.* Frankfurt a.M.

Hohaie, Nazli (2014). Interkulturelles Lernen mit Bilderbüchern. In Julia Knopf u. Ulf Abraham (Hrsg.), *BilderBücher. Theorie.* Hohengehren, S. 141–147.

Hofmann, Michael (2006). *Interkulturelle Literaturwissenschaft. Eine Einführung.* Paderborn.

Hurrelmann, Bettina u. Richter, Karin (1998). Einleitung. In Dies. (Hrsg.), *Das Fremde in der Kinder- und Jugendliteratur. Interkulturelle Perspektiven.* Weinheim, München, S. 7–17.

Klenner, Edith (o. J.). *Die Angst vor dem Fremden. Das Buch „Die Insel" von Armin Greder im Unterricht.* Verfügbar unter: http://religion.bildung-rp.de/fileadmin/user_upload/religion.bildung-rp.de/Katholisch/Unterrichtsbeispiele/U-Reihe_Greder-Insel_1.pdf [22.04.2017].

Lutz, Helena u. Wenning, Norbert (2001). Differenzen über Differenz – Einführung in die Debatten. In Dies. (Hrsg.), *Unterschiedlich verschieden. Differenz in der Erziehungswissenschaft.* Opladen, S. 11–24.

Leskovec, Andrea (2009). *Fremdheit und Literatur. Alternativer hermeneutischer Ansatz für eine interkulturelle ausgerichtete Literaturwissenschaft.* Münster.

Mecheril, Paul (2004). *Einführung in die Migrationspädagogik.* Weinheim, Basel.

Mecheril, Paul, Varela, Maria do Mar Castro, Dirim, Inci, Kalpaka, Annita u. Melter, Claus (2010). *Migrationspädagogik.* Weinheim, Basel.

Reuter, Julia (2002). *Ordnungen des Anderen. Zum Problem des Eigenen in der Soziologie des Fremden.* Bielefeld.

Ritter, Michael (2013). Eigenart und Fremdheit – mehr als ein Thema in neuen Bilderbüchern. In Petra Josting u. Caroline Roeder (Hrsg.), „Das ist bestimmt was Kulturelles". Eigenes und Fremdes am Beispiel von Kinder- und Jugendmedien. *kjl&m, 13.* Extra, S. 69–79.

Rösch, Heidi (2013). Interkulturelle Literaturdidaktik im Spannungsfeld von Differenz und Dominanz, Diversität und Hybridität. In Petra Josting u. Caroline Roeder (Hrsg.), „Das ist bestimmt was Kulturelles". Eigenes und Fremdes am Beispiel von Kinder- und Jugendmedien. *kjl&m, 13.* Extra, S. 21–32.

Rösch, Heidi (1997). *Bilderbücher zum interkulturellen Lernen.* Hohengehren.

Rudolph, Saskia (2011). *Bunte Fenster zur Welt. Mit Bilderbüchern interkulturelles Lernen fördern.* Hamburg.

Staiger, Michael (2014). Erzählen mit Bild-Schrifttext-Kombinationen. Ein fünfdimensionales Modell der Bilderbuchanalyse. In Julia Knopf u. Ulf Abraham (Hrsg.), *BilderBücher. Theorie.* Hohengehren, S. 12–23.

Thiele, Jens (2003). *Das Bilderbuch. Ästhetik – Theorie – Analyse – Didaktik – Rezeption.* Mit Beiträgen von Jane Doonan, Elisabeth Hohmeister, Doris Reske u. Reinbert Tabbert. (2., erweiterte Aufl.). Bremen, Oldenburg.

Kaspar H. Spinner

Vermittlungsinstanz Schule

Didaktik der Kinder- und Jugendliteratur

Es hat lange gedauert, bis die Kinder- und Jugendliteratur ihren Platz im Unterricht gefunden hat. Immer wieder gab es Widerstände; man könnte von Stolpersteinen sprechen, die ihr den Weg in die Schule erschwert haben, oder von Dilemmasituationen, in denen sich die Beteiligten – Pädagogen, Didaktiker, Lehrpersonen – verfingen. Die entsprechenden Entwicklungen zeichne ich im Folgenden nach. Abschließend erläutere ich knapp die Fragen, die die Diskussionen um die Kinder- und Jugendliteratur im Unterricht heute bestimmen. In den aktuellen Problemstellungen kann man manche Parallele zu vergangenen Kontroversen entdecken. In meinen Ausführungen beziehe ich mich im Wesentlichen auf die erzählende fiktionale Kinder- und Jugendliteratur; Lyrik, Theaterstücke und Sachbuch bleiben ausgeklammert.

1.   Die Philanthropen und die Kinderliteratur

Kinderliteratur gelangt im letzten Viertel des 18. Jahrhunderts in die Schule. In der Zeit vorher dienten religiöse Texte, d. h. Bibel und Katechismus, als Lesestoff für den Unterricht. Überhaupt kam der Leseunterricht kaum über eine elementare Leselehre hinaus. Bürgertum und Adel schickten ihre Kinder in der Regel nicht in die Schule, sondern ließen sie von Erziehern und Hauslehrern unterrichten. Dafür gab es eine reiche pädagogische Literatur (vgl. Hurrelmann 1974). Eine größere Bedeutung gewann der Schulunterricht dann durch die Philanthropen, die sich im Sinne der Aufklärung für eine Bildung aller Volksschichten einsetzten. Aus diesem Kreis stammt das erste deutsche Lesebuch für Volksschulen, mit dem der Einzug der Kinderliteratur in die Schule beginnt. Verfasser dieses 1776 erschienenen Lesebuchs mit dem Titel *Der Kinderfreund. Ein Lesebuch zum Gebrauch in Landschulen* ist Friedrich Eberhard von Rochow, ein vielseitig interessierter Gutsbesitzer, der als Philanthrop auch bildungspolitisch tätig war (vgl. Stach, 1995a). Seinen *Kinderfreund* schuf er vor allem, um die Landjugend in den Schulen seiner Güter besser auszubilden. Sein Lesebuch erfuhr aber weit darüber hinaus große Aufmerksamkeit; es kam zu vielen Folgeausgaben, es entstanden Nachahmungen und Übersetzungen in andere Sprachen. Die Texte für das Lesebuch hatte Rochow überwiegend selbst geschrieben. Man kann also nicht sagen, dass mit diesem Lesebuch die Schule zur Vermittlungsinstanz für eine bestehende Kinder- und Jugendliteratur geworden sei. Es geht Rochow auch nicht um literarische Bildung irgendwelcher Art, nicht um eine Hinführung zur Welt der Literatur; er bietet Texte als Mittel der sittlichen Erziehung und der Verstandesbildung an. Epochemachend ist aber, dass erstmals erfundene kleine Geschichten, die speziell für Kinder geschrieben sind, den Hauptinhalt eines Lesebuches für die Schule ausmachen. Drei Beispiele mögen zeigen, welcher Art die von Rochow verfassten Texte sind:

Der kleine Dieb.
Der kleine Peter hatte oft seinen Aeltern und Geschwistern Kleinigkeiten an Eßwaaren und andern Sachen weggenommen. Als ihn endlich seine Mutter darüber betraf, sagte sie es dem Vater; und sie wurden eins, deswegen das böse Kind hart zu züchtigen. Da Peter nun sehr weinte, und verwenden wollte: „Er hätte ja nur eine Kleinigkeit weggenommen;" so sagte der verständige Vater: „Eben darum straf ich dich hart, damit du nicht bey Kleinigkeiten lernest, Dinge von größerem Werthe stehlen, und endlich am Galgen sterben müssest."
„Denn wer oft nur einen Apfel stiehlt, nimmt dereinst auch Geld, wenn er dazu kommen kann."
„Ein andermal nimm nicht das geringste ohne die Erlaubnis dessen, dem es gehört."
Du sollst nicht stehlen. 3 Mos. 19, 11. (von Rochow, 1776, S. 21)

Der Text zeigt unverkennbar die belehrende Tendenz, die für Rochows Lesebuch kennzeichnend ist; fast könnte man von schwarzer Pädagogik sprechen, wenn von harter Züchtigung die Rede ist. Aber es wird durchaus auch eine aufklärerische Pädagogik sichtbar. Ziel der Strafe ist nicht blinder Gehorsam; der „verständige Vater" will vielmehr eine Einsicht vermitteln. Deshalb folgt auf die Strafe im Text ein Gespräch zwischen Peter und seinem Vater.

In der folgenden kleinen Geschichte wird ein weiterer Aspekt der aufklärerischen Pädagogik deutlich:

Wie gut ist es, wenn man was nützliches gelernt hat.
Fritz hatte in der Jugend zur Gärtnerey Lust gehabt, und von einem Gärtner gelernt, wie die Obstbäume müßten gepflanzt, beschnitten, gepfropft und oculiret werden. Durch eine Krankheit bekam er einen Schaden, der ihn an der schweren Feldarbeit hinderte. Nun würde es ihm schlecht gegangen seyn, wenn er sonst nichts gelernet hätte. Aber weil er mit der Baumzucht gut umzugehen wußte; so nahm ihn sein Herr zum Gartenknecht an, und er hatte bis an seinen Tod dadurch seinen Unterhalt.
Was nützliches lernen schadet niemals, und kann oft viel helfen. (Ebd., S. 17)

In diesem Beispiel findet man das Nützlichkeitsdenken und die Bedeutung des Lernens, die die philanthropische Pädagogik bestimmen. Religiöse Unterweisung, die traditionell in der Schule im Vordergrund stand, spielt in einem solchen Text keine Rolle mehr. Ein drittes Anliegen aufklärerischer Pädagogik zeigt das folgende Beispiel:

Der Furchtsame
Ein Schornsteinfeger ging spät zurück nach der Stadt. Ihm begegnete Hans, den sein Herr mit Pflugeisen nach der Stadt geschickt hatte. Als nun beyde an der Ecke eines Busches zusammentrafen, da erschrak Hans gewaltig; denn er war von seinen unverständigen Aeltern wenig zur Schule gehalten worden, und hatte daher von der Thorheit und Schädlichkeit des Aberglaubens, und daß es durchaus und überall keine Gespenster

und Hexen gäbe, nichts gehöret. Er warf also die Pflugeisen eilig weg, sprang und lief, so schnell er konnte, über Graben und Zäune nach Hause. Der Schornsteinfeger, der seiner Furcht spottete, nahm die Pflugeisen auf. Als Hansens Herr nach den Eisen fragte, waren sie nicht da. Und Hans hatte sich so erhitzt, und geängstet, daß er ein Fieber bekam, woran er beynahe gestorben wäre. Er blieb beständig dabey, er hätte ein schwarzes Gespenst gesehen. Nach einiger Zeit schickte des Schornsteinfegers Herr dem Bauer die Pflugeisen wieder. Die Geschichte kam an den Tag; und Hans ward von Kinder und Alten verlacht, und seiner kindischen Furcht wegen verachtet.

Furcht ist beständig bey Unwissenheit und Aberglauben. Weish. 17, 6. 12. 13. (Ebd., S. 41 f.)

Hier wird der rationalistische Anspruch der Aufklärung, ihr Kampf gegen den Aberglauben deutlich. Dabei wird auch die Rolle der Schule betont, die den „unverständigen Aeltern" von Hans offenbar nicht bewusst ist.

In den 1770er und 1780er Jahren kamen eine ganze Reihe weiterer Textsammlungen für Kinder heraus, die allerdings für die Erziehung in der Familie gedacht waren. Dazu gehört *Der Kinderfreund* von Christian Felix Weiße, eine periodische Publikation, die den gleichen Titel wie Rochows Lesebuch trägt. Diese jugendliterarischen Schriften wurden, wie das auch bei Rochow der Fall ist, in der Regel von Pädagogen und nicht von Schriftstellern verfasst. Es ist erstaunlich, wie damals in kurzer Zeit ein reiches Angebot an erzählender Literatur für Kinder entstand. Mit ihrem Engagement für die Erziehung mithilfe von erzählenden Texten gerieten die Philanthropen allerdings in einen kaum lösbaren Konflikt. Das lag in erster Linie an dem Pädagogen und Philosophen Jean-Jacques Rousseau und seiner Schrift *Emile oder über die Erziehung*, die 1762 auf Französisch und auf Deutsch erschienen war und auf die sich die Philanthropen immer wieder bezogen. Rousseau war für sie der Gewährsmann für ihre Anschauungspädagogik. Zu dieser passte das Lernen mit Büchern gar nicht. Bei Rousseau fanden die Philanthropen die Auffassung, dass Bücher Quellen des größten Unglücks der Kinder seien, und lasen einen Satz wie „die Lektüre ist die Geißel der Kindheit" (zit. nach Ewers, 2010, S. 33). Kinder sollten natürlich, in der Natur, nicht mit Büchern aufwachsen. Der Konflikt, in den die Philanthropen mit ihrer Berufung auf Rousseau gerieten, wird besonders deutlich bei dem Erzieher, Theologen und Schriftsteller Joachim Heinrich Campe. Unter dem Einfluss von Rousseau, der Defoes *Robinson* als einziges Buch anerkannte, das Kindern allenfalls in die Hand gegeben werden kann, schrieb Campe seinen *Robinson der Jüngere*, erschienen 1779. Dieses Kinderbuch ist eines der erfolgreichsten Bücher deutscher Sprache geworden. In der Vorrede zur 7. Auflage schreibt Campe, sein *Robinson* sei „in vielen Schulen eingeführt und von Kadix bis Moskau und Konstantinopel in alle Europäischen Sprachen, sogar in die Russische, die Neugriechische und die Altböhmische, übersetzt worden" (Stach, 1995b, S. 3). Es handelt sich also um den ersten deutschen Kinderroman, der international in Schulen eine Rolle gespielt hat. In der narrativen Konstruktion des Romans kann man die Problematik erkennen, vor die sich die Philanthropen gestellt sahen: Die Robinsongeschichte wird in Campes Roman von einem Familienvater erzählt; er unterbricht das Erzählen immer wieder mit lehrhaften Gesprächen über die Geschichte. Darin wird deutlich, dass Literatur eigentlich nicht von den Kindern selbst gelesen, sondern ihnen erzählt werden sollte.

Sein *Robinson der Jüngere* war nicht das einzige Kinderbuch von Campe. Zu nennen ist vor allem die *Kleine Kinderbibliothek* mit insgesamt 24 Bänden, die er von 1779–1793 herausgab; die ersten 12 Bände waren für das 6.–12. Lebensjahr gedacht. Ab Mitte der 1780er Jahre wandte sich Campe allerdings gegen Bücher in der Schule bis zum 12. Lebensjahr (vgl. Ewers, 2010, S. 36 f.). Im *Vorbericht* zum 13. Band seiner Kinderbibliothek schreibt er:

> Allein nach meiner jetzigen auf reifere Erfahrung und Einsicht gegründeten Ueberzeugung sollte die litterarische Bildung der Kinder erst am Ende der Kindheit ihren Anfang nehmen. Ich konnte also für junge Kinder nichts mehr schreiben, weil ich jetzt auf das innigste überzeugt bin, daß alles Lesen und schulmäßige Lernen diesem Alter zuverläßig schädlich [...] ist. (Campe, 1785, o. S.)

Entsprechend hat Campe ab dem 13. Band seiner Kinderbibliothek nur noch Reisebeschreibungen für ältere Jugendliche veröffentlicht. Man kann, wie Campe als prominentes Beispiel zeigt, zusammenfassend sagen, dass die philanthropische Bewegung den wesentlichen Anstoß dafür gegeben hat, dass Kinder- und Jugendliteratur in den Schulen Berücksichtigung fand, und dass sie zugleich diese Entwicklung gebremst hat.

2. Die romantische Kindheits- und Literaturauffassung und ihre Folgen für die Schule

In der ersten Hälfte des 19. Jahrhunderts wird ein verändertes Spannungsverhältnis virulent. Einerseits lebt die aufklärerisch-philanthropische Vorstellung, dass Kinder- und Jugendliteratur der sittlichen Erziehung und der Aneignung von nützlichem Weltwissen zu dienen habe, weiter, andererseits ist durch die Romantik eine andere Auffassung von Kindheit und Literatur einflussreich geworden. Die Romantik wandte sich gegen die aufklärerische Wirklichkeitsorientierung und die belehrende Tendenz der philanthropischen Kinderliteratur und interessierte sich für das Wunderbare, Phantastische. Das führte zu einer Literarisierung des Volksschullesebuchs. Texte der intentionalen Kinder- und Jugendliteratur finden sich in den Lesebüchern kaum mehr, dafür Texte z. B. von Eichendorff oder Matthias Claudius und im Besonderen auch Texte der sogenannten Volksliteratur, z. B. Eulenspiegelgeschichten, Märchen, Sagen, Fabeln. Dabei kommt eine typisch romantische Vorstellung des Verhältnisses von Literatur und Kindheit zum Tragen, nämlich die Parallelisierung von Menschheitsgeschichte und individueller Entwicklung vom Kind zum Erwachsenen. Nach dieser Auffassung ist die Literatur der frühen Menschheit die Literatur, die dem Kind entspricht – das sind nach romantischem Verständnis eben vor allem Sagen, Märchen, Fabeln und sogenannte Volksbücher aus früheren Jahrhunderten. Für die Berücksichtigung neuerer intentionaler Kinderliteratur in der Schule war das eine schlechte

Voraussetzung. Das zeigte sich auch, als im Rahmen der Volksbildungsbewegung ab den 1830er Jahren Anstrengungen unternommen wurden, Bibliotheken einzurichten, und zwar auch an Volksschulen und Gymnasien. Fiktionale erzählende Literatur war in ihnen nur wenig vertreten, am ehesten fand man für junge Leserinnen und Leser Sagen, z. B. *Die schönsten Sagen des klassischen Alterthums. Nach seinen Dichtern und Erzählern* von Gustav Schwab, die 1838–1840 erschienen. Romane, die schon im Zeitalter der Aufklärung als Auslöser für eine gefährliche Lesesucht galten, wurden von Schulpädagogen noch im 19. Jahrhundert als Inbegriff des „Wertlosen, Schädlichen und Krankmachenden" (Korte, 2005, S. 103) verteufelt.

Im Verlauf der ersten Hälfte des 19. Jahrhunderts bahnte sich allerdings auch eine neue Entwicklung im Verhältnis von Schule und Kinder- und Jugendliteratur an; diese Entwicklung hängt vor allem mit zwei damaligen Erfolgsschriftstellern zusammen, mit Christoph von Schmid und Wilhelm Hey.

Christoph von Schmid (vgl. Baumgärtner, 1995) war katholischer Geistlicher, der u. a. 20 Jahre in Thannhausen als Schulinspektor, auch mit Unterrichtsverpflichtung, tätig war. Oberstadion bei Ulm und Augsburg waren weitere Etappen seines beruflichen Lebensweges. Er schrieb biblische Geschichten, Erzählungen, Gedichte, Schauspiele, oft für den Gebrauch in der Schule, und wurde zum bekanntesten Kinder- und Jugendliteraturautor seiner Zeit. Seine Schriften wurden in viele andere Sprachen übersetzt. Im Gegensatz zu den Philanthropen ist Schmid stärker religiös ausgerichtet. Viele seiner Texte spielen im Mittelalter und greifen Sagenstoffe auf; hier zeigt sich der Einfluss der Romantik. Allerdings kommen bei Schmid, anders als in den Kunstmärchen der Romantiker, Wunder kaum vor; darin steht Schmid in aufklärerischer Tradition. Spannung, Rührung und Mitleid sind wichtige Wirkungen, die er mit seinen Geschichten hervorruft. Er schreibt, er habe „für Kinder und jugendliche Gemüther geschrieben [...], um sie auf eine ergetzende Weise zu belehren und zu erbauen." (Brunken, 1998, S. 341) Schmid hat seine Geschichten in der Schule nach dem Unterricht vorgelesen, damit sich die Schüler die guten Lehren, die er im Religionsunterricht vermittelt hatte, besser einprägen (vgl. ebd., S. 340). Schmid erhob allerdings auch durchaus einen literarischen Anspruch mit seinen Geschichten, wie die folgende Bemerkung zeigt: „Eine Erzählung soll ein Kunstwerk sein. Wie z. B. in einem gelungenen Gemälde Einheit herrsche und kein Pinselstrich zu viel und keiner zu wenig sei, so soll dies auch bei einer Erzählung der Fall sein." (Ebd., S. 343 f.) Mit einer solchen Auffassung sucht Schmid, anders als die Philanthropen, Anschluss an die Vorstellungen, die sich in damaligen literarästhetischen Vorstellungen zur Erwachsenenliteratur finden. Man kann deshalb sagen, dass für Schmid Kinder- und Jugendliteratur in der Schule nicht nur einer Erziehung durch Literatur, sondern auch einer Erziehung zur Literatur dient.

Der zweite erfolgreiche und für den Schulunterricht wichtige Kinderbuchautor in der ersten Hälfte des 19. Jahrhunderts ist der protestantische Pfarrer und Lehrer Wilhelm Hey. Berühmt wurde er durch seine 1833 erschienenen *Funfzig Fabeln für Kinder*, ein kleines Bändchen, das auch heute noch im Buchhandel in etwa einem Dutzend

Ausgaben erhältlich ist (Hey, 1913, vgl. Hurrelmann u. Kreidt, 1998). Ein zweiter Band *Noch fünfzig Fabeln für Kinder* erschien 1837. Im Nachwort zum ersten Band richtet sich Hey an die Eltern und gibt Anweisungen, wie sie die Fabeln an ihre Kinder vermitteln sollen; daran wird deutlich, dass seine Fabeln für das Vorschulalter gedacht waren. Aber sie sind auch Schulstoff geworden und es wurden sogar zahlreiche Methodiken zu Heys Fabeln veröffentlicht. 1866 erschien eine Schulausgabe der Fabeln und durch Wandbilder mit Illustrationen, die als Schulmaterial hergestellt wurden, wurde ihre Verbreitung zusätzlich unterstützt. Man findet in den Fabeln eine Verbindung von belehrender Tradition, die schon durch die Kennzeichnung der kleinen Texte als Fabeln gegeben ist, und romantischer Tradition, wie sie in der verklärenden Darstellung kindlicher, idyllischer Lebenswelt deutlich wird. Biedermeierlich klingt es, wenn Hey schreibt, dass seine Fabeln für „Sinn und Gemüt wahrhaft bildend werden" (Hey, 1913, Anhang S. 37) sollen. Zitiert seien hier zwei Fabeln von Hey:

Täubchen
K. Täubchen, du auf dem Dache dort,
sage, was girrst du in einem fort,
wendest das Köpfchen so her und hin?
T. Weil ich so gar zu fröhlich bin,
weil mich vom Himmel der Schöpfer mein
wärmt mit dem lieben Sonnenschein.

Droben das Täubchen girrte so,
unten der Knabe spielte froh,
mochten am lieben Sonnenschein
jedes sich recht von Herzen freun.
Und vom Himmel der Schöpfer sah
gerne die Lust der beiden da. (Ebd., o. S.)

Dieser Text ist ein typisches Beispiel für Heys Vorstellung von Kindheit, die im Einklang mit der Natur unter Gottes Obhut steht. Ungewöhnlich ist das folgende Beispiel:

Kind und Buch
Komm her einmal, du liebes Buch;
sie sagen immer, du bist so klug.
Mein Vater und Mutter, die wollen gerne,
daß ich was Gutes von dir lerne;
drum will ich dich halten an mein Ohr;
nun sag mir all deine Sachen vor.

Was ist denn das für ein Eigensinn,
und siehst du nicht, daß ich eilig bin?
Möchte gern spielen und springen herum,
und du bleibst immer so stumm und dumm?

Geh, garstiges Buch, du ärgerst mich,
dort in die Ecke werf' ich dich. (Ebd., o. S.)

Man könnte den Text als Kritik an der Uneinsichtigkeit des Kindes, das den Sinn des Lesens und Lernens nicht erkennt, verstehen. Aber vielleicht (ich meine: wohl eher) ist es gerade umgekehrt und der Text stellt die pädagogische Einstellung der Eltern in Frage, die vom Kind etwas erwarten, was dem Lebensalter nicht entspricht. So würde sich das Gedicht einordnen in die schon von den Philanthropen vertretene Ansicht, dass Spielen und Herumspringen, wie es im Text heißt, dem Kindesalter angemessen ist. So stellt sich die kleine Geschichte als Text selbst in Frage und thematisiert so den Konflikt, der die Kinder- und Jugendliteratur seit den Philanthropen begleitet.

Dass Schmid und Hey für den Schulunterricht wichtig geworden sind, wird besonders deutlich im Lesebuch, das der Realschullehrer und vielseitig interessierte Wissenschaftler Philipp Wackernagel 1841 in drei Bänden herausgegeben hat. Die enorme Bekanntheit dieses Lesebuches kann man z. B. daran erkennen, dass es 1865 schon in der 28. Auflage erschienen ist (vgl. Kämper-van den Boogaart, 2010, S. 22). Einflussreich ist es vor allem durch die stärkere Berücksichtigung poetischer Literatur geworden. Seine didaktische Intention legt Wackernagel ausführlich in einem zusätzlichen vierten Bändchen dar, das ausdrücklich an Lehrer gerichtet ist. Hier sagt er, dass sein Lesebuch in die Literatur einführen soll (Wackernagel, 1843, S. 19), und spricht kritisch von „dem Unwesen, vermöge dessen die Kunst ein bloßes Mittel zur Beförderung der Moralität sein soll." (Ebd. 31) Aus solchen Äußerungen wird deutlich, dass Wackernagel die Literatur als ästhetisches Phänomen betrachtet. Entsprechend charakterisiert er den Stellenwert, der ihr in der Schule zukommen soll:

Die Mühseligkeit des unaufhörlichen Lernens wird auf eine wohlthuende Weise durch eine Beschäftigung mit so schönen Dingen unterbrochen, und daß dieß in der Schule selbst geschieht und nicht dem Zufall oder der Willkühr außerhalb derselben empfohlen bleibt, darin liegt der eigentliche Seegen. (Ebd., S. 18)

Hier wird ein Spannungsfeld sichtbar, das bis heute die Literaturdidaktik beschäftigt: Ist die Beschäftigung mit Literatur in der Schule als Unterricht zu verstehen, bei dem gelernt werden soll, oder geht es um zweckfreie, genießende Beschäftigung mit dem Schönen? Zur Literatur gehört bei Wackernagel nun auch die Kinderliteratur. Im ersten Band seines Lesebuchs, der für Acht- bis Zehnjährige gedacht ist, gehören neben Gedichten von Rückert und Märchen der Brüder Grimm Texte von Wilhelm Hey und Christoph von Schmid zu den am stärksten vertretenen Texten. Für die zweite Hälfte des 19. Jahrhunderts kann man so diesen beiden Autoren einen kanonischen Stellenwert in der Schule zusprechen. In Band 2 und 3 des Lesebuchs von Wackernagel, die für Zehn- bis Vierzehnjährige gedacht sind, findet man diese Autoren allerdings nicht mehr. Auch andere Kinder- und Jugendbuchautoren fehlen nun.

Die „Literarisierung des Volksschullesebuchs", für die Wackernagel das prominenteste Beispiel geschaffen hat, ist eine allgemeine Entwicklung im 19. Jahrhundert (vgl.

Oskamp, 1996, S. 36–42). Dass die Schule damit eine Funktion als Vermittlungsinstanz für Kinder- und Jugendbücher erfüllen könne, war allerdings noch nicht im Horizont didaktischer Zielsetzungen.

3. Heinrich Wolgast und die Folgen

Gegen Ende des 19. Jahrhunderts entstand die von Lehrern getragene Jugendschriftenbewegung, die sich vor allem um die Empfehlung guter Kinder- und Jugendbücher kümmerte. Gegründet wurde auch eine Zeitschrift, die Jugendschriftenwarte ab 1893. Sie ist die traditionsreichste Zeitschrift für Kinder- und Jugendliteratur, die nach mehreren Namenswechseln heute als *kjl&m* erscheint. 1896 wurde der Lehrer Heinrich Wolgast Redakteur. Gleich in diesem Jahr veröffentlichte er in der Zeitschrift einen Artikel, in dem er künstlerisch wertvolle Jugendschriften fordert, „die der Erwachsene mit mindestens gleich starkem Interesse in die Hand nimmt, wie das Kind, die wie der Robinson und Grimms Märchen, literarische Qualität hat" (zit. nach Arendt, 1984, S. 92 f.). Im gleichen Jahr veröffentlichte er sein bekanntes, mehrfach aufgelegtes und immer wieder zitiertes Buch *Das Elend unserer Jugendlitteratur*, dessen Hauptthese man im Satz sehen kann, dass „die specifische Jugendlitteratur, soweit sie in dichterischer Form auftritt, im allgemeinen den Anforderungen, die wir an ein litterarisches Kunstwerk stellen, nicht entspricht" (Wolgast, 1899, S. 85, vgl. auch Ewers, 1996). Wolgasts Kritik bezog sich vor allem auf zwei Punkte:

1. Es dominiere in der Kinder- und Jugendliteratur die belehrende Tendenz. Aber die „Dichtkunst", so Wolgast, „kann und darf nicht das Beförderungsmittel für Wissen und Moral sein" (ebd., S. 19). Besonders heftig ist seine Kritik an Christoph von Schmid. Bei ihm sei „die religiös-moralische Tendenz so vorherrschend […], daß alles, was für eine litterarische Beurteilung Wert und Bedeutung hat, völlig als gleichgültige Nebensache erscheint." (Ebd., S. 96)
2. Der zweite Kritikpunkt bezieht sich auf die „Unterhaltung in der Form der Dichtung – in diesem Begriff liegt das ganze Elend der Jugendschriftstellerei beschlossen" (ebd., S. 12). Der Unterhaltung stellt Wolgast den Begriff des ästhetischen Genusses gegenüber; „litterarische[n] Bildung" besteht für ihn in der „Fähigkeit, poetisch zu genießen" (ebd., S. 12). Durch diese Unterscheidung von Unterhaltung und Genuss ergibt sich ein Dilemma, denn Kinder genießen auch und vor allem das Lesen von Geschichten, die Wolgast als fragwürdige Unterhaltungsliteratur beurteilt: „Die elendeste Indianergeschichte kann dem Kind hohen Genuß gewähren." (Ebd., S. 20) Mit drastischen Formulierungen beschreibt er die Folgen solcher Lektüre: „Jahr aus Jahr ein flutet ein Strom specifischer Jugendlitteratur daher, überschwemmt, alljährlich einmal aus den vollen Ufern tretend, die Weihnachtstische der deutschen Jugend und verwässert und verwüstet ihren natürlichen ästhetischen Sinn." (Ebd., S. 22) Wolgast fordert, dass man Bücher, die nicht

„echte Dichtwerke" seien, „strenge von der Lektüre der Jugend ausschließen" soll (ebd., S. 21); insbesondere habe „die spezifische Jugendlitteratur keine Existenzberechtigung" (ebd., S. 21); „die unselige Trennung zwischen Kinderbuch und Buch für Erwachsene" gebe es überhaupt erst seit den Philanthropen (ebd., S. 22). Es sei „ein möglichst spätes Lesenlernen, jedenfalls ein Hinausschieben der privaten Lektüre bis etwa zum 12. Lebensjahre" (ebd., S. 209) sinnvoll.

Wolgasts Schrift bedeutet einen Rückschlag für die Kinder- und Jugendliteratur, besonders auch für ihre Berücksichtigung in der Schule. Wolgast selber gab zwar auch Lesehefte (nicht Lesebücher) für die Schule heraus; diese enthalten aber kaum spezifische kinder- und jugendliterarische Texte, sondern Dichtungen, die auch für Schülerinnen und Schüler geeignet sind, z. B. Fabeln, Märchen, Schildbürgergeschichten u. ä. Das gilt weitgehend auch für andere Reihen und Lesebücher der Jugendschriftenbewegung. Durchaus zukunftsweisend war allerdings, dass ein vertieftes Nachdenken über Kriterien für gute Kinder- und Jugendbücher in Gang kam.

In der ersten Hälfte des 20. Jahrhunderts wirkte sich zunehmend die Deutschkundebewegung aus. Sie führte dazu, dass in der Schule völkisch-nationale Bildungsziele in den Vordergrund gerückt wurden. Das war keine gute Voraussetzung für die Berücksichtigung von spezifischer Kinderliteratur; als Kinderlektüre wurde in der Schule altdeutsche Literatur favorisiert wie Märchen, Volksbücher u. ä. Das erinnert an romantische Auffassungen, die nun allerdings stärker politisch gewendet sind. In der Volkspoesie wird die nationale, ursprüngliche Seele des Volkes gesehen (vgl. Ladwig, 2012, S. 543). Die Situation des Leseunterrichts in der Zwischenkriegszeit charakterisiert der damals einflussreiche Pädagoge und Deutschdidaktiker Otto Karstädt folgendermaßen:

> Wie sieht's noch heute in vielen Schülerbüchereien aus? Da herrschen noch immer die moralischen Bücher, diese unglückselige Erbschaft aus den Tagen der Pietisten, die seit der Reichsgründung wie Pilze aus der Erde geschossenen ‚patriotischen' Schriften und die so oft unendlich trockenen belehrenden Bücher zweiter und dritter Schriftsteller und Bearbeiter. (Karstädt, 1926, S. 171)

Auch die alte Sorge, dass die Leselust in „Lesewut ausarte", äußert er. „Zu frühes und zu viel Lesen ist vom Übel [...]" (ebd., S. 171). Im Nationalsozialismus erfuhr die völkische Ausrichtung ihre ideologische Steigerung. Dabei wurde die Produktion nationalsozialistischer Jugendbücher gesteigert (vgl. Hopster u. Nassen, 1983, S. 71).

4.   Nach dem 2. Weltkrieg: Richard Bamberger und Anna Krüger

Die Kinder- und Jugendliteraturdidaktik der 1950er und 1960er Jahre ist geprägt von zwei Personen, die in unterschiedlicher Weise für die Kinder- und Jugendbuchlektüre in der Schule wegweisend geworden sind: Richard Bamberger und Anna Krüger.

Der Österreicher Richard Bamberger veröffentlichte 1955 sein Werk *Jugendlektüre. Mit besonderer Berücksichtigung des Leseunterrichts und der Literaturerziehung*, ein Buch von 565 Seiten, in folgenden Auflagen erweitert – die Auflage 1965 umfasste 848 Seiten. Schon dieser Umfang mag zeigen, wie umfassend Bamberger sich dem Thema widmet. Sein Hauptanliegen ist eine „Literaturerziehung, die die Bildungsmacht der freien Lektüre mit der Arbeit in der Schule zu einer Einheit verbindet" (Bamberger, 1955, S. 10). Bamberger strebt so eine enge Verbindung von privater Lektüre und Lektüre in der Schule an. Das hat Auswirkungen auf seine unterrichtsmethodischen Vorstellungen. So kritisiert er das laute Reihumlesen, bei dem die Schülerinnen und Schüler still mitlesen; es störe den individuellen Leserhythmus. Er betont dagegen: „Eine erfolgreiche Literaturerziehung baut vorwiegend auf Gruppen- oder Einzellektüre auf." (Ebd., S. 339) Die Behandlung im Unterricht steht für ihn nicht im Vordergrund, vielmehr kritisiert er das „Zerklären" von Texten im Unterricht (ebd., S. 354 ff.). Er setzt sich für Klassenbüchereien und Schulbibliotheken ein, die nicht nur der Ausleihe von Büchern dienen, sondern auch Leseraum sein sollen. Er plädiert dafür, dass die Schülerinnen und Schüler ein Lesetagebuch führen (ebd., S. 399 f.), in dem sie ihre Lektüre festhalten mit Angabe des Datums (wann gelesen?), des Autors, des Titels, der Seitenzahl, des Verlages, der Herkunft (woher sie das Buch haben), kurzer Inhaltsangabe oder Leseprobe und Beurteilung des Leseeindrucks.

1967 veröffentlichte Bamberger ein weiteres Buch zur Leseerziehung mit dem Titel *Zum Lesen verlocken. Jugendbücher als Klassen- und Gruppenlektüre.* Im gleichen Jahr startete er eine große Aktion unter demselben Titel, die unter anderem Bücherkisten mit jeweils 40 Exemplaren eines Buches für die Klassenlektüre bereitstellte. „Zum Lesen verlocken" ist nicht nur das Markenzeichen für Bambergers Engagement in der Leseerziehung, sondern ist zum allgemein verbreiteten Slogan für eine animierende Lesepädagogik geworden. Man kann Bamberger als Vorreiter für einen freien Leseunterricht bezeichnen. In vielen Punkten erscheint seine Konzeption erstaunlich aktuell, wenn man sie mit den neueren Entwicklungen der Lesedidaktik vergleicht. In einem Punkt allerdings vertritt Bamberger noch eine inzwischen überwundene Position. In seinem Buch zur *Jugendlektüre* findet sich ein Kapitel *Das untergeistige Schrifttum* mit den Unterkapiteln *Der Kampf gegen Schmutz und Schund* und *Die neue Gefahr: Comics!* Heute haben wir eine andere Einschätzung der Comics (vgl. den Beitrag von Veronique Sina in diesem Band). Bei Bamberger lesen wir z. B. über Comics: „Blättern Sie in den Heften, und Sie werden sehen, daß Sie es mit Schmutz und Schund zu tun haben! Mit Schmutz und Schund übelster Sorte mitunter!" (Bamberger, 1955, S. 188) oder zehn Jahre später: „Der Leser wird auf Sensationen oder Kitsch gedrillt und findet so nicht den Weg zu aufbauender, wertvoller Lektüre." (Bamberger, 1967, S. 15)

Man findet zur gleichen Zeit auch bei anderen Autoren entsprechende Einschätzungen. Robert Ulshöfer betitelt z. B. in seinem Standardwerk zum gymnasialen Deutschunterricht ein Kapitel mit *Bekämpfung der Comics* (Ulshöfer, 1969, S. 314), in späteren Auflagen heißt die Überschrift nur noch *Comics* (Ulshöfer, 1976, S. 314) – der

Text ist allerdings gleich geblieben. Aber immerhin spiegelt sich in der Änderung der Überschrift die inzwischen veränderte Diskussionslage in der Didaktik.

Dass trotz Bamberger in den 1960er Jahren die Kinder- und Jugendliteratur in der Schule noch keineswegs anerkannt ist, zeigt eine Bemerkung des damals bekannten Deutschdidaktikers Rolf Geißler: „Jugendlektüre ist und wird wohl auch immer mit von der Tatsache der Konsumtion bestimmt sein. Das bedeutet in einer gewissen Überspitzung, daß die Begriffe Jugendliteratur und Dichtung sich eigentlich ausschließen." (Geißler, 1962, S. 796)

Im gleichen Jahr wie Geißlers Aufsatz, 1962, erschien allerdings das überaus einflussreiche Buch von Anna Krüger mit dem Titel *Kinder- und Jugendbücher als Klassenlektüre* (veränderte 2. Aufl. 1970). Krüger will die Auffassung von Wolgast revidieren, weil es inzwischen gute Kinder- und Jugendliteratur gebe. Sie stellt Kriterien für das „gute Jugendbuch" vor, die in Anlehnung an die damalige Literaturwissenschaft stark werkimmanent ausgerichtet sind. Ähnlich wie Bamberger geht es ihr um Buchlektüre und nicht um Arbeit mit dem Lesebuch und sie hält, wie auch schon Bamberger, für wichtig, das Stilllesen zu lehren. Anders als Bamberger vertritt sie einen stärker gelenkten Unterricht, für den sie ein Modell mit vier Schritten vorschlägt: Auf eine Hinführung (z. B. einem Gespräch zum Titelbild) folgt das Lesen des ganzen Buches, dann ein Gespräch über das Buch, an das sich Gestaltungsversuche anschließen (Zeichnen, Malen, Stegreifspiel, Schreiben). Die Gestaltungsversuche können als Vorläufer eines handlungs- und produktionsorientierten Literaturunterrichts gelten, der vor allem seit den 1980er Jahren für die Kinder- und Jugendliteraturdidaktik wichtig geworden ist. Anders als Bamberger steht Krüger dem Vorlesen kritisch gegenüber: „Durch Vorlesen eines Buches erreicht man keine echte Auseinandersetzung der Schüler mit dem Text. Häufiges Vorlesen kann die Leseentwicklung des einzelnen sogar hemmen." (Krüger, 1970, S. 299) Wenn man Bamberger und Krüger einander gegenüberstellt, kann man, bei allen Parallelen, ein Spannungsverhältnis zwischen einer freieren, am Ziel der Leseanimation ausgerichteten Konzeption (Bamberger) und einer stärker auf besprechende Erarbeitung setzenden Konzeption (Krüger) sehen.

5. Die siebziger Jahre

Gegen Ende der 1960er Jahre bahnt sich eine Neuorientierung bei der Einschätzung der Kinder- und Jugendliteratur an. Der Begriff des guten Jugendbuches, der seit der Jugendschriftenbewegung am Ende des 19. Jahrhunderts bis zu Bamberger und Krüger ein Leitbegriff der Diskussion gewesen ist, wird in Frage gestellt (vgl. Dolle-Weinkauff, 1996). Es entsteht eine neue Diskussion zur Trivialliteratur (vgl. Dahrendorf 1980, S. 148–167) und der Unterricht öffnet sich für bisher verpönte Literatur, z. B. für die Comics. Eine typische Argumentation diesbezüglich lautet in den 1970er Jahren: „Unterricht muß sich an der Realität orientieren; zu eben dieser Realität gehört nun einmal die Tatsache, daß über 90% der Schüler Comics-Rezipienten sind."

(Franz u. Meier, 1980, S. 55, die erste Auflage erschien 1978) Wie aber mit Texten, die man als Trivial- oder Unterhaltungsliteratur einstufen kann, im Unterricht verfahren werden soll, wurde unterschiedlich gesehen und kann als eine neue Dilemmasituation gesehen werden. Soll es um eine Anerkennung dieser Literatur gehen oder um ein kritisches Lesen? Wie sich Literaturdidaktiker mit diesem Dilemma abgemüht haben, kann man besonders deutlich bei Malte Dahrendorf verfolgen, der sich in den 1970er Jahren intensiv mit Fragen der Didaktik der Trivialliteratur und der Kinder- und Jugendliteratur auseinandergesetzt hat. Einerseits trat Dahrendorf für das kritische Lesen ein, z. B. die Untersuchung von Mädchenliteratur im Hinblick auf die Rolle der Frau, andererseits nahm er in der Weise Partei für die Unterprivilegierten, dass deren Lektürevorlieben respektiert werden müssten, und das heißt für ihn, dass die Schule „die ganze Mannigfaltigkeit des Schrifttums ‚zwischen Kunst und Kitsch' zu berücksichtigen" habe (Dahrendorf, 1975, S. 21). Der tradierte bürgerliche Bildungsbegriff könne nicht auf alle Mitglieder unserer Gesellschaft übertragen werden und deshalb soll keine „Diskriminierung derjenigen Literaturen und Verhaltensweisen, die typisch sind für die Unterschicht" (Dahrendorf, 1975, S. 37), erfolgen.

Insgesamt hat sich im Verlauf der 1970er Jahre immer stärker das Bewusstsein herausgebildet, dass Kinder- und Jugendliteratur einen Platz in der Schule haben müsse. Das ist greifbar an einer wachsenden Anzahl schulbezogener Publikationen zur Kinder- und Jugendliteratur. Aber noch 1980 stellt Anna Krüger fest: „Aus meinen Ausführungen geht hervor, daß sich einige Deutschdidaktiker seit 1963 bemühen, Kinder- und Jugendbücher als Lesestoffe in allen Schulformen einzuführen. Die Zahl der Lehrer, die sie mit ihren Klassen lesen, blieb dennoch klein." (Krüger, 1980, S. 238) Die Entwicklung ist allerdings in den beiden letzten Jahrzehnten des 20. Jahrhunderts weitergegangen; die Kinder- und Jugendliteratur hat in der Schule immer mehr an Boden gewonnen; heute ist Deutschunterricht ohne sie kaum mehr denkbar. Aber es gibt eine ganze Anzahl von Fragen, die in der Didaktik der Kinder- und Jugendliteratur als Probleme diskutiert werden. In acht Punkten gehe ich im Folgenden darauf ein.

6.   Gegenwärtige Situation

a) Die Frage, wie sich Lektürevorlieben der Schülerinnen und Schüler und die Lektürewahl der Lehrpersonen zueinander verhalten, hat in verschiedenen Variationen seit mehr als zweihundert Jahren die Diskussion um Kinder- und Jugendliteratur in der Schule begleitet. Aufgrund empirischer Untersuchungen wird sie heute vor allem unter folgendem Aspekt diskutiert (vgl. Plath u. Richter 2012, S. 491–494): Es gibt eine Diskrepanz zwischen den Vorlieben der Schülerinnen und (vor allem) der Schüler, die sich spannende und fantastische Bücher wünschen, und den Lehrpersonen, die eher realistische Problembücher bevorzugen, weil sie Anlässe zum Nachdenken über soziale und psychologische Probleme bieten, etwa zu jugendlicher Gewalt, Vorurteilen, Überwindung von Minderwertigkeitsgefühlen. Angesichts dieser Diskrepanz wird in entsprechender Fachliteratur oft gefordert, dass auf die Leseinteressen der Schülerinnen und Schüler stärker Rücksicht genommen werden soll. Es gibt allerdings auch die Auffassung, dass die Beschäftigung mit Problembüchern in der Schule gerade deshalb angebracht sei, weil die Schülerinnen und Schüler von sich aus darauf weniger zurückgreifen.

b) Die alte Frage der Kinder- und Jugendliteraturdidaktik, ob es im Unterricht eher um ein erlebendes Genießen oder um Erarbeitung und Behandlung gehen soll, hat durch die Kompetenzorientierung, die seit der Jahrhundertwende der wohl wichtigste Leitbegriff in der Bildungspolitik und der erziehungswissenschaftlichen Diskussion geworden ist, neue Brisanz gewonnen. Die Didaktik setzt sich mit der Frage auseinander, ob literarische Erfahrungen wie das persönliche Berührtsein von einem Text, die Anregung der Fantasietätigkeit durch das Lesen oder das empathische Mitfühlen mit Figuren in einem Unterricht, der am Kompetenzerwerb ausgerichtet ist, überhaupt noch gefragt sind. Es ist kennzeichnend für die gegenwärtige Situation, dass der Begriff des literarischen Lernens Konjunktur hat und von einem „Spannungsfeld von Lesemotivation und literarischem Lernen" (P. Josting u. R. Dreier, 2014, S. 10) gesprochen wird.

c) Handlungs- und produktionsorientiertes Vorgehen gehört heute zum selbstverständlichen methodischen Repertoire der Kinder- und Jugendliteraturdidaktik. Entsprechende Verfahren sind das Weiter- und Umschreiben von Geschichten, das Verfassen von Figurenmonologen, von Briefen an Figuren und Briefen von Figuren, das Malen, Zeichnen, Basteln zu Texten, verschiedene Formen der szenischen Interpretation und vieles andere (vgl. Spinner, 2012, S. 518–521). Handlungs- und produktionsorientierte Verfahren werden allerdings manchmal allzu unreflektiert eingesetzt und erscheinen dann beliebig, ohne sinnvollen Bezug zum Ausgangstext. Das hat ihnen auch Kritik eingebracht.

d) In der neueren Lesedidaktik wird betont, dass Kinder- und Jugendliteratur nicht erst eine Rolle im Unterricht spielen soll, wenn die Kinder das Lesen gelernt haben. Vielmehr gelte es, von Anfang an an die literarischen Vorerfahrungen der Kinder anzuknüpfen. Diese sind vielfältig; Einschlaflieder, Abzählreime und weitere poetische Verstexte hören die Kinder schon sehr früh, Geschichten kennen sie von abgespielten DVDs und von Vorlesesituationen, durch Videoszenen, Filme, oft auch durch Puppenspiele sind sie mit szenischen Formen vertraut, wobei je nach Sozialisationshintergrund diese visuellen und auditiven literarischen Erfahrungen unterschiedlich sind. Ihre literarischen Erfahrungen setzen schon kleine Kinder selber produktiv um, z. B. in ihren Rollenspielen („Ich bin jetzt eine Prinzessin") oder in Sprachspielen, die sie selbst produzieren. In der neueren lese- und literaturdidaktischen Forschung ist der Blick auf die vorschulischen literarischen Erfahrungen zunächst vor allem im Hinblick auf die zu erwerbende Lesekompetenz beachtet worden, nämlich unter dem Aspekt der phonologischen Bewusstheit als Vorläuferfähigkeit für das Lesen. Mittlerweile wird auch die Bedeutung, die

die literarischen, poetischen Vorerfahrungen für das literarische Lernen haben, besonders betont (vgl. Pompe, 2012).

e) Vor allem ausgelöst durch die erste PISA-Studie und die daran anschließende Diskussion zur Lesekompetenz sind in den letzten Jahren verstärkt Anstrengungen zur Leseanimation unternommen worden. Ein Beispiel ist die Schaffung von sogenannten Leseinseln in Schulen; das sind Schulbibliotheken, die nicht nur für Bücherausleihe gedacht, sondern auch als angenehmer Leseort gestaltet sind, wie dies schon vor einem halben Jahrhundert Bamberger gefordert hatte. Andererseits haben auch Trainingsprogramme zur Förderung der Lesekompetenz Konjunktur. Es gibt insofern heute ein Spannungsfeld zwischen einer kompetenzorientierten Leseschulung und einer freien Leseanimation.

f) Das Vorlesen durch die Lehrperson, das in der Geschichte der Kinder- und Jugendliteraturdidaktik, wie oben angesprochen, unterschiedlich beurteilt worden ist, wird seit einigen Jahren verstärkt propagiert. Interessant ist in diesem Zusammenhang ein großes Forschungsprojekt von Jürgen Belgrad. Er hat ein Konzept entwickelt und empirisch überprüft: Während fünfzehn Wochen lesen die Lehrpersonen den Schülerinnen und Schülern drei- bis viermal pro Woche 10–15 Minuten einen literarischen Text ihrer Wahl vor. Belgrad hat empirisch nachweisen können, dass damit die Lesekompetenz der Schülerinnen und Schüler gefördert wird (vgl. http://www.lesefoerderung-durch-vorlesen.de/).

g) Die Bedeutung, die die Kinder- und Jugendliteratur in der Schule im Verlauf der vergangenen über 200 Jahre gewonnen hat, ist verknüpft mit einer Qualitätssteigerung der Kinder- und Jugendliteratur, die bis heute anhält. Das hat auch zu einer zunehmend fließenden Grenze zwischen Jugend- und Erwachsenenliteratur geführt. Viele Kinder- und Jugendbücher sind entsprechend sehr anspruchsvoll für junge Leserinnen und Leser. Dass sich Forschende der Kinder- und Jugendliteratur und auch Didaktikerinnen und Didaktiker für solche Texte begeistern, kann man verstehen, aber manchmal fragt man sich auch, ob sie immer für Kinder und Jugendliche und damit für die Schule geeignet sind. Andererseits kann man argumentieren, dass gerade wegen ihres erhöhten Anspruchs der Schule in besonderem Maße die Aufgabe einer Vermittlungsinstanz erwachsen ist. Besonders attraktiv können Bücher sein, die so geschrieben sind, dass sie auf unterschiedlichen Ebenen verstanden werden können, z. B. mit oder ohne Erkennen intertextueller Anspielungen, ironischer Brechungen und eingearbeiteter Symboltraditionen.

h) Wie mehrere Beiträge des vorliegenden Bandes zeigen, ist Kinder- und Jugendliteratur heute ein multimediales Phänomen. Das hat auch das Arbeitsfeld der Kinder- und Jugendliteraturdidaktik nachhaltig erweitert. Zielsetzungen wie visuelle Kompetenz bei der Beschäftigung mit Bilderbüchern, Comics, Filmen, Videos und Computerspielen zu kinderliterarischen Stoffen werden immer wichtiger; Hör-Erziehung und auch Untersuchungen von Filmmusik kommen hinzu. In der Didaktik werden zurzeit vor allem Konzepte eines medienintegrativen Unterrichts entwickelt, bei dem gleichzeitig mit mehreren medialen Realisationen eines literarischen Werkes gearbeitet wird. Die größte Frage dürfte heute sein: Woher soll man in der Schule die Zeit nehmen, die notwendig wäre für all die Zielsetzungen, die mit guten Argumenten eingefordert werden?

Literatur

Arendt, Dieter (1984). Jugendschriftenbewegung. In Klaus Doderer (Hrsg.), *Lexikon der Kinder- und Jugendliteratur. Zweiter Band.* Weinheim, Basel, S. 92–94.

Bamberger, Richard (1967*). Zum Lesen verlocken. Jugendbücher als Klassen- und Gruppenlektüre.* Wien.

Bamberger, Richard (1955). *Jugendlektüre. Mit besonderer Berücksichtigung des Leseunterrichts und der Literaturerziehung.* Wien.

Baumgärtner, Alfred Clemens (1995). Christoph von Schmid. In Kurt Franz u. Franz-Josef Payrhuber (Hrsg.), *Kinder- und Jugendliteratur. Ein Lexikon.* Meitingen.

Brunken, Otto (1998). Christoph von Schmid: Die Ostereier. In Otto Brunken, Bettina Hurrelmann u. Klaus-Ulrich Pech (Hrsg.). *Handbuch zur Kinder- und Jugendliteratur. Von 1800 bis 1850.* Stuttgart, Weimar, S. 339–360.

Campe, Joachim Heinrich (1981). *Robinson der Jüngere, zur angenehmen und nützlichen Unterhaltung für Kinder.* Stuttgart.

Campe, Joachim Heinrich (Hrsg.). (1785). *Kleine Kinderbibliothek. Dreizehntes Bändchen.* Hamburg.

Dahrendorf, Malte (1980). *Kinder- und Jugendliteratur im bürgerlichen Zeitalter.* Königstein/Ts.

Dahrendorf, Malte (1975). *Literaturdidaktik im Umbruch. Aufsätze zur Literaturdidaktik, Trivialliteratur, Jugendliteratur.* Düsseldorf.

Dolle-Weinkauff, Bernd (1996). Studentenbewegung, Germanistik und Kinderliteratur. Neue Positionen der Kritik nach 1968. In Bernd Dolle-Weinkauff u. Hans-Heino Ewers (Hrsg.), *Theorien der Jugendlektüre. Beiträge zur Kinder- und Jugendliteraturkritik seit Heinrich Wolgast.* Weinheim, München, S. 211–237.

Ewers, Hans-Heino (2010). Aufklärung und Kinderliteratur. In Hans-Heino Ewers, *Erfahrung schrieb's und reicht's der Jugend. Geschichte der deutschen Kinder- und Jugendliteratur vom 18. bis zum 20. Jahrhundert.* Frankfurt a. M., S. 17–51.

Ewers, Hans-Heino (1996). Eine folgenreiche, aber fragwürdige Verurteilung aller „spezifischen Jugendliteratur". Anmerkungen zu Heinrich Wolgasts Schrift *Das Elend unserer Jugendliteratur* von 1896. In Bernd Dolle-Weinkauff u. Hans-Heino Ewers (Hrsg.), *Theorien der Jugendlektüre. Beiträge zur Kinder- und Jugendliteraturkritik seit Heinrich Wolgast.* Weinheim, München, S. 9–25.

Franz, Kurt u. Meier, Bernhard (1980). *Was Kinder alles lesen. Kinder- und Jugendliteratur in Erziehung und Unterricht* (2., durchges. Aufl.). München.

Geißler, Rolf (1962). Für eine literarische Verfrühung. *Pädagogische Rundschau, 16,* S. 793–800.

Hey, Wilhelm (1913). *Fünfzig Fabeln für Kinder.* Köln.

Hurrelmann, Bettina (1974). *Jugendliteratur und Bürgerlichkeit. Soziale Erziehung in der Jugendliteratur der Aufklärung am Beispiel von Christian Felix Weißes ‚Kinderfreund' 1776–1782.* Paderborn.

Hurrelmann, Bettina u. Kreidt, Ulrich (1998). Wilhelm Hey und Otto Speckter: Funfzig Fabeln für Kinder/Noch funfzig Fabeln für Kinder. In Otto Brunken, Bettina Hurrelmann u. Klaus-Ulrich Pech (Hrsg.), *Handbuch zur Kinder- und Jugendliteratur. Von 1800 bis 1850.* Stuttgart, Weimar, S. 918–938.

Josting, Petra u. Dreier, Ricarda (2014). Kinder- und Jugendliteratur nach 2000 und literarisches Lernen im medienintegrativen Deutschunterricht. In Petra Josting u. Ricarda Dreier (Hrsg.), *Lesefutter für Groß und Klein.* München, S. 9–15.

Hopster, Norbert u. Nassen, Ulrich (1983). *Literatur und Erziehung im Nationalsozialismus. Deutschunterricht als Körperkultur.* Paderborn.

Kämper-van den Boogaart, Michael (2010). Geschichte des Lese- und Literaturunterrichts. In Michael Kämper-van den Boogaart u. Kaspar H. Spinner (Hrsg.), *Lese- und Literaturunterricht. Teil I.* Baltmannsweiler, S. 3–83.

Karstädt, Otto (1926). *Methodische Strömungen der Gegenwart* (14. Aufl.). Langensalza.

Korte, Hermann (2005). Innenansichten der Kanoninstanz Schule. Die Konstruktion des deutschen Lektürekanons in Programmschriften des 19. Jahrhundert. In Hermann Korte, Ilonka Zimmer u. Hans-Joachim Jakob (Hrsg.), *„Die Wahl der Schriftsteller ist richtig zu leiten". Kanoninstanz Schule.* Frankfurt a. M., S. 17–111.

Krüger, Anna (1980). *Die erzählende Kinder- und Jugendliteratur im Wandel. Neue Inhalte und Formen im Kommunikations- und Sozialisationsmittel Jugendliteratur.* Frankfurt a. M., Aarau.

Krüger, Anna (1970). *Kinder- und Jugendbücher als Klassenlektüre* (2., veränderte Aufl.). Weinheim.

Ladwig, Sandra (2012). Die Diskussion um die Kinder- und Jugendliteratur in der Weimarer Republik. In Norbert Hopster (Hrsg.), *Die Kinder- und Jugendliteratur in der Zeit der Weimarer Republik.* Frankfurt a. M., S. 537–564.

Oskamp, Irmtraud M. (1996). *Jugendliteratur im Lehrerurteil. Historische und didaktische Perspektiven.* Würzburg.

Plath, Monika u. Richter, Karin (2012). Literarische Sozialisation in der mediatisierten Kindheit. Ergebnisse neuer empirischer Untersuchungen. In Günter Lange (Hrsg.), *Kinder- und Jugendliteratur der Gegenwart. Ein Handbuch* (2., korr. und ergänzte Aufl.). Baltmannsweiler, S. 485–507.

Pompe, Anja (Hrsg.). (2012). *Literarisches Lernen im Anfangsunterricht. Theoretische Reflexionen. Empirische Befunde. Unterrichtspraktische Entwürfe.* Baltmannsweiler.

Rochow, Friedrich Eberhard von (1776). *Der Kinderfreund. Ein Lesebuch zum Gebrauch in Landschulen.* Frankfurt a. M.

Spinner, Kaspar H. (2012). Didaktik der Kinder- und Jugendliteratur. In Günter Lange (Hrsg.), *Kinder- und Jugendliteratur der Gegenwart. Ein Handbuch* (2., korr. und ergänzte Aufl.). Baltmannsweiler, S. 508–524.

Stach, Reinhard (1995a). Friedrich Eberhard von Rochow. In Kurt Franz u. Franz-Josef Payrhuber (Hrsg.), *Kinder- und Jugendliteratur. Ein Lexikon.* Meitingen.

Stach, Reinhard (1995b). Joachim Heinrich Campe. In Kurt Franz u. Franz-Josef Payrhuber (Hrsg.), *Kinder- und Jugendliteratur. Ein Lexikon.* Meitingen.

Ulshöfer, Robert (1976). *Methodik des Deutschunterrichts. Unterstufe* (7. Auflage). Stuttgart.

Ulshöfer, Robert (1969). *Methodik des Deutschunterrichts. Unterstufe* (4., überarbeitete und erweiterte Auflage). Stuttgart.

Wackernagel, Philipp (Hrsg.). (1866). *Deutsches Lesebuch. Erster Teil* (29., durchges. Abdruck). Stuttgart.

Wackernagel, Philipp (1843). *Der Unterricht in der Muttersprache. Vierter Theil des Deutschen Lesebuchs*. Stuttgart.

Wolgast, Heinrich (1899). *Das Elend unserer Jugendliteratur. Ein Beitrag zur künstlerischen Erziehung der Jugend* (2. Auflage). Hamburg.

Gabriela Paule

Dramatische Texte für Kinder und Jugendliche

Türöffner ins Theater?

Im Jahre 1998 äußern sich Paul Maar und Rudolf Herfurtner über die Auswahlkriterien des Deutschen Jugendliteraturpreises: „Man hat vierzig Jahre Literatur gepriesen, und es ist niemandem aufgefallen, dass es dramatische Literatur auch gäbe" (Maar u. Herfurtner, 1998, S. 78). Sie kommentieren damit die Tatsache, dass dieser Preis, den es bereits seit 1956 gibt, die dramatische Kinder- und Jugendliteratur ausblendet. Er wird in den Kategorien Bilderbuch, Kinderbuch, Jugendbuch und Sachbuch vergeben. Erst seit 1996 werden zusätzlich der „Deutsche Kindertheaterpreis" und der „Deutsche Jugendtheaterpreis" ausgelobt. Dass es sich dabei aber um Theater- und nicht um Literaturpreise handelt, weist wiederum auf den offenbar besonderen Status der dramatischen Kinder- und Jugendliteratur hin. Er betrifft sowohl die Produktion und Distribution der Texte als auch ihre Rezeption, und beides hat unmittelbar dramen- wie theaterdidaktische Relevanz. Der vorliegende Beitrag gibt einen Einblick in diese Spezifik der dramatischen Kinder- und Jugendliteratur, skizziert deren Entwicklung seit den 1950er Jahren und diskutiert ihr dramendidaktisches Potenzial. Danach weitet er den Blick auf das Theater als den medialen Ort der Aufführung dramatischer Texte. Sie gänzlich ohne ihren Bezug zum Theater zu reflektieren, würde der Sachlage sowohl aus medientheoretischer als auch aus dramendidaktischer Perspektive nicht gerecht. Schließen wird der Beitrag mit einem Fazit, das die im Titel gestellte Frage beantwortet.

1.   Dramatische Kinder- und Jugendliteratur

Wie aus der eben zitierten Äußerung der beiden renommierten Autoren ersichtlich ist, war dramatische Literatur für Kinder und Jugendliche lange Zeit deutlich weniger im Fokus der Aufmerksamkeit als etwa epische Literatur für dieselbe Zielgruppe. Das hat unter anderem damit zu tun, dass die Texte im Buchhandel nicht präsent sind. Während jede gute Buchhandlung in ihrer Kinder- und Jugendabteilung ein Spektrum epischer Texte für alle Altersstufen anbietet, vielfältige Sachliteratur bereithält und auch Sammlungen von Kindergedichten, sucht man dramatische Texte vergebens. Es gibt dafür keinen Markt, denn diese Texte richten sich weniger an Jugendliche direkt, sondern sie werden vorrangig für das Theater produziert und gebunden an eine Theateraufführung rezipiert. Als Lesetexte sind sie in der Regel nur über die einschlägigen Theaterverlage zu beziehen und erreichen höchstens ein Fachpublikum. Diese besondere Medialität, nämlich für die Aufführung auf einer Theaterbühne geschrieben zu sein, erklärt zum Teil ihren besonderen Status.[1] Dennoch gibt der langjährige Ausschluss der Gattung Drama im Kontext des Jugendliteraturpreises zu denken, zumal sich dies bis heute auch in anderen fachlichen Zusammenhängen spiegelt. Beispielsweise bietet eine der wichtigsten Fachzeitschriften für Kinder- und Jugendliteratur *kjl&m* nur äußerst selten Beiträge zur dramatischen Kinder- und Jugendliteratur. Die Sachlage scheint also komplexer zu sein. Aufschlussreich dafür ist ein Blick sowohl in die Entwicklung der dramatischen Kinder- und Jugendliteratur als auch der dramendidaktischen Diskussion.

1.1   Entwicklungslinien seit 1950

Bis in die Mitte des 20. Jahrhunderts existierte noch kaum „ein spezielles Stücke-Repertoire für das Kinder- und Jugendtheater" (Payrhuber, 2012, S. 1). Das änderte sich, als 1946 in Leipzig und kurz danach auch in anderen Städten der ehemaligen DDR (1949 Dresden, 1950 Berlin) und der Bundesrepublik (1949 Nürnberg, 1953 München) die ersten Kinder- und Jugendtheater eröffneten. In beiden deutschen Staaten stand dies im Zeichen der Nachkriegszeit. In der DDR sollte das Kinder- und Jugendtheater nach sowjetischem Vorbild einen Beitrag zur ideologischen Erziehung leisten, im Sinne des Aufbaus einer sozialistischen Gesellschaft. Dort wurde „neben der Übernahme von Stücken aus dem Repertoire des sowjetischen Kinder- und Jugendtheaters […] schon sehr früh an einer eigenen Dramatik für Kinder und Jugendliche gearbeitet" (Taube, 2000, S. 579). In der Bundesrepublik wurde in der Restaurationsphase zunächst eher an Vorkriegsentwicklungen angeknüpft. Die Stücke sollten den Jugendlichen „positive Identifikationsmöglichkeiten und Orientierungshilfe in der traumatisierten Nachkriegswelt" (Payrhuber, 2012, S. 3) bieten und sie im Sinne einer bürgerlichen Gesellschaft sozialisieren. In Ermangelung dramatischer Kinder- und Jugendliteratur waren Märcheninszenierungen, Bearbeitungen von Jugendbüchern und Klassikern der Weltliteratur im Angebot (ebd.). Theater für Kinder und Jugendliche war also in beiden deutschen Staaten, wenn auch in unterschiedlicher Weise, eng mit erzieherischen Funktionen verknüpft. Das blieb auch so, als sich in den 1970er Jahren im Westen mit der Gründung zahlreicher freier Kinder- und Jugendtheater und dem damaligen gesellschaftlichen Aufbruch die Themen und Zielsetzungen der Stücke änderten: Die beiden Berliner Theater *Grips* und *Rote Grütze* setzten auf Zeitgenossenschaft und erarbeiteten, häufig im Kollektiv auf der Basis ausgiebiger Recherchearbeit, sozialkritisch-politische Stücke, die vorher im Kinder- und Jugendtheater undenkbar gewesen wären. Die damit verbundene emanzipatorische Zielsetzung rückte „Gesellschaftskritik und de[n] Appell zur Veränderung der herrschenden Verhältnisse" (Payrhuber, 2012, S. 4) in den Fokus der Theaterarbeit für Jugendliche.

---

1   Er gilt generell für dramatische Literatur. Zeitgenössische Dramatik beispielsweise ist im Buchhandel kaum präsent, er konzentriert sich auf kanonische Texte, vor allem in preiswerten Schul- und Studienausgaben.

So geartete Themenstücke rund um die gesellschaftliche Realität der Jugendlichen prägten das Kinder- und Jugendtheater bis in die 1990er Jahre hinein.

Doch schon seit den 1980er Jahren gab es gegenläufige Tendenzen, die nicht nur für die sozialen Interessen der Kinder einstanden, sondern den Blick auf Kindheit und Jugend unter psychologischen Perspektiven öffneten (Payrhuber, 2012, S. 171). Daneben gab es Bestrebungen hin zu einem poetischen Theater, das „auf die ästhetische Vieldeutigkeit als die bildende Wirkung der Theaterkunst" (Taube, 2012, S. 295) vertraute. Mitte der 1990er Jahre hatte sich auf diese Weise eine vielfältige und „eigenständige Dramatik für junge Zuschauer" (Taube 2012, S. 296) fest etabliert, die nicht mehr vorrangig pädagogischen Interessen verpflichtet war.

Parallel dazu wurden strukturelle Maßnahmen der institutionellen Förderung verstärkt:

- Vor allem seit der Wiedervereinigung Deutschlands bauten die Stadt-, Staats- und Landestheater ihr Angebot für junge Zuschauer zunehmend aus, z.B. in der Einrichtung der sogenannten vierten Sparte, neben Schauspiel, Oper und Ballett.
- Gleichzeitig wurde 1989 in Frankfurt a. M. das Kinder- und Jugendtheaterzentrum der Bundesrepublik Deutschland gegründet. Es betreibt aktive Autoren- und Projektförderung, es richtet bundesweite Kinder- und Jugendtheater-Festivals aus, es begleitet die Theaterszene mit Fachpublikationen, gibt umfangreiche Textsammlungen heraus und einiges mehr.

Seit dieser Zeit zeichnen sich sowohl die Stücke als auch die Theaterarbeit durch ein hohes literarisches bzw. theaterästhetisches Niveau aus. Vom themenorientierten und emanzipatorischen Jugendtheater grenzen sie sich bewusst ab, indem sich die Theater seit den 1990er Jahren das Attribut ‚jung' geben: ‚Junges Theater' also statt ‚Jugendtheater'. Dies konnotiert Verschiedenes: „junge Lebenswelten, junge Figuren, junges Publikum, junge Macher, ambitionierte Formensuche, Lust auf Neues und ein hohes Maß an Lebendigkeit" (Junges Theater, 2008, S. 3). Gleichermaßen umfasst es „Radikalität, Aufbegehren, Unangepasstheit und Dynamik" (Taube, 2008, S. 2). Im Fokus dieses ‚Jungen Theaters' steht die „Veränderung der Wahrnehmung von gesellschaftlicher Wirklichkeit durch das Theater" (ebd., S. 3). Das Theater wird zu einem Ort der Wahrnehmungsschulung, sowohl in seiner semiotischen, bedeutungsgenerierenden Dimension in Bezug auf die komplexe Alltagswirklichkeit heutiger Jugendlicher als auch performativ, im sinnlichen Vollzug. Die zugrundeliegenden dramatischen Texte werden „von einer neuen Generation von Dramatikerinnen und Dramatikern geschrieben, die sich selbstbewusst als Autoren der dramatischen Kunst und nicht als Außenseiter verstehen, die einer besonderen, eventuell sogar erzieherischen Mission nachgehen." (Fangauf, 2011, S. 2.0)

1.2 Die Texte

Eine Differenzierung in Kinder- und Jugendtheaterstücke zu leisten, ist im Rahmen dieses Beitrags nicht möglich, zumal die Grenzen ohnehin nicht scharf zu ziehen sind und man heute vom Kinder- und Jugendtheater eher als einem Familien- bzw. Generationentheater spricht, also einem immer schon mehrfach adressierten Theaterangebot. Für zeitgenössische Stücke unterscheiden Payrhuber (2012) und Taube (2000)

- sogenannte Zeitstücke, also dramatische Texte, die sich mit aktuellen Themen der jeweiligen Gegenwart junger Leute auseinandersetzen,
- adressatenbezogene Bearbeitungen klassischer Stoffe und Texte,
- Stoffe der Sagenwelt und der Mythologie, die für Kinder oder Jugendliche dramatisch bearbeitet werden,
- und natürlich Märchen und Fabeln.

Zu ergänzen wäre diese Reihe um die aktuelle Tendenz des Theaters, zunehmend Romane für die Bühne zu bearbeiten, was auch im Kinder- und Jugendtheater zu beobachten ist.

Thematisch sind die Stücke von einer großen Nähe zur Lebenswelt ihres jungen Publikums geprägt, sie werden zum Spiegel für persönliche Lebensfragen und fordern gleichzeitig dazu heraus, fremde Erfahrungswelten kennenzulernen. Sie stellen konfliktreiche alltägliche und gesellschaftlich bedeutsame und provozierende Themen zur Diskussion, was meist anhand gleichaltriger Figuren geschieht, die vielfältige Identifikationsangebote schaffen. Eindeutige Problemlösungen dagegen werden oft verweigert, die Stücke fördern den Perspektivenwechsel und bieten Deutungsoffenheit. Leser/innen bzw. Zuschauer/innen sind dazu aufgefordert, eigene Haltungen einzunehmen bzw. zu entwickeln. Gute Beispiele dafür sind die beiden 2016 mit dem Deutschen Kinder- bzw. Jugendtheaterpreis ausgezeichneten Stücke, die hier kurz vorgestellt werden.

Krähe und Bär oder Die Sonne scheint für uns alle von Martin Baltscheit (2015) ist ein Stück über Freundschaft und die Erkenntnis, dass es entscheidend darauf ankommt, wie man mit den Dingen umgeht, die nicht zu ändern sind. Der in einem Zoo lebende Bär ist zwar satt, aber griesgrämig und teilnahmslos, weil er unter der Gefangenschaft leidet. Er bekommt Besuch von einer – immer von Hunger getriebenen – Krähe. Nach ersten Feindseligkeiten und gegenseitigen Beschimpfungen freunden sich die beiden an und die Krähe unternimmt vielerlei, um den Bären aufzuheitern. Doch das will nicht gelingen. Mit der Kraft der Magie tauschen sie schließlich ihre Körper und der Bär entkommt seinem Gehege – freilich um den Preis, nun als „Krähenbär" leben zu müssen. Seine Freiheit endet schnell am Recht des Stärkeren, und die „Bärenkrähe" ihrerseits ist nun zwar satt, aber auch unglücklich. Am Beispiel der beiden Tierfiguren – ein typisches literarisches Gestaltungsmittel der Kinderliteratur – wird hier ein Perspektivwechsel provoziert, der zu neuen Einsichten führt und den Blick auf das (alte) Leben ändert. Am Schluss scheint die Ausgangssituation wiederhergestellt, und doch ist alles anders, weil sich Krähe und Bär um ihrer Freundschaft willen frei dafür entschieden haben.

Das Jugendstück *The Working Dead. Ein hartes Stück Arbeit* von Jörg Menke-Peitzmeyer (2015) ist ein Auftragswerk im Rahmen des überregionalen Projekts „Industriegebietskinder".[2] Am Beispiel des ehemaligen Industriestandorts Berlin-Oberschöneweide, wo das Stück auch aufgeführt wurde, bringt der Autor auf der Grundlage einjähriger Recherchearbeit drei Generationen von Figuren zusammen: Jugendliche, die nach (beruflichen) Perspektiven für ihr Leben suchen; deren Eltern, die in der Zeit der Werksschließungen und Massenentlassungen der Nachwendezeit arbeitslos wurden und seitdem brüchige Berufsbiographien haben; und die gebeugte Großelterngeneration, die sich in den ehemaligen Industriebetrieben abarbeitete. Sie tritt im Stück als gespenstischer Chor der *Working Dead* auf, dem die drei Jugendlichen des Nachts in den Industriehallen begegnen. In gewaltigen Wortkaskaden beschwören die Alten ihr Arbeitsleben herauf. Das Stück thematisiert den Umgang mit dem Industrieerbe, seinen Gebäuden sowie den Menschen und deren Lebensleistung und konfrontiert dies mit den jungen Leuten und deren unwissender, ganz gegenwarts- oder zukunftsorientierter Distanz. Das Stück verzichtet auf eine stringente Handlung, vielmehr gleicht es einer Zustandsbeschreibung, die in der Gesamtschau der einzelnen Begegnungen entsteht. Dabei zeigen Vernetzungen zwischen den drei Generationen verschiedene Perspektivierungen auf. Am Ende treffen sich die jungen Leute beim Arbeitsamt, der Ausgang bleibt notwendig offen. Schauplatz, Menschen und deren Sprache sind in diesem Stück Zeitzeugen und Dokumente eines vergangenen und doch aktuellen Stücks Berliner Stadtteilgeschichte, das in die im Theaterstück entworfene Fiktion integriert wird.

Handelt es sich bei der Textgrundlage des Kinder- und Jugendtheaters nicht wie bei diesen beiden Beispielen um originäre Kinder- oder Jugendtheaterstücke, sondern um die erwähnten Bearbeitungen, so untersuchen nach Payrhuber (2012) viele Autoren und Autorinnen die (Dramen-)Texte und Stoffe zunächst daraufhin, was sie für Kinder oder Jugendliche interessant macht. Auf diesen herausgeschälten Kern konzentriert sich das neu zu erarbeitende Stück. Handlung, Figurenkonstellation und Sprache werden in der Regel verschlankt, teils auch in die Moderne verlagert. Häufig wird aus der Sicht einer kindlichen oder jugendlichen Figur erzählt, so dass ein innovativer, auch überraschender Perspektivenwechsel stattfindet, der der Vorlage neue Aspekte abzugewinnen vermag. Viele dieser Stücke markieren dabei deutlich die Tatsache, dass es sich um eine Bearbeitung handelt. Ein Beispiel dafür wäre das Kinderstück *Parzival – Ritter, Ritter, Ritter!* (2007) von Horst Hawemann und dem Ensemble des Pfütze-Theaters in Nürnberg. Denn Parzival wird die Figur eines Musikers zugeordnet, der ihn durch die Handlung begleitet und dramaturgisch

---

2   Es ist Teil des ASSITEJ-Programms „Wege ins Theater"/„Kultur macht stark", gefördert vom BMBF.

verschiedene Funktionen erhält: Er ist Musiker, er ist aber auch Spielfigur, und zwar mit einem gegenwärtigen Horizont, ausgestattet mit Wissen über die damalige Zeit und Literatur. Als heutige Figur kommentiert und vermittelt er das Geschehen (vgl. Paule, 2015). Auch das Jugendstück *Parzival – Short Cut* (2010) von Peter Raffalt markiert die Tatsache der Bearbeitung, schon im Titel, aber auch auf sprachlicher Ebene. Den sich teils in derber Umgangssprache ausdrückenden gegenwärtigen Figuren werden mittelhochdeutsche oder übersetzte Passagen aus Wolframs *Parzival* unkommentiert gegenübergestellt, was die Distanz der beiden Ebenen kontinuierlich präsent hält und die Frage nach der Art und Weise der Bearbeitung aufwirft. Ein Beispiel der erwähnten Romanbearbeitungen für das Theater ist die Bühnenfassung des Romans *Tschick* (2010) von Wolfgang Herrndorf. Sie stammt von Robert Koall und ist Grundlage vieler derzeit zu sehender Inszenierungen. Die dramaturgische Aufgabe, einen epischen in einen dramatischen Text zu transformieren, ist gerade in diesem Fall nicht zu unterschätzen. Denn im Theater muss auf fast alles, was den erzählten Roadtrip ausmacht, verzichtet werden. Koall besinnt sich auf das spezifisch Theatrale: die Kraft des Spiels, der Verwandlung und Imagination. Er lässt alle Schauplätze aus der Wohnzimmereinrichtung der Familie Klingenberg improvisieren. Eine Inszenierung der Studiobühne Bayreuth in der Regie von Georgios Kapoglou (2015/16) denkt dies konsequent weiter: Hier gibt es kein Wohnzimmer, die Bühne besteht aus einer Halfpipe, an deren beiden Längsseiten das Publikum platziert ist. Daraus entsteht ein äußerst wandlungsfähiger Raum mit verschiedenen Ebenen, der Tempo und Dynamik des Spiels herausfordert und unterstützt. Das Spiel zu beiden Seiten der Zuschauer kommt insbesondere der dramaturgischen Konzeption des Stücks entgegen: Koall arbeitet mit einem Wechsel von dialogischer Rede und erzählenden Passagen, in denen die Hauptfigur Maik Handlungsschritte zusammenfasst, Anschlüsse herstellt, Hintergrundinformationen liefert, diese kommentiert und sich damit direkt an die Leser/innen bzw. Zuschauer/innen richtet. In der Inszenierung ist dies durch das Spiel zur einen oder anderen Seite des Publikums deutlich markiert. Damit ist *Tschick* ein Beispiel für das sogenannte Erzähltheater, das sich im Zuge der zunehmenden Episierung im Theater herausgebildet hat.

Wie schon diese wenigen Beispiele zeigen, haben sich neben der Themenvielfalt auch die dramaturgischen Verfahrensweisen weit ausdifferenziert. Die Stücke arbeiten chronologisch oder analytisch, vom Ende der Handlung her, sie nutzen die Parallelisierung verschiedener Zeitebenen, verwenden episodische Reihungen oder Narration oder überschreiten die „Realitätsebene zum Parabolischen hin" (Payrhuber, 2012, S. 7). Einzelne Gestaltungselemente können dabei dramaturgisch verschiedene Funktionen erhalten. So kann etwa ein Wechsel zwischen monologischer und dialogischer Rede zur Durchbrechung der vierten Wand dienen oder auch verschiedene Zeitebenen markieren. Ein Spiel im Spiel eröffnet z. B. die Möglichkeit, in einer Art Versuchsanordnung verschiedene Situationen auszufantasieren und zu diskutieren. Auch der im heutigen Kinder- und Jugendtheater präsente Dialog verschiedener Medien, etwa zwischen Bühne und Film, verlangt besondere Dramaturgien.

1.3   Dramendidaktisches Potenzial der Stücke

Um die Relevanz der Kinder- und Jugendtheaterstücke für den Literaturunterricht zu diskutieren, lohnt ein kurzer Blick zurück in die Entwicklung der Dramendidaktik. Denn der anfangs erwähnte prekäre Status der dramatischen Kinder- und Jugendliteratur findet sich im fachdidaktischen Kontext exakt wieder. Das liegt zum einen Teil an der beschriebenen Entwicklung der Stücke selbst: Während ihr pädagogischer Auftrag lange im Zentrum stand, war die literarästhetische Qualität der Stücke sekundär. Dies aber machte sie für dramendidaktische Reflexionen weniger interessant. Andererseits war die Dramendidaktik ihrerseits bis weit in die 1970er Jahre davon absorbiert, das Drama generell als Lerngegenstand des Literaturunterrichts zu legitimieren und entsprechende didaktische Konzepte zu diskutieren (vgl. Paule, 2009, Kap. 2). Für einen Blick auf Kinder- und Jugenddramen war diese Zeit deshalb noch nicht reif. Zudem verzögerte sich die Erschließung der dramatischen Kinder- und Jugendliteratur für den Literaturunterricht, weil deren schulische Einbindung eine andere Wendung nahm: Die Stücke wurden weniger dem Literaturunterricht zugeordnet als vielmehr für das szenische Spiel vereinnahmt. An sich war das eine erfreuliche Entwicklung, denn der Einbezug des szenischen Spiels ist bekanntermaßen eine Möglichkeit, der Theatralität eines Dramas Rechnung zu tragen. Doch ging dies damals mit einer doppelten Abwertung einher, der Stücke und des szenischen Spiels. Zugespitzt formuliert galten die Texte qualitativ für den Literaturunterricht als wenig gewinnbringend, aber zum vorrangig pädagogisch und nicht künstlerisch ausgerichteten szenischen Spiel schienen sie allemal geeignet. Auch dadurch ist die kontinuierliche ästhetische Entwicklung der dramatischen Kinder- und Jugendliteratur an der Dramendidaktik mehr oder weniger vorbeigegangen. Vor der Jahrtausendwende gab es eher punktuelle, vereinzelte Publikationen, die für eine Öffnung und Erweiterung der dramatischen Schullektüre in Richtung Kinder- und Jugendliteratur plädierten. Dass sich dies nur allmählich durchsetzte, lag weiter an der dominanten germanistischen und damit textorientierten Ausrichtung der Dramendidaktik. Theaterinszenierung und -aufführung galten kaum als Gegenstände des Deutschunterrichts. Dies reichte bis in die 1990er Jahre, obwohl sich in dieser Zeit verstärkt die sogenannten aufführungsbezogenen Konzepte der Dramendidaktik entwickelten. Sie trugen der Theatralität des Dramas zwar in verschiedener Weise Rechnung, klammerten aber die Rezeption einer Theateraufführung als Gegenstand des Dramenunterrichts noch weitgehend aus (vgl. Paule, 2009, Kap. 2). Auch dies trug dazu bei, dass gerade das Kinder- und Jugendtheater viel zu wenig Beachtung fand. Denn es ist zwar in den Theatern sehr präsent, aber eben nicht auf dem Buchmarkt. Textausgaben lagen kaum vor, schon gar nicht in preiswerten Schulausgaben. Für einen Dramenunterricht, der sich vorrangig am Text und nicht an Spielplänen orientiert, ist der Weg zu Kinder- oder Jugendtheaterstücken schon aus diesen Gründen der Distribution sehr weit (vgl. Paule, 2009, Kap. 2).

Bewegung kam in die Entwicklung etwa um die Jahrtausendwende. Im Zuge eines stärker prospektiv ausgerichteten Dramenunterrichts im Sinne kultureller Sozialisation etablierte sich zunehmend eine Theaterorientierung innerhalb der Dramendidaktik. Im Zuge derer sowie durch die immer wieder geforderte Berücksichtigung des Gegenwartsdramas gelangten auch zeitgenössische Jugendtheaterstücke deutlicher in den Blick der Forschung und des Unterrichts. Nun wurden in kurzer Zeit mehrere aktuelle Stücke vorgestellt, dramaturgisch reflektiert, auf ihre Adressatenorientierung hin beurteilt und der schulischen Praxis zugänglich gemacht. Der unterrichtliche Einsatz dieser Dramen wird folgendermaßen begründet:

- Lebensnahe, bedeutsame und die Jugendlichen herausfordernde Themen befördern die Lesemotivation.
- Gleichaltrige Figuren bieten vielfältige Identifikationsangebote und Deutungsspielräume.
- Trotz ihrer ästhetisch ambitionierten Gestaltung sind die Stücke von überschaubarem Umfang, die Zahl der Figuren ist begrenzt, die Sprache verständlich und häufig alltagsnah, die Handlung ist nachvollziehbar, die Dramaturgie variantenreich.
- Damit bieten die Stücke auch zur Einführung in die Gattung Drama eine Alternative zu den kanonisierten Klassikern, mit dem Vorteil geringerer Rezeptionshürden.
- Und nicht zuletzt sind sie ein adressatenorientiertes Angebot zur Hinführung an Gegenwartsdramatik und zeitgenössisches Theater.

Wie diese Auflistung zeigt, werden Jugendtheaterstücke heute nicht mehr vorrangig als „Stofflieferanten themenorientierter Unterrichtseinheiten betrachtet und als Medien sozialen und politischen Lernens genutzt" (Payrhuber, 2012, S. 11), sondern tatsächlich dramendidaktisch und im Hinblick auf ihre ästhetische Qualität reflektiert. Die Stücke der ‚Jungen Dramatik' sind selbstverständlicher Teil der Theaterkultur und haben damit fachdidaktisch insbesondere nicht mehr den Status eines Propädeutikums.

Trotz dieser positiven Entwicklung beschränkt sich der Deutschunterricht bis heute allerdings häufig auf die Arbeit mit den Stücken, das Theater kommt in vielen der dramendidaktischen Publikationen trotz gegenteiliger Beteuerungen nicht vor. Fragen zur Rezeptionskompetenz, Aufführungen betreffend, spielen kaum eine Rolle. Die theatrale Dimension des dramatischen Textes wird eher insofern berücksichtigt, als die Vorschläge produktiver und szenischer Verfahren die Ebene der Inszenierung thematisieren und auf diese Weise eine Aufführungsrezeption zumindest vorbereiten. Die gewählten Methoden erlauben eine dramenadäquate Lektüre wie auch punktuelle Einblicke in den Produktionsprozess einer Theaterinszenierung. Sie ermöglichen eine Auseinandersetzung mit dem Zeichensetzungsprozess des Theaters, diskutieren die Wirkung einzelner Zeichen und denken auf diese Weise den Blick des Zuschauers mit. Qualitativ etwas anderes ist es aber, wenn sich der jugendliche Zuschauer bzw. die jugendliche Zuschauerin im Theater mit einer fertigen Inszenierung konfrontiert sieht. Er oder sie hat es hier nicht wie im Unterricht mit einzelnen Elementen zu tun, die schrittweise diskutiert und auf ihr Zusammenspiel befragt werden, sondern die Inszenierung ist ein äußerst komplexer, vielschichtiger theatraler Text, in dem das Zusammenwirken der Zeichensysteme simultan wahrgenommen wird. Diese Gleichzeitigkeit der Eindrücke sowie die erschwerende Flüchtigkeit des theatralen Ereignisses stellen das Publikum vor nicht zu unterschätzende Anforderungen, wenn es darum geht, theatrale Texte lesen und verstehen zu lernen (vgl. Paule, 2010a, S. 160).

Dieser zweite Gegenstand, das Theater, ist eine schon medientheoretisch unverzichtbare fachdidaktische Perspektive, da dramatische Texte für die Bühne geschrieben und in eine Inszenierung und Aufführung transformiert werden. Der mediale Ort ihrer Aufführung ist das Theater – und das gilt ganz besonders für die Kinder- und Jugendstücke, deren Distribution vorrangig über die Bühne erfolgt. Zudem richtet sich das Kinder- und Jugendtheater an eine Zuschauergruppe, die zum Teil nicht oder noch nicht in der Lage ist, einen dramatischen Text zu lesen. Besonders relevant erscheint dies für Schularten wie Grund- und Mittelschule, bestimmte Berufsschulzweige oder die Förderschule, in denen man – aus unterschiedlichsten Gründen – kaum einmal ein ganzes Drama lesen wird. Gemeinsame Theaterbesuche können hier ein reizvolles kulturelles Angebot sein, und zwar auch für eher buch- und schriftfern aufwachsende Jugendliche. Zu einer gelingenden kulturellen Sozialisation gehört es demnach, im Schulunterricht das Theater als Kunstform und die Vielfalt des Theaterangebots kennenzulernen und – auf sicher unterschiedlichen Niveaustufen – Rezeptionskompetenzen zu erwerben.

2. Kinder- und Jugendtheater

2.1 Begriff

Unter dem Begriff Kinder- und Jugendtheater versammelt sich sehr Unterschiedliches: Zum einen bezeichnet er das professionelle Theater, bei dem ausgebildete Regisseure, Bühnenbildner, Schauspieler usw. Theater für Kinder und Jugendliche machen. Dieses Angebot kann als vierte Sparte eines Stadt-, Staats- oder Landestheaters existieren oder in den zahlreichen sogenannten freien Theatern. Neben diesen professionellen Bühnen existieren auch Amateurtheater, die ein Kinder- und Jugendtheaterprogramm anbieten, und natürlich zahlreiche private oder halb öffentliche Initiativen, wie z. B. Vereine, in denen Theater für Kinder und Jugendliche gespielt wird.

Weiter umfasst der Begriff Kinder- und Jugendtheater auch Theaterformen, in denen die Kinder und Jugendlichen selbst spielen. Hierunter fallen zum einen die sogenannten Jugendclubs an Theatern, in denen Theaterprofis mit ausgewählten Jugendlichen arbeiten. Die Produktionen werden häufig in den regulären Spielplan des Theaters aufgenommen und richten sich mit professionellem Anspruch an die gesamte Öffentlichkeit. Anders ist dies in Kinder- oder Jugendtheatergruppen verschiedener Freizeitinstitutionen, etwa einer Jugendkunstschule, eines Vereins oder anderer städtischer Initiativen. Deren Publikum ist eher halböffentlich, häufig bestehend aus Familie, Freunden, Vereinsmitgliedern usw., die Gruppen werden teils von Profis, teils von ambitionierten, aber eben nicht ausgebildeten Amateuren angeleitet. Analog gilt dies für das Schultheater: Hier unterrichten sowohl professionelle Theaterpädagogen und -pädagoginnen sowie umfassend ausgebildete Schultheaterlehrkräfte mit Studienabschluss als auch – und das ist bis heute die Mehrzahl – Lehrkräfte, die Interesse an der Kunstform Theater, viel Begeisterung und Leidenschaft und eigene Spielerfahrungen mitbringen, aber nie eine Ausbildung durchlaufen haben. Manche von ihnen bilden sich kontinuierlich über entsprechende Lehrerfortbildungen weiter, andere tun das nicht. Wir müssen davon ausgehen, dass in der Schule Theater nach wie vor häufig fachfremd unterrichtet wird. Wie diese Skizze zeigt, findet Kinder- und Jugendtheater in völlig verschiedenen Strukturen mit je spezifischen Rahmenbedingungen statt.

Beim Programmangebot findet sich auf den professionellen Bühnen und teils auch im Schultheater die ganze Bandbreite an Texten und theatralen Formen des Kinder- und Jugendtheaters. Für die Perspektive dieses Beitrags ist dabei interessant, dass dem dramatischen Text ganz unterschiedliche Bedeutung zukommen kann. Während er bei Produktionen, die sich auf dramatische Kinder- und Jugendliteratur stützen, eine durchaus dominante Rolle spielt, gibt es eine Vielfalt von Theaterformen, die dem gesprochenen Text deutlich weniger Raum geben. Das kann bei Aufführungen des Schattentheaters, des Musiktheaters oder des Tanztheaters der Fall sein, aber auch bei eher performativ ausgerichteten Theaterproduktionen, die die Sinnlichkeit und Körperlichkeit, auch Bildhaftigkeit des Theaters in den Vordergrund rücken. Dies gilt insbesondere für das sogenannte Theater für die Allerkleinsten, also für Kinder unter fünf Jahren. Und dort, wo die Kinder und Jugendlichen selbst spielen – im Schultheater, in Jugendclubs usw. – entstehen in jüngerer Zeit viele Eigenproduktionen, in denen gemeinsam in der Gruppe erst ein Text entwickelt wird. Im sogenannten Mitspieltheater schließlich, „bei dem die Zuschauer mehr oder weniger aktiv in den Verlauf der Handlung und in einzelne Vorgänge eingebunden sind", werden die Akteure „mit bestimmten Situationen konfrontiert, in denen sie sich qua Rollenspiel verhalten müssen" (Taube, 2000, S. 583 f.). Text entsteht hier also improvisierend auf der Bühne.

Wie diese Skizze zeigt, versammelt sich unter dem Begriff Kinder- und Jugendtheater äußerst Heterogenes, was einen geschulten und differenzierten Blick absolut erfordert, um eine vorliegende Theaterproduktion nicht mit völlig unangemessenen Maßstäben zu beurteilen. Das erscheint gerade für angehende und praktizierende (Deutsch-)Lehrkräfte entscheidend, wenn sie ihre Schülerinnen und Schüler nicht nur an dramatische Texte, sondern an das Theater heranführen wollen.

2.2 Theaterdidaktik

Wie bereits erwähnt, reicht eine textorientierte Dramendidaktik bei weitem nicht aus. Auch die aufführungsbezogenen Konzepte greifen zu kurz, denn sie bereiten zwar – z.B. durch szenisches Interpretieren oder simulierte Dramaturgie/Inszenierung (vgl. Frommer, 1995) – auf die Rolle als Zuschauer, als Zuschauerin vor, sie schließen aber in der Regel die Auseinandersetzung mit einer besuchten Theateraufführung oder einer Inszenierung nicht ein. Zentrale theaterdidaktische Aspekte stehen bei diesen Konzepten gerade nicht im Fokus, etwa die Förderung von Rezeptionskompetenzen, die zugehörige Vermittlung notwendigen Wissens über das Theater oder die Ermöglichung ästhetischer Erfahrung im Theater. Dies erweist sich aber nicht nur medientheoretisch als zentral, sondern auch für die didaktische Perspektive kultureller Sozialisation und Partizipation. Gerade unter dieser Maßgabe gewinnt das Theater massiv an Bedeutung, „wenn das Curriculum ‚Drama und Theater' als ein Kontinuum begriffen wird" (Payrhuber, 2012, S. 10), von der Grundschule bis zum Abitur. Denn dann beginnt dieses Curriculum nicht mit dem dramatischen Text, sondern mit dem Gang ins (Kinder-)Theater, mit der Familie, im Kindergarten, in der Grundschule. Und da in unserer Gesellschaft nur die wenigsten Menschen Dramentexte auch lesen, ist eine Heranführung an die Theaterkultur ohnehin der naheliegende schulische Weg. Dass er eine Beschäftigung mit dramatischen Texten mit umfasst, versteht sich dabei von selbst.

Denkt man dies im Rahmen des Schulfachs Deutsch, verengt sich eine zu skizzierende Theaterdidaktik hauptsächlich auf deren rezeptive Komponente. Es geht um die Jugendlichen als Theatergänger, um den Erwerb rezeptiver Kompetenzen. Das eigene Theaterspiel und die Produktion einer Theateraufführung dagegen sind in schulischem Rahmen meist ausgelagert in die Arbeit von Schultheatergruppen, Projekten, Wahlpflichtkursen oder in ein eigenes Fach. Der reguläre Deutschunterricht bietet dafür – abgesehen von prozessorientierten Formen der szenischen Interpretation, der simulierten Inszenierung oder des Rollenspiels – nur wenig Raum. Dessen Zielperspektive ist deshalb vorrangig der kompetente und im Idealfall passionierte Zuschauer, der aktiv Bedeutungen herstellen kann im Umgang mit komplexen Zeichensystemen wie denjenigen einer Theaterinszenierung und der/die andererseits die affektive Bereitschaft mitbringt, sich einzulassen auch auf die Sinnlichkeit des Theaters und auf den aus seinem Live-Charakter resultierenden spezifischen Ereigniswert. Denn sie bestimmen ästhetische Erfahrung im Theater entscheidend mit. Damit stellt sich die Frage, was Schulunterricht hier anbahnen und vermitteln kann. Folgende didaktische Aufgabenfelder lassen sich unterscheiden, die gleichermaßen für Kinder- und Jugendtheater wie für andere Theaterangebote relevant sind:

• Wahrnehmungsschulung: „Im Theater kann man jenseits der Informationen, die der Text liefert, Erkenntnisse über das Verhalten und die Haltungen von Menschen gewinnen. Theater kann die Sprache des Körpers betonen, eine Sprache, die jungen Menschen oftmals sehr viel geläufiger ist als die verbale Sprache" (Taube, 2000, S. 586). Genau wahrzunehmen und das Wahrgenommene auf die subjektive Involviertheit zu beziehen, kann zu theaterästhetischer Erfahrung werden. Hinzu kommt, dass Kinder und Jugendliche auch im Theater ein Bewusstsein für Fiktionalität erwerben können (vgl. Spinner, 2010). Sie lernen, die Theaterinszenierung als solche überhaupt wahrzunehmen, also Inszeniertheit als einen intentionalen Prozess zu reflektieren und den jeweiligen Stil und die gewählte theatrale Form der Inszenierung nicht als selbstverständlich hinzunehmen. Dazu gehört auch, sich eigener Erwartungen an das Theater und eigener Wahrnehmungsgewohnheiten und -vorlieben bewusst zu werden. Durch ein im Idealfall kontinuierliches und reichhaltiges Angebot und im Vergleich verschiedener Regie- oder Schauspielstile und unterschiedlicher theatraler Formen kann sich auf Dauer ein Verständnis für die Kunstform Theater entwickeln – auch jenseits des Literaturtheaters.

- Stückauswahl: Wenn sich Theaterorientierung als Selbstverständlichkeit im Dramenunterricht etablieren soll, wird die Lektüreauswahl wenigstens zum Teil spielplanorientiert erfolgen müssen, so dass Aufführungen der gelesenen Stücke besucht werden können. Dies fordert Lehrkräfte insofern heraus, als sie sich nicht ausschließlich auf bewährte und dramendidaktisch erschlossene Kinder- und Jugendtheatertexte stützen können, sondern auch neue Stücke, mit teils geringer ‚Halbwertszeit' im Theater, zur Kenntnis nehmen und den Dialog zwischen Schule und Theater suchen müssen. Dabei kann der Weg nicht nur vom Text zur Aufführung gegangen werden, auch die umgekehrte Richtung ist denkbar und gewinnbringend (vgl. Paule, 2010b).

- Drama und Inszenierung: Gerade im Literaturunterricht wird die Frage nach der Interpretation des Dramas durch die Inszenierung ein naheliegendes Interesse sein. Die schiere Existenz der Inszenierung – als Ergebnis eines Rezeptionsprozesses anderer – konfrontiert dabei mit eigenen Lesarten und macht Deutungsspielräume des Textes offensichtlich, gerade auch im Vergleich mehrerer Inszenierungen. In höheren Jahrgangsstufen ist hier auch das theoretische Verhältnis von Drama und Inszenierung zu thematisieren: Es ist eben keines der ‚Umsetzung' eines dramatischen Textes auf die Bühne.

- Die Theateraufführung als eigenes theatrales Kunstwerk: Über die Interpretation eines dramatischen Textes hinaus wird es darum gehen müssen, die theatrale Form der Aufführung sichtbar zu machen. Dazu gehört das Kennen- und Lesenlernen der Elemente verschiedenster theatraler Zeichensysteme und ihres wechselseitigen Zusammenwirkens im jeweiligen Inszenierungskonzept. Neben dieser semiotischen Dimension, die auf Bedeutungen zielt, ist die performative Qualität der Aufführung mit einzubeziehen, also das, was vor und jenseits der Bedeutungsgenerierung liegt: z. B. die Körperlichkeit der Schauspieler und Schauspielerinnen, das Tempo oder der Rhythmus einer Aufführung, die besondere Atmosphäre des Raums oder die Präsenz eines Darstellers bzw. einer Darstellerin. Häufig sind es gerade diese Elemente, die ein Gespräch über Aufführungen anstoßen, weil sie faszinieren, verwirren, Widerspruch erregen (vgl. Fischer-Lichte, 2001).

- Kommunikationsfähigkeit: Sich über eine gesehene Theateraufführung äußern zu können, eigene Wahrnehmungen zu beschreiben, sich mit der Meinung anderer auseinanderzusetzen, abzuwägen, zu urteilen und dabei auch die nötigen Fachbegriffe zur Verfügung zu haben, gehört zu gelingender kultureller Teilhabe und ist daher auch Gegenstand des Deutschunterrichts.

3. Fazit

Die im Titel meines Beitrags gestellte Frage, ob und inwiefern dramatische Literatur für Kinder und Jugendliche einen Weg ins Theater weist, lässt sich mit den bisherigen Ausführungen wie folgt beantworten. Aus der Perspektive des Literaturunterrichts betrachtet, ist dies sehr wohl der Fall: Die Dramendidaktik fordert seit langem theaterorientierte Konzepte, denn der mediale Ort dramatischer Texte ist das Theater. Berücksichtigt man dabei verstärkt Kinder- und Jugendtheaterstücke, so erschließt sich ein Theaterangebot, das in Thema, Handlung, Sprache, Figurenkonstellation und Dramaturgie auf die Zielgruppe der Kinder und Jugendlichen zugeschnitten ist und insofern Rezeptionshürden minimiert. In diesem Sinne vermögen Kinder- und Jugendtheaterstücke im Rahmen des Deutschunterrichts den Weg in die Institution Theater zu ebnen, und zwar von der Grundschule bis in die Sekundarstufen. Da die aktuelle ‚Junge Dramatik‘ ein Theaterangebot auch für junge Erwachsene bereithält und sich als literarästhetisch hoch ambitioniert erweist, steht ihre Eignung für einen Einsatz im Literaturunterricht auch höherer Jahrgangsstufen außer Frage.

Dass diesen Argumenten aber eine nur begrenzte Sicht zugrunde liegt, zeigte der Einblick in das Kinder- und Jugendtheater. Der dramatische Text ist im Theater generell nur eines von mehreren theatralen Zeichensystemen, die simultan zusammenwirken. Ein Fokus auf den Text wird dem Theater schon deshalb nicht gerecht, ja, er kann den Blick auf das theatrale Kunstwerk sogar verhindern, wie die Geschichte der Dramendidaktik zeigt. Weiter kommen dem Text in einer Theaterproduktion ganz unterschiedliche Gewichtungen zu, was speziell für das ästhetisch äußerst vielfältige Kinder- und Jugendtheater gilt. Nicht immer liegen dramatische Texte zugrunde, manchmal sind es epische oder auch lyrische, manchmal gibt es überhaupt keine vorher existente Textgrundlage. Weiter existieren Theaterformen, in denen der Text stark zurückgenommen ist oder jedenfalls keine dominante Rolle spielt. Auch die Perspektive kultureller Sozialisation und Partizipation erfordert eine Theater-, keine Textorientierung, denn theatrale Sozialisation beginnt deutlich vor der Textlektüre: für diejenigen Kinder, die noch gar nicht lesen können, aber sehr wohl bereits in Kindergarten und Grundschule ins Theater gehen; aber auch für diejenigen Jugendlichen, die im Rahmen ihrer jeweiligen Schulart zwar Theateraufführungen besuchen, aber kaum oder nur in Ausschnitten mit dramatischen Texten in Berührung kommen.

Bevor sie also Dramentexte auch lesen, haben sie Rezeptionserfahrungen im Kinder- und Jugendtheater gemacht. Umgekehrt kann man davon ausgehen, dass auch die Lektüre dramatischer Texte von Anfang an kompetenter erfolgt, wenn die Kinder und Jugendlichen bereits Theatererfahrungen gesammelt haben. Denn sie konnten dann eine Vorstellung von der Spielpraxis des Theaters entwickeln, die der eigenen Lektüre zuarbeitet. Die Zuschauererfahrung erleichtert die beim Lesen stattfindende mentale Vorstellungstätigkeit, weil die Kinder bereits wissen, von welcher Art theatrale Inszenierungen sind (vgl. Payrhuber, 1991). Sie werden deshalb bei der Lektüre besser in der Lage sein, der gattungsbedingten Schwierigkeit zu begegnen, dass die Handlung im Drama in der Regel nicht über einen Erzähler vermittelt wird, sondern sich in der Rede der Figuren vollzieht.

Nur wenn Deutschunterricht der dramatischen Kinder- und Jugendliteratur sowohl dramendidaktisch als auch theaterdidaktisch einen festen Platz einräumt und die dadurch eröffneten Chancen konsequent nutzt, wird er seiner Aufgabe gerecht, Kindern und Jugendlichen Einblick in die äußerst vitale Kunstform Theater zu ermöglichen, sie im Laufe ihrer Schulzeit mit Rezeptionskompetenz auszustatten und sie auf diese Weise zu genussvoller kultureller Partizipation zu befähigen.

Literatur

Fangauf, Henning (2011). Vom Jugendtheater zum Jungen Theater. Vorwort zur 10. Auflage 2011. In Henning Fangauf (Hrsg.), *Jugendtheaterstücke. Ein Schauspielführer*. Frankfurt a. M. 2002 ff. [Loseblattsammlung], 2.0.

Fischer-Lichte, Erika (2001). *Ästhetische Erfahrung. Das Semiotische und das Performative*. Tübingen, Basel.

Frommer, Harald (1995). *Lesen und Inszenieren. Produktiver Umgang mit dem Drama auf der Sekundarstufe*. Stuttgart.

Junges Theater – Das Kinder- und Jugendtheater ist im Staatstheater angekommen. Der Dramaturg Henning Fangauf und der Regisseur Klaus Schumacher über das ästhetische Programm eines Jungen Theaters. Verfügbar unter: www.jugendtheater.net, S. 1–5 [24.4.2017].

Maar, Paul u. Herfurtner, Rudolf (1998). Zwei Autoren im Gespräch. In Paul Maar und Max Schmidt, *Vorhang auf und Bühne frei! Kinder- und Jugendtheater in Deutschland*. Baltmannsweiler, S. 78–95.

Paule, Gabriela (2015). Mittelalterliche Literatur in Bearbeitung: Parzival im zeitgenössischen Kinder- und Jugendtheater. In Dieter Wrobel u. Stefan Tomasek (Hrsg.), *Texte der Vormoderne im Deutschunterricht: Schnittstellen und Modelle*. Baltmannsweiler, S. 67–86.

Paule, Gabriela (2010a). Didaktik und Ästhetik des Theaters: Lesen und Verstehen theatraler Texte. In Volker Frederking, Axel Krommer u. Christel Meier (Hrsg.), *Literatur- und Mediendidaktik* (= Taschenbuch des Deutschunterrichts, Band 2). Baltmannsweiler, S. 159–179.

Paule, Gabriela (2010b). Die Aufführung als Weg zum Text. *Karlsruher pädagogische Beiträge*, 75, S. 29–46.

Paule, Gabriela (2009). *Kultur des Zuschauens. Theaterdidaktik zwischen Textlektüre und Aufführungsrezeption*. München.

Payrhuber, Franz-Josef (1991). *Das Drama im Unterricht. Aspekte einer Didaktik des Dramas*. Rheinbreitbach.

Payrhuber, Franz-Josef (2012). *Jugendtheaterstücke der Gegenwart. Zwölf Unterrichtsmodelle zur Jungen Dramatik für die Sekundarstufen*. Baltmannsweiler.

Payrhuber, Franz-Josef (1991). *Das Drama im Unterricht. Aspekte einer Didaktik des Dramas*. Rheinbreitbach.

Spinner, Kaspar H. (2010). Literarisches Lernen durch die Beschäftigung mit Theateraufführungen. *Karlsruher pädagogische Beiträge*, 75, 17–28.

Taube, Gerd (2012). Kinder- und Jugendtheater der Gegenwart. In Günter Lange (Hrsg.), *Kinder- und Jugendliteratur der Gegenwart. Ein Handbuch* (2. Aufl.). Baltmannsweiler, S. 290–306.

Taube, Gerd (2008). *Junges Theater in Deutschland*. Verfügbar unter: www.jugendtheater.net, S. 1–5 [24.4.2017].

Taube, Gerd (2000). Kinder- und Jugendtheater. In Günter Lange (Hrsg.), *Taschenbuch der Kinder- und Jugendliteratur*. Baltmannsweiler, S. 568–589.

Barbara Bräutigam

Geschichten, die beißen und die Wahrheit in sich tragen

Vom Nutzen der Kinder- und Jugendliteratur in der Psychotherapie

1. Einleitung: Die Macht und die Kraft von Geschichten

In dem Roman *Sieben Minuten nach Mitternacht* von Patrick Ness und Siobhan Dowd (2012) wohnt der 13-jährige Conor allein mit seiner Mutter, die schwer an Krebs erkrankt ist; sein Vater lebt mit seiner neuen Familie in den USA. Conor kümmert sich um seine Mutter und verhält sich extrem selbstständig; er räumt die Küche auf, hält seine Schulsachen zusammen und macht jeden Morgen das Frühstück. In der Schule ist Conor relativ isoliert und kann sich nahezu jedes Fehlverhalten erlauben, ohne bestraft zu werden; die vorsichtige Rücksichtnahme der anderen macht ihn noch einsamer. Eines Nachts begegnet Conor, der seit längerem an Alpträumen leidet, einem Monster:

> Das Monster tauchte kurz nach Mitternacht auf. Wie das bei Monstern eben üblich ist. Conor war wach als es kam. Er hatte einen Alptraum gehabt. Na gut, nicht *irgendeinen*. *Den* Alptraum. Den einen, den er in der letzten Zeit ziemlich oft hatte. Den mit der Finsternis und dem Wind und dem Schrei. Den mit den Händen, die er irgendwann nicht mehr festhalten konnte, egal, wie sehr er sich bemühte. Den, der immer damit endete, dass – (Ness u. Dowd, 2012, S. 11).

Das baumartig und riesig erscheinende Monster kündigt an, Conor zu holen, und dieser verspürt zu seinem Erstaunen keine Angst, sondern erkundigt sich nur gelassen, mit wem er es denn zu tun habe und wer das Monster eigentlich sei. Das Monster kündigt an, Conor drei Geschichten zu erzählen, und die vierte würde Conor ihm schließlich selbst erzählen und sie würde von seinem Alptraum handeln. Dieses will Conor um jeden Preis verhindern, weil der sich ständig wiederholende Alptraum ihn mit Gefühlen konfrontiert, die er auf keinen Fall ertragen, geschweige denn aussprechen möchte.

„*Geschichten sind das Gefährlichste von der Welt*, knurrte das Monster. *Geschichten jagen, beißen und verfolgen dich … Du weißt, dass deine Wahrheit, diejenige, die du versteckst, Conor O'Malley, genau das ist, wovor du am meisten Angst hast*" (Ness u. Dowd, 2012, S. 45 f.).

Psychotherapien und Romane gleichen sich an dem entscheidenden Punkt, dass in ihnen Geschichten erzählt werden. Am Anfang sind es meist nicht unbedingt glückliche oder sorgenarme Geschichten; sonst bräuchte es keine Therapie, bzw. der Roman wäre dünn und langweilig. Oft handelt es sich zunächst um kaschierende Erzählungen, die wie bei Conor bestimmte innere Wahrheiten, die nicht ertragen werden können, verdecken. Entscheidend bei den Geschichten ist zudem, wer sie warum, zu welchem Zeitpunkt und aus welcher Perspektive erzählt. In individuumsbezogenen Psychotherapien dominiert die Geschichte des Patienten, während im familien- oder paartherapeutischen Setting nicht selten erstaunlich divergente Geschichten über vermeintlich ein und denselben Sachverhalt auftauchen. Belletristische Texte spielen gern mit Perspektivwechseln und machen so deutlich, dass ein und dieselbe Geschichte abhängig von der Erzählerperson eine ganz andere sein kann. Ziel einer Psychotherapie ist oft, sich die eigene Lebensgeschichte wieder oder auch zum ersten Mal aus einer halbwegs zuversichtlichen Perspektive erzählen zu können, die vor allem die Möglichkeit der Veränderung impliziert. Insbesondere Kinder und Jugendliche, die von ihren Eltern oder relevanten Bezugspersonen zur Psychotherapie geschickt werden, sind den Zuschreibungen und den Geschichten, die über sie erzählt werden, relativ ausgeliefert und haben oftmals wenig Worte zur Verfügung, die zu einer eigenen Beschreibung taugen. Der Schriftsteller Tim Parks verneint in seinem Essay *Brauchen wir Geschichten?* zwar etwas kokett die im Titel enthaltene Frage, führt aber sehr pointiert aus, warum sie für uns und insbesondere für Heranwachsende so essentiell sind:

> Indem der Roman die Geschichten verschiedener Figuren in ihrer Beziehung zueinander erzählt und davon, wie etwas begann, sich entwickelte und endete, hat er einen entscheidenden Anteil daran, wie wir uns selbst erfinden. Er verstärkt, womit wir von früh bis spät beschäftigt sind: Selbsterfindung […]. Je komplexer diese Geschichten sind, je enger die historischen Bezüge, desto stärker vermitteln sie den Eindruck einer einzigartigen und konstanten individuellen Identität unter der Oberfläche von Veränderungen, Umgestaltungen, Dilemmata, Verirrungen (Parks 2014, S. 19).

Nun impliziert Psychotherapie natürlich ein anderes und wertendes Verständnis von konstruktiven und weniger konstruktiven Geschichten; Psychotherapie hat prinzipiell die Aufgabe, Symptome und ‚Störungen' zu heilen bzw. zu beseitigen. Kinder- und jugendliterarische Texte nehmen ‚Störungen' auf andere Art und Weise in den Blick und verhelfen so zu einem erweiterten und weniger pathologisierenden Blick. Dieser entbindet Psychotherapie nicht von einer Heilungsaufgabe, weicht diese aber möglicherweise in ihrer rigiden Zielgerichtetheit auf.

> Die Tatsache, dass Störungen in der Lage sind eingeschliffene Denk- und Verhältnisdispositionen aufzubrechen und Neuerungen in Gang zu bringen, unterstreicht einmal mehr wie fragwürdig es ist, die Kategorie *Störung* bevorzugt in Verbindung mit Devianz, Dysfunktion, Unfall zu bringen […] Störungen irritieren die Toleranzgrenzen von Systemen, dies können psychische Systeme sein, also ganz konkrete Personen, oder aber gesellschaftliche Teilsysteme (das System Politik, das System Wirtschaft, das Mediensystem). Störungen sind insofern daher eben keineswegs nur als *Unfälle* anzusehen, als etwas zu Verhinderndes, sondern sie sind ein ganz wesentliches Mittel, um gesellschaftliche Wandlungsprozesse anzuregen (Gansel, 2015, S. 17 f.).

Aus meiner Sicht und Erfahrung nützt also das Medium Kinder- und Jugendliteratur im Kontext einer psychotherapeutischen Behandlung vor allem im Hinblick einer Horizont- und Perspektiverweiterung allen Personen, die an diesem Prozess beteiligt sind; dazu zählen die betreffenden Kinder und Jugendlichen, deren Familien, eventuell Lehrpersonen oder Erzieherinnen und Erzieher sowie die behandelnden Psychotherapeutinnen und -therapeuten. Im Rahmen dieses Beitrages möchte ich zunächst allgemein auf die Rolle der Kinder- und Jugendliteratur als sinnstiftendes Medium in der Psychotherapie eingehen und dieses in Bezug auf drei Aspekte unter Verwendung jeweils eines literarischen Beispiels konkretisieren: Dabei sollen erstens die erweiterten Zugänge zu kindlichen Lebens- und Vorstellungswelten, zweitens die Auseinandersetzung mit der Identitätssuche von Jugendlichen und drittens die potentielle Perspektiverweiterung bei den Fachkräften durch die Einbeziehung literarischer Texte im therapeutischen Kontext erläutert werden.

2. Kinder- und Jugendliteratur als sinnstiftendes Medium in der Psychotherapie

> Stillen Poesie, Traum und Literatur den Hunger nach Sinn? Wie kann Hunger nach etwas Unsichtbarem, Immateriellem gestillt werden, ist das nicht ein logisch unlösbares Problem? Unsere Sprache löst dieses Problem, indem sie Redefiguren zulässt, die gegen die übliche, erwartbare Bedeutung der Wörter verstoßen und gerade dadurch neuen Sinn kreieren (Fischer, 2003, S. 9 f.).

In der psychotherapeutischen Arbeit treffen wir oft auf Kinder und Jugendliche, die tiefgreifend bindungsgestört, stark eingeschränkt in ihrer Symbolisierungs- und Mentalisierungsfähigkeit (Fonagy 2003) sind, an einer inneren Bilderlosigkeit leiden sowie keine oder wenig Visionen von einem anderen/verbesserten Zustand haben. Es herrscht gerade bei Jugendlichen oftmals das Gefühl vor, dass sich nichts mehr ändern kann; bei Kindern verweist Papousek (2003) auf das klinisch relevante Phänomen der Spielunlust. Die Fähigkeit zur Symbolisierung und die Fähigkeit zur Mentalisierung, d. h. grob gesagt zwischen den eigenen inneren Zuständen und denen anderer Menschen differenzieren zu können, entstehen in einem „Übergangsraum" zwischen Ich und Nicht-Ich (Winnicott, 1969) und stellen die Voraussetzung für Imaginationsfähigkeit (Bräutigam, 2009b) und für Empathie und Interesse für Alterität dar. „Als-ob-Spiele" und die Auseinandersetzung mit fiktiven Geschichten ermöglichen das Ausprobieren verschiedener (Über-)Lebensstrategien. Schwere Traumatisierungen, Deprivation und tiefgreifend gestörte Bindungsmuster beeinträchtigen beide Fähigkeiten erheblich, Affekte können nicht kognitiv gefasst, sondern müssen in selbst- oder fremddestruktivem Verhalten ausagiert werden (Brandt, 2005).

3. Zugänge zu kindlichen Lebens- und Vorstellungswelten

Vielen therapeutischen Lehrbüchern zufolge erleichtern der Einsatz und das Erzählen von Geschichten insbesondere den Zugang zu Kindern. Weinberger (2007) weist z. B. darauf hin, dass sich Geschichten bei Kindern gut dazu eignen, innere Suchprozesse anzuregen; Geschichten können so einerseits dazu beitragen, den Zugang zu abgewehrten Gefühlen und zu eigenen Stärken zu ebnen und andererseits das Gefühl vermitteln, mit bestimmten Situationen und Sorgen nicht allein auf der Welt zu sein; zudem lernen Kinder im Erzählen und in Erzählungen narrative Strukturen kennen (vgl. Pantos, 2014), die ihnen zum Selbstausdruck verhelfen. Kinder versuchen von Anfang an, Lesen und Gelesenes für die Bearbeitung eigener Themen fruchtbar zu machen und so ihre Entwicklungsaufgaben zu bewältigen. (Vgl. Graf u. Schön, 2001; Hurrelmann, 2002)

> Kinder finden es spannend, wenn man ihnen Geschichten darüber erzählt, welches Ungemach oder Übel der Held durchmachen muss, bis er eine Lösung findet. Denn es ist schön, aus der sicheren Distanz, die Schwierigkeiten und Erfolge einer Figur genießen zu dürfen. Geschichten erzählen und das gemeinsame Zuhören sind eine sehr intime Erfahrung – man lässt die anderen an seinen Fantasien, Träumen und vielen anderen menschlichen Gefühlen teilhaben und lernt miteinander etwas über das Leben (Berg u. Steiner, 2005, S. 106 f.).

Kindliche Motivationsgründe, sich mit Literatur zu beschäftigen, liegen laut Plath und Richter (2012) darin, dass Kinder emotional von spannenden Geschichten gefesselt und mitgenommen sind und dass sie innere Gefährtinnen und Gefährten finden, mit denen sie sich solidarisch fühlen.

Auch Retzlaff (2008) verweist neben der Nützlichkeit der bildhaften und metaphorischen Sprache von Geschichten im psychotherapeutischen Rahmen ebenfalls auf die Doppelfunktion von Empathiestärkung und Distanzierungsmöglichkeit, die die Rezeption von Geschichten bei Kindern ermöglicht:

> Als indirekte, analog wirkende Form der Kommunikation lösen solche Geschichten innere Prozesse im Kind aus und führen eine Innenwendung herbei. Durch die Aktivierung von rechtshemisphärischen Prozessen werden therapeutische Botschaften leichter angenommen. Bei der Behandlung von traumatisierten und körperlich kranken Kindern ermöglicht das Erzählen von Geschichten mit Stellvertreter-Gestalten, die mit einem ähnlichen Problem ringen wie das Kind, eine Auseinandersetzung mit schweren Themen bei gleichzeitiger emotionaler Distanzierung (Retzlaff, 2008, S. 227).

Wilson (2003) beschreibt bei der Verwendung von Geschichten in der Therapie die Notwendigkeit der Einnahme einer Doppelperspektive, die die Nachempfindung der kindlichen Innenwelt und die eigene Einschätzung des jeweiligen sozialen Kontextes, in dem sich das Kind befindet, beinhaltet. Er empfiehlt, Kinder dazu zu ermutigen, eigene Geschichten zu produzieren:

Kinder können, wenn sie Geschichten, Briefe und Gedichte schreiben, die eigenen Sichtweisen entwickeln, die sie hinsichtlich ihrer Situation haben. Der Therapeut kann dazu eine ähnlich klingende Geschichte anbieten, die empathisch auf die Erfahrung der Kinder eingeht (Wilson, 2003, S. 119).

Zudem thematisieren Kinder- und Jugendbücher bedeutsame Übergänge (vgl. Griebel, 2013) zwischen verschiedenen Lebenswelten und -abschnitten und tragen somit zu der Entwicklung der heute immer wichtiger werdenden Transitionskompetenz bei. Bei der Auswahl der Geschichten stellt sich aber dann schnell die Frage, was denn zumutbare Geschichten insbesondere für belastete Kinder und Jugendliche sind (vgl. Becker, 2016). Auch in pädagogischen Fachkreisen besteht z.T. die Annahme, dass bestimmte literarisch verarbeitete, emotional schwer zu ertragende Sachverhalte, wie beispielsweise Suizidabsichten oder die Erkrankung eines Elternteils, kindlichen und jugendlichen Lesern nicht zuzumuten seien, wobei außer Acht gelassen wird, was dieselben in der Realität mitunter aushalten müssen. Besonders deutlich wird dieses auch bei fantastischen Kinderbüchern, die sich mit Ängsten und der Angstlust von Kindern auseinandersetzen (vgl. Bonacker, 2012), ohne diese sofort dezimieren und vorschnell in die Bewältigung gehen zu wollen.

Der Zwerg im Kopf von Christine Nöstlinger (1989) ist ebenfalls ein fantastisches Kinderbuch, das in zwei Welten spielt und sich meines Erachtens sehr gut als literarische Anregung eignet, um mit Kindern, die sich in familiären und/oder schulischen Konfliktlagen befinden, das Prinzip des inneren Dialoges, das Ertragen und Ausbalancieren von inneren Widersprüchen und Ambivalenzen sowie die Entwicklung einer größeren Ambiguitätsspannung auf spielerische Weise zu thematisieren. Es revidiert quasi die bei Grundschulkindern sich vollziehende Wende von außen nach innen – aus lauten Selbstgesprächen werden leise –, bildet auf diese Weise die Etablierung des inneren Dialoges ab (vgl. Bischof-Köhler, 2011, S. 403) und beschreibt sehr eindrücklich das Leiden, aber auch die Kreativität von Lösungsversuchen, die Kinder aufbringen, um mit Loyalitätskonflikten in ihren unterschiedlichen Lebenswelten umzugehen.

Der Zwerg im Kopf und die Verinnerlichung des Selbstgesprächs

Die sechsjährige Anna steht kurz vor der Einschulung. Die Eltern sind getrennt, die Morgen und Nächte verbringt Anna mit dem Vater, die Nachmittage bei der Mutter. Anna erschreckt sich, als sie den Zwerg entdeckt. „‚Papa, ich habe einen Zwerg im Kopf!‘, brüllte Anna. ‚Hol den sofort raus!‘ Der Papa legte den roten Socken und die Stopfnadel weg und lachte" (Nöstlinger, 1989, S. 7).

Bereits auf den ersten Seiten gibt es für Grundschulkinder die Gelegenheit, Alteritätserfahrungen zu machen sowie Anknüpfungspunkte an eigene Alltagserfahrungen zu finden. Ein Zwerg im Kopf ist etwas Ungewöhnliches, die Vorstellung ist lustig, aber auch befremdlich und ein wenig beunruhigend. Hingegen ist die Erfahrung von Erwachsenen oder den eigenen Eltern nicht verstanden und ernst genommen zu werden eine bekannte und vermutlich von allen Kindern geteilte, die Möglichkeiten bietet, für die Heldin Empathie zu entwickeln. Nachdem Anna ihren ersten Schrecken überwunden hat, ist sie neugierig geworden und möchte mit dem Zwerg in Kontakt treten, was sich als gar nicht so leicht herausstellt. Als sie die Suche schon fast aufgegeben hat, meldet sich der Zwerg wieder.

> Anna dachte erschrocken: Verdammt der Zwerg ist doch nicht tot! Der Zwerg sagte: ‚Find ich aber ziemlich gemein von Dir, dass Du mich tot haben willst!‘ Anna dachte: Wieso weiß der verdammte Zwerg, was ich mir denke? Der Zwerg sagte: ‚Also bitte, schließlich sitze ich mitten in Deinem Kopf, da werde ich doch wissen, was dein Hirn denkt‘ (Nöstlinger, 1989, S. 10).

An dieser Stelle wird das Prinzip des inneren Dialogs eingeführt. In Annas Kopf denkt und spricht nicht nur Anna, sondern noch ein anderes Wesen, das ein Eigenleben führt und seine eigenen Gedanken und Vorstellungen hat. Diese Vorstellung beunruhigt Anna zunächst enorm, aber da Anna ein praktisch veranlagtes Kind ist, überlegt sie, wie der Zwerg ihr nützen könnte. Es stellt sich heraus, dass der Zwerg bereits in vielen Köpfen gewohnt hat, aber alles vergessen hat und insofern auch Anna in der Schule nicht so helfen kann, wie sie es sich zunächst erhofft hat.

> Trotzdem war der Zwerg Anna beim Lernen sehr nützlich. Er wusste zwar nicht mehr als Anna, aber er konnte in ihrem Hirn suchen, was sie vergessen hatte. Die vergessenen Sachen liegen ja irgendwo im Hirn herum, man findet sie bloß im Moment nicht. Der Zwerg fand sie immer. Und blitzschnell (Nöstlinger, 1989, S. 26).

Auch hier gibt es Anknüpfungspunkte, die möglicherweise an Ängste von Kindern andocken können: Wie ist das mit den Dingen, die man vergessen hat? Bin ich dümmer als andere? Oder muss ich nur – mit oder ohne Hilfe von Zwergen – schnellere Wege finden, um an das Vergessene in meinem Kopf zu kommen? Im Verlauf der Geschichte wird erkennbar, dass Anna in unterschiedlichen Kontexten einiges ausbalancieren muss und in Loyalitätskonflikte gerät, die ambivalente Gefühle in ihr auslösen.

> Der Umgang mit diesen Ambivalenzen wird in den inneren Dialogen mit dem Zwerg von Nöstlinger sehr plastisch und gut verständlich dargestellt, ohne dass dadurch die Konflikte entschärft werden oder etwa an Komplexität verlieren. Anna lernt in den Gesprächen mit dem Zwerg ihr Innenleben, ihre unterschiedlichen Wünsche und Bedürfnisse, Ängste, Sorgen und Wutgefühle kennen; kurz: Sie lernt sich selbst besser kennen und gibt sich verschiedene Antworten auf die Frage, wer sie denn nun sei (Bräutigam 2016, S. 137).

Neben gelegentlichen Konflikten mit ihren Eltern, die ihrerseits aber über weite Strecken als liebevolle, fürsorgliche und sich einigermaßen vertragende Geschiedene geschildert werden, beschäftigt Anna hauptsächlich ein Loyalitätskonflikt in Bezug auf zwei andere Kinder in ihrer Klasse. Anna liebt den Peter und Peter die Anna, aber auch Hermann, den sonst niemand leiden kann, weil er ein Angeber ist, mag Anna sehr. Anna muss notgedrungen neben Hermann sitzen und möchte mithilfe des Zwerges herausfinden, warum der Hermann so ist, wie er ist. Im Verlaufe der Geschichte versucht der Zwerg einzugreifen und Anna und Hermann näher zusammenzubringen, was Anna in ihrer Freundschaft zu Peter unter Druck setzt, der mit Eifersucht reagiert. Nöstlinger schildert Annas innere Zerrissenheit und ihren Gewissenskonflikt, ob sie jemanden, der sie mag, ihrerseits nicht mögen darf, sehr einfühlsam. Die Frage, wie wenig man lieben oder auch mögen darf, damit es gerade noch Liebe ist, ist Annas vordringliche Frage und gleichzeitig eine Lösungsidee, um sich aus ihrem Loyalitätskonflikt zu befreien. Hierbei werden zentrale Fragen berührt, die die kindliche Identität betreffen: Wer mag mich, mag ich mich? Will ich mit dem? Will die mit mir? (Vgl. Resch, 1996) Im therapeutischen Gespräch mit Kindern ist es möglich, genau solche identitätsbetreffenden Fragen zu diskutieren und dabei – ggf. auch mit verteilten Rollen – verschiedene Perspektiven einzunehmen. Anna löst den Konflikt mithilfe ihrer Mutter, die für sie einen Brief an Peter schreibt. Im therapeutischen Kontext könnte man mit dem Kind besprechen, was es an Annas Stelle an Peter schreiben würde, um mentalisierend – d. h. die eigene und die Perspektive des Gegenübers einbeziehend – mit dem Konflikt umzugehen. Dabei geht es vor allem darum, Kindern Wege in die Mehrdeutigkeit zu ebnen, in der Fiktion Ambivalenzspannungen aushalten zu lassen und diese probeweise zu verbalisieren.

4.   Die Auseinandersetzung mit jugendlicher Identitätssuche

In der psychotherapeutischen Arbeit mit Jugendlichen scheint der Einsatz von Geschichten oder fiktiven Materialien auf den ersten Blick seltener indiziert zu sein. Möglicherweise deshalb, weil es gerade bei Jugendlichen unangemessen erscheint, als Therapeut/in oder Berater/in ‚den Geschichtenonkel‘ bzw. die ‚Geschichtentante‘ zu markieren, oder auch weil das Vorlesen als regressionsförderndes Mittel (vgl. Bräutigam, 2009a) nur in Ausnahmefällen angebracht ist. Dabei enthalten viele jugendliterarische Texte enorm viel Material, das sich im therapeutischen Kontext auf vielfältige Weise nutzen lässt und auch genutzt wird – so z. B. einfühlsame und differenzierte Beschreibungen dessen, was Jugendliche oftmals bewegt, aber manches Mal nicht gut gesagt werden kann.

> Jugendliche sind in der Regel keine Märchenleser mehr, dennoch leisten Geschichten einen großen, positiven Beitrag zum inneren Wachstum und werden von relativ vielen Therapeuten in der Behandlung genutzt. Das Geschichtenerzählen bietet die Möglichkeit, einen symbolischen Prozess auszulösen: Emotionen können über die mit ihnen verknüpften Erinnerungen und Bilder hervorgerufen und verbalisiert werden (Seiffge-Krenke, 2007, S. 236).

Schäfer (2011) verweist darauf, dass der Rückgriff mit Jugendlichen auf eine poetische Form, nämlich auf das autobiographische Schreiben, eine andere Form des Selbstausdrucks ermöglicht. Dabei geht es ihm um Selbstpräsentation und Selbstreflexion und um ein Nebeneinander von Erfundenem, Erinnertem und Geschehenem. Es darf gelogen und übertrieben werden, es ist nicht notwendig, bei dem immer schon bereits Gewussten zu verharren, auch Perspektivwechsel sind erlaubt. Schäfer betont, dass autobiographisches Schreiben auch bedeutet, sich selbst in sozialen Zusammenhängen zu sehen, es braucht das Du, um das Ich sichtbar werden zu lassen (vgl. Schäfer, 2011, S. 37). Aber auch in der Begegnung mit bereits geschriebenen literarischen Texten kann für Jugendliche und deren Eltern eine fruchtbare Auseinandersetzung insbesondere mit identitätsbezogenen Fragen stattfinden.

> Die Literatur bietet für die Darstellung und Inszenierung der unterschiedlichen Facetten des Ichs eine Bühne, eine Spielfläche für die vielfältigen Ausgestaltungsformen der Identität(en). Die Literatur ist das Medium, in dem das Ich Raum findet und gestaltet […] (Roeder, 2009, S. 9).

Mey (1999) verweist mit Blick auf die von James E. Marcia in den 1980er Jahren beschriebenen Identitätszustände, dass Jugendliche, die sich aktiv mit ihrer Identitätsfindung auseinandersetzen, ein wesentlich höheres Maß an Kontrollüberzeugungen und Selbstwirksamkeitserleben haben als Jugendliche, die eine sehr diffuse Vorstellung von ihrer Identitätssuche haben.

> Erzählen ist ein zentrales Instrument der Identitätsbildung. Ein elaborierter Umgang mit diesem Instrument ist eine wichtige Ressource für die Persönlichkeitsentwicklung, die Bewältigung von Krisen und die Darstellung der eigenen Identität in der Gemeinschaft (Jentgens, 2016, S. 30 f.).

Frederking (2010), der sich mit den pädagogischen Anforderungen an einen identitätsorientierten Literaturunterricht im schulischen Kontext auseinandergesetzt hat, bemerkt dazu, dass es notwendig ist, Empathie, Rollendistanz und Ambiguitätstoleranz zu fördern, um die Aus- und Weiterbildung der Ich-Identität zu unterstützen. Als Empathie bezeichnet Frederking die Fähigkeit des Fremdverstehens, um das Erleben und die Deutungen von anderen perspektivisch nachzuvollziehen. Durch die Konfrontation mit Andersartigkeit und Widersprüchlichkeit werden Fragen der eigenen Identität berührt, die Subjekthaftigkeit wird besser spürbar und dadurch Rollendistanz und Ambiguitätstoleranz ermöglicht (430 f.).

> Erzählende Texte lassen uns die Gefühle und Gedanken von Figuren nachvollziehen; dazu hat die Literatur besondere Ausdrucksmittel entwickelt, vor allem die verschiedenen Formen von Gedankenwiedergabe. Man kann sagen, dass die Literatur wie kein anderes Medium einen Blick ins Innere von Menschen vermittelt. Darin liegt auch ein wesentlicher Grund dafür, dass Literatur zur Identitätsentwicklung von Menschen beitragen und ihre Fähigkeit zu Empathie unterstützen kann (Knopf u. Spinner, 2016, S. 11).

Bezogen auf einen therapeutischen Kontext bedeutet das, dass bei der Auswahl und dem Einbezug literarischer Texte beachtet werden muss, dass einerseits Anknüpfungsmöglichkeiten – z. B. eine ähnliche Situation oder persönliche Grundeinstellungen etc. – für die Familien vorhanden sein müssen und andererseits im Rahmen der Geschichte auch Ungewohntes passiert, was ein angemessenes Verstörungspotential aufweist und Veränderungsideen stimuliert. Funcke (2011) spricht in ihrem Aufsatz, der literarische Erzählungen als Erkenntnishilfe begreift, von „resilienten Identitäten", die in bestimmten Lebenskrisen unerwartete Möglichkeiten des Umgangs und der Bewältigung aufzeigen.

> Am Beispiel von Einzelschicksalen, literarisch ausgestaltet in fiktiven Möglichkeitswelten, werden dem Leser die aus einer solchen Situation resultierenden Ängste, Unsicherheiten, Leiden, Konflikte und Schmerzen zugänglich […]. Die Geschichten demonstrieren nämlich nicht ausschließlich Verläufe, die in ihrer Bewegung dem Diktat eines krisenhaften Ereignisses unterliegen. Wir können als Leser vielmehr virtuell daran teilnehmen, wie sich fiktive Personen widrige Umstände durch diverse Strategien und Ressourcen so zu eigen machen, dass am Ende einer ausgetragenen, nicht aber aufgelösten Krise ‚Hoffnung' … bleibt (Funcke, 2011, S. 122).

Dennoch geben natürlich auch jugendliterarische Texte keine abschließenden und finalen sinnstiftenden Antworten, und die Jugendlichen und ihre Eltern müssen sich wie alle anderen damit konfrontieren, dass die Identitätsfrage niemals eine abgeschlossene ist, sondern vielmehr eine unendliche Aufgabe bedeutet.

„Identitätsbildung ist niemals definitiv abschließbar. Sie ist ein unerfüllbares Desiderat, eher Prozess als Resultat. Wer jemand ist, weiß niemand endgültig" (Straub u. Chakkarath, 2010, S. 113).

Nennt mich nicht Ismael von Michael Gerard Bauer und das Ringen um das Selbst

„Ich weiß nicht, wie ich es sagen soll, deshalb sage ich es einfach geradeheraus – es wird Zeit, sich der Wahrheit zu stellen: Ich bin vierzehn Jahre alt und leide am Ismael-Leseur-Syndrom. Heilung ausgeschlossen" (Bauer, 2008, S. 13).

Mit diesen Sätzen beginnt der 2008 ins Deutsche übersetzte Roman und nimmt von Anfang an direkten Kurs auf das Kernthema: Es geht in diesem Buch um Stigmatisierung – durch andere und durch sich selbst – und um den unendlichen mühsamen Kampf, dabei und dahinter sich selbst zu finden. Ismael wird wie unzählige andere Kinder, die sich in psychotherapeutischer Behandlung befinden, in seiner Klasse gemobbt und schreibt dieses vor allem seinem von ihm gehassten Namen zu. Er hat schon alles Mögliche ohne Erfolg ausprobiert, um sich dagegen zu wehren und versucht, so unsichtbar wie möglich zu werden. Als ein neuer Mitschüler in die Klasse kommt, der vor allem durch sein exzentrisches Mienenspiel auffällt, hofft Ismael, dass ein anderer seine Rolle des Opfers übernehmen könnte:

> Als ich so dasaß und James Scobie betrachtete, dachte ich, dass mein Leben leichter werden könnte, dass vielleicht James Scobie mir ein bisschen von dem Druck abnehmen könnte, der auf mir lastete. Ich schäme mich heute noch dafür. Ich weiß, das war nicht sehr nett, aber man kann nichts für seine Gedanken. Außerdem dachte ich noch, dass es angesichts der Aufmerksamkeit, die er erregte, gefährlich sein könnte, sich in der Nähe von James Scobie aufzuhalten (Bauer, 2008, S. 69).

James Scobie hat allerdings neben seiner mimischen Besonderheit noch eine andere außergewöhnliche Eigenschaft, er verfügt über eine ungeheure verbale Ausdrucksstärke, mit der er sich die Hänseleien der anderen vom Leib hält, und gründet in seiner Klasse einen Debattierclub. Er fordert Ismael offensiv auf, mitzumachen; dieser willigt unter der Bedingung ein, nie öffentlich auftreten zu müssen. Natürlich treten Umstände ein, die es doch erforderlich machen, dass Ismael öffentlich debattiert und somit im wahrsten Sinne des Wortes sich zeigen und in Erscheinung treten muss. Er tut es, blamiert sich, schämt sich und überlebt. Indem gerade nicht wenige für Ismael hochpeinliche Momente des öffentlichen Auftretens beschrieben werden, wird das Identifikationspotential für gemobbte und gequälte Kinder ungeheuer hoch, die nichts mehr fürchten, als die Veröffentlichung ihrer Scham. Als Ismael zu James Scobie sagt, dass er ein absoluter Versager sei, antwortet dieser:

> Du weißt doch, was Miss Tarango immer zu unseren Kurzgeschichten sagt. Dass wir nicht zu viel schreiben sollen und wissen müssen, wann Schluss ist. Ich denke einfach, dass deine Geschichte damit endet, dass du vor dem Publikum stehst. Mehr brauchen wir über dich nicht zu wissen (Bauer, 2008, S. 200).

Am Ende des Romans hat Ismael sich nicht, wie er es sich eigentlich in seinen Fantasien ausgemalt hatte, an seinen Peinigern gerächt und kann auch nicht glorios vor Publikum sprechen. Aber er hat in unterschiedlichen Situationen erlebt, dass er sichtbar werden darf, ohne vernichtet zu werden. Kurz vor Beginn der Ferien kommt es zu einer der üblichen bedrohlichen und angsterzeugenden Begegnungen, die Ismael aber jetzt anders parieren kann:

> ,Nächstes Jahr', sagte er und schaffte es irgendwie, dass diese beiden harmlosen Wörter klangen wie eine Bombendrohung. ,Ich werde da sein', und zum ersten Mal seit einer Ewigkeit wusste ich, dass das stimmte (Bauer, 2008, S. 294).

Nennt mich nicht Ismael ist im therapeutischen Kontext deshalb so geeignet, weil es den sehr individuellen, krummen und skurrilen Weg eines chronisch gedemütigten und beschämten Jugendlichen beschreibt, der sein fassadäres gegen ein authentischeres Selbst eintauscht. Der Begriff des „Selbst" wird hier verstanden als „eine übergeordnete Struktur von organisierenden Prinzipien, die motivierende Kraft haben, dem Leben Sinn verleihen und die Erfahrungen organisieren" (Milch, 2001, S. 57). Das Selbst ist so etwas wie eine Grundstruktur der Persönlichkeit, in die alle Erfahrungen eingeordnet werden. Ein wesentliches Ziel in Kinder- und Jugendlichenpsychotherapien besteht darin, Selbstwirksamkeitserleben und Selbstwertgefühl zu stärken, und dieses geschieht in der Regel über die behutsame Begleitung eines individuellen Weges, der den Patienten in ihrer Situation als möglich erscheint.

5.   Perspektiverweiterung bei den Fachkräften

Psychotherapeutisches Arbeiten mit Kindern und Jugendlichen erfordert Fantasie und einen großen inneren Reichtum, der nicht einmal gegeben ist, sondern kontinuierlich gefüttert und aufgefüllt sein will. Will man therapeutische Aufgaben nicht nur großen weisen Männern und Frauen überlassen, die aus ihrem reichen eigenen Erfahrungs-, Lebens- und Leidensgeschichtenschatz klug und mit liebevoller Distanz schöpfen und ihre Sache zweifelsohne hervorragend machen, muss man sich andere Wege suchen, um an die nötige Bilder- und Geschichtenvielfalt zu gelangen. Kindl-Beilfuß (2012) empfiehlt in diesem Zusammenhang Familientherapeutinnen und -therapeuten, sich einen Fundus an eigenen Geschichten zuzulegen – durchaus auch auf der Basis von Romanen oder Filmen – um die eigene Kompetenz zu stärken. Es wird schon lange immer wieder im Rahmen des familientherapeutischen Settings angemahnt, sich stärker auf die Bedürfnisse der Kinder und Jugendlichen einzustellen, sich ihrem sprachlichen Niveau anzupassen und Methoden und Techniken zu verwenden, die die Kinder und Jugendliche im therapeutischen Setting auch wirklich ansprechen. Angesichts einer oftmals krisenhaften und angespannten Stimmung ist das aber mitunter alles andere als einfach. Psychotherapeutinnen und -therapeuten sind darauf angewiesen, nicht nur über ein differenziertes und vielfältiges Methodenrepertoire zu verfügen, sondern auch im Besitz zahlreicher innerer Bilder, Metaphern und Geschichten zu sein, die die Wahrscheinlichkeit erhöhen, im Kontakt mit den Kindern, Jugendlichen und ihren Familien auf die oder das Passende zurückzugreifen zu können. Retzlaff (2008) verweist darauf, dass Anekdoten und Geschichten die Therapie erleichterten, bereicherten und sich aus ihnen Ansatzpunkte für neue Interventionen ergeben; Entwicklungsschritte fallen leichter, „wenn man sich an anderen Menschen orientieren kann, die ähnliche Wege beschritten haben" (S. 224 f.). Auch Fagerström (2016) betont, dass Belletristik, anders als Fachbücher, Fachkräfte im psychosozialen Bereich für existenzielle Fragen sensibilisiert und ermutigt, über die vermeintlichen Grenzen der Realität zu blicken:

> A novel invites the readers to change their perspective, to appreciate a context as being a series of events seen from the perspectives of several different people or the perspective of a person who may be very different from the readers […] Existence is not only what has occurred, but also the whole realm of human possibilities, everything that one can become and everything one is capable of (Fagerström, 2016, S. 159).

Es stellt insgesamt eine große Herausforderung dar, die Beteiligten in ihren unterschiedlichen Lebenswelten zu erreichen und einen Zugang zu ihnen zu finden. Kinder- und Jugendlichentherapie hat im Besonderen die komplexe und anspruchsvolle Aufgabe zu bewältigen, in schwierigen und krisenhaften Situationen eine adäquate Ansprache und Zugang zu verschieden alten Menschen in verschiedenen Entwicklungsphasen und mit sehr unterschiedlichen Bedürfnissen herzustellen.

‚Das hier ist kein Tagebuch' von Erna Sassen und die Kunst des Beistandes

Die Aufzeichnungen des 16jährigen Bou, dessen an einer bipolaren Störung erkrankte Mutter sich vor einigen Jahren das Leben genommen hat, lesen sich zunächst wie eine einzige bittere Anklage und zwar eine, die sich an die Welt im Allgemeinen und an Mütter insbesondere richtet.

> Die Bedeutung einer Mutter wird m. E. schwer überschätzt […]. Gut, eine nette Mutter, an der hat man was. Aber wo findet man die heutzutage noch? […] Vielleicht sollten wir sie in einem Reservat züchten, nette Mütter. Und sie anschließend im Wattenmeer aussetzen.
>   Fühle mich: müde. Müde ist kein Gefühl, sagt mein Vater. Er hat Unrecht. Müde ist ein alles beherrschendes Mistgefühl (Sassen, 2015, S. 10 f.).

Ausgenommen von dieser Anklage ist Bous siebenjährige Schwester, die Bou über alles liebt und bei der er jede Nacht im Bett schläft, weil er sich vor den Nächten und den ihn heimsuchenden Alpträumen fürchtet und nur die körperliche Nähe seiner Schwester ihm Trost bietet. Man erfährt nur bruchstückweise aus Bous früherem Leben, als seine Mutter noch lebte.

> Von einem Tag auf den anderen kam meine Mutter mich nicht mehr von der Schule abholen. Und ich weiß noch genau, wie es sich anfühlte, wenn ich auf den Pausenhof stürmte, um sie wider besseren Wissens zu suchen, und die Nachbarin, Mutter meiner Klassenkameradin Suus, auf mich zukam und sagte, ich solle stattdessen mit ihr nach Hause gehen. Diese Enttäuschung, von der einem schlecht wird (Sassen, 2015, S. 36 f.).

Für Bou spitzt sich seine Lebenskrise zu, als seine Klassenkameradin Pauline, die er sehr mag, ihm gesteht, dass sie in ihn verliebt ist. Bou gerät in Panik und stößt Pauline zurück, wofür er sich sehr schämt und was seinen Selbsthass ins Immense steigert. So sehr, dass er eigentlich nicht mehr leben will, was wiederum seinen Vater in Angst und Schrecken versetzt. Als Pauline erkrankt und nicht mehr zur Schule kommt, wendet sich Bous selbstbezügliche Wut und Verzweiflung in Sorge und er beginnt, sich um sie zu bemühen. Gleichzeitig veröffentlicht er eine Anzeige zum 45. Geburtstag seiner Mutter in der Zeitung, mit der er erklärt, mit ihrem Tod nicht einverstanden zu sein. In einem darauffolgenden Gespräch mit seiner Tante, die ihm vorsichtig die Möglichkeit eröffnet, dass seine Mutter womöglich nicht nur aus egoistischen Ideen so gehandelt habe, sondern in der vermeintlichen Idee, ihre Tochter, Bous Schwester, zu schützen, bricht aus Bou eine für ihn entscheidende Frage heraus und er erfährt Beistand:

> Ich musste sie stellen, obwohl ich sie selber kindisch fand. Ich fragte: „Und ich?". Meine Tante setzte sich neben mich aufs Bett und lege ihren Arm um mich. Ich mag Körperkontakt nicht so, das weiß sie und berührt mich eigentlich selten, und deshalb konnte ich es diesmal ertragen. Dann sagte sie: „Ja Lieber ... für dich ist es *grausam*". *Grausam*. Das war, glaube ich das richtige Wort. Und da hab ich wieder angefangen. Besonders auch, weil sie im Präsens sprach (Sassen, 2015, S. 158).

Insbesondere an dieser Stelle wird deutlich, dass Kinder und Jugendliche möglicherweise in Momenten Beistand benötigen, die nicht unbedingt dem Zeitgefühl von Erwachsenen entsprechen. Trauer oder starke Wutgefühle entstehen nicht immer unbedingt in den Perioden, die wir für stimmig oder angemessen halten, sondern sie interferieren auch immer mit anderen Entwicklungsaufgaben und zeigen sich so in Situationen, die für Erwachsene oft unverständlich sind.

6.   Fazit: Kinder- und Jugendliteratur im psychotherapeutischen Kontext

Bei den genannten drei Beispielen geht es nicht darum, Kinder und Jugendliche im Rahmen einer Psychotherapie zum Lesen zu motivieren. Kinder und Jugendliche brauchen keine durch Literatur vermittelten Zugänge zu ihrem Leben, auch wenn Literatur ein wertvolles Medium sein kann, diese Zugänge in Sprache zu übersetzen. An den ausgewählten Romanen wird aber das nicht intendierte heilsame Potential literarischer Texte deutlich, die sich mit unaufdringlichem und Distanz lassendem Einfühlungsvermögen für die Konflikte und Leiden ihrer Protagonistinnen und Protagonisten interessieren und damit auseinandersetzen. Es sind Bücher, die sehr heterogene Themen in den Vordergrund stellen und dabei die ganze Klaviatur aus Irritation und Unverständnis oder großer gefühlter Nähe und Empathie auslösen können. Es geht auch nicht darum, klar strukturierte Handlungsanweisungen zu geben, wie kinder- und jugendliterarische Texte in Psychotherapien verwendet werden sollen. Das erscheint mir weder sinnvoll noch möglich. Vielmehr eignen sich die Texte als Hintergrundfolie für Psychotherapeutinnen und -therapeuten, um einen anderen und weiteren Blick auf ihre Patientinnen und Patienten sowie deren Familien zu gewinnen und fantasievoller und vielleicht auch gelassener mit den ihnen anvertrauten Lebensgeschichten therapeutisch zu arbeiten.

Psychotherapie kann im besten Fall die Klientinnen und Klienten darin unterstützen, sich mutig und kreativ ihren beißenden Geschichten zu stellen, sie eventuell zu zähmen und sich mit ihnen zu verbünden, um auf dieser Basis neue und freundlichere zu erzählen. Durchaus anregend in diesem Prozess kann die Lektüre von Romanen sein, in denen genau das passiert. In Familientherapien und -beratungen, an denen Kinder und Jugendliche beteiligt oder die vermeintlichen Hauptpersonen sind, ist es oftmals schwierig, den unterschiedlichen Lebensthemen, die sie selbst, ihre Eltern und möglicherweise ihre Geschwister beschäftigen, ausgewogen Rechnung zu tragen. Die Eltern sind nicht selten vordergründig komplett von der Alltagsbewältigung absorbiert, während insbesondere Jugendliche nicht umhinkommen, sich von Identitäts- und Sinnfragen getrieben zu fühlen, die aber im familiären Kontext nur selten angemessen Beachtung finden können. Angemessen bedeutet in diesem Zusammenhang, dass es nicht zielführend sein kann, Eltern oder Familienangehörige zu den ersten Adressaten dieser essentiellen Fragen der Jugendlichen zu machen. Einen angemessenen Umgang im familiären Kontext mit diesen Fragen zu finden heißt, eine Plattform zu schaffen, auf der die unterschiedlichen Perspektiven auf das Leben zumindest ansatzweise sichtbar werden dürfen. Eine solche Plattform kann z.B. die gemeinsame Kenntnis – es muss nicht das gemeinsame oder gleichzeitige Lesen – eines Kinder- bzw. Jugendbuches sein, in dem solche unterschiedlichen Lebensthemen verhandelt werden und die Synchronizität von Ansprüchen, Anforderungen und Belastungen in ihrer ganzen Tragik und mitunter auch in ihrer Komik dargestellt und artikuliert werden.

Eine psychotherapeutische Behandlung kann dabei helfen, kreatives Potenzial zu nutzen, um individuelle Hindernisse zu überwinden, die einem produktiven Gestaltungsprozess des eigenen Lebens entgegenstehen. In diesem Sinne ist die Wiederherstellung der Kreativität des Klienten/der Klientin ein Bestandteil, vielleicht sogar Ziel von Psychotherapie (Holm-Hadulla, Hofmann u. Sperth, 2012, S. 20).

Literatur

Bauer, Michael Gerard (2008). *Nennt mich nicht Ismael.* München.

Becker, Susanne Helene (2016). Diesseits oder jenseits des ‚Zumutbaren‘? Versuch einer Ethik des Erzählens. *JuLiT, 1*, S. 8–15.

Berg, Insoo Kim u. Steiner, Therese (2005). *Lösungsorientiertes Arbeiten mit Kindern.* Heidelberg.

Bischof-Köhler, Doris (2011). *Soziale Entwicklung in Kindheit und Jugend.* Stuttgart.

Bonacker, Maren (2012). Geisterjäger, Werwolfbändiger und Drachentöter. Abenteuerliche Begegnungen im Kinderbuch. *JuLit, 3*, S. 23–29.

Brandt, Christian (2005). *Selbstbezogene Symbolisierungsmuster emotional instabiler Jugendlicher. Eine klinische Pilotstudie zur klientenzentrierten Theorie pathogener Symbolisierung.* Regensburg.

Bräutigam, Barbara (2016). „… und meine Seele spannte weit ihre Flügel aus …“ Psychisches Wachstum von Kindern und Jugendlichen. In: Sanchez de Murillo, J. (Hrsg.) *Aufgang. Jahrbuch für Dichten, Denken, Kunst*, Augsburg, S. 127–142.

Bräutigam, Barbara (2009a). *Die Heilungskräfte des starken Wanja.* Göttingen.

Bräutigam, Barbara (2009b). Realitätsflucht oder Resilienzfaktor? Die Bedeutung von Imaginationsfähigkeit in der Kinder- und Jugendlichenpsychotherapie. *Praxis der Kinderpsychologie und Kinderpsychiatrie, 5*, S. 321–329.

Fagerström, Katarina (2016). Critical reflection on fiction. Increasing practioner reflexivity, making knowledge and enhancing practice. In Gillian Ruch u. Ilse Julkunen (Eds.), *Relationship-Based Research in Social Work.* London, p. 153–172.

Fischer, Hans Rudi (2003). Metaphern – Sinnreservoire der Psychotherapie. Von Metapherntheorien zur Metaphernreflexion. *Familiendynamik, 28*, S. 9–46.

Fonagy, Peter (2003). *Bindungstheorie und Psychoanalyse.* Stuttgart.

Frederking, Volker (2010). Identitätsorientierter Literaturunterricht. In Volker Frederking, Axel Krommer u. Christel Meier (Hrsg.), *Literatur- und Mediendidaktik.* Bd. 2. Baltmannsweiler, S. 414–451.

Funcke, Dorett (2011). Resiliente Identitäten. Literarische Erzählungen als Erkenntnishilfe. *Familiendynamik, 36*, S. 122–131.

Gansel, Carsten (2015). Störungen in (Kinder- und Jugend-) Literatur und Medien. In Ricarda Freudenberg u. Petra Josting (Hrsg.), Norm und Normüberschreitung in der Kinder- und Jugendliteratur und ihren Institutionen. [Extraausgabe] *Kinder-/Jugendliteratur und Medien, 15*, S. 15–30.

Graf, Werner u. Schön, Erich (2001). Das Kinderbuch als biographischer Begleiter. Leseautobiographien. In Imbke Behnken u. Jürgen Zinnecker (Hrsg.), *Kinder. Kindheit. Lebensgeschichte. Ein Handbuch.* Seelze-Velber, S. 620–635.

Griebel, Wilfried (2013). Brüche und Diskontinuitäten. Meilensteine für die individuelle Entwicklung und die Bildungslaufbahn. *JuLit, 3*, S. 3–9.

Holm-Hadulla, Rainer Matthias, Hofmann, Frank u. Sperth, Michael (2012). Psychotherapie und Kreativität. *Familiendynamik, 37*, S. 16–23.

Hurrelmann, Bettina (2002). Sozialhistorische Rahmenbedingungen von Lesekompetenz sowie soziale und personale Einflussfaktoren. In Norbert Groeben u. Bettina Hurrelmann (Hrsg.), *Lesekompetenz. Bedingungen, Dimensionen, Funktionen.* Weinheim, München, S. 123–149.

Jentgens, Stephanie (2016). *Lehrbuch Literaturpädagogik.* Weinheim.

Kindl-Beilfuß, Carmen (2012). *Einladung ins Wunderland. Systemische Feedback- und Interventionstechniken.* Heidelberg.

Knopf, Julia u. Spinner, Kaspar H. (2016). Was bleibt? Literarisches Lernen mit Bilderbuch-Apps. *JuLiT, 2*, S. 7–16.

Mey, Günter (1999). *Adoleszenz, Identität, Erzählung.* Berlin.

Milch, Wolfgang (2001). *Lehrbuch der Selbstpsychologie.* Stuttgart u. a.

Ness, Patrick u. Dowd, Siobhan (2011). *Sieben Minuten nach Mitternacht.* München.

Nöstlinger, Christine (1989). *Der Zwerg im Kopf.* Weinheim.

Pantos, Regina (2014). Auf den Anfang kommt es an. Literacy Erziehung beginnt schon in der Kita. *JuLiT, 2*, S. 3–6.

Papousek, Mechthild (2003). Gefährdungen des Spiels in der frühen Kindheit: Klinische Beobachtungen, Entstehungsbedingungen und präventive Hilfen. In Mechthild Papousek u. Alexander v. Gontard (Hrsg.), *Spiel und Kreativität in der frühen Kindheit.* Stuttgart, S. 174–214.

Parks, Tim (2014). *Worüber wir sprechen, wenn wir über Bücher sprechen.* München.

Plath, Monika u. Richter, Karin (2012). *Lesemotivation in der Grundschule*. Weinheim.

Resch, Franz (1996). *Entwicklungspsychopathologie des Kindes- und Jugendalters*. Weinheim.

Retzlaff, Rüdiger (2008). *Spiel-Räume. Lehrbuch der systemischen Therapie mit Kindern und Jugendlichen*. Stuttgart.

Roeder, Caroline (2009). Ich! Identität(en) in der Kinder- und Jugendliteratur. [Extraausgabe] *Kinder-/Jugendliteratur und Medien*, S. 8–15.

Sassen, Erna (2015). *Das hier ist kein Tagebuch*. Stuttgart.

Schäfer, Beate (2011). Erlebtes und Erfundenes. Autobiografisches Schreiben mit Jugendlichen. *JuLit*, 3, S. 35–39.

Seiffge-Krenke, Inge (2007). *Psychoanalytische und tiefenpsychologisch fundierte Therapie mit Jugendlichen*. Stuttgart.

Straub, Jürgen u. Chakkarath, Pradeep (2010). Identität und andere Formen des kulturellen Selbst. *Familiendynamik*, 2, S. 110–119.

Weinberger, Sabine (2007). *Kindern spielend helfen. Eine personzentrierte Lern- und Praxisanleitung*. Weinheim.

Wilson, Jim (2003). *Kindorientierte Therapie und Familienberatung. Ein systemisch-kooperativer Ansatz*. Heidelberg.

Winnicott, Donald Woods (1969). Übergangsobjekte und Übergangsphänomene. *Psyche*, 23, S. 666–682.

Hans-Heino Ewers

Welche Rolle spielt die Kinder- und Jugendliteratur in der Geschichte von Kindheit und Jugend?

Überschneidungen zwischen (historischer) Pädagogik und Kinder- und Jugendliteraturforschung

Es hat Zeiten gegeben, in denen sich auch Erziehungswissenschaftler und -wissenschaftlerinnen mit der Kinder- und Jugendliteratur befasst und auseinandergesetzt haben. In den Nachkriegsjahrzehnten spielten einzelne Pädagogikprofessoren sogar eine durchaus gewichtige Rolle auf dem Gebiet der Kinder- und Jugendliteraturforschung; genannt seien hier nur der Regensburger Pädagogikprofessor Karl Ernst Maier und der Göttinger Pädagoge Horst Schaller. Ab den 1960er Jahren gewannen Germanistinnen und Germanisten bzw. Deutschdidaktikerinnen und Deutschdidaktiker die Oberhand; erwähnt seien Anna Krüger von der Pädagogischen Hochschule Weilburg, Malte Dahrendorf, Universität Hamburg, und Klaus Doderer, Gründer des Frankfurter Instituts für Jugendbuchforschung – das später eben nicht bei den Erziehungswissenschaften, sondern im Fachbereich Neuere Philologien angesiedelt wurde.

Erst recht war eine jüngere Generation von Germanistinnen und Germanisten bzw. Deutschdidaktikerinnen und Deutschdidaktiker bestrebt, der Pädagogik nicht bloß die primäre, sondern überhaupt jegliche Zuständigkeit für Kinder- und Jugendliteratur zu entziehen. Von der Warte dieser Disziplin aus, so lautete das Argument, könne das Wesentliche dieser Literaturart, deren literarästhetischer Charakter nämlich, bloß verkannt und diese nur zu einem Erziehungsmittel herabgewürdigt werden. Befördert wurde die Neupositionierung der Kinder- und Jugendliteraturforschung durch die Tatsache, dass die 1968er-Germanistik unter anderem auch die Kinder- und Jugendliteratur in den Kreis ihrer Forschungsgegenstände aufnahm (wovon allerdings weitgehend wieder abgerückt worden ist).

Von dieser Zeit an spielte die Pädagogik als akademische Disziplin keine nennenswerte Rolle mehr auf dem Gebiet der Kinder- und Jugendliteraturforschung. Die neuere Kinder- und Jugendliteratur ist den meisten Erziehungswissenschaftlerinnen und -wissenschaftlern von heute weitgehend unbekannt; dies trifft auch, von wenigen Ausnahmen (vgl. Ladenthin) abgesehen, auf die für Kinder und Jugendliche bestimmten audiovisuellen Medienangebote zu. Das in jüngster Zeit wiedererwachte erziehungswissenschaftliche Interesse an Gegenwartsliteratur (vgl. Koller u. Rieger-Ladich, 2005, 2009 u. 2013) hat daran nichts geändert. Die Kinder- und Jugendliteratur bleibt hier unberücksichtigt. Auf letztere geht lediglich Hanna Kiper in einem Abschnitt ihrer Studie über *Literarische Beiträge zur Schulpädagogik* ein (Kiper, 1998, S. 124 ff.).

Dieser Zustand ist unbefriedigend, und hierbei geht es nicht primär um die Frage, ob auch kinder- und jugendliterarische Texte Erziehungswissenschaftlerinnen und Erziehungswissenschaftlern als Leserinnen und Leser etwas zu sagen haben. Entscheidend ist zunächst einmal deren Bedeutung für die Geschichte und die Gegenwart von Kindheit, Jugend und Erziehung. Die für Heranwachsende bestimmten und von ihnen konsumierten Literatur- und Medienangebote nehmen in deren Alltag seit jeher einen gewichtigen Platz ein, wie sie auch eine nicht zu unterschätzende formative Macht besitzen. Schon vor Jahrzehnten war diesbezüglich von den „heimlichen Erziehern" die Rede (Richter u. Vogt, 1974, Lenzen, 1978, Röll, 2013). Diesem für Erziehung und Sozialisation ganz und gar nicht unbedeutenden Medium kann wissenschaftlich nur Gerechtigkeit widerfahren, wenn mehrere akademische Disziplinen an dessen Erforschung beteiligt sind – unter diesen neben der Literatur- und Medienwissenschaft, der Sozial-, Kultur- und Religionswissenschaft eben auch die Erziehungswissenschaft.

Eine solche multidisziplinäre Herangehensweise kann durchaus von einzelnen Forscherinnen und Forschern praktiziert werden. Bereits die Pädagogen unter den Kinderliteraturforschern der 1950er und 1960er Jahre suchten diesen Gegenstand zumeist auch literaturwissenschaftlich zu erfassen. Umgekehrt haben Literaturwissenschaftlerinnen und Literaturwissenschaftler bei ihrer Beschäftigung mit Kinder- und Jugendliteratur – gewollt oder ungewollt – stets auch pädagogische Aspekte ins Spiel gebracht und sich damit als Erziehungswissenschaftlerinnen bzw. Erziehungswissenschaftler betätigt. Oft wird in solchen Fällen jedoch nicht immer dem State-of-the-art der jeweiligen Fachdisziplin entsprochen; letzteres kann am ehesten dadurch gewährleistet werden, dass Vertreter aller beteiligten Disziplinen kooperieren.

1.

Im Folgenden seien einige der Aspekte benannt, durch welche sich die Kinder- und Jugendliteratur als ein genuiner Forschungsgegenstand auch der Erziehungswissenschaft ausweist. In ihrer vormodernen wie modernen Ausprägung besitzt die Kinder- und Jugendliteratur – nicht in Gänze, aber zu einem erheblichen Teil – eine explizite Erziehungs- und Bildungsfunktion. Sie dient der Vermittlung von Wissen aller Art, von religiösen und moralischen Normen wie von familiären, schulischen und gesellschaftlichen Verhaltensstandards. In der Untersuchung dieser bewussten und ausdrücklichen Funktion einschließlich ihrer höchst vielfältigen methodischen Umsetzung erweist sich die Kinder- und Jugendliteraturwissenschaft als eine Teildisziplin der Erziehungswissenschaft. Sie nähert sich ihrem Gegenstand lediglich aus einer anderen Richtung: Sie geht von der Kinder- und Jugendliteratur aus und fragt nach der Rolle, welche diese beispielsweise im Rahmen der religiösen Erziehung spielt. Demgegenüber nimmt ein erziehungswissenschaftlicher Zugriff von der religiösen Erziehung im Allgemeinen seinen Ausgang und sucht von da aus die Rolle von Kinder- und Jugendliteratur in dieser zu eruieren. Die Differenz zwischen einer literaturwissenschaftlichen und einer erziehungswissenschaftlichen Kinder- und Jugendliteraturforschung ist bei diesem speziellen Untersuchungsaspekt also nur eine der Ausgangskontexte. Von beiden Zugangsweisen darf allerdings die Frage außer Acht gelassen werden, ob und inwieweit die Kinder- und Jugendliteratur in der Ausübung der Erziehungs- und Bildungsfunktion mit den jeweils herrschenden allgemeinen Literaturnormen und -konzepten übereinstimmt oder von diesen abweicht. Als historisch gesehen erste „grundlegende kinder- und jugendliterarische Norm" kann ihre Bestimmung als „didaktische Literatur" bezeichnet werden. Als weitere erzieherischen Zwecke wären zu nennen: die rhetorische Erziehung, die Leseförderung, der Literaturerwerb und die literarische Bildung, schließlich die Persönlichkeits- bzw. die Identitätsbildung (Ewers, 2012, S. 141–144, 151).

Die Kinder- und Jugendliteratur ist jedoch nicht nur dort für die Pädagogik von Interesse, wo sie eine ausdrückliche Erziehungs- und Bildungsfunktion im Sinne der Wissens- und Wertevermittlung besitzt. Sie ist darüber hinaus auch ein Darstellungs- und Verbreitungsmedium sowohl von Lern- und Aneignungsformen als auch von Erziehungs- und Unterrichtskonzepten. Vielfach präsentiert sie die Bildungsstoffe eben nicht nur als solche – in katechetischer Form gewissermaßen –, sondern bringt auch den Prozess der Vermittlung dieser Stoffe durch Erzieherinnen und Erzieher wie auch den Vorgang ihrer Aneignung durch Kinder und Jugendliche zur Darstellung. Heranwachsende können mittels solcher Kinder- und Jugendliteratur nicht nur *etwas* lernen, sondern gleichzeitig auch das Lernen erlernen; sie bekommen anschaulich vorgeführt, *wie* sie zu Wissen, Moral und Anstand gelangen können. Mitlesende Erzieher können hieraus Anregungen und Anleitungen für das eigene pädagogische Handeln gewinnen; das späte 18. Jahrhundert spricht von einer Erziehung der Erzieher und sieht hierin eine keineswegs unwichtige Funktion von Kinder- und Jugendliteratur.

Gegen Ende seines *Vorberichts* zu *Robinson der Jüngere* von 1779/80 vergönnt sich Joachim Heinrich Campe

> junge Erzieher auf eine Nebenabsicht aufmerksam zu machen, die mir bei der Ausarbeitung dieses Buchs gleichfals, als ungemein wichtig, vor Augen schwebte. Ich hofte nemlich, durch eine treue Darstellung wirklicher Familienscenen ein für angehende Pädagogen nicht überflüssiges Beispiel des väterlichen und kindlichen Verhältnisses zu geben, welches zwischen dem Erzieher und seinen Zöglingen nothwendig obwalten muß. Wo dieses glükliche Verhältniß in seiner ganzen Natürlichkeit einmahl eingeführt worden ist: da sinken viele der sittlichen Erziehung entgegenstehende Klippen von selbst nieder [...]. (Campe, 1981, S. 14)

Kinder- und Jugendliteratur bringt jedoch nicht nur Lernformen und Erziehungsweisen – ausdrücklich oder unterschwellig – zur Darstellung. Überall dort, wo sie an epischer Breite und Weltgehalt gewinnt, liefert sie Bilder von Kindheit und Jugend, von männlicher oder weiblicher Pubertät und Adoleszenz, von Freundschaft und erster Liebe, von Familie, Schule und Berufsausbildung, von Reisen und Abenteuer und dergleichen mehr. Darin darf sie nun keineswegs nur als eine mehr oder weniger getreue Widerspiegelung bereits existierender sozialer und kultureller Verhältnisse angesehen werden.

Davon aber geht die neuere Geschichtsschreibung der Kinder- und Jugendliteratur aus: Zu deren Grundannahmen gehört, dass eine Veränderung dieser Literaturform stets mit einem bereits eingetretenen Wandel von Kindheit und Jugend in Verbindung zu bringen ist. Des Näheren wird der kinder- und jugendliterarische Wandel begriffen als eine Reaktion auf soziokulturelle Umbrüche und die damit einhergehenden Modifikationen von realer Kindheit und Jugend. Unterstellt ist dabei, dass die soziale Realität eine autonome Entwicklungsdynamik aufweist, deren jeweils neue Hervorbringungen bloß nachträglich theoretisch erfasst und von Kunst und Literatur reflektiert werden können. Für Reiner Wild besitzt die Literatur nur einen dokumentarischen Charakter:

> [...] als Abbildung menschlicher Verhaltensweisen und Bewußtseinsformen sind literarische Zeugnisse Dokumente der historischen Verhaltensweisen und Bewußtseinsformen und damit Dokumente des jeweiligen historischen Standes der Zivilisation und der Bewegungen des Prozesses der Zivilisation [...]. (Wild, 1982, S. 73)

Mittlerweile hat sich die Auffassung durchgesetzt, dass beispielsweise neue Kindheits- und Jugendkonzepte keineswegs immer reale Gegebenheiten nur widerspiegeln, keineswegs bereits eingetretene soziale Veränderungen bloß auf den Begriff bringen. Es herrscht vielmehr Einigkeit darüber, dass beispielsweise die Kindheitsentwürfe der aufgeklärten Philosophen und Erziehungstheoretiker des späten 17. und frühen 18. Jahrhunderts der gesellschaftlichen Wirklichkeit weit vorausgeeilt waren und sich als ein Motor des sozialen und kulturellen Wandels erwiesen haben. Letzteres traf auch auf einzelne Tendenzen von Kunst und Literatur zu, die neben der zumeist satirischen Spiegelung realer Gegebenheiten vielfach mit vorauseilenden Entwürfen aufwarteten, die einen ausgesprochen utopischen Charakter besaßen. Dies gilt in gewissem Umfang auch für einzelne Strömungen der Kinder- und Jugendliteratur, die sich im Laufe des 18. Jahrhunderts in England und Frankreich wie auch im deutschsprachigen Raum herausgebildet und den neuen Kindheits- und Jugendkonzepten verschrieben haben.

Wie generell die Allgemeinliteratur, so eilt auch die Kinder- und Jugendliteratur den faktischen Gegebenheiten vielfach voraus – wenn auch nicht im Ganzen, so doch in ihren progressiven Ausprägungen. Dies gilt für Teile der Kinder- und Jugendliteratur nicht nur des späten 18. und frühen 19. Jahrhunderts, sondern etwa auch für diejenige der Jahrhundertwende und des frühen 20. Jahrhunderts. An der Veränderung von Kindheit und Jugend, am Anstoß von sozialem Wandel hat auch die Kinder- und Jugendliteratur einen Anteil, womit sie für eine sozialgeschichtlich bzw. kulturwissenschaftlich ausgerichtete Pädagogik eine Bedeutung gewinnt, die bislang weitgehend unbeachtet geblieben ist.

2.

Hinsichtlich der von ihr entworfenen Kinderwelten erweist sich die neue Kinderliteratur des 18. und frühen 19. Jahrhunderts nicht bloß als Registratorin von bereits eingetretenen Entwicklungen, sondern als eine Präsentationsform von idealen Vorstellungen und Zukunftsmodellen. Hierin befindet sie sich in weitgehendem Einklang mit der europaweiten progressiven Erwachsenenbelletristik dieser Zeit, mit der sie eine Reihe von Reformprojekten teilt. Beide arbeiten visionär vorauseilend an einer tiefgreifenden Veränderung des Familienlebens und suchen dabei in erster Linie eine neue Vaterrolle zu etablieren: Aus einem autoritären allmächtigen Tyrannen soll ein einfühlsames Familienoberhaupt werden, das sich moralischen Normen unterwirft und die Rechte seiner Untergebenen achtet. Die neue Mutterrolle sieht eine liebevolle, auf emotionaler Zuneigung basierende Kinderpflege vor.[1] Überhaupt soll das Familienleben auf das Kindeswohl zentriert sein, womit die bisherigen Verhältnisse geradezu auf den Kopf gestellt werden, waren Kinder bislang doch dazu da, für das Wohl von Eltern und Großeltern zu sorgen. Hieraus ergibt sich eine neue Form der Familienkindheit: Auch Kinder haben Rechte, die zu respektieren sind; sie dürfen über eigene Sachen und Vermögen verfügen und ihre eigenen kleinen Gesellschaften bilden. Generell sollen sie so gleichberechtigt wie möglich behandelt werden. Dass sich aus alldem neue Umgangsformen mit Kindern, neue Erziehungsmethoden und Unterrichtspraktiken ergeben, versteht sich von selbst.

Kinderliterarisch gebündelt sind all diese Reformprojekte in den Kinderschauspielen eines Christian Felix Weiße, nicht zuletzt in der Familie der Rahmenhandlung von dessen Zeitschrift *Der Kinderfreund* (1776–82). Dem stehen die familiären Rahmenhandlungen in zahlreichen anderen Kinderbüchern der Zeit nicht nach. Das hier vorgeführte moderne Familienleben und die darin eingeschlossene, weitgehend schon autonome und emanzipierte Form von Kindheit dürfen mitnichten als ein Abbild realer bürgerlich-städtischer Familienkulturen der Zeit angesehen werden. Sie besitzen im Gegenteil weitgehend utopischen Charakter, ohne dass dies freilich explizit gemacht wurde. Das Geschilderte wird im Gegenteil mit der Aura längst erreichter Normalität versehen – ein rhetorischer Kniff, mit dem die Rezipienten unter Nachahmungsdruck gesetzt werden sollten, denn wer wollte damals schon als altmodisch gelten. Die Kinderliteratur der Aufklärung erlaubt es sich deshalb auch, die Durchsetzung neuer Verhältnisse als ein Leichtes vorzustellen (Ewers, 1999 u. 2007; Dettmar, 2002) und überlässt es der Erwachsenenbelletristik und -dramatik, die damit verknüpften Kämpfe und Konflikte zur Darstellung zu bringen (Lenzen 1971, Jacobs, 1984; Sørensen, 1984; Saße, 1988).

---

1 In der historischen Pädagogik befasst man sich bereits seit längerer Zeit mit dieser Thematik (Schütze, 1986 u. 1988) und auch die germanistische Literaturgeschichtsschreibung der letzten beiden Jahrzehnte hat die wegweisende Rolle der Literatur dieser Epoche besonders betont (Horstenkamp-Strake, 1995; Erhart, 2001; Frömmer, 2008).

Das Denken, die Kunst und die Literatur können den wirklichen Gegebenheiten jedoch auch in eine andere Richtung entweichen und nicht in eine vermeintliche Zukunft blicken, sondern rückwärts in eine vermeintliche Vergangenheit weisen. Im letzten Drittel des 18. Jahrhunderts formieren sich die Modernisierungskritiker, wobei sich deren Gegnerschaft anfänglich nicht auf das Ganze, sondern nur auf einzelne Bereiche richtete. So sperre sich nach Auffassung Johann Gottfried Herders, eines ihrer frühen Wortführer, das Lebensalter der Kindheit grundsätzlich gegen eine Modernisierung und müsse deshalb von dieser ausgenommen werden. Anfänglich glaubte dieses Lager noch, es reiche aus, das Eindringen der modernen Zivilisation in die Kinderwelt schlicht zu unterbinden, um deren noch vorhandene vormoderne Gestalt zu bewahren. Von einer solchen konnte zumindest in den gebildeten Ständen allerdings nicht mehr die Rede sein; diese waren der sogenannten Verstandesbildung schon zu sehr anheimgefallen. Hier musste die vormoderne Verfassung von Kindheit geradezu planmäßig wieder eingeführt werden.

Damit aber gerieten die Anhänger der romantischen Kindheitsphilosophie, um die es hier geht, in einen Selbstwiderspruch: Auch sie sahen sich nämlich mehr und mehr genötigt, in die aktivistische Rolle von Reformern zu schlüpfen und sich dabei ebenfalls der Kinderliteratur, eines selbst modernen Mediums, zur Durchsetzung ihrer Ziele zu bedienen. Damit aber gerieten sie in Widerspruch zu ihrer Überzeugung, dass sich naturgerechte gesellschaftliche Verhältnisse wie auch eine authentischere Kindheit nur naturwüchsig herausbilden können, nicht aber planmäßig erzeugen lassen. Dessen ungeachtet entwickelte sich ein Teil der deutschen und europäischen Kinderliteratur des 19. Jahrhunderts zum Leitbild-Lieferanten einer gegenmodern konzipierten Kinderkultur, die Natürlichkeit und Naturwüchsigkeit lediglich prätendierte, in Wahrheit aber ebenso ‚künstlich' herbeigeführt worden war, wie es bei der aufgeklärten Kinderkultur der Fall war. Hier wurde – wie auf vielen anderen Feldern später auch – etwas Unmodernes auf eine selbst moderne Weise, mit Hilfe nämlich moderner Medien bzw. moderner Propaganda, hervorgebracht. Man könnte hier von einer modernen Gegenmoderne sprechen (Ewers, 1989, 2002 u. 2008; Baader, 1996; Ullrich, 1999).

Ein weiteres großes Reformprojekt, das sich ebenfalls in weitreichendem Maße der Literatur, der Kunst, aber auch der Musik zu seiner Durchsetzung bediente, betrifft das Naturverhältnis des modernen, nicht in der Landwirtschaft tätigen Menschen. Wir haben es mit einer primär ästhetischen und emotionalen bzw. sentimentalen Beziehung zu tun, in welcher Natur als stimmungsvolle Landschaft erscheint; diese Form des Naturerlebens setzt sich deutlich ab von den modernen Naturwissenschaften, für die Natur ein System von Kausalgesetzlichkeiten darstellt.[2] Die Kinderliteratur im Gefolge der Aufklärung sucht ganz im Geiste Rousseaus zunächst noch die zumeist

---

2 Mit diesem Aspekt der Moderne haben sich zahlreiche (kultur-)philosophische Arbeiten vornehmlich aus den 1980er und 1990er Jahren befasst (Großklaus u. Oldenmeyer, 1983; Seel, Silcher u. Fischerlehner, 1993; Weber 1996; Seel, 1991; Gebhard, 2005).

(männlichen) Kinder zu kleinen nüchternen Naturwissenschaftlern heranzubilden, doch weist der kinderliterarische Mainstream des 19. Jahrhunderts in die andere Richtung. Die Lyrik eines Matthias Claudius aus dem späten 18. Jahrhundert deutet voraus auf eine der großen kulturellen Leistungen der Kinderliteratur des 19. Jahrhunderts. Hier war es in erster Linie die Kinderlyrik des Biedermeier, die den Kindern des Bürgertums das moderne sentimentale Naturempfinden beigebracht und diese gelehrt hat, was stimmungsvolle Naturszenerien bedeuten können. Eine Schlüsselrolle kommt hierbei der Tages- und Jahreszeitenlyrik zu; diese gab (nicht nur) dem Kinderleben einen neuen, tief im Gemüt verankerten Rhythmus.

Der Naturdichtung für Kinder (und Erwachsene) des 19. Jahrhunderts zusammen mit deren wichtigsten Verbreitungsmedien, den Jahresalmanachen wie den Haus- und Familienbüchern, verdanken wir eine bislang nicht ausreichend gewürdigte kulturelle Großtat: Sie verankert den Säkularisierungsprozess tief im Alltagsleben der städtischen bürgerlichen Familie, indem sie an die Stelle des Kirchenjahres, das eine Jahresgliederung vorwiegend durch religiöse Feste beinhaltet, die Abfolge der Jahreszeiten als dominanten Lebensrhythmus setzt.[3] Religiöse Feiertage treten zurück hinter jahreszeitlich bedingten zeitlichen Wendemarken und Ereignissen – mit der Folge, dass kinderkulturell nur Weihnachten und – abgeschwächt – Ostern noch eine einschneidende Bedeutung bewahren können. Das intensive Erleben von Frühling, Sommer, Herbst und Winter durch bürgerliche Kinder des 19. und frühen 20. Jahrhunderts ist weitreichend (kinder-)literarisch vorgebildet.

Die Etablierung eines naturbasierten ästhetisch-emotionalen Lebensrhythmus zu Lasten eines religiösen Kalenders darf als ein zentrales alltagskulturelles Projekt der Moderne gelten, an dem die Kinderliteratur in ganzer Breite Anteil hat. Deren romantischer Flügel fügt diesem Projekt allerdings eine gegenmoderne Komponente hinzu. Diesem geht es nicht lediglich darum, den kindlichen Rezipienten ein ästhetisch-gefühlvolles Naturerleben anzudichten; Kinder sollen darüber hinaus alle Naturphänomene beleben und mit Geist und Gefühl versehen. In zahllosen Gedichten, Liedern, Märchen und Geschichten, nicht zuletzt auch Bilderbüchern wird ihnen eine vormoderne, mythisch-animistische Naturauffassung als die ihrem Alter wesensgemäße Sichtweise nahegebracht. Die kognitive Entwicklungspsychologie des späten 20. Jahrhunderts hat nachgewiesen, dass es in der Entwicklung der kindlichen Intelligenz Stufen gibt, auf denen sich ein animistisches Verständnis äußerer Gegenstände einstellt; dieses löse sich schrittweise auf, halte sich mit Blick auf Tiere aber am längsten. Dass sich diese animistische Weltwahrnehmung über die frühen Phasen hinaus zu einem kindlichen Weltbild verfestigt, ist jedoch nur kulturell zu erklären. Die Umwelt und nicht zuletzt die Kindermedien vom Bilder- und Kinderbuch über den Kinderfilm bis hin zum Kinderfernsehen drängen Kindern ein solches Weltver-

---

3   Zur bürgerlichen Familienkultur des frühen 19. Jahrhunderts speziell in kinderliterarischer Hinsicht vgl. Nickel-Bacon, Elias u. Hurrelmann, 2006; Nickel-Bacon, 2011; Ewers, 2016.

ständnis förmlich auf, weil sie es für ganz und gar altersgemäß halten (vgl. hierzu auch Gebhardt, 2005 u. 2013).

Die moderne Kinderliteratur liefert Modelle nicht nur für eine Familienkindheit, für ein Kindergruppenleben und für eine Naturkindheit; sie kreiert auch eine neue Spielkindheit. Die komplexeren kindlichen Spiele, in erster Linie Rollenspiele, basieren auf imaginären Handlungsabläufen und Fantasiegeschichten, die zu einem erheblichen Teil literarischen Quellen entstammen. Nur zu häufig sind sie aus Kinderbüchern bezogen.[4] Die Skripte kindlicher Spiele reichen von Robinson Crusoe über Tom Sawyer und Huckleberry Finn, Winnetou und Old Shatterhand bis hin zu Pippi Langstrumpf, Bullerbü und Superman. Dass die Kinderliteratur ein Arsenal von Spielvorlagen liefert, die in das lebendige kindliche Spiel eindringen, bringt sie immer wieder einmal selbst zu Sprache: Sie wartet mit kindlichen Helden auf, die in ihren Spielen auf literarische Vorlagen zurückgreifen. Das „Neverland" aus Barries „Peter Pan" stellt einen regelrechten Spielepark dar, in welchem klassische Kinderlektüren nachgespielt werden. Die Rettung und Wiederbelebung zahlloser althergebrachter volkstümlicher Kinderspiele verdankt sich ebenfalls kinderliterarischen Unternehmungen des 19. und frühen 20. Jahrhunderts: Unter Rückgriff auf die von der Romantik inspirierten volkskundlichen Forschungen bringen zahllose Anthologien, Haus- und Familienbücher überlieferte Kinderspielreime und Spielanweisungen in den familiären Alltag ein.

3.

Es scheint angebracht zu sein, ein erstes Fazit zu ziehen: Dass die Kinderliteratur etwas bewirken, bestimmte Zwecke verfolgen soll, war stets eine ausgemachte Sache. Der Kreis bewusster Wirkungsintentionen beschränkte sich jedoch zumeist auf das Erreichen konkreter erzieherische Ziele; es ging vornehmlich um die Vermittlung bestimmter religiöser bzw. moralischer Normen und gesellschaftlich sanktionierter Verhaltensweisen, von dem weiten Feld sachlicher Belehrung einmal abgesehen. Zu den in der Regel nicht beachteten, teils nicht bewussten Wirkungen übrigens nicht nur der Kinder-, sondern auch der Erwachsenenliteratur gehören die Verbreitung und lebensweltliche Verankerung neuer soziokultureller Grundmuster. Im Fall der modernen Kinderliteratur geht es teils um neue Formen familiären Zusammenlebens, kindlichen Freizeitverhaltens und Naturerlebens, teils um eine Wiederbelebung vormoderner Familien- und Kinderkulturen. Allerdings wird den Produzenten von Kinderliteratur und Kindermedien nur in bestimmten Epochen bewusst, dass sie Mitverursacher eines gesellschaftlichen und kulturellen Wandels sind und diesen mit ihren Erzeugnissen befördern. Nur in Zeiten einschneidender gesellschaftlicher Um-

---

4   Zur Entstehung und Entwicklung der aufgeklärten bzw. bürgerlichen Spielkultur vgl. Hauck, 1935; Werner-Hervieu, 1983; Kühme, 1997; Hoke, 2011; Einsiedler, 1999; Mogel, 2008; Ewers, i. Vorb.

brüche kommen sie in der Regel dazu, sich als Kindheitsreformer, als Experimentierer in Sachen neue Lebensformen anzusehen. Dies dürfte nicht nur im späten 18. und frühen 19. Jahrhundert, sondern auch in der Zeit der Jahrhundertwende und der Reformpädagogik, in der frühen DDR und im westlichen deutschsprachigen Raum in den späten 1960er und 1970er Jahren der Fall gewesen sein.

Es hieße freilich die Bedeutung der Kinderliteratur, teils auch der Erwachsenenliteratur zu überschätzen, hielte man sie für die führenden schöpferischen Ideenlieferanten, für die originären Urheber etwa der Konzepte moderner Kindheit und moderner Erziehung. Insofern bedarf die obige These von der Vorreiterrolle der Kinderliteratur einer Differenzierung. Die Produzenten von Kinderliteratur greifen in der Regel auf Ideen und Visionen zurück, die in theologischen, philosophischen oder pädagogischen Kontexten entwickelt und in theoretischen Abhandlungen unterschiedlichster Gestalt niedergelegt worden sind. Bei Letzteren haben wir es allerdings mit Verbreitungsmedien von vergleichsweise geringer Reichweite zu tun; deren gesellschaftliche Einflussnahme dürfte sich auf Expertenkreise beschränken. Hinsichtlich ihrer Breitenwirkung sind die Erwachsenenbelletristik wie auch die Kinderliteratur derlei Abhandlungen weit überlegen; sie erweisen sich deshalb als willkommene Transmissionsriemen neuer theoretischer Entwürfe. Letztere vermögen nicht in ihrer begrifflichen Form, ihrer gedanklichen Gestalt, sondern erst in der visionären Umsetzung in konkrete Lebensverhältnisse eine nennenswerte allgemeingesellschaftliche Prägekraft zu entfalten. Es bedurfte der Popularisierung neuer Ideen im Medium der Literatur und der Kinderliteratur, um einen sozialen Wandel auch auf alltagskultureller Ebene auszulösen.

Es hieße die Literatur wie auch die Kinderliteratur nun wiederum zu *unter*schätzen, sähe man in ihnen Popularisierungsmedien ohne jede schöpferische Potenz. Die imaginäre Umsetzung in einen konkreten Lebensvollzug kommt einer Erprobung, einem visionär vorweggenommenen Praxistest theoretischer Entwürfe gleich, bei denen es um Realisierbarkeit und Folgenabschätzung geht. In Literatur und Kinderliteratur geraten Ideen gewissermaßen auf den Prüfstand und erfahren damit nur zu oft wesentliche Modifikationen. Die landläufige Geringschätzung von Popularisierungsmedien verkennt deren ureigene schöpferische Leistung. Übrigens haben einzelne Theoretiker selbst von ihnen Gebrauch gemacht, indem sie auf Dialog- bzw. Gesprächsformen zurückgriffen haben oder gar ins Romanhafte übergewechselt sind; für Letzteres dürften François Fénelon und Jean-Jacques Rousseau die bekanntesten Beispiele darstellen.

Auf dem Feld von Kindheit und Erziehung ist die Kinderliteratur wahrlich nicht der einzige Transmissionsriemen neuer Ideen in die Praxis. Hier gibt es Expertengruppen – Erzieher und Erzieherinnen, Lehrpersonen, teils auch Eltern –, die sich für die kompetenteren Umsetzer sei es progressiver, sei es konservativer Konzepte halten. Einzelne von ihnen greifen zu den maßgeblichen Schriften der Philosophen und Pädagogen, lesen Locke, Rousseau, Campe, Villaume, Niethammer, Pestalozzi, Herbart und andere im Original oder in Übersetzung. Andere wiederum greifen zu pädagogischen Kompendien und Praxisanleitungen aller Art. Für pädagogisch interessierte Eltern und Erzieher werden Erziehungsratgeber aller Art auf den Markt gebracht, worunter auch medizinische Schriften über Geburt, Säuglings- und Kleinkinderpflege und Kinderkrankheiten vom 18. Jahrhundert an einen zunehmenden Platz einnehmen.

Die historische Pädagogik hat diesen Kommunikationskanälen bisher zu wenig Beachtung geschenkt. Dabei lässt sich gerade an ihnen detailliert verfolgen, wie neue Konzepte von Kindheit, Jugend und Erziehung in das Alltagsleben eindringen und das reale Aufwachsen von Kindern wie auch das Erziehungsverhalten von Eltern und Erziehern nach und nach prägen. Deutlich wird an ihnen aber auch, mit welchen Abstrichen neue Konzepte in Realität überführt werden. Die unter dem Einfluss neuer Konzepte sich herausbildenden realen Kindheiten, Familien- und Erziehungskulturen besitzen durchweg den Charakter eines Kompromisses, sind sie doch das Ergebnis von Machbarkeitsproben. Es sind soziale, kulturelle, aber auch anthropologische und kognitive Rahmenbedingungen unübersteigbarer Natur, an denen sich Konzepte gewissermaßen abgeschliffen haben, sobald sie zu Strukturelementen gesellschaftlicher Wirklichkeit geworden sind. Die Rousseau-Rezeption der Philanthropen stellt ein herausragendes Beispiel für eine solche – allerdings theoretisch vorweggenommene – Abschleifung radikaler Konzepte dar.

Unter den genannten Verbreitungsmedien neuer Kindheits-, Jugend- und Erziehungskonzepte ragt die Kinderliteratur in einer Hinsicht heraus: Sie stellt den einzigen Transmissionsriemen dar, der sich direkt an Kinder und Jugendliche richtet. Mehr noch: Wir haben es mit einem Medium zu tun, das – beginnend im 18., dann dominierend vom 19. Jahrhundert an – von der Zielgruppe unmittelbar, ohne Zwischenstellung von erwachsenen Vermittlern oder Eltern, vorwiegend in einsamer, intimer Lektüre rezipiert wird. In den kindlichen bzw. jugendlichen Heldenfiguren, die zur tiefemotionalen Identifikation einladen, sind Rollenbilder verkörpert, die zum Vehikel eigenständiger kindlicher bzw. jugendlicher Selbstdefinition werden. Aus einer solchen Lektüre beziehen Kinder und Jugendliche beiderlei Geschlechts neue Verhaltensmuster, die sie oft gegen den Widerstand von rückständigen Eltern, Erziehern und Lehrern, die sich von den einschlägigen progressiven Ratgebern noch ferngehalten haben, behaupten müssen. So lernen Kinder mittels der progressiven Kinderliteratur reden, wie es Kindern vermeintlich von Natur aus zukommt; der angeblich authentische Kinderton stellt eine Schöpfung der progressiven Kinderliteratur dar, die mit Overbecks Kinderlyriksammlung von 1781 ihren Anfang nimmt und die nach und nach zur Normalität geworden ist (siehe Ewers, 1992). Die historische Pädagogik hat bislang noch nicht in Erwägung gezogen, dass die großartigen Mädchentagebücher, die eine Charlotte Bühler für ihre Theorien weiblicher Pubertät herangezogen hat, nachhaltig von der Lektüre der Mädchenliteratur des späten 19. Jahrhunderts geprägt worden sind.

Dass auch die nicht an Kinder und Jugendliche gerichtete, die Allgemeinliteratur einen großen Anteil an der Umsetzung neuer lebensweltlicher Konzepte hat, dürfte durchweg bekannter sein. Dabei liegen einzelne große Reformprojekte der Moderne jenseits des kinderliterarischen Horizonts und bleiben so der Erwachsenenliteratur vorbehalten. Gemeint sind die Propagierung eines neuen Verständnisses von Liebe sowie die Legitimierung und Ermöglichung von Liebesbeziehungen über Standes- und konfessionelle Grenzen hinweg, die Durchsetzung einer autonomen Partnerwahl und nicht von Eltern arrangierter Heirat. Zu nennen wäre außerdem die neue Geselligkeitsform der Freundschaft. Es geht hierbei um die Einführung der Herrschaft allein des Herzens. Dies setzt die Entwicklung eines neuen Persönlichkeitsideals und nicht zuletzt auch neuer Geschlechterrollen voraus, in welchen dem Gefühl, den Emotionen Geltung verschafft wird. Zu den noch umstritteneren Reformprojekten dürfte die Einführung einer verlängerten Jugendphase, die Gewährung eines Moratoriums zur Selbsterprobung und Selbstfindung gehören. Die Federführung liegt hier für eine geraume Zeit ebenfalls allein bei der Erwachsenenliteratur, deren einschlägige Werke jugendlichen Lesern der Zeit allerdings nicht verborgen geblieben sind. Goethes *Werther* gehörte jedenfalls zu den Spitzentiteln der jugendlichen Leserschaft.

Mehr als die Kinder- und Jugendliteratur dürfte in einzelnen Punkten die Allgemeinliteratur der pädagogischen Theoriebildung vorausgegangen sein. Die moderne Liebesauffassung scheint mir in erster Linie eine Schöpfung der Literatur gewesen zu sein ebenso wie die Idee einer verlängerten, krisengeschüttelten Adoleszenz. Letztere hat sich die Pädagogik erst zur Zeit der Jahrhundertwende und zu Beginn des 20. Jahrhunderts zu eigen gemacht. Hierbei hat ihr die Literatur der Zeit, beginnend mit Wedekinds Jugenddrama *Frühlingserwachen*, geradezu die Feder geführt. Eduard Sprangers wirkungsmächtige *Psychologie des Jugendalters* von 1924 liest sich streckenweise wie eine Nachbildung von Hermann Hesses Jugendromanen, insbesondere des 1919 erschienenen *Demian*. Der Diskurs über moderne Adoleszenz wird seit dem ausgehenden 18. Jahrhundert in mehreren, durchaus konkurrierenden Diskursmedien geführt – beginnend und federführend in der Allgemeinliteratur, abwehrend für geraume Zeit in der Pädagogik wie auch der Jugendliteratur, später dann in Psychologie und Psychoanalyse, dann erst bejahend in der Pädagogik, im späten 20. Jahrhundert dann auch in der Jugendliteratur. Eine Geschichte der modernen Adoleszenz muss deshalb alle infrage kommenden Diskursmedien einschließen; die Arbeiten des Jugendforschers Hans Heinrich Muchow sind in diesem Punkt wegweisend (Muchow, 1962; auch Zinnecker, 2013).[5]

4.

So sehr eine Reduzierung von Literatur und Kunst auf eine dokumentarische Funktion im Sinne von Reiner Wild in Frage zu stellen ist, so unbestritten und bedeutungsvoll

---

5 Zur Bedeutung der schönen Literatur für die Ausbildung des Liebes- und des Freundschaftsdiskurses vgl. Saße, 1996; Thiel, 2004. Zu Theorie und Geschichte des Jugendromans vgl. Ewers, 2013.

ist die ebenfalls von Literatur und Kunst geleistete Spiegelung realer Gegebenheiten. Wo diese an einer expliziten oder impliziten Norm gemessen, im Lichte ausdrücklicher oder verborgener Idealvorstellungen gesehen wird, wäre von einer satirischen Darstellung zu sprechen. Auch von dieser Seite her sind Literatur und Kunst für die historische Pädagogik von eminenter Bedeutung: Sie besitzen für diese den Status einer überaus ergiebigen Quellengattung für die Realgeschichte von Kindheit, Jugend, Familie und Erziehung. Dass deren literarische Spiegelung nicht mit der Wirklichkeit eins zu eins gleichzusetzen ist, versteht sich von selbst; es bedarf stets einer Aufdeckung der jeweils vorhandenen medialen Brechungen. Dennoch ist die außerordentliche Ergiebigkeit dieser Quellengattung nicht zu leugnen – insbesondere dann, wenn man neben den fiktionalen bzw. semifiktionalen Gattungen – wie Erziehungs- und Bildungsromane, psychologische Romane, Kindheits- und Jugendromane, literarische (Auto-)Biographien – nicht-fiktionale Textsorten – wie etwa historische (Auto-)Biographien, Kindheits- und Jugenderinnerungen – mit einbezieht. Die Rede ist hier von einer innerhalb (nicht nur) der historischen Pädagogik längst existenten opinio communis, weshalb es an dieser Stelle nur einiger Hinweise auf einschlägige Studien zu diesem Thema bedarf (vgl. Wallmann, 1978; Hardach-Pinke u. Hardach, 1978; Hirsch, 1982; Greuner, 1984; Ehlert, 1987; Köhler, 1988; Fritzsche, 1992; Ewers, 2001; Schulze, 2001; Heinritz, 2001).

Weniger Gewissheit und Einigkeit besteht allerdings hinsichtlich der Frage, ob auch die Kinder- und Jugendliteratur als eine solche Quellengattung gelten darf. Ein Faktum ist, dass sie nur äußerst selten als ein Medium angesehen wurde, welches der vorbehaltlosen Erkundung kindlicher Lebenswelten verpflichtet war. Soweit man in diesem Punkt überhaupt eine herrschende Auffassung unterstellen darf, geht sie eher in die entgegengesetzte Richtung: Wie Kindheit wirklich ausgesehen hat, dürfte von der Kinderliteratur nicht zu erfahren sein. Dass dies pauschal nicht zutrifft, habe ich in *Kinderliteratur als Medium der Entdeckung von Kindheit* (Ewers, 2001) und *Die Kinderliteratur und die Erkundung kindlicher Lebenswelten* (Ewers, 2005) dargelegt; an dieser Stelle soll daher eine knappe Skizzierung der wichtigsten Argumente genügen. Infrage kommen wie bei der Erwachsenenliteratur auch hier nur die Ausprägungen, die auf eine Repräsentation kindlicher bzw. jugendlicher Lebenswelten abzielen. In vielen Fällen geschieht dies allerdings in äußerst selektiver, entstellender und verzerrender Weise. Verantwortlich hierfür sind zum einen dominierende erzieherische Intentionen, die dafür sorgen, vorbildliche Aspekte in den Vordergrund zu rücken und normwidrige Seiten zu marginalisieren. Zum anderen lässt sich darin die Absicht erkennen, die kindlichen Rezipienten zu schonen, nicht mit harten Realitäten zu konfrontieren. Schließlich spielt in diesem Zusammenhang auch die Auffassung eine Rolle, dass Kinder ein anderes Weltbild als die Erwachsenen besitzen und man ihnen folglich nicht die faktische, sondern deren Wirklichkeitskonstruktion präsentieren müsse.

Diese Positionen kommen darin überein, dass die Kinderliteratur nicht den Ansprüchen eines uneingeschränkten Realismus unterworfen werden dürfe, weshalb von ihr auch keine schonungslose Exploration der tatsächlichen Lebensbedingungen von Kindern erwartet werden könne. Ihnen zugrunde liegt eine fundamentale Diskursregelung, die auch gegenwärtig in vielen Köpfen selbst von Erziehungswissenschaftlern und Erziehungswissenschaftlerinnen noch Bestand hat. Die – in welchem Medium auch immer erfolgende – Verständigung über die tatsächlichen Lebensverhältnisse von Kindern sei eine Angelegenheit allein der Erwachsenen. Vom uneingeschränkten Diskurs über das kindliche Lebensalter seien die Kinder selbst auszuschließen. Eine Kinderliteratur der schonungslosen Kindheitsexploration würde eine Verletzung dieser fundamentalen Diskursregelung darstellen, ließe sie doch auch die Kinder am ungeschminkten Kindheitsdiskurs teilnehmen.

Diese Diskursregelung ist nun selbst im Bereich der Kinder- und Jugendliteratur nicht unangefochten geblieben. Für einzelne Akteure schien sie mit einer Gleichberechtigung von Kindern nicht vereinbar zu sein. Ein in diesem Sinne emanzipatorisches Kinder- und Jugendliteraturkonzept musste denn auch die Möglichkeit einschließen, die kindlichen Rezipienten ohne Einschränkung mit den eigenen Lebensbedingungen zu konfrontieren, so wenig erquicklich diese auch sein mögen. Die Ansätze zu einer solchen emanzipatorischen Kinderliteratur lassen sich bis ins späte 18. Jahrhundert zurückverfolgen. An dieser Stelle mag es genügen, auf eine von mir entwickelte Typologie von Kinderbuchautoren (Ewers, 2012, 227 ff.) zurückzugreifen und den Autortyp zu charakterisieren, der einer solchen emanzipatorischen, anders gesagt: sozialkritischen bzw. sozialpsychologischen Kinderliteratur zur Existenz verholfen hat und den ich als „literarischen Anwalt des Kindes" bezeichnet habe. Dem Autor dieses Typs, der mit der Kinderliteraturreform von 1968/70 verstärkt hervorgetreten ist, geht es um eine Erkundung nicht der eigenen vergangenen Kindheit, sondern der aktuellen Lebensverhältnisse von Kindern. Er sieht die Kinderwelt als einen Teil der sozialen Wirklichkeit an, für den er sich als kritischer Autor verantwortlich fühlt, der nicht weniger als andere Lebensbereiche einer literarischen Repräsentation bedarf. Er sieht in Kindern Mitglieder der Gesellschaft, deren Ängste und Nöte, deren Glücksmomente und Liebeserfahrungen es verdienen, ebenso ernst genommen zu werden wie diejenigen anderer sozialer Gruppen. Er erlebt Kinder nicht zuletzt als Individuen, deren Persönlichkeitsrechte nur zu oft missachtet werden, was ihn herausfordert, sich zu deren Anwalt zu machen. In ihm lebt ein Stück weit, wie unschwer zu erkennen ist, der in der europäischen Aufklärung geborene Autortyp des ‚Schriftstellers' wieder auf, der sich dem Allgemeinen, der Gesellschaft verpflichtet fühlt und bereit ist, die Rolle einer moralisch-kritischen Instanz zu übernehmen.

Dass es im Werk der kritischen Kindheitsdichter nicht um eine selbsterlebte, sondern eine beobachtete Kindheit geht, mindert deren explorativen Wert mitnichten. (Dass sich in die Schilderung beobachteter Kindheiten stets auch die eigene Kindheit einmischt – sei es in störender, sei es in förderlicher Weise –, steht außer Frage, soll hier jedoch nicht weiterverfolgt werden.) Was die Intensität der Einfühlung in die kindliche Wahrnehmungs- und Erlebnisperspektive angeht, so muss die sozialkritische Kinderliteratur den autobiographischen Kindheitserinnerungen nicht nachstehen. In einer Hinsicht geht sie über die letztere sogar hinaus: Sie sucht das an der Kindheit herauszustellen, was den Kindern selbst wichtig ist, nicht das, was die Erwachsenen an der Kindheit fasziniert. Sie bringt damit zur Sprache, dass in der Kindheitsliteratur des 19. und frühen 20. Jahrhunderts nur zu oft Kindheitswelten nach dem Geschmack der Erwachsenen entworfen worden sind. Sie befreit damit die Kinder aus dem Zwang, Erwachsenen als Projektionsfläche für eigene Sehnsüchte zu dienen.

Bei dem kritischen Kindheitsdichter des späten 20. Jahrhunderts haben wir es mit einem Halbbruder des modernen Kindheitsforschers zu tun. Während letzterer sich jedoch an die oben erwähnte grundlegende Diskursregelung hält, nach der die Kinder selbst vom wissenschaftlichen und gesellschaftlichen Kindheitsdiskurs auszuschließen sind, bricht der kritische Kindheitsdichter mit dieser Redekonvention. Die mittels des Mediums ‚Kinderliteratur' erfolgende Einbeziehung der Kinder in den Kindheitsdiskurs geschieht nicht in Erfüllung eines abstrakten Partizipationsgedankens, sondern im Interesse der Kinder selbst. Unterstellt ist dabei, dass in der modernen Gesellschaft auch Kindern schon eine Reflexion der eigenen Situation abverlangt wird. Die kritische Kindheitsdichtung will in den kindlichen Lesern und Leserinnen Prozesse der Bewusstwerdung und Reflexion in Gang setzen, will ihnen helfen, sich selbst und die eigene Umwelt zu verstehen. „Hilf ihnen, ihre Welt zu verstehen, zu durchschauen, zu bezweifeln, zu befragen […]", so formuliert es Peter Härtling (Härtling, 1990, S. 263).

5.

Will man die bisherigen Ausführungen zum Verhältnis von historischer Pädagogik und Kinder- und Jugendliteraturforschung resümieren, dann ergeben sich die folgenden Punkte:

a) Die moderne Kinder- und Jugendliteratur, wie sie sich im 18. Jahrhundert herausgebildet hat, stellt ein bedeutendes Erziehungs- und Sozialisationsmedium dar. In dieser Hinsicht ist sie ein Forschungsgegenstand, an dem die historische Pädagogik nicht vorbeigehen darf. Dass an ihr auch Literatur gelernt, eine literarische Kompetenz entwickelt wird, ist ein Aspekt, den die Pädagogik der Literaturdidaktik überlassen kann.

b) Die Literatur im Allgemeinen wie speziell auch die Kinder- und Jugendliteratur haben einen entscheidenden Anteil an der Herausbildung moderner Kindheit und Jugend wie auch des modernen Familienlebens und moderner Erziehungspraktiken. Sie stellen bedeutende Transmissionsriemen dar, mittels derer neue Konzepte eine lebensweltliche Verankerung erfahren. Eine Geschichte der gesellschaftlichen und kulturellen Modernisierung muss die Literatur wie speziell auch die Kinder- und Jugendliteratur nicht nur als Widerspiegelung, sondern auch als Movens gesellschaftlichen Wandels in Rechnung stellen und einbeziehen.

c) Für eine Geschichte der realen Lebensbedingungen von Kindern und Jugendlichen sollte neben Kindheits- und Jugenderinnerungen, (Auto-)Biographien und sonstiger Literatur auch die Kinder- und Jugendliteratur als Quellengattung herangezogen werden. Letztere lassen in besonderer Weise die Erlebnisperspektive von Kindern und Jugendlichen hervortreten.

Moderne Gesellschaften westlicher Prägung sind auf dauerhaften Wandel programmiert. Eine zentrale Voraussetzung hierfür besteht in der Etablierung von Kommunikationsmedien, die auch in die Privatsphäre, insbesondere den Familienraum hineinreichen. Historisch gesehen stellt die Literatur ein solches Medium dar: Diese vermag gewissermaßen von außen in die auf Bewahrung ausgerichteten familiären Binnenwelten einzudringen und die dort herrschende transgenerationelle Weitergabe von Sitte und Anstand zu unterbrechen. Was Kindheit ausmacht, wie mit Kindern umzugehen ist und wie diese sich zu verhalten haben, sollte nicht mehr von den Großeltern erfragt und bestimmt werden. Nicht *deren* Kindheit, sondern die durch Medien eingespeisten *neuen* Kindheitskonzepte sollten jetzt maßgeblich sein. Dies galt sowohl für die progressiv modernen wie für die an der Vergangenheit orientierten Kindheitsentwürfe.

Im späten 20. Jahrhundert hat bekanntlich ein erneuter tiefgreifender Medienwandel stattgefunden. Bis ins frühe 20. Jahrhundert waren die Erwachsenenbelletristik und die Kinderliteratur federführend in der Ausgestaltung, Erprobung, Verbreitung und alltagskulturellen Verankerung von Kindheitskonzepten und Erziehungsstilen. Im Fall der Kinderliteratur hatten wir es zunehmend mit Selbsterfahrungsmustern und sozialen Beteiligungsangeboten zu tun, die direkt an Kinder gerichtet waren und die erwachsenen Vermittler und die Eltern außen vor ließen. Was die kindlichen Rezipienten angeht, so zeigen die neuen, audiovisuellen Medien der letzten Jahrzehnte eine Reichweite, die die Kinderliteratur nie besessen hat und nie wird erlangen können. Die Folge ist, dass ein erheblicher Teil heutiger Kinder durch andere Medien erreicht wird. Die Kinder- und Jugendliteratur bleibt in ihren anspruchsvollen Ausprägungen nichtsdestotrotz ein Experimentierfeld für neue Ideen und innovative Problemlösungen – und zwar nicht zuletzt dank ihrer relativ geringen Produktionskosten. Hinsichtlich ihrer alltagskulturellen Prägekraft dürfte sie jedoch an Bedeutung eingebüßt haben. Diese besitzt sie allenfalls noch dank ihrer Film- und Fernsehadaptionen.

Literatur

Baader, Meike Sophia (1996). *Die romantische Idee des Kindes und der Kindheit. Auf der Suche nach der verlorenen Unschuld.* Neuwied u. a.

Campe, Joachim Heinrich (1981). *Robinson der Jüngere, zur angenehmen und nützlichen Unterhaltung für Kinder* (1779/80). Hrsg. v. Alwin Binder u. Heinrich Richartz. Stuttgart.

Dettmar, Ute (2002). *Das Drama der Familienkindheit. Der Anteil des Kinderschauspiels am Familiendrama des späten 18. und frühen 19. Jahrhunderts.* München.

Ehlert, Heide (Hrsg.). (1987). *Kinderszenen. Geschichten aus zwei Jahrhunderten.* Stuttgart.

Einsiedler, Wolfgang (1999). *Das Spiel der Kinder. Zur Pädagogik und Psychologie des Kinderspiels* (3., aktualisierte u. erweiterte Aufl). Bad Heilbrunn.

Erhart, Walter (2001). *Familienmänner. Über den literarischen Ursprung moderner Männlichkeit.* München.

Ewers, Hans-Heino (i. Vorb.). *Kinderspiele und Kinderliteratur zwischen Aufklärung und Romantik. Überlegungen zum Verhältnis von Spielkultur und Lektürepraxis.*

Ewers, Hans-Heino (2016). Kindheit und Natur. Anmerkungen zur Genese grundlegender Formen kindlichen Naturerlebens. In Lena Kraska, Gerold Scholz u. Ulrich Wehner (Hrsg.), *Umgang mit Naturen in der frühen Bildung.* Bd. II. Beiheft 11, S. 15–27. www.widerstreit-sachunterricht.de.

Ewers, Hans-Heino (2013). Jugendroman und Jugendromanforschung. Eine erneute Bestandsaufnahme. In Hans-Heino Ewers (Hrsg.), *Literaturanspruch und Unterhaltungsabsicht. Studien zur Entwicklung der Kinder- und Jugendliteratur im späten 20. und frühen 21. Jahrhundert.* Frankfurt a. M. u. a., S. 251–278.

Ewers, Hans-Heino (2012). *Literatur für Kinder- und Jugendliche. Eine Einführung in die Grundbegriffe der Kinder- und Jugendliteraturforschung* (2., überarbeitete u. aktualisierte Ausgabe). Paderborn.

Ewers, Hans-Heino (2008). Romantik. In Reiner Wild (Hrsg.), *Geschichte der deutschen Kinder- und Jugendliteratur* (3., vollst. überarbeitete u. erweiterte Aufl.). Stuttgart u. Weimar, S. 96–130.

Ewers, Hans-Heino (2007). Ein Schlüsseltext des Kinderschauspiels der Aufklärung: Christian Felix Weißes Ein kleiner Familienzwist oder Gute Kinder machen bisweilen auch gute Aeltern (1778). In Kurt Franz u. Günter Lange (Hrsg.), *Dramatische Formen. Beiträge zu Geschichte, Theorie und Praxis.* Baltmannsweiler, S. 1–27.

Ewers, Hans-Heino (2005). Die Kinderliteratur und die Erkundung kindlicher Lebenswelten. In Gudrun Stenzel (Hrsg.), *Kinder lesen – Kinder leben. Kindheiten in der Kinderliteratur.* Beiträge Jugendliteratur und Medien, 16. Beiheft, S. 8–22.

Ewers, Hans-Heino (2001). Die Literatur der versehrten Kindheit. Von Jung-Stilling und Karl Philipp Moritz zu Franz Kafka und Rainer Maria Rilke – ein Überblick. In Gerold Scholz u. Alexander Ruhl (Hrsg.), *Perspektiven auf Kindheit und Kinder.* Opladen, S. 143–166.

Ewers, Hans-Heino (2001). Kinderliteratur als Medium der Entdeckung von Kindheit. In Imbke Behnken u. Jürgen Zinnecker (Hrsg.), *Kinder, Kindheit, Lebensgeschichte. Ein Handbuch.* Velber, S. 48–62.

Ewers, Hans-Heino (1999). Familie im Kinderschauspiel des ausgehenden 18. und frühen 19. Jahrhunderts: Christian Felix Weiße, August Rode u. Chr. Ernst v. Houwald. In Hans-Heino Ewers u. Inge Wild (Hrsg.), *Familienszenen. Die Darstellung familialer Kindheit in der Kinder- und Jugendliteratur.* Weinheim u. München, S. 25–40.

Ewers, Hans-Heino (1992). „Hier spricht, wenn ich's gut gemacht habe, wirklich ein Kind." Anmerkungen zu Theorie und Geschichte antiautoritärer Kinder- und Jugendliteratur. *Informationen Jugendliteratur und Medien 44* (4), S. 165–179.

Ewers, Hans-Heino (1989). *Kindheit als poetische Daseinsform. Studien zur Entstehung der romantischen Kindheitsutopie im 18. Jahrhundert. Herder, Jean Paul, Novalis und Tieck.* München.

Fritzsche, Michael (Hrsg.). (1992). *Besonnte Kindheit und Jugend? Autobiographische Texte aus verschiedenen Kulturen.* (Ausstellungskatalog). Oldenburg.

Frömmer, Judith (2008). *Vaterfiktionen. Empfindsamkeit und Patriarchat in der Literatur der Aufklärung.* München u. a.

Gebhard, Ulrich (2005). Natur, Atmosphäre und Erlebnis. Zur ästhetischen Dimension von Naturerlebnissen. In Ulrike Unterbrunner (Hrsg.), *Natur erleben. Neues aus Forschung und Praxis der Naturerfahrung.* Innsbruck, S. 23–44.

Gebhardt, Ulrich (2013). *Kindheit und Natur. Die Bedeutung der Natur für die psychische Entwicklung* (4. Aufl.). Heidelberg.

Greuner, Ruth (Hrsg.). (1984). *Um die Ecke ins Paradies. Erzählte Kindheit.* Berlin.

Großklaus, Götz u. Oldemeyer, Ernst (Hrsg.). (1983). *Natur als Gegenwelt. Beiträge zur Kulturgeschichte der Natur.* Karlsruhe.

Härtling, Peter (1990). *Zwischen Untergang und Aufbruch. Aufsätze, Reden, Gespräche.* Berlin, Weimar.

Hardach-Pinke, Irene u. Hardach, Gerd (Hrsg.). (1978). *Deutsche Kindheiten 1700–1900. Autobiographische Zeugnisse.* Kronberg/Ts.

Hauck, Kurt (1935). *Das Spiel in der Erziehung des 18. Jahrhunderts* (Diss.). Halle/Saale.

Heinritz, Charlotte (2001). Das Kind in der autobiographischen Kindheitserinnerung. In Imbke Behnken u. Jürgen Zinnecker (Hrsg.), *Kinder. Kindheit. Lebensgeschichte. Ein Handbuch.* Velber, S. 182–198. (zuerst 1994). *BIOS. Zeitschrift für Biografieforschung und Oral History,* 7 (2), S. 165–184.

Hirsch, Helmut (Hrsg.). (1982). *Über Tisch und Bänke. Erzählte Kindheit.* Darmstadt.

Hoke, Sarah (2011). *Fritz von Uhdes „Kinderstube". Die Darstellung des Kindes in seinem Spiel- und Wohnmilieu.* Göttingen.

Horstenkamp-Strake, Ulrike (1995). *„Daß die Zärtlichkeit noch barbarischer zwingt, als Tyrannenwut!" Autorität und Familie im deutschen Drama.* Frankfurt a. M.

Jacobs, Jürgen (1984). Die Nöte des Hausvaters. Zum Bild der Familie im bürgerlichen Drama des 18. Jahrhunderts. *Wirkendes Wort,* 34, S. 343–357.

Kiper, Hanna (1998). *Vom „Blauen Engel" zum „Club der toten Dichter". Literarische Beiträge zur Schulpädagogik.* Baltmannsweiler.

Köhler, Ursula (Hrsg.). (1988). *Kinderleben. Dichter erzählen von Kindern.* Frankfurt a. M.

Koller, Hans-Christoph u. Rieger-Ladich, Markus (Hrsg.). (2013). *Vom Scheitern. Pädagogische Lektüren zeitgenössischer Romane III.* Bielefeld.

Koller, Hans-Christoph u. Rieger-Ladich, Markus (Hrsg.). (2009). *Figurationen von Adoleszenz. Pädagogische Lektüren zeitgenössischer Romane II.* Bielefeld.

Koller, Hans-Christoph u. Rieger-Ladich, Markus (Hrsg.). (2005). *Grenzgänge. Pädagogische Lektüren zeitgenössischer Romane.* Bielefeld.

Kühme, Dorothea (1997). *Bürger und Spiel. Gesellschaftsspiele im deutschen Bürgertum zwischen 1750 und 1850.* Frankfurt a. M. u. New York.

Lenzen, Dieter (1991). *Vaterschaft: Vom Patriarchat zur Alimentation.* Reinbek b. Hamburg.

Lenzen, Klaus Dieter (1978). *Kinderkultur – die sanfte Anpassung.* Frankfurt a. M.

Mogel, Hans (2008). *Psychologie des Kinderspiels.* Heidelberg.

Muchow, Hans-Heinrich (1962). *Jugend und Zeitgeist. Morphologie der Kulturpubertät.* Reinbek b. Hamburg.

Nickel-Bacon, Irmgard (2011). Literarische Geselligkeit und neue Praktiken der Unterhaltung in der Kinder- und Jugendliteratur der Biedermeierzeit. In Anna Ananieva, Dorothea Böck u. Hedwig Pompe (Hrsg.), *Geselliges Vergnügen: Kulturelle Praktiken der Unterhaltung im langen 19. Jahrhundert.* Bielefeld, S. 157–199.

Nickel-Bacon, Irmgard, Elias, Sabina u. Hurrelmann, Bettina (2006). Biedermeierzeit. Tradition und pädagogische Modernisierung: Familienkulturen und familiale Lesekulturen um 1830. In Bettina Hurrelmann, Susanne Becker u. Irmgard Nickel-Bacon (Hrsg.), *Lesekindheiten. Familie und Lesesozialisation im historischen Wandel.* Weinheim, S. 59–170.

Richter, Dieter u. Vogt, Jochen (Hrsg.). (1974). *Die heimlichen Erzieher. Kinderbücher und politisches Lernen. Erfahrungen, Analysen, Vorschläge.* Reinbek b. Hamburg.

Röll, Franz Josef (2013). Medien – die heimlichen Erzieher? Was Eltern im Umgang mit den Medien beachten sollen. In Anna-Maria Kamin, Dorothee M. Meister u. Dietmar Schulte (Hrsg.), *Kinder – Eltern – Medien. Medienpädagogische Anregungen für den Erziehungsalltag.* München, S. 15–26.

Saße, Günter (1996). *Die Ordnung der Gefühle. Das Drama der Liebesheirat im 18. Jahrhundert.* Darmstadt.

Saße, Günter (1988). *Die aufgeklärte Familie. Untersuchungen zur Genese, Funktion und Realitätsbezogenheit des familiären Wertesystems im Drama der Aufklärung.* Tübingen.

Schütze, Yvonne (1988). Mutterliebe – Vaterliebe. Elternrollen in der bürgerlichen Familie des 19. Jahrhunderts. In Ute Frevert (Hrsg.), *Bürgerinnen und Bürger. Geschlechterverhältnisse im 19. Jahrhundert.* Göttingen, S. 118–133.

Schütze, Yvonne (1986). *Die gute Mutter. Zur Geschichte des normativen Musters „Mutterliebe"* (Neuaufl. 1991). Bielefeld.

Schulze, Theodor (2001). Rekonstruktion der Kindheit in autobiographischen Texten. In Imbke Behnken u. Jürgen Zinnecker (Hrsg.), *Kinder, Kindheit, Lebensgeschichte. Ein Handbuch.* Velber, S. 167–181.

Seel, Hans-Jürgen, Sichler, Ralph u. Fischerlehner, Brigitte (Hrsg.). (1993). *Mensch – Natur. Zur Psychologie einer problematischen Beziehung.* Opladen.

Seel, Martin (1991). *Eine Ästhetik der Natur.* Frankfurt a. M.

Sørensen, Bengt Algot (1984). *Herrschaft und Zärtlichkeit. Der Patriarchalismus und das Drama im 18. Jahrhundert.* München.

Thiel, Luzia (2004). *Freundschaftskonzeptionen im späten 18. Jahrhundert. Schillers „Don Carlos" und Hölderlins „Hyperion".* Würzburg.

Ullrich, Heiner (1999). *Das Kind als schöpferischer Ursprung. Studien zur Genese des romantischen Kindheitsbildes und zu seiner Wirkung auf das pädagogische Denken.* Bad Heilbrunn.

Wallmann, Anneliese (1978). *Als wir Kinder waren. Selbstzeugnisse – Berichte – Erzählungen* (3. Aufl.). Berlin.

Weber, Heinz-Dieter (Hrsg.). (1996). *Mensch – Natur. Zur Psychologie einer problematischen Beziehung.* Konstanz.

Werner-Hervieu, Gudrun (1983). *Kindliches Spiel in der bürgerlichen Gesellschaft.* Gießen.

Wild, Reiner (1982). *Literatur im Prozeß der Zivilisation. Zur theoretischen Grundlegung der Literaturwissenschaft.* Stuttgart.

Zinnecker, Jürgen (2013). Jugend als Moratorium. Essay zur Geschichte und Bedeutung eines Forschungskonzepts (2003). In Imbke Behnken u. Manuela du Bois-Reymond (Hrsg.), *Jürgen Zinnecker – ein Grenzgänger. Texte.* Weinheim u. Basel, S. 178–204.

Autorinnen und Autoren

Bettina Bannasch, Prof. Dr., Professorin für Neuere deutsche Literaturwissenschaft an der Universität Augsburg. *Forschungsschwerpunkte*: Bildungstheorie und Text-Bild-Bezüge in der Literatur der Frühen Neuzeit bis zur Gegenwart, Transnationalität und Transkulturalität (in) der Literatur, literatur- und kulturwissenschaftliche Gedächtnisforschung, deutsch-jüdische Literatur. *Ausgewählte Publikationen*: Zwischen Jakobsleiter und Eselsbrücke. Das ‚bildende Bild' im Emblem- und Kinderbilderbuch des 17. und 18. Jahrhunderts, Göttingen 2007; „Jene absurde Oberleitung der geheimnisvollen Männer". Genderkritische Anmerkungen zum Bildungsbegriff. In: Bildung: Angebot oder Zumutung? (Hrsg. Ehrenspeck u. a.), Wiesbaden 2008; Was Ideal? Das einzige Ideal ist der Friede. Rudolf Franks Jugendbuch „Der Schädel des Negerhäuptlings Makaua". Kriegsroman für die junge Generation (1931). In: Rudolf Frank: Geschichten erzählen als Lebenshilfe (Hrsg. Winckler), Berlin 2015.

Barbara Bräutigam, Prof. Dr. phil. habil., Dipl.-Psych., Psychologische Psychotherapeutin, Lehrtherapeutin für Systemische Therapie (DGSF), Integrative Kinder- und Jugendlichentherapeutin, Supervisorin (DGSv), Professorin für Psychologie, Beratung und Psychotherapie an der Hochschule Neubrandenburg. *Ausgewählte Publikationen*: Die Heilungskräfte des starken Wanja, Göttingen 2009; Realitätsflucht oder Resilienzfaktor? Die Bedeutung von Imaginationsfähigkeit in der Kinder- und Jugendlichenpsychotherapie. In: Praxis der Kinderpsychologie und Kinderpsychiatrie 2009; „… und meine Seele spannte weit ihre Flügel aus …" Psychisches Wachstum von Kindern und Jugendlichen. In: Aufgang. Jahrbuch für Dichten, Denken, Kunst (Hrsg. de Murillo), Augsburg 2016.

Ute Dettmar, Prof. Dr., Professorin für Kinder- und Jugendliteraturwissenschaft an der Goethe-Universität Frankfurt am Main; Leiterin des Instituts für Jugendbuchforschung. Studium der Germanistik und Hispanistik, Promotion mit einer Studie zum historischen Kinderschauspiel. Von 2007 bis 2013 Juniorprofessorin an der Carl von Ossietzky-Universität Oldenburg. *Forschungsschwerpunkte*: Kinder- und Jugendliteratur und -medien, Geschichte, Ästhetik und Kritik der Populärkultur, Serialität und Transmedialität. *Ausgewählte Publikationen*: Das Spiel ist aus. Zum Durchspielen der Kindheit in der Kinderliteratur. In: Wörter würfeln. Kinder- und Jugendliteratur und Spiel. STUBE (Studien -und Beratungsstelle für Kinder- und Jugendliteratur Wien) (Hrsg. Lexe), Wien 2013; Fortgesetztes Erzählen. Kinder- und Jugendliteratur im Netz von Populär- und Medienkulturen. In: Serialität in Literatur und Medien. Bd. 1: Theorie und Didaktik (Hrsg. Anders/Staiger), Baltmannsweiler 2016; SchWellengänge. Zur Poetik, Topik und Optik des Fantastischen in Kinder- und Jugendliteratur und -medien (Hrsg. mit Oetken u. Schwagmeier), Frankfurt a. M. 2012; Kinder- und Jugendliteratur im Prozess der Medienkonvergenz: Adaption – Hybridisierung – Intermedialität (Hrsg.

mit Weinkauff, Möbius u. Tomkowiak), Frankfurt a. M. 2014; Spielarten der Populärkultur (Hrsg. mit Tomkowiak), Frankfurt a. M. (in Vorbereitung).

Theresia Dingelmaier, Stipendiatin des Cusanuswerks und Lehrbeauftragte an der Professur für Neuere deutsche Literaturwissenschaft der Universität Augsburg. *Forschungsschwerpunkte*: historische Kinder- und Jugendbücher, Märchen, deutsch-jüdische Kinder- und Jugendliteratur, Film- und Buchwissenschaften. *Promotionsprojekt* zum Thema „Dem Wunderlande entstammend" – Jüdische Märchen im deutschen Sprachraum.

Hans-Heino Ewers, Prof. i. R. Dr. Dr. h.c., Germanistik/Literaturwissenschaft mit dem Schwerpunkt Kinder- und Jugendliteratur. 1990 bis 2014 Direktor des Instituts für Jugendbuchforschung der Goethe-Universität Frankfurt a. M., danach Seniorprofessor im Fachbereich Erziehungswissenschaften. *Ausgewählte Publikationen*: Erfahrung schrieb's und reicht's der Jugend. Geschichte der deutschen Kinder- und Jugendliteratur vom 18. bis zum 20. Jahrhundert, Frankfurt a. M. 2010; Literatur für Kinder- und Jugendliche. Eine Einführung in Grundbegriffe der Kinder- und Jugendliteraturforschung, Paderborn, 2., überarb. u. aktualisierte Aufl. 2012; Literaturanspruch und Unterhaltungsabsicht. Studien zur Entwicklung der Kinder- und Jugendliteratur im späten 20. und frühen 21. Jahrhundert, Frankfurt a. M. 2013; Erster Weltkrieg: Kindheit, Jugend und Literatur (Hrsg.), Frankfurt a. M. 2016.

Gabriele von Glasenapp, Prof. Dr., Professorin für Literaturwissenschaft und Literaturdidaktik an der Universität zu Köln, Leiterin der Arbeitsstelle für Kinder- und Jugendmedienforschung (ALEKI). *Forschungsschwerpunkte*: Theorien und Gattungen der Kinder- und Jugendliteraturen vom 18. bis zum 21. Jahrhundert, Jüdische (Kinder- und Jugend-)Literaturen des 19. und 20. Jahrhunderts, Erinnerungskulturen. *Ausgewählte Publikationen*: Jüdische Kinder- und Jugendliteratur. In: Die Kinder- und Jugendliteratur der Weimarer Republik (Hrsg. Hopster), Frankfurt a. M. 2012; Literarisch-kulturelle Begegnungen mit dem Judentum. Beiträge zur kinderliterarischen Fachöffentlichkeit (Hrsg. m. Mikota u. Pecher), Baltmannsweiler 2016; Kinder- und Jugendliteratur. Zus. m. G. Weinkauff, 3., aktualisierte Aufl. Paderborn 2017.

Petra Götte, Dr., Akademische Rätin am Lehrstuhl für Pädagogik der Universität Augsburg. *Forschungsschwerpunkte*: Historische Kindheits-, Jugend- und Familienforschung; (Historische) Migrationsforschung; Bildanalyse; Bilderbuchforschung. *Ausgewählte Publikationen*: Moderne Heldinnen? Zur Darstellung transnationaler Mutterschaft im Bilderbuch. Eine Analyse des Bilderbuches „Ich das machen!" sagt Frau Jovanovic". In: Bildung und Erziehung 2017; Migration und Familie. Eine Problemskizze. In: Migration und Familie (Hrsg. m. Baader u. Gippert), Wiesbaden 2017; Woher wir kommen oder: Wer wir sind – Thematisierungen der familialen Migrationsgeschichte in Texten und Fotografien deutscher USA-Auswanderer. In: Zirkulation und Transformation. Pädagogische Grenzüberschreitungen in historischer Perspektive (Hrsg. Caruso u. a.), Köln 2014.

Klaus Maiwald, Prof. Dr., Lehrstuhl für Didaktik der deutschen Sprache und Literatur an der Universität Augsburg. *Forschungsschwerpunkte*: Filmdidaktik und Literaturdidaktik. *Ausgewählte Publikationen*: „… hat das Zeug zum Klassiker." Andreas Steinhöfels Kinderkrimi „Rico, Oskar und die Tieferschatten" und Zielbereiche des Umgangs mit Literatur. In: Literatur im Unterricht 2014; Vom Film zur Literatur. Moderne Klassiker der Literaturverfilmung im Medienvergleich, Stuttgart 2015; Literarische Qualität und (Re)Konstruktion gesellschaftlicher Wirklichkeiten in der neueren deutschen Kinder- und Jugendliteratur: aufgezeigt an Romanen von A. Steinhöfel, M. Wildner und W. Herrndorf, 2016 (verfügbar unter: https://opus.bibliothek.uni-augsburg.de/opus4/frontdoor/index/index/docId/3809 [18.04.2017]).

Eva Matthes, Prof. Dr., Lehrstuhl für Pädagogik an der Universität Augsburg. *Forschungsschwerpunkte*: Geschichte der Pädagogik als Wissenschaft, Erziehungs- und Bildungstheorien, Pädagogische Handlungsfelder, Bildungsmedien. *Ausgewählte Publikationen*: Bernhard Schlink: Der Vorleser. In: Große Werke der Literatur (Hrsg. Geppert/Zapf), Tübingen 2007; Geisteswissenschaftliche Pädagogik, München 2011; Rousseau in pädagogischen Nachschlagewerken. In: Jean-Jacques Rousseaus „Émile" (Hrsg. Ritzi), Bad Heilbrunn 2014.

Gabriela Paule, Prof. Dr., Professorin für Didaktik der deutschen Sprache und Literatur an der Universität Bayreuth. *Forschungsschwerpunkte*: Dramen- und Theaterdidaktik, Kinder- und Jugendtheater, Schreibdidaktik, fächerverbindender Unterricht. *Ausgewählte Publikationen*: Kultur des Zuschauens. Theaterdidaktik zwischen Textlektüre und Aufführungsrezeption, München 2009; Auf der großen Bühne. Musik im Kinder- und Jugendtheater. In: Blechtrommeln. Kinder- und Jugendliteratur & Musik (Hrsg. Roeder), München 2012; Jugendclubs an Theatern: ein von der Fachdidaktik übersehendes Format. In: Vielfalt im Theater. Deutschdidaktische Annäherungen (Hrsg. m. Olsen), Baltmannsweiler 2015.

Gabriela Scherer, Prof. Dr., Professorin für Literaturwissenschaft und Literaturdidaktik am Institut für Germanistik der Universität Koblenz-Landau, Standort Landau. *Forschungsschwerpunkte*: Deutsche Literatur des 18. bis 21. Jahrhunderts, Kinder- und Jugendliteratur, Bilderbuchrezeptionsforschung, Literaturdidaktik. *Ausgewählte Publikationen*: Zur Rezeption zeitgenössischer Bilderbücher durch Grundschulkinder. (Erste) Überlegungen und Erkundungen, zus. m. Volz. In: Fragwürdiges Bilderbuch. Blickwechsel, Denkspiele, Bildungspotenziale (Hrsg. Kruse/Sabisch), München 2013; Bilderbuch und literarästhetische Bildung. Aktuelle Forschungsperspektiven (Hrsg. m. Volz u. Wiprächtiger-Geppert), Trier 2014; Im Bildungsfokus: Bilderbuchrezeptionsforschung (Hrsg. m. Volz), Trier 2016.

Pia Schmid, Prof. Dr., emeritierte Professorin für Historische Erziehungswissenschaft an der Universität Halle. *Forschungsschwerpunkte*: Geschichte der Erziehung und Bildung, insbesondere des 18. Jahrhunderts, (erziehungs- und bildungs-)historische Gender Studies, Kindheitsforschung, Pietismusforschung, insbesondere zur Herrnhuter Brüdergemeinde. *Ausgewählte Publikationen*: Kinderkultur als Forschungskonstrukt. Ein Ereignis aus dem Jahr 1727. In: Zeitschrift für Pädagogik 2006; Bürgerliche Kindheit. In: Kindheiten in der Moderne. Eine Geschichte der Sorge (Hrsg. Baader/Eßer/Schröer), Frankfurt a. M. 2014; Fromme Knaben – Fromme Mädchen. Geschlechterkonstruktionen in pietistischen Exempelgeschichten? In: Gender im Pietismus. Netzwerke und Geschlechterkonstruktionen (Hrsg. Schmid u. a.), Halle 2015.

Véronique Sina, Dr., wissenschaftliche Mitarbeiterin am Institut für Medienwissenschaft der Eberhard-Karls-Universität Tübingen. *Forschungsschwerpunkte*: Gender und Medien, Comic- und Intermedialitätsforschung, Prozesse der Remedialisierung, Medienästhetik, Medien- und Kulturtheorie, Holocaust Studies sowie Jewish Cultural Studies. *Ausgewählte Publikationen*: Comic – Film – Gender. Zur (Re-)Medialisierung von Geschlecht im Comicfilm, Bielefeld 2016; Notwendige Unzulänglichkeit. Künstlerische und mediale Repräsentationen des Holocaust (Hrsg. m. Heindl), Münster 2017. Das Undarstellbare darstellen. Die vier Fotos des Sonderkommandos im transmedialen Gebrauch. In: Notwendige Unzulänglichkeit. Künstlerische und mediale Repräsentationen des Holocaust, Münster/Berlin u. a. 2017.

Kaspar H. Spinner, Prof. Dr. Dr. h.c., bis 2006 Professor für Didaktik der deutschen Sprache und Literatur an der Universität Augsburg, seit 2006 emeritiert. *Forschungsschwerpunkte*: Kinder- und Jugendliteratur, Literaturdidaktik. *Ausgewählte Publikationen*: Erziehung oder Lust am Ausleben von Fantasien? Beiträge zur Kinder- und Jugendliteratur und ihrer Didaktik, Frankfurt a. M. 2013; Kreativer Deutschunterricht. Identität – Imagination – Kognition, Seelze, 5. Aufl. 2015; Erzählende Kinder- und Jugendliteratur im Deutschunterricht. Textvorschläge – Didaktik – Methodik (zus. m. Standke), Paderborn 2016.

Heiner Ullrich, Prof. Dr. habil., Akad. Direktor i. R. am Institut für Erziehungswissenschaft der Johannes-Gutenberg-Universität Mainz. Weiterhin Lehrtätigkeit. *Forschungsschwerpunkte*: Historiographie der Reformpädagogik, Waldorfpädagogik, Empirische Schulforschung an Reform- und Versuchsschulen, Schulische Hochbegabtenförderung. *Ausgewählte Publikationen*: Das Kind als schöpferischer Ursprung. Studien zur Genese des romantischen Kindbildes und zu seiner Wirkung auf das pädagogische Denken, Bad Heilbrunn 1999; Kindorientierung. In: Handbuch der Reformpädagogik in Deutschland (1890–1933), Teil 1 (Hrsg. Keim/Schwerdt), Frankfurt a. M. 2013; Kindheit als kreative Daseinsform – das Bild des Kindes im reformpädagogischen Diskurs. In: Menschenbild und Pädagogik (Hrsg. Bauer/Schieren), Weinheim u. Basel 2015.

Literaturempfehlungen der Autorinnen und Autoren

Arizpe, Evelyn u. Styles, Morag (2016). Responding to Picturebooks in the 21st Century. The Challenges for Readers, Teachers and Researchers. In Gabriela Scherer u. Steffen Volz (Hrsg.), *Im Bildungsfokus: Bilderbuchrezeptionsforschung*. Trier, S. 79–96.

Bannasch, Bettina (2007). *Zwischen Jakobsleiter und Eselsbrücke. Das ‚bildende‘ Bild im Emblem- und Kinderbilderbuch des 17. und 18. Jahrhunderts*. Göttingen.

Becker, Thomas (Hrsg.). (2011). *Comic. Intermedialität und Legitimität eines popkulturellen Mediums*. Essen.

Bischof-Köhler, Doris (2011). *Soziale Entwicklung in Kindheit und Jugend*. Stuttgart.

Blümer, Agnes (2011). Crossover/All-Age-Literatur. In Kurt Franz, Günter Lange u. Franz-Josef Payrhuber (Hrsg.), *Kinder- und Jugendliteratur. Ein Lexikon. Teil 5: Literarische Begriffe/Werke/Medien*. Meitingen, S. 1–15.

Bräutigam, Barbara (2009). *Die Heilungskräfte des starken Wanja*. Göttingen.

Breckner, Roswitha (2010). *Sozialtheorie des Bildes. Zur interpretativen Analyse von Bildern und Fotografien*. Bielefeld.

Brüggemann, Theodor, in Zusammenarbeit mit Hans-Heino Ewers (1982). *Handbuch zur Kinder- und Jugendliteratur. Von 1750 bis 1800*. Stuttgart.

Büker, Petra u. Kammler, Clemens (2003). Das Fremde und das Andere in der Kinder- und Jugendliteratur. In Dies. (Hrsg.), *Das Fremde und das Andere. Interpretationen und didaktische Analysen zeitgenössischer Kinder- und Jugendbücher*. Weinheim, München, S. 7–27.

Chakkalakal, Sylvie (2014). *Die Welt in Bildern. Erfahrung und Evidenz in Friedrich J. Bertuchs ‚Bilderbuch für Kinder‘ (1790–1830)*. Göttingen.

Cunningham, Hugh (2006). *Die Geschichte des Kindes in der Neuzeit*. Aus dem Englischen v. Harald Ehrhardt. Düsseldorf.

Dettmar, Ute (2016). Fortgesetztes Erzählen. Kinder- und Jugendliteratur im Netz von Populär- und Medienkulturen. In Petra Anders u. Michael Staiger (Hrsg.), *Serialität in Literatur und Medien. Bd. 1: Theorie und Didaktik*. Baltmannsweiler, S. 115–127.

Dettmar, Ute (2013). Das Spiel ist aus. Zum Durchspielen der Kindheit in der Kinderliteratur. In Heidi Lexe (Hrsg.), *Wörter würfeln. Kinder- und Jugendliteratur und Spiel*. STUBE (Studien -und Beratungsstelle für Kinder- und Jugendliteratur Wien). Wien, S. 35–49.

Dettmar, Ute, Oetken, Mareile u. Schwagmeier, Uwe (Hrsg.). (2012). *SchWellengänge. Zur Poetik, Topik und Optik des Fantastischen in Kinder- und Jugendliteratur und -medien*. Frankfurt a. M.

Dettmar, Ute u. Tomkowiak, Ingrid (Hrsg.). (2018). *Spielarten der Populärkultur*. Frankfurt a. M. (in Vorbereitung).

Dolle-Weinkauff, Bernd u. Ewers, Hans-Heino (Hrsg.). (1996). *Theorien der Jugendlektüre. Beiträge zur Kinder- und Jugendliteraturkritik seit Heinrich Wolgast*. Weinheim, München.

Ewers, Hans-Heino (2012). *Literatur für Kinder und Jugendliche. Eine Einführung in Grundbegriffe der Kinder- und Jugendliteraturforschung* (2., überarbeitete u. aktualisierte Aufl.). Paderborn.

Ewers, Hans-Heino (1989). *Kindheit als poetische Daseinsform. Studien zur Entstehung der romantischen Kindheitsutopie im 18. Jahrhundert. Herder, Jean Paul, Novalis und Tieck*. München.

Fischer-Lichte, Erika (2001). *Ästhetische Erfahrung. Das Semiotische und das Performative.* Tübingen, Basel.

Fonagy, Peter (2003). *Bindungstheorie und Psychoanalyse.* Stuttgart.

Frahm, Ole (2010). *Die Sprache des Comics.* Hamburg.

Franz, Kurt u. Payrhuber, Franz-Josef (Hrsg.). (1995 ff.). *Kinder- und Jugendliteratur. Ein Lexikon.* Meitingen (fortlaufende Loseblattsammlung).

Frommer, Harald (1995). *Lesen und Inszenieren. Produktiver Umgang mit dem Drama auf der Sekundarstufe.* Stuttgart.

Funcke, Dorett (2011). Resiliente Identitäten. Literarische Erzählungen als Erkenntnishilfe. *Familiendynamik, 36,* S. 122–131.

Gansel, Carsten (2016). *Moderne Kinder- und Jugendliteratur. Vorschläge für einen kompetenzorientierten Unterricht* (7. Aufl.). Berlin.

Gansel, Carsten (2011). Zwischenzeit, Grenzüberschreitung, Störung – Adoleszenz und Literatur. In Ders. u. Paweł Zimniak (Hrsg.), *Zwischenzeit, Grenzüberschreitung, Aufstörung. Bilder von Adoleszenz in der deutschsprachigen Literatur.* Heidelberg, S. 15–48.

Gillis, John R. (1984). *Geschichte der Jugend. Tradition und Wandel im Verhältnis der Altersgruppen und Generationen in Europa von der zweiten Hälfte des 18. Jahrhunderts bis zur Gegenwart* (2. Aufl.). Weinheim, Basel.

Glasenapp, Gabriele von (2016). Non vitae, sed scholae discimus. Zur literarischen Repräsentation von Schule in der Kinder- und Jugendliteratur des 18. und 19. Jahrhunderts. In Metin Genç u. Christof Hamann (Hrsg.), *Institutionen der Pädagogik. Studien zur Kultur- und Mediengeschichte ihrer ästhetischen Formierungen.* Würzburg, S. 231–252.

Graf, Andreas (2008). Alltags- und Umweltgeschichten für ,Jugend und Volk'. In: Otto Brunken et al. *Handbuch zur Kinder- und Jugendliteratur. Von 1850–1900.* Stuttgart, Weimar, Sp. 371–433.

Grenz, Dagmar u. Wilkending, Gisela (Hrsg.). (1997). *Geschichte der Mädchenlektüre. Mädchenliteratur und gesellschaftliche Situation der Frau vom 18. Jahrhundert bis in die Gegenwart.* Weinheim.

Hangartner, Urs, Keller, Felix u. Oechslin, Dorothea (Hrsg.). (2013). *Wissen durch Bilder. Sachcomics als Medien von Bildung und Information.* Bielefeld.

Heer, Jeet u. Worcester, Kent (Hrsg.). (2009). *A Comics Studies Reader.* Jackson.

Hein, Michael, Hüners, Michael u. Michaelsen, Torsten (Hrsg.). (2002). Ästhetik des Comic. Berlin.

Heindl, Nina u. Sina, Véronique (Hrsg.). (2017). *Notwendige Unzulänglichkeit. Künstlerische und mediale Repräsentationen des Holocaust.* Münster.

Hickethier, Knut (2007). *Film- und Fernsehanalyse* (4. Aufl.). Stuttgart, Weimar.

Jacobi, Juliane (2013). *Geschichte der Mädchen- und Frauenbildung in Europa. Von 1500 bis zur Gegenwart.* Frankfurt.

Jentgens, Stephanie (2016). *Lehrbuch Literaturpädagogik.* Weinheim.

Kaulen, Heinrich (2004). „Welcher Jüngling kann eine solche verfluchungswürdige Schrift lesen?" Zur Rezeption des Adoleszenzromans in der Literaturkritik und Literaturdidaktik von Goethes *Werther* bis zur Postmoderne. *Zeitschrift für Germanistik, N.F. 14* (1), S. 102–113.

Kruse, Iris u. Sabisch, Andrea (Hrsg.). (2013). *Fragwürdiges Bilderbuch. Blickwechsel, Denkspiele, Bildungspotenziale.* München.

Kümmerling-Meibauer, Bettina (Hrsg.). (2014). *Picturebooks. Representation and Narration.* London, New York.

Kümmerling-Meibauer, Bettina, Meibauer, Jörg, Nachtigäller, Kerstin u. Rohlfing, Katharina (Hrsg.). (2015). *Learning from picturebooks. Perspectives from child development & literacy studies.* London, New York.

Kunze, Horst (1988). *Vom Bild im Buch.* München u. a.

Lange, Günter (Hrsg.). (2012). *Kinder- und Jugendliteratur der Gegenwart. Ein Handbuch* (2., korr. und ergänzte Aufl.). Baltmannsweiler.

Lexe, Heidi (2016). Rico, Oskar und der Kinderfilm. Zur Adaption eines Kinderromans mit Kultcharakter. In Klaus Maiwald, Anna-Maria Meyer u. Claudia Maria Pecher (Hrsg.), *Klassiker des Kinder- und Jugendfilms.* Baltmannsweiler, S. 123–138.

Lypp, Maria (2000). Die Kunst des Einfachen in der Kinderliteratur. In Günter Lange (Hrsg.), *Taschenbuch der Kinder- und Jugendliteratur.* Bd. 2. Baltmannsweiler, S. 828–843.

Lypp, Maria (1984). *Einfachheit als Kategorie der Kinderliteratur.* Frankfurt a. M.

Maase, Kaspar (2012). *Die Kinder der Massenkultur. Kontroversen um Schmutz und Schund seit dem Kaiserreich.* Frankfurt a. M., New York.

Maiwald, Klaus (2015). *Vom Film zur Literatur. Moderne Klassiker der Literaturverfilmung im Medienvergleich.* Stuttgart.

Maiwald, Klaus (2014). „… hat das Zeug zum Klassiker." Andreas Steinhöfels Kinderkrimi *Rico, Oskar und die Tieferschatten* und Zielbereiche des Umgangs mit Literatur. *Literatur im Unterricht, 15* (3), S. 165–178.

McCloud, Scott (2006). *Making Comics. Storytelling Secrets of Comics, Manga and Graphic Novels.* New York.

McCloud, Scott (1993). *Understanding Comics. The Invisible Art.* New York.

Mecheril, Paul (2004). *Einführung in die Migrationspädagogik.* Weinheim, Basel.

Mounajed, René u. Semel, Stefan (2010). *Comics erzählen Geschichte. Sequenzen aus Comics, Manga und Graphic Novels für den Geschichtsunterricht.* Bamberg.

Mundt, Michaela (1994). *Transformationsanalyse. Methodologische Probleme der Literatur-verfilmung.* Tübingen.

Nikolajeva, Maria u. Scott, Carole (2006). *How picturebooks work.* New York. London.

Palandt, Ralf (Hrsg.). (2011). *Rechtsextremismus, Rassismus und Antisemitismus in Comics.* Berlin.

Pantaleo, Sylvia (2008). *Exploring Student Response to Contemporary Picturebooks.* Toronto u. a.

Paule, Gabriela (2015). Mittelalterliche Literatur in Bearbeitung: Parzival im zeitgenössischen Kinder- und Jugendtheater. In Dieter Wrobel u. Stefan Tomasek (Hrsg.), *Texte der Vormoderne im Deutschunterricht: Schnittstellen und Modelle.* Baltmannsweiler, S. 67–86.

Paule, Gabriela (2010). Didaktik und Ästhetik des Theaters: Lesen und Verstehen theatraler Texte. In Volker Frederking, Axel Krommer u. Christel Meier (Hrsg.), *Literatur- und Mediendidaktik.* Baltmannsweiler, S. 159–179.

Paule, Gabriela (2010). Die Aufführung als Weg zum Text. *Karlsruher pädagogische Beiträge, 75,* S. 29–46.

Paule, Gabriela (2009). *Kultur des Zuschauens. Theaterdidaktik zwischen Textlektüre und Aufführungsrezeption.* München.

Payrhuber, Franz-Josef (2012). *Jugendtheaterstücke der Gegenwart. Zwölf Unterrichtsmodelle zur Jungen Dramatik für die Sekundarstufen.* Baltmannsweiler.

Pellatz-Graf, Susanne (2008). Abenteuer- und Reiseromane und -erzählungen für die Jugend. In Otto Brunken et al. *Handbuch zur Kinder- und Jugendliteratur. Von 1850–1900.* Stuttgart, Weimar, Sp. 616–665.

Richter, Dieter (1987, 2014). *Das fremde Kind. Zur Entstehung der Kindheitsbilder des bürgerlichen Zeitalters.* Frankfurt a. M.

Ries, Hans (1991). Grundsätzliche Überlegungen zur Illustration von Kinder- und Jugendliteratur. In Alfred Clemens Baumgärtner (Hrsg.), *Text und Illustration im Kinder- und Jugendbuch.* Würzburg, S. 9–20.

Rösch, Heidi (2013). Interkulturelle Literaturdidaktik im Spannungsfeld von Differenz und Dominanz, Diversität und Hybridität. In Petra Josting u. Caroline Roeder (Hrsg.), „Das ist bestimmt was Kulturelles“. Eigenes und Fremdes am Beispiel von Kinder- und Jugendmedien. *kjl&m, 13.* Extra, S. 21–32.

Rösch, Heidi (1997). *Bilderbücher zum interkulturellen Lernen.* Hohengehren.

Roth, Lutz (1983). *Die Erfindung des Jugendlichen.* München.

Scherer, Gabriela u. Volz, Steffen (Hrsg.). (2016). *Im Bildungsfokus: Bilderbuchrezeptionsforschung.* Trier.

Scherer, Gabriela, Volz, Steffen u. Wiprächtiger-Geppert, Maja (Hrsg.). (2014). *Bilderbuch und literar-ästhetische Bildung. Aktuelle Forschungsperspektiven.* Trier.

Schmid, Pia (2014). Bürgerliche Kindheit. In Meike Sophia Baader, Florian Eßer, Wolfgang Schröer (Hrsg.), *Kindheiten in der Moderne. Eine Geschichte der Sorge.* Frankfurt a. M., S. 42–71.

Schön, Erich (1987). *Der Verlust der Sinnlichkeit oder Die Verwandlung des Lesers. Mentalitätswandel um 1800.* Stuttgart.

Schüwer, Martin (2008). *Wie Comics erzählen. Grundriss einer intermedialen Erzähltheorie der grafischen Literatur.* Trier.

Seiffge-Krenke, Inge (2007). *Psychoanalytische und tiefenpsychologisch fundierte Therapie mit Jugendlichen.* Stuttgart.

Sina, Véronique (2016). *Comic – Film – Gender. Zur (Re-)Medialisierung von Geschlecht im Comicfilm.* Bielefeld.

Speitkamp, Winfried (1998). *Jugend in der Neuzeit. Deutschland vom 16. bis zum 20. Jahrhundert.* Göttingen.

Spinner, Kaspar H. (2010). Literarisches Lernen durch die Beschäftigung mit Theateraufführungen. *Karlsruher pädagogische Beiträge, 75,* S. 17–28.

Staiger, Michael (2014). Erzählen mit Bild-Schrifttext-Kombinationen. Ein fünfdimensionales Modell der Bilderbuchanalyse. In Julia Knopf u. Ulf Abraham (Hrsg.), *BilderBücher. Theorie.* Hohengehren, S. 12–23.

Staiger, Michael (2010). *Literaturverfilmungen im Deutschunterricht.* München.

Tabbert, Reinbert (2010). Postmoderne Bilderbücher. In Dagmar Grenz (Hrsg.), *Kinder- und Jugendliteratur. Theorie, Geschichte, Didaktik.* Baltmannsweiler, S. 105–126.

Taube, Gerd (2012). Kinder- und Jugendtheater der Gegenwart. In Günter Lange (Hrsg.), *Kinder- und Jugendliteratur der Gegenwart. Ein Handbuch* (2. Aufl.). Baltmannsweiler, S. 290–306.

Thiele, Jens (2003). *Das Bilderbuch. Ästhetik – Theorie – Analyse – Didaktik – Rezeption.* Mit Beiträgen von Jane Doonan, Elisabeth Hohmeister, Doris Reske u. Reinbert Tabbert. (2., erweiterte Aufl.). Bremen, Oldenburg.

Ullrich, Heiner (1999). *Das Kind als schöpferischer Ursprung. Studien zur Genese des romantischen Kindbildes und zu seiner Wirkung auf das pädagogische Denken.* Bad Heilbrunn.

Varnum, Robin u. Gibbons, Christina T. (Hrsg.). (2001). *The Language of Comics. Word and Image.* Jackson.

Weber-Kellermann, Ingeborg (1979). *Die Kindheit.* Frankfurt a. M.

Weinkauff, Gina, Dettmar, Ute, Möbius, Thomas u. Tomkowiak, Ingrid (Hrsg.). (2014). *Kinder- und Jugendliteratur im Prozess der Medienkonvergenz: Adaption – Hybridisierung – Intermedialität.* Frankfurt a. M.

Weinkauff, Gina u. Glasenapp, Gabriele von (2014). *Kinder- und Jugendliteratur* (2. aktualisierte Aufl.). Paderborn.

Wild, Reiner (Hrsg.). (2008). *Geschichte der deutschen Kinder- und Jugendliteratur* (3., vollst. überarb. und erw. Aufl.). Stuttgart, Weimar.

Wild, Reiner (1990). Die Aufklärung. In Ders. (Hrsg.), *Geschichte der deutschen Kinder- und Jugendliteratur.* Stuttgart.

Wilkending, Gisela (2008). Pensionsgeschichten/Institutsgeschichten. In Otto Brunken et al. *Handbuch zur Kinder- und Jugendliteratur. Von 1850–1900.* Stuttgart, Weimar, Sp. 490–500.